AutoCAD를 이용한

# 전기 CAD 2판

박규홍 · 김규정 · 문은아 · 원우연 공저

도서출판 GS인터비전

# 머리말

공학도에게 제품 제작 또는 시공하기 위해서는 해당 설계도면이 필요하며 이를 위하여 컴퓨터를 이용한 설계도면 작도, 즉 CAD는 필수 교과목이다.

이에 본 교재는 전기관련 도면을 이해하고 만들 수 있도록 하기 위하여 우선 CAD명령어를 이해하고 연습을 통하여 CAD능력을 향상토록 하였다.

본 교재는 AutoCAD와 Elect-CAD로 나누었으며, AutoCAD는 기본 명령어를 통하여 CAD개념과 명령어를 이해하고 이를 활용할 수 있도록 하였다. 그리고 Elect-CAD는 설계와 동시에 소요물량 집계, 공사원가 산출이 가능한 프로그램이므로, 현장에서 실무를 이해하는데 도움이 되도록 이를 간략히 소개하였다.

일반적으로 AutoCAD는 기계부품 내지는 건축 설계에 널리 사용되고 있으며, 또한 이 분야의 교재가 대부분을 차지하고 있다. 건축전기설비의 경우 건축 평면도상에 각종 전기설비를 작도해야 하는 전기공학도에게는 이에 적합한 교재가 없으므로, 기존의 CAD교재를 전기공학도에게 적합하도록 AutoCAD를 수정·보완하여 편찬하게 되었다.

본 교재를 펴냄에 있어서 미비한 점은 계속 보완할 것이며, 원고정리 및 출판에 도움을 준 여러분에게 감사드리는 바이다.

2018년 2월

저자

# 목 차

머리말

차 례

## Part 1. AutoCAD

## Part 3 도면 연습

# AutoCAD

1
PART

1
CHAPTER

# AutoCAD 개요

# 1.1 AutoCAD기초

CAD란 Computer Aided Design (Drafting)의 약어로서 종전의 설계 작업시 이용하던 연필, 컴파스, 삼각자, T자 등을 대신해서 컴퓨터를 이용하여 설계하는 것을 뜻한다.

CAD는 컴퓨터를 이용하여 설계나 생산 업무를 지원하는 것으로 1950년대 말부터 시작하여 1963년 미국 MIT대학의 서덜랜드(Sutherland, I.E)교수가 발표한 논문 SKETCH PAD가 CAD역사의 시초이다. 현재에 와서는 컴퓨터의 발달로 인하여 많은 CAD 소프트웨어가 발표되어 여러 분야에서 광범위하게 이용되고 있는 추세이다. 그 중에서도 Auto DESK사의 AutoCAD는 1982년 버전 1.0을 발표한 이래로 여러 번의 개정판을 발표하여 그 기능이 대형 CAD 시스템을 육박하게끔 보완 작업을 하고 있다.

AutoCAD는 사용자가 원하는 도면을 빠르고 정확하게 그려 줄 뿐 아니라, 이미 작성된 도면을 편집, 수정할 때 다시 그리지 않더라도 필요한 부분만을 수정할 수 있도록 다양한 기능을 제공하며 도면 기호를 심벌화하여 반복되는 작업을 편리하게 이용할 수 있다.

CAD 프로그램으로는 여러 가지가 있지만 그 중 가장 범용적인 것이 AutoCAD라 할 수 있다.

## 1.1.1 AutoCAD의 발전사

AutoCAD는 1982년 12월 미국의 라스베가스 켐텍스쇼에서 Auto DESK사에 의해 버전 1.0을 발표하여 현재는 AutoCAD 2014가 출시되어 있다.

- 1982. 12. Version 1.0 (Release 1)
- 1983. 3. Version 1.2 (Release 2)
- 1983. 8. Version 1.3 (Release 3)
- 1983. 10. Version 1.4 (Release 4)
- 1984. 10. Version 2.0 (Release 5)
- 1985. 5. Version 2.1 (Release 6)
- 1986. 6. Version 2.5 (Release 7)
- 1987. 3. Version 2.6 (Release 8)
- 1987. 9. Release 9
- 1988. 10. Release 10
- 1990. 6. Release 11
- 1992. 7. Release 12 (한글판 AutoCAD 발표)
- 1994. 8. Release 13 (DOS, Windows 3.1, Windows 95, Windows NT)
- 1997. 5. Release 14 (Windows 95, Windows NT)
- 1999. 4. AutoCAD 2000
- 2001. 6. AutoCAD 2002

- 2003. 3. AutoCAD 2004
- 2004. 3. AutoCAD 2005
- 2017. 3. AutoCAD 2018

### 1.1.2 응용 분야

CAD는 산업에서부터 군사·과학에 이르기까지 거의 모든 분야에서 이용할 수 있으며 그 중 많이 활용되는 분야는 다음과 같다.

- 기계 설계(Mechanical Design)
- 전기/전자 설계(Electric/Electronic Design)
- 금형 설계(Mold Design)
- 플랜트 설계(Plant Design)
- 건축 설계(Architecture Design)
- 지도 제작(Cartography)
- 실내 장식(Interior Decoration)

### 1.1.3 도입 효과

생산 방식에 있어 종래에는 소품종·대량 생산이 일반적이었으나, 오늘날은 소비자의 다양한 기호변화와 제품의 생산 흐름(life cycle)이 단축됨에 따라 다품종, 소량 생산으로 전환되어 가고 있으므로 설계 작업의 단축화는 중요한 의미를 가지게 되었다.

즉, CAD 시스템의 도입은 설계 작업의 유연성(설계의 부분적 변경이 용이해짐), 정확성, 간편성 및 편리성뿐만 아니라 설계 업무의 효율화, 신뢰성 및 품질 향상을 기하고 있다.

즉, CAD 시스템의 도입효과는 다음과 같다.

- 설계 기간의 단축 및 생산성 향상
- 품질 향상
- 원가 절감
- 신뢰성 향상
- 표준화

## 1.2 AutoCAD 화면 구성

일반적으로 사용되는 AutoCAD의 화면 구성은 그림 1-1과 같다.

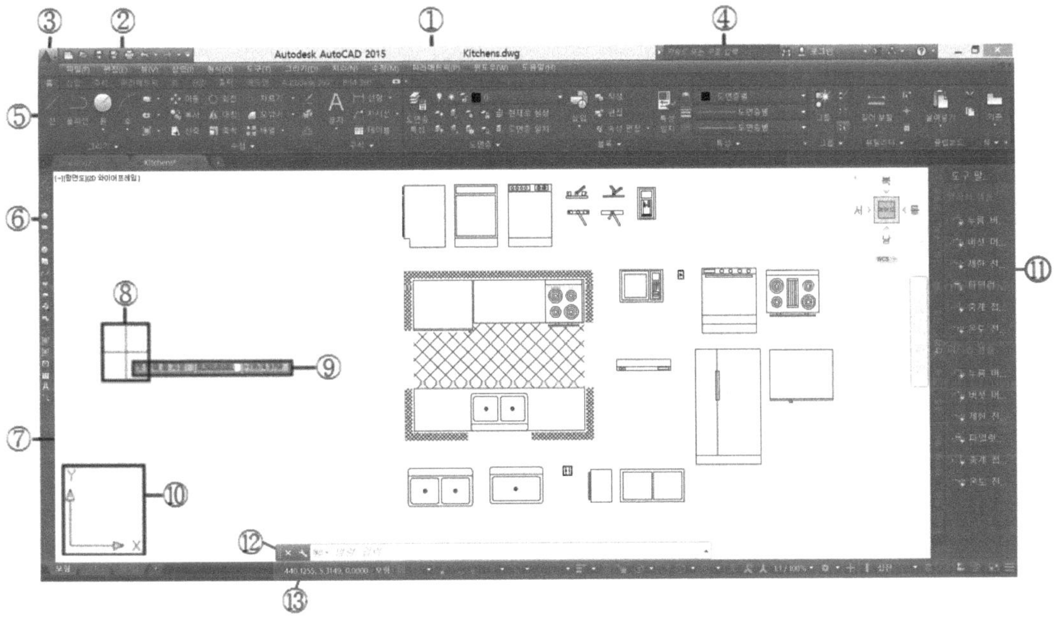


그림 1-1 화면 구성

① 제목 표시줄(Title Bar)
현재 열려있는 파일명을 나타낸다.

② 신속접근 도구막대(Quick Acess Toolbar)
가장 많이 사용되는 명령을 등록시켜 사용할 수 있으며, 설정(드롭다운 화살표)을 통해 이전의 버전에서 사용하는 메뉴 바(Menu Bar)를 화면에 표시할 수도 있다.

③ 메뉴 검색기(Menu Browser)
파일을 불러오며 파일단위의 저장이나 내보내기 등의 작업을 실행할 수 있다.

④ 정보 센타(Information Center)
입력한 키워드를 통하여 필요한 정보를 검색할 수 있다.

⑤ 리본 메뉴(Ribbon Menu)
필요한 명령들을 성격별로 그룹화하여 초보자도 쉽게 필요한 명령을 실행할 수 있다.

⑥ 툴바(Toolbar)
명령을 아이콘의 형식으로 종류별로 막대에 구성하였다.

⑦ 도면 영역(Drawing Area)

화면 가운데에 있는 공간을 도면 영역이라 하며, 사용자가 도면을 작성하는 공간이다. 여러 개의 창을 한꺼번에 열어 놓을 수 있으며, 모델(Model)모드와 배치(Layout)모드를 넘나들며 작업할 수 있다.

⑧ 크로스 헤어(Cross Hair)

사용자의 현재 작업위치를 나타내며, 크로스 헤어의 모양으로 작업상태를 나타낸다.

⑨ 동적 입력기(Dynamic Input)

동적입력기는 도면작업에 집중도를 높이기 위하여 크로스헤어에 명령을 직접 입력할 수 있다. 사용자가 기존의 명령 입력창을 선호하면 옵션을 통해 동적입력기는 켜거나 끌 수 있다.

⑩ 좌표계 아이콘(UCS Icon)

좌측 하단의 X, Y 화살표 모양의 심벌은 현재의 화면이 어느 평면인지를 나타낸다.

⑪ 툴 팔렛트(Tool Palettes)

툴바의 사용을 최소화하고 화면공간을 최대화할 수 있도록 툴 팔렜트에 명령을 추가할 수 있다.

⑫ 명령 입력창(Command Window)

명령 입력창은 AutoCAD와 사용자 사이에 대화를 나누는 창구이며, 사용자가 키보드로 명령을 입력하면 AutoCAD가 사용자에게 진행상황을 알려주는 곳이다.

⑬ 상태 표시선(Status Line)

현재 도면의 상태를 나타내는 상태 선은 화면의 맨 밑에 있다.

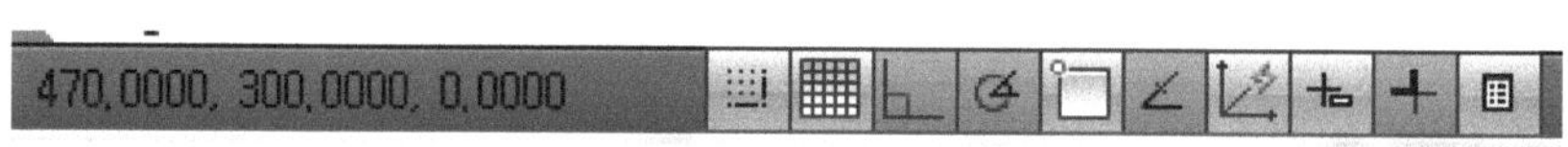


그림 1-2 상태 표시선

가장 왼쪽에 현재 커서의 위치를 나타내는 좌표가 있고, 그 오른쪽에 차례로 스냅 모드(SNAP), 그리드 모드(GRID), 직교 모드(ORTHO), 극좌표 추적하기(POLAR), 객체스냅(OSNAP), 객체스냅 추적하기, 동적UCS, 동적입력, 선가중치, 빠른입력이 있는데, 각 기능을 클릭하면 켜기와 끄기를 번갈아가며 할 수 있다.

# 1.3 좌표계

AutoCAD 명령에서 선, 원, 호 등을 그리거나 점을 지정할 때 점의 위치 또는 각도, 방향 등의 좌표를 정확히 입력해야 한다. 이때 좌표 값을 지정하는 방법으로는 커서를 해당 위치에 클릭하거나 명령 창에서 좌표 값을 입력하면 된다.

좌표 값을 설정하는 방법은 절대좌표, 상대좌표, 상대극좌표가 있다.

좌표 값을 입력하기 위해서는 크기와 각도를 지정하여야 하며, 각도를 지정하는 방법으로는 3시 방향을 기준( 0° )으로 하여 반시계 방향으로 나타낸다. (시계방향은 -로 나타냄)

| | |
|---|---|
| 3시 방향 : 0° (360° ) | 12시 방향 : 90° (-270° ) |
| 9시 방향 : 180° (-180° ) | 6시 방향 : 270° (-90° ) |

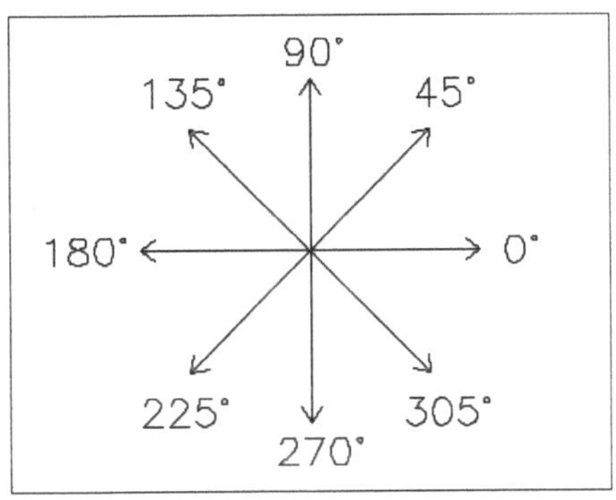


그림 1-7 좌표각도

참고
"UNITS"나 "DDUNITS" 명령을 사용하여 0° 방향(기준방향)과 각도의 증가 방향
(+, - 방향)을 바꾸어 줄 수 있으나, 될 수 있는 한 바꾸지 않는 것이 좋다.

### (1) 절대좌표

도면의 원점(0,0)을 기준으로 하여 콤마(,)에 의해 분리된 X, Y, Z축 좌표 값으로 지정한다. 예를 들어 '3,6' 은 원점에서 X축 방향으로 3만큼, Y축 방향으로 6만큼 떨어진 좌표를 의미한다.

입력 방법 : X, Y, Z

Command: Line ↵

From point: 50,100 ↵

To point: 80,160 ↵

To point: 120,130 ↵

To point: 50,100 ↵

To point: ↵

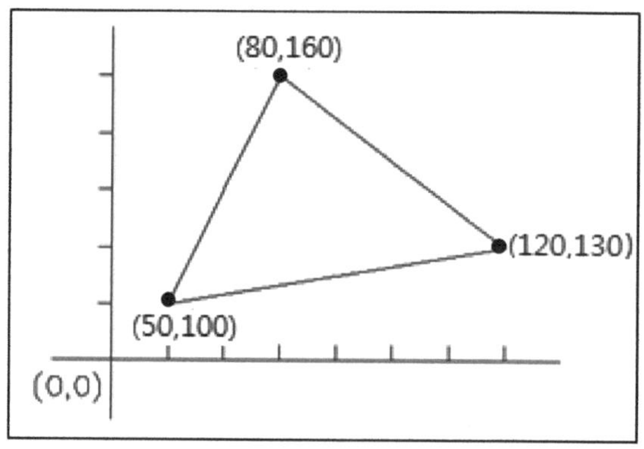


그림 1-8 절대좌표

### (2) 상대좌표

도면의 원점(0,0)을 기준으로 하지 않고 현재의 좌표를 기준으로 하여 새로운 좌표값을 지정하며, 이 때 상대좌표임을 나타내기 위하여 @를 붙인다. 예를 들어 현재의 좌표가 (170,100)일 때 '@50,40'를 입력하면 절대 좌표의 (220,140)과 같아진다.

입력 방법 : @X, Y

Command: Line ↵

From point: 170,100 ↵

To point: @50,40 ↵

To point: ↵

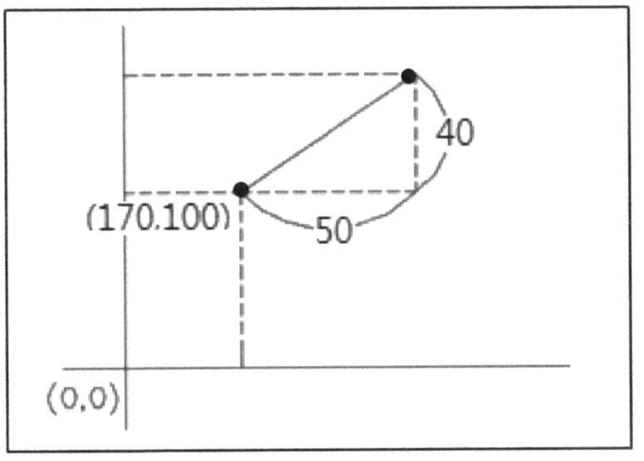


그림 1-9 상대좌표

### (3) 상대극좌표

거리와 각도를 가지고 좌표값을 지정한다. 좌표 입력형식은 "@거리<각도"이며, 현재의 좌표를 기준으로 지정한 각도, 길이만큼 떨어진 부분의 새로운 좌표가 지정된다.

각도를 지정하는 방법은 앞서 설명한 바와 같이 3시 방향을 기준하여(0° ) 반시계 방향은 +, 시계 방향은 -로 나타낸다.

**입력 방법 : @거리 〈 각도**

Command: Line ↵
From point: 260,100 ↵ ⇨ 절대 좌표
To point: @70<0 ↵ ⇨ 절대 좌표 (330,100에 해당
To point: @70<90 ↵ ⇨ 절대 좌표 (330,170)에 해당
To point: @70<180 ↵ ⇨ 절대 좌표 (260,170)에 해당
To point: 260,100 ↵ ⇨ 절대 좌표
To point: ↵

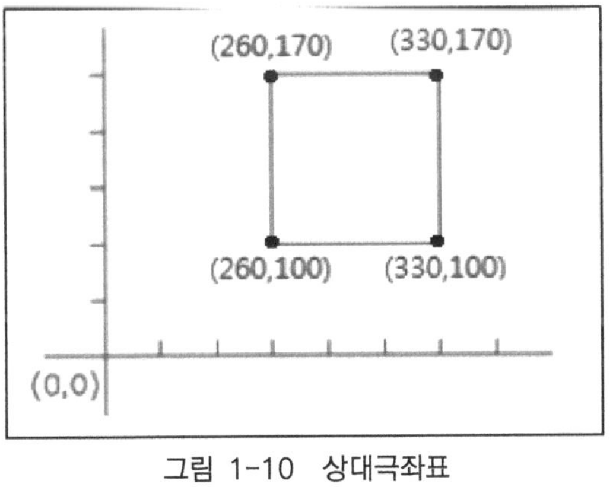


그림 1-10 상대극좌표

2

CHAPTER

# 명령어(I)

# 2.1 선(LINE) 명령

도면 작성시 가장 기본적인 명령어로서 직선을 그릴 때 이용되며, 주로 리본메뉴를 이용하면 편리하다.

▣ 명령어 사용 방법

- 키보드 입력 : Line 또는 L
- 리본 메뉴 : 그리기 ⇨ line(선) 

▣ 사용 방법

명령: Line (또는 L) ↵ ⇨ 명령어 또는 단축키 사용

LINE 첫 번째 점 지정: ⇨ 시작 점 (또는 해당하는 좌표값 입력)

다음 점 지정 또는 [명령 취소(U)]: ⇨ 다음 점 (또는 해당하는 좌표값 입력)

다음 점 지정 또는 [명령 취소(U)]: ⇨ 바로 Enter 키를 누르면 Line 명령을 종료한다.

▣ 추가 명령어

- Close (또는 C) : 시작점과 마지막 점을 연결하여 폐각형을 형성한다.
- Undo (또는 U) : 바로 전에 그린 선을 한 단계씩 취소한다.

연속적인 선을 그리기 위해서는 좌표값을 지정해야 하며 이는 다음과 같은 방법이 있다.

▣ 연습(1) : 절대좌표를 이용하여 직선 그리는 방법

명령: LINE ↵

LINE 첫 번째 점 지정: 0,220 ↵

다음 점 지정 또는 [명령 취소(U)]: 30,280 ↵

다음 점 지정 또는 [명령 취소(U)]: ↵

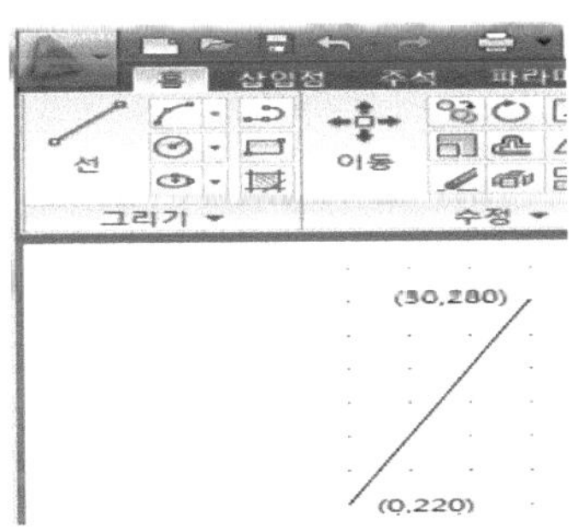


그림 2-1 직선그리기

▣ 연습(2) : 사각형을 그리는 중간에 잘못 그린 부분만을 취소하고 계속하여 그리는 방법

명령: L ↵

LINE 첫 번째 점 지정: 170,130 ↵ ⇨ 절대 좌표 (X ⇨ 170, Y ⇨ 130)

다음점 지정 또는 [명령 취소(U)]: @80<0 ↵

다음점 지정 또는 [명령 취소(U)]: @80<45 ↵

다음점 지정 또는 [닫기(C)/명령 취소(U)]: U ↵ ⇨ 좌표값을 잘못 지정하였으므로 취소

다음점 지정 또는 [닫기(C)/명령 취소(U)]: @80<90 ↵

다음점 지정 또는 [닫기(C)/명령 취소(U)]: @80<180 ↵

다음점 지정 또는 [닫기(C)/명령 취소(U)]:C ↵ ⇨ 시작점과 연결한 후 명령을 마친다.

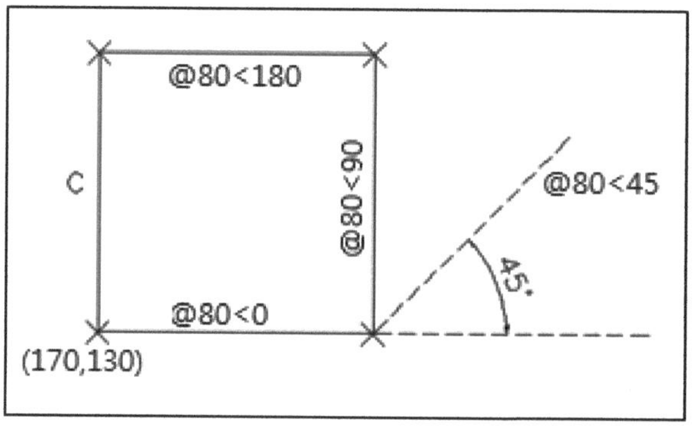


그림 2-2 취소 명령 U 사용

> 참고
>
> 취소 명령 Undo는 명령을 취소하거나 도면 작업이 잘못되었을 때 이미 사용한 명령을 거슬러 순차적으로 취소한다. 이때 잘못 사용하는 경우 지금까지 작업한 모든 명령이 취소 될 수 있으므로 주의하여야 한다.

▣ 연습(3) : 거리값을 직접 입력하는 방법

Command: L ↵

From point: (P1) ⇨ 임의의 점(P1) 지정

To point: 10 ↵ ⇨ 마우스의 커서가 움직인 위치에 길이 10이 그려진다.

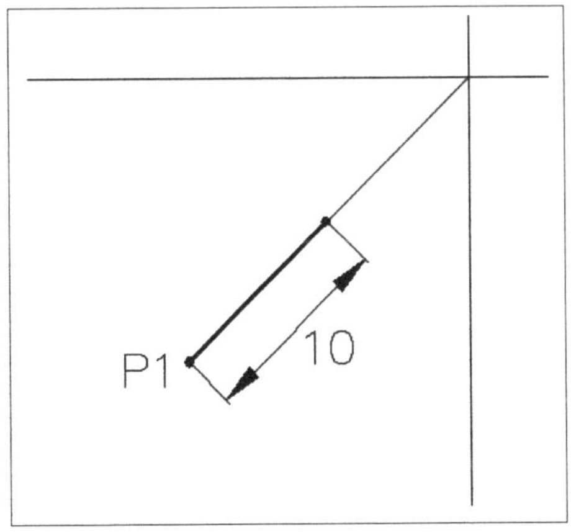


그림 2-3 거리값 입력

▣ 연습(4) : 좌표값을 사용하지 않고 마우스를 이용하여 원하는 위치에 지정한다.

| | |
|---|---|
| Command: L ⏎ | ⇨ 단축 명령어 "L"만 입력 |
| From point: | ⇨ P1 지정 |
| To point: (F8키를 누른다.) 〈직교(Ortho) 동작〉 | ⇨ P2 지정 |
| To point: (F7키를 누른다.) 〈스냅(Snap) 동작〉 | ⇨ P3 지정 |

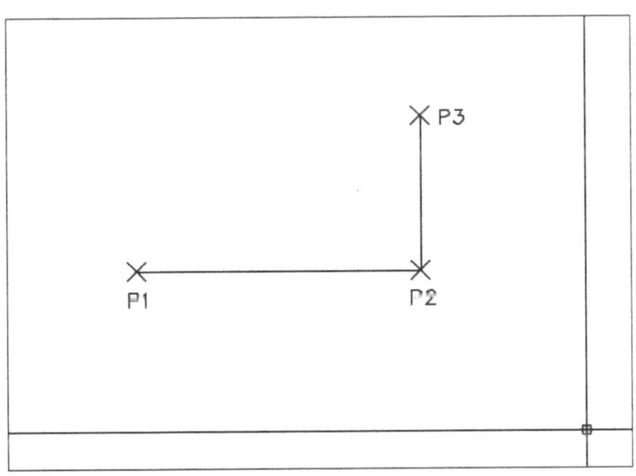


그림 2-4 마우스를 이용한 좌표값 지정

**참고**

명령라인에서 좌표지정이나 명령어 입력중에 아래의 기능키(Function Key)를 누르면 명령창<Ortho on>안에 기능키 명령이 나오면서 실행되는데, 좌표지정이나 명령어 입력에는 아무런 영향은 없다.

## ☑ 참고 사항 1

다음은 AutoCAD에서 지원하고 있는 기능키에 대한 설명이다.

### 1. 동적 UCS ON/OFF <F6>

화면에서 동적 UCS를 켜기 또는 끄기 할 수 있다. 이때 〈F6〉키나 〈Ctrl+D〉를 누르면 동작된다.

### 2. 그리드 ON/OFF <F7>

그래픽 화면에서 원하는 간격으로 그리드(grid)를 화면에 표시하는 기능으로, 〈F7〉키나 〈Ctrl+G〉를 누르면 그리드가 나타난다.

### 3. 직교 ON/OFF <F8>

마우스를 이용하여 좌표를 지정한 뒤 움직일 때, 〈F8〉키를 누르면 사선으로는 작동되지 않고 수직·수평으로만 움직이는 ORTHO 기능이 작동된다.

### 4. 스냅 ON/OFF <F9>

〈F9〉키나 〈Ctrl+B〉를 누르면 이동 간격이 지정되어 마우스나 키보드 작동시 그 간격만큼씩 움직이는 SNAP 기능이 작동된다.

## ☑ 참고 사항 2

마우스를 이용하여 선(Line), 원(Circle), 호(Arc)…등을 그리는 경우 고무줄처럼 크로스 헤어를 따라 다니는데 이 선을 러버밴드(Rubber Band)라고 한다.

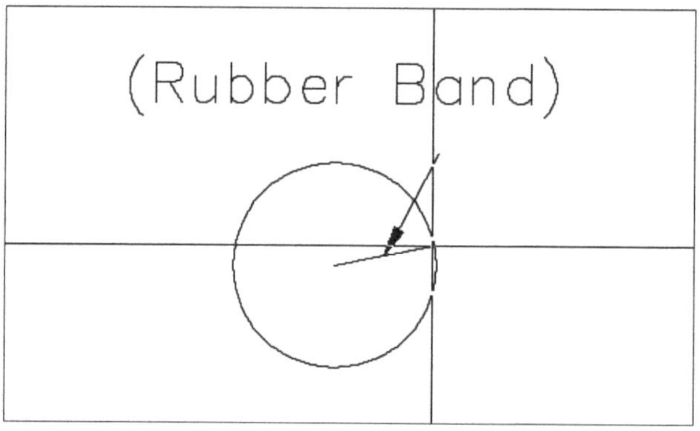


그림 2-5 러버 밴드(Robber Band)

## 2.2 지우기(ERASE) 및 복구(OOPS) 명령

필요없는 도면 요소나 잘못 그린 도면 요소를 지우거나(erase), 지워진 도면 요소를 다시 복구(oops)하는 명령이다.

▣ 명령어 사용 방법

- 키보드 입력 : Erase 또는 E
- 리본 메뉴 : 수정 ⇨ erase(지우기) 

▣ 사용 방법

명령: ERASE 또는 E ↵

객체 선택: ⇨ 지우고자 하는 도면요소 선택

객체 선택: ↵ ⇨ 선택된 도면요소 지움

명령: OOPS ↵ ⇨ 직전에 지운 도면요소를 복구

▣ 연습(1) : 삼각형 작도 후 원하는 도면요소 삭제

명령: L ↵

LINE 첫 번째 점 지정: 2,2 ↵

다음 점 지정 또는 [명령 취소(U)]: @6<0 ↵

다음 점 지정 또는 [명령 취소(U)]: @6<120 ↵

다음 점 지정 또는 [닫기(C)/명령 취소(U)]: C ↵

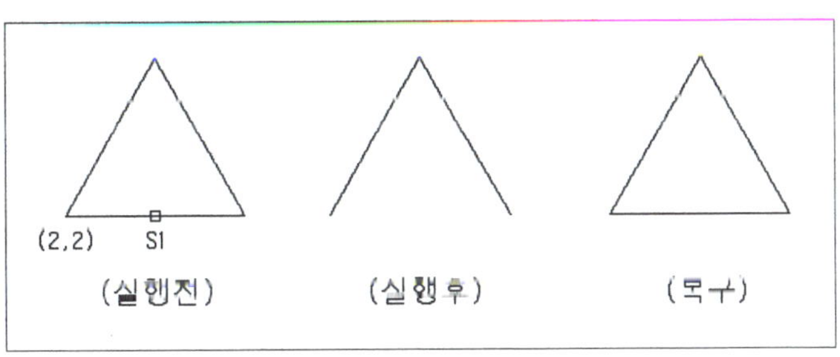


그림 2-6 삭제 및 복구

명령: ERASE 또는 E ↵
객체 선택: ⇨ 마우스를 이용하여 S1을 선택.
객체 선택: ↵ ⇨ 선택된 선 삭제.
명령: OOPS ↵ ⇨ 직전에 삭제된 도면요소 복구

▣ 연습(2) : 화면에 작성된 모든 도면요소를 한 번에 삭제

명령: E ↵
객체 선택: All ↵

▣ 연습(3) : 도면요소 선택시 C (crossing) 와 W (window) 의 차이점

화면에 작성된 도면요소를 선택하여 지우는 경우 윈도우 형태의 두 점을 지정하는데, 선택된 도면요소를 지우는 방법은 두 가지가 있다.

〈방법 1〉

Command: ERASE ↵
Select object: C ↵
First point : P1 ↵
Other point : P2 ↵
Select object : ↵

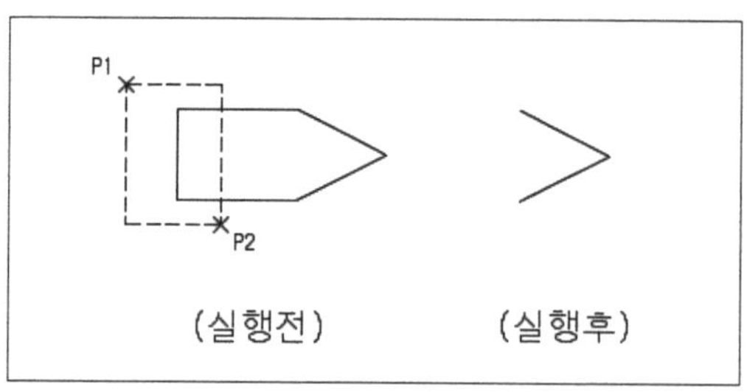


그림 2-7 Crossing을 이용한 도면요소 지우기

〈방법 2〉

Command : E ↵
Select object : W ↵
First point : P1 ↵
Other point : P2 ↵
Select object : ↵

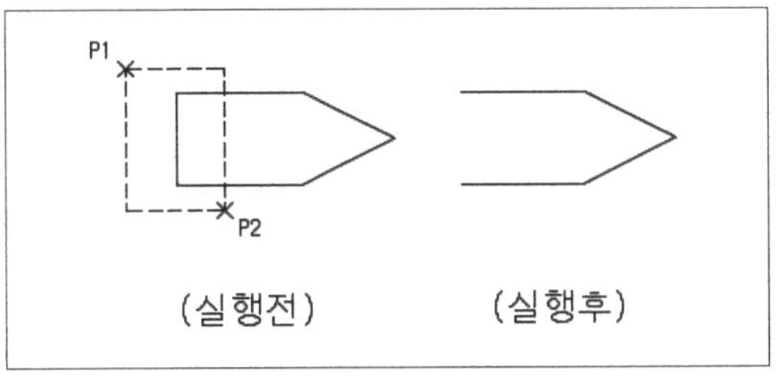


그림 2-8 Window를 이용한 도면요소 지우기

참고

도면요소를 선택하여 지우는 방법중에는 Crossing과 Window의 차이점은 살펴보기 바란다. Crossing일 경우 윈도우 박스에 걸치기만 해도 모두 지워지게 되고 Window일 경우 각각의 도면요소가 완전히 선택된 경우에만 지워지게 된다. 또한 "C" 또는 "W"을 입력하지 않아도 마우스를 이용하여 왼쪽에서 오른쪽으로 지정 하면 Window 기능이 실행되고, 오른쪽에서 왼쪽으로 지정하면 Crossing의 기능을 실행한다.

## 2.3 실행명령 취소(U/Undo)

이전 실행 명령을 취소하려면 U 명령이나 Undo 명령을 사용하면 된다. 이들 명령은 이전 실행 명령을 취소한다는 점에서는 같지만 서로 다른 명령이다.

U 명령은 앞서 실행한 명령을 한 단계씩 취소한다. 단, open, seve 명령 등 일부 명령은 취소할 수 없다.

▣ 명령어 사용 방법

- 키보드 입력 : u ↵
- 도구 마대 : 

Undo 명령은 U 명령과 달리 여러 명령을 동시에 취소하거나, 특정 명령 실행시 기억시킨 위치까지 한 번에 취소할 수 있다.

Command: undo ↵

Auto/Control/BEgine/End/Mark/Back/〈Number〉:

## ▣ 추가 명령어

• Auto : 자동설정 기능 사용여부를 결정한다.

On - Auto 옵션 기능을 활성화시킨다.

Off - Auto 옵션 기능을 정지시킨다.

• Control : Undo 명령의 기능을 제어한다.

All : 반복하여 도면 요소를 취소할 수 있도록 Undo 명령과 U 명령의 기능을 활성화 한다.

One : 단 한번만 도면 요소를 취소할 수 있도록 Undo 명령과 U 명령의 기능을 활성화 한다.

None : Undo 명령과 U 명령의 기능을 정지시킨다.

• BEgin : 취소 작업 그룹의 시작 위치를 지정한다. 이 옵션은 End 옵션 지정 전까지의 실행 명령을 하나의 그룹으로 묶는다.

• End : 그룹으로 묶어 취소명령의 끝 위치를 지정한다.

• Mark : 실행을 취소할 위치를 지정한다. 이 옵션 지정 후 실행한 명령은 Back 옵션 지정으로 일괄 취소할 수 있다.

• Back : Mark 옵션 지정 이후부터 실행한 명령을 일과 취소하고, 취소지정 숫자만큼의 전 단계 작업을 취소한다.

• Number : 지정 숫자만큼의 전 단계 작업을 동시에 취소한다.

## ▣ 연습(1)

이전 실행 명령을 취소하기 위해 다음 그림과 같이 LINE 명령을 이용하여 [UNDO]라는 글자 모양을 차례로 그려보자. 그리고 [UNDO]라는 글자 모양 중 [DO] 모양의 두 글자를 취소한다.

Command: undo ↵

Auto/Control/BEgin/End/Mark/Back/〈Number〉: 2 ↵

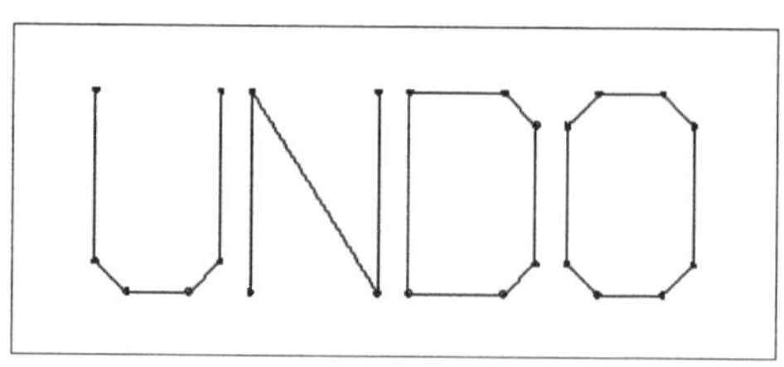

그림 2-9 UNDO 명령으로 〔DO〕 동시에 실행 취소

## 2.4 취소 작업 복구(Redo)

redo 명령은 undo 명령이나 U 명령으로 취소한 작업을 다시 복구시킬 때 사용한다. 단, redo 명령은 바로 전에 실행한 하나의 취소 작업만 복구시킬 수 있다. 따라서 2단계 이상 취소한 명령은 다시 복구할 수 없기 때문에 Undo 명령 사용에 주의해야 한다.

▣ 명령어 사용 방법

- 키보드 입력 : redo ↵
- 도구 막대 : 

## 2.5 블립제거(Redraw)

Redraw 명령은 블립(blip)을 제거하기 위하여 화면을 다시 그려주는 명령이다. 블립이란 도면요소를 그리거나 선택하기 위해 지정한 점 모양의 기호로, 실제 도면에서 아무런 영향을 미치지 않는다.

▣ 사용방법

명령 : redraw 또는 r ↵

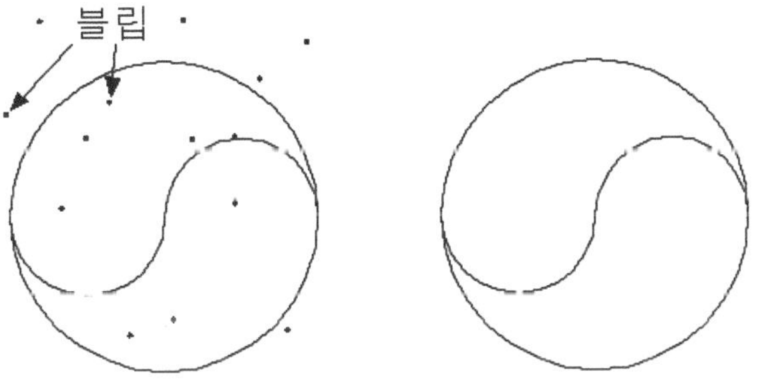


그림 2-10 redraw 명령 실행 전후

참고로 점의 위치 지정이나 도면 선택시 항상 블립이 표시되지 않도록 할 수도 있다. 블립을 표시하지 않으려면 다음과 같이 Blipmode 명령을 실행하여 블립 모드를 Off 시키면 된다.

명령 : blipmode ↵

ON/OFF 〈On〉 : OFF ↵ (블립 표시의 취소)

## 2.6 화면 다시 그리기(Regen)

Regen 명령은 블립의 제거뿐만 아니라 화면 내의 모든 도면 요소를 다시 그려준다. (Regeneration) 보통 Regen 명령은 일부 명령 실행시 결과를 확인할 때나 화면 내의 도면 요소가 깨져 표시될 때 다시 그리기 위하여 사용한다.

▣ 사용방법

명령 : regen ↵

화면에 표시된 블립만 제거하기 위해서는 Redraw 명령을 이용하는 것이 바람직하다. 왜냐하면 Regen 명령은 화면 내의 모든 도면 요소를 다시 그리기 위해 그 만큼 많은 시간을 소요하기 때문이다. 특히 복잡한 도면일 경우 그 차이는 매우 크다.

## 2.7 원(CIRCLE) 명령

원을 그릴 때 사용하는 명령어이다.

▣ 명령어 사용 방법

- 키보드 입력 : circle 또는 c
- 리본 메뉴 : 그리기 ⇨ circle(원) 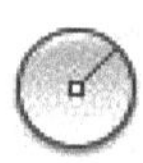

▣ 사용 방법

명령: circle 또는 c ↵

CIRCLE 원에 대한 중심점 지정 ⇨ 원의 중심을 정한다.

또는 [3P/2P/Ttr(접선 접선 반지름)]: ⇨ 추가 명령어를 선택한다.

원의 반지름 지정 또는 [지름(D)]: ⇨ 지름 또는 반지름을 입력한다.

▣ 추가 명령어

- 2P : 두 점을 지름으로 하는 원
- 3P : 세 점을 지나는 원
- Ttr : 두 접선과 반지름으로 원

▣ 연습(1) : 중심점과 반지름(Radius)에 의한 원

명령 : circle 또는 c ↵

CIRCLE 원에대한 중심점 지정 또는 [3P/2P/Ttr(접선 접선 반지름)] : 3,3 ↵ ⇨ 중심점지정.

원의 반지름 지정 또는 [지름(D)] : 2 ↵ ⇨ 반지름 값 지정.

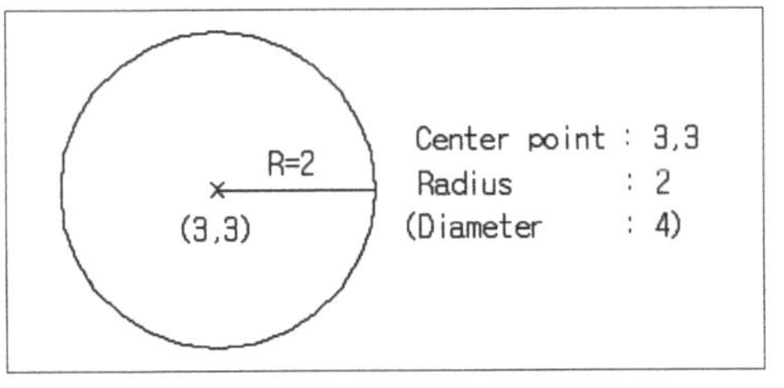


그림 2-11 중심, 반지름

> 참고
>
> ·원을 그릴 때 크로스 헤어를 움직일 때마다 원이 그려질 상태를 보여 주는데, 이것을 드래깅(Draggind)이라 한다.
>
> ·명령창구 “Command:”의 응답에서 <>안에 들어 있는 값은 AutoCAD가 가지고 있는 고정값이므로 위의 명령어와 같이 그냥 좌표를 입력하게 되면, 그 값은 <>안에 있는 중심점(Center Point)의 좌표가 된다.

▣ 연습(2) : 중심점과 지름(Diameter)에 의한 원

Command : c ↵

3P/2P/TTR/〈Center point〉: 3,3 ↵ ⇨ 중심점 지정.

Diameter/〈Radius〉: d ↵ ⇨ 지름 값 옵션 선택.

Diameter: 2 ↵ ⇨ 지름 값 입력.

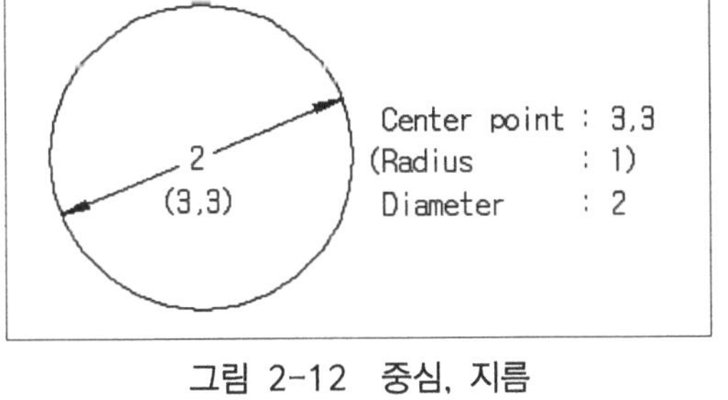


그림 2-12 중심, 지름

■ 연습(3) : 세 점(3P)을 지나는 원

Command: c ↵

3P/2P/TTR/⟨Center point⟩: 3P ↵ ⇨ 세 점으로 한 원 그리기 선택.

First point: 8,6 ↵ ⇨ 첫 번째 점 지정.

Second point: 9,5 ↵ ⇨ 두 번째 점 지정.

Third point: 8,3 ↵ ⇨ 세 번째 점 지정.

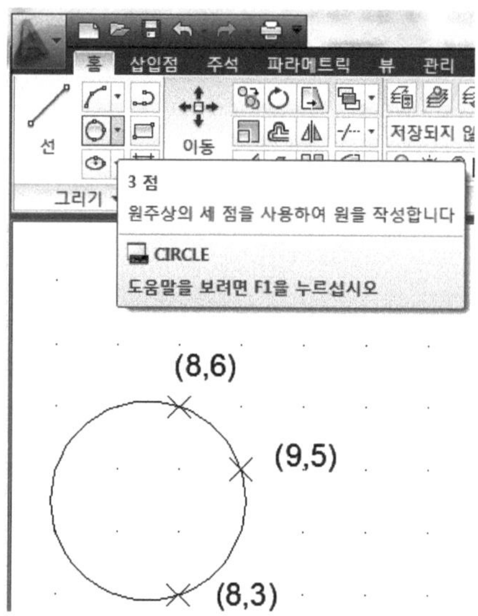


그림 2-13 세 점을 지나는 원

■ 연습(4) : 두 점(2P)을 지름으로 하는 원 그리기

Command: c ↵

3P/2P/TTR/⟨Center point⟩: 2P ↵ ⇨ 두 개의 점으로 원 그리기.

First point on diameter: 3,5 ↵ ⇨ 첫 번째 점 지정.

Second point on diameter: 6,5 ↵ ⇨ 두 번째 점 지정.

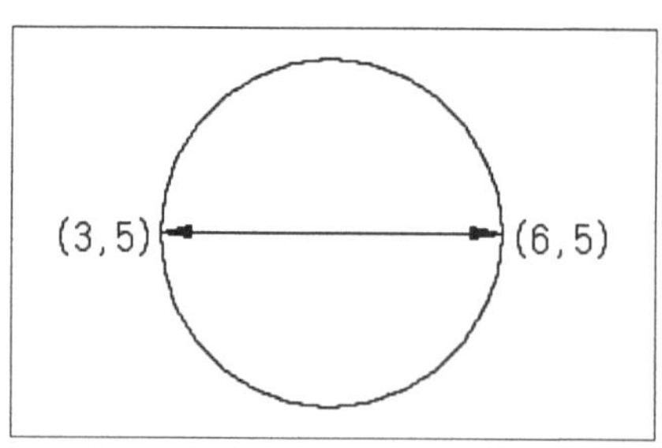


그림 2-14 두 점을 지름으로 하는 원

▣ 연습(5) : 두 접선과 반지름에 의한 원 그리기

Command: L ↵
From point: 2,1 ↵
To point: 12,3 ↵
To point: ↵

Command: c ↵
3P/2P/TTR/〈Center point〉: 3,5 ↵
Diameter/〈Radius〉: 2 ↵

Command: c ↵
3P/2P/TTR/〈Center point〉: TTR ↵
Enter tangent spec: S1 ⇨ S1(첫번째 선이나 원) 선택
Enter second tangent spec: S2 ⇨ S2(다른 선이나 원) 선택
Radius: (1 OR 1.5 OR 2) ↵

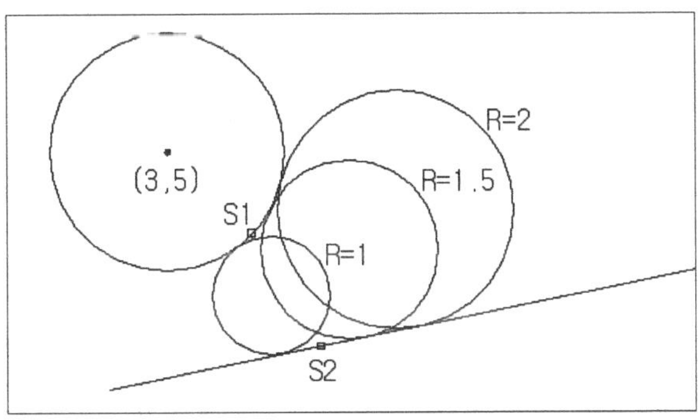


그림 2-15 두 접선과 반지름에 의한 원

# 2.8 새 도면 작성, 도면 열기 및 저장

## 2.8.1 NEW - 새로운 도면 작성

새로운 도면을 작성하려면 new 명령을 사용해야 한다.

▣ 명령어 사용 빙법

- 키보드 입력 : new
- 메뉴 검색기 : 새로 만들기 ⇨ new...

▣ 사용 방법

Command : new ↵

new 명령이 실행되면 그림과 같이 "템플릿 선택"의 대화상자가 나타난다.

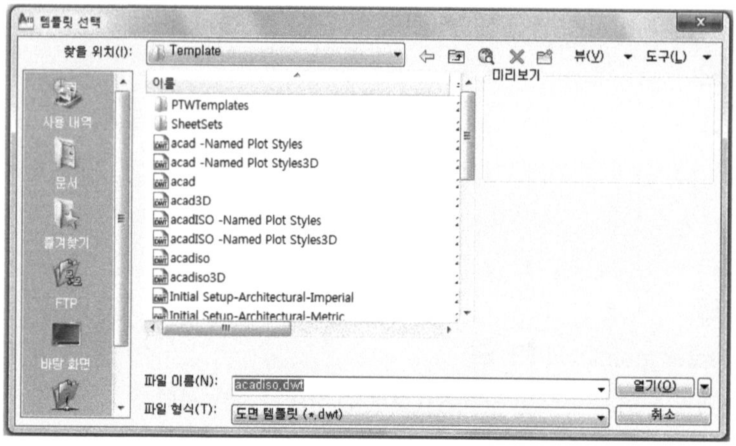


그림 2-16  new 대화상자

사용자가 원하는 템플릿 파일을 선택하여 도면을 작도하며, 일반적으로 acad.dwt를 이용한다.

## 2.8.2 OPEN - 도면 열기

OPEN 명령은 이미 존재하는 도면을 불러들이고자 할 때 사용하는데, 도면을 불러들이기 전에 도면 미리보기 기능(Preview)을 이용하면 편리하다.

▣ 명령어 사용 방법

- 키보드 입력 : open
- 메뉴 검색기 : 열기 ⇨ open

▣ 사용 방법

Command: open ↵

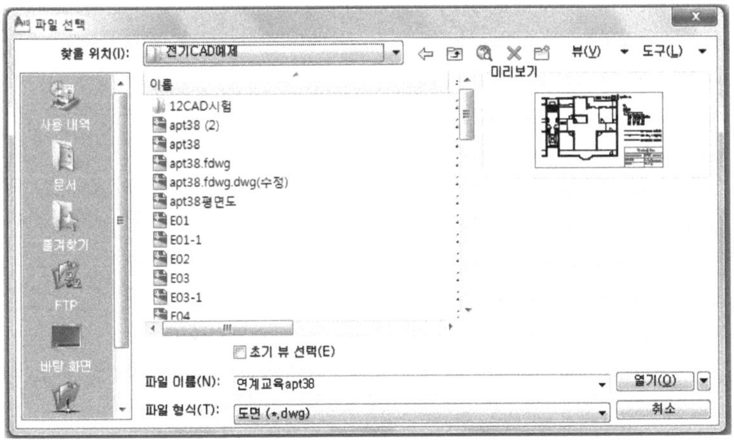


그림 2-17 open 대화상자

▣ 위치

현새 선택된 파일이 있는 위치를 나타낸다.

▣ File Name (파일 이름)

위에서 정의한 파일의 형태에 일치하는 파일명들을 나타낸다.

▣ List File Of Type (파일 형식)

찾고자 하는 선택된 파일의 형식(확장자)를 정의한다.

▣ Preview(미리보기)

도면을 찾기 위해서 미리 보여주는 기능이다.

> 참고
>
> 사용자가 명령을 작성하는 중간에 저장하지 않은 상태에서 다른 도면을 찾아서 지정한 경우 기존의 도면을 저장할 것인지를 묻는 대화상자가 나타난다.

▣ 명령라인에서 사용 방법

시스템 변수 FILEDIA가 0으로 지정되는 경우에 대화 상자가 억제되어 명령 라인을 이용하여 입력을 받는다.

Command: FILEDIA ↵

New value for FILEDIA ⟨1⟩: 0 ↵

Command : OPEN ↵

Enter name of drawing : ⇨ 도면이름을 입력한다.

## 2.8.3 SAVE 명령

SAVE 명령은 파일명을 물어보고 다른 이름으로 저장한다.

▣ 명령어 사용 방법

- 키보드 입력 : save
- 메뉴 검색기 : 저장 ⇨ 다른 이름으로 도면 저장(save)

▣ 사용 방법

명령 : save ↵

save 명령이 실행되면 그림과 같이 다른 이름으로 도면 저장이라는 대화상자가 나타나는데, 원하는 도면의 이름을 입력하거나 마우스를 이용하여 선택하면 된다.

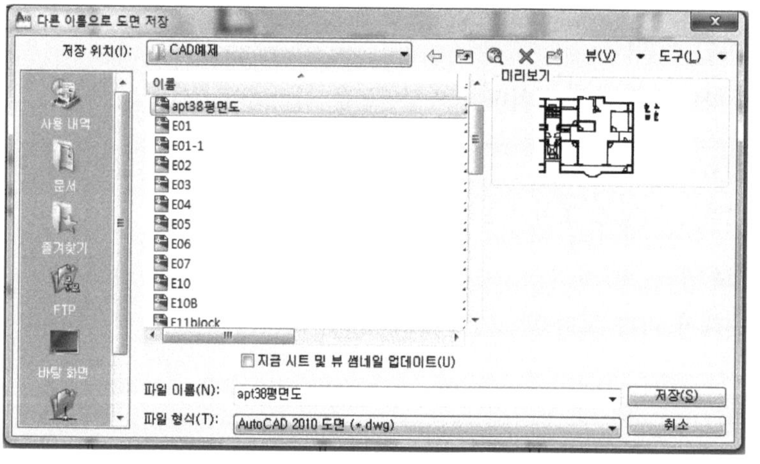


그림 2-18 save 대화상자

## 2.8.4 일정 시간마다 자동 저장

AutoCAD에서 도면을 그리는 도중 명령어를 이용하여 저장시키지 않더라도 일정시간마다 작업한 도면을 저장한다.

명령 : savetime

savetime에 대한 새값 입력 〈10〉: 30 ↵

이제 30분마다 현재의 도면 이름으로 자동 저장된다.

## 2.8.5 QUIT-작업종료

작성된 도면을 저장하지 않고, 그냥 작업 종료하는 명령어이다. 이때 사용자의 실수로 인하여 지금까지 작성된 도면을 잃어버리는 것을 방지하기 위하여 다시 한 번 확인하는 메시지(대화상자)가 나타나므로 사용자는 수정된 사항을 저장한 후 빠져나갈 것인지, 아니면 그대로 빠져나갈 것인지, 또는 QUIT 명령 자체를 취소할 것인지를 결정해야 한다.

▣ 명령어 사용 방법

- 키보드 입력 : quit
- 메뉴 검색기 : 닫기 ⇨ exit

▣ 사용 방법

명령 : quit ↵

quit 명령이 실행될 때 기존에 작성된 도면에 변화가 있을 경우 그림과 같이 대화상자가 나타나는데, 저장 또는 삭제하거나 명령을 취소하도록 선택하여야 한다.

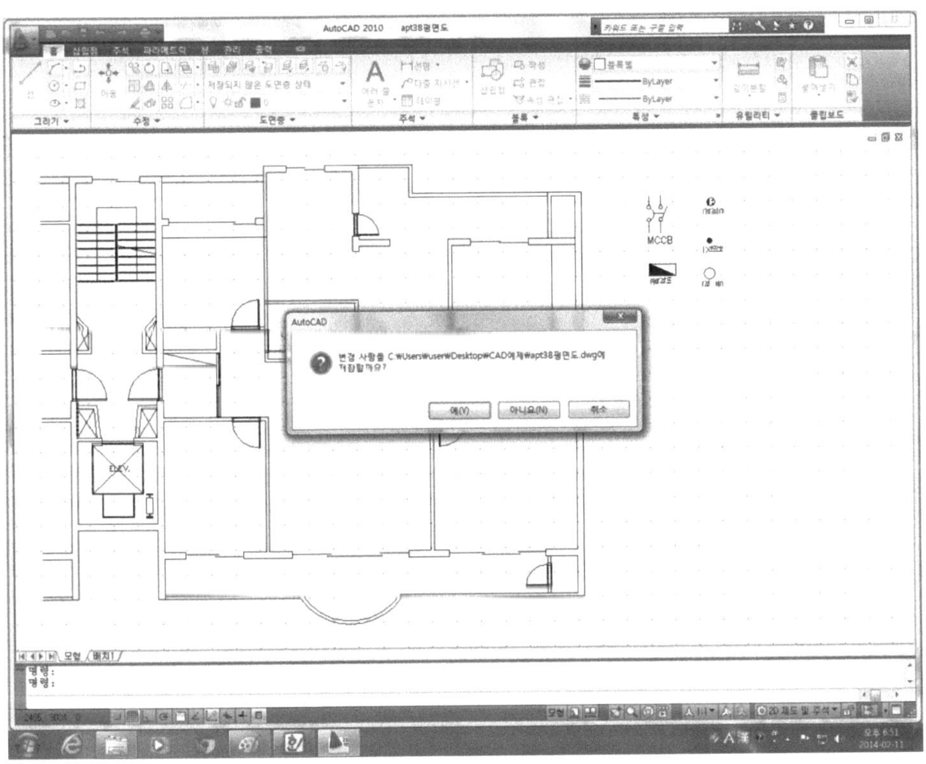

그림 2-19 quit 대화상자

3

CHAPTER

# 명령어(Ⅱ)

3.1 범위
3.2 모눈표시
3.3 스냅설정
3.4 수직 수평이동 설정
3.5 격자스냅 설정
3.6 단위설정

## 3.1 범위(LIMITS)

도면 크기를 지정하는 명령어이다. 도면을 작성할 때 미리 $A_1$, $A_3$라는 도면 크기를 설정하는 것과 마찬가지로 AutoCAD에서도 도면의 크기를 설정해야 한다.

▣ 명령어 사용 방법

- 키보드 입력 : LIMITS

▣ 사용 방법

명령 : LIMITS ↵

모형 공간 한계 재설정:

왼쪽 아래 구석 지정 또는 [켜기(ON)/끄기(OFF)] 〈0.0000,0.0000〉:

⇨ 왼쪽 하단 좌표 값을 설정한다.

오른쪽 위 구석 지정 〈420.0000,297.0000〉 :

⇨ 오른쪽 상단 좌표 값을 설정한다. 즉, 가로 420, 세로 297인 크기의 도면을 생성한다.

▣ 추가 명령어

- ON : 도면 한계 밖에 입력되는 모든 점을 취소한다.
- OFF : 도면 한계 밖에서도 점을 입력할 수 있다.
- Lower left corner(왼쪽 아래 구석) : 화면의 가장 왼쪽 하단 부분의 좌표값을 설정해 주는 것으로 보통 0, 0으로 설정한다. 사용방법에 따라 0, 0이 아닌 -X, -Y 값으로도 설정 가능하다.
- Upper right corner(오른쪽 위 구석) : 화면의 가장 오른쪽 상단 부분의 좌표값을 설정해 주는 것으로 필요한 도면의 좌표 값으로 입력하면 된다. 일반적으로 도면을 그릴 수 있는 최대 크기는 x축으로 10,000유닛, y축으로 8,000유닛이다.

LIMITS 명령을 실행한 후에는 반드시 ZOOM(Z)명령/ALL(A) 명령을 실행해야만 설정한 값대로 화면을 크게 또는 작게 할 수 있다.

▣ 연습(1) : 도면크기를 $A_3$로 지정한다.

명령 : LIMITS ↵

왼쪽 아래 구석 지정 또는 [켜기(ON)/끄기(OFF)] 〈0.0000,0.0000〉: ↵

오른쪽 위 구석 지정 〈420.0000,297.0000〉: 420, 297 ↵

명령 : Z↵

윈도우 구석을 지정, 축척 비율 (nX 또는 nXP)을 입력, 또는

[전체(A)/중심(C)/동적(D)/범위(E)/이전(P)/축척(S)/윈도우(W)/객체(O)]〈실시간〉: A ↵

그림 3-1 도면 크기 지정

### ☑ 참고 사항

도면의 크기가 일정치 못하다면 보관하거나 취급하기에 대단히 불편하다. 그러므로 KS 제도규격에서는 도면의 크기를 $A_0$, $A_1$, $A_2$, $A_3$, $A_4$까지 5종류로 규정하여 $A_0$를 제일 큰 도면으로 하여 둘로 나누면 그 크기가 $A_1$의 반이 $A_2$로 된다. 지면의 크기는 A계열 외에 책이나 포스터 등에 쓰이는 B계열도 있다.[단위: ㎜]

$A_0$ ⇨ 1189 × 841
$A_1$ ⇨ 841 × 594
$A_2$ ⇨ 594 × 420
$A_3$ ⇨ 420 × 297
$A_4$ ⇨ 297 × 210

## 3.2 모눈 표시 (GRID)

도면을 그릴 때 밑에 화면상에 기준이 되는 보조수단으로 사용자가 원하는 간격으로 모눈(Grid)을 나타낼 수 있다. 그리드는 시각적인 효과만 있으며 프린트로 출력되지 않는다.

▣ 명령어 사용 방법

- 키보드 입력 : grid
- 기능키 : 〈Ctrl + G〉 또는 〈F7〉

▣ 사용 방법

명령 : GRID : ↵

모눈 간격 두기(x) 지정 또는 [켜기(ON)/끄기(OFF)/스냅(Snap)/종횡비(A)]:

▣ 추가 명령어

- Grid spacing(X) (모눈간격두기(X)) : 모눈 값을 지정한다.
- ON/OFF : 모눈 화면 표시 유무를 나타낸다.
- Snap : 모눈 간격을 스냅간격과 같이 한다.
- Aspect : 모눈의 X축, Y축 간격을 다르게 지정한다.

▣ **연습(1) : 모눈을 화면에 나타내 본다.**

명령 : grid : ↵

모눈 간격 두기(x) 지정 또는 [켜기(ON)/끄기(OFF)/스냅(Snap)/종횡비(A)]: : ON ↵

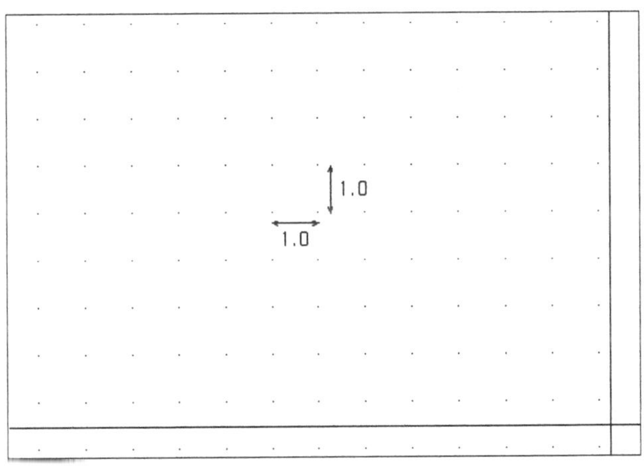


그림 3-2 grid ON/OFF

▣ 연습(2) : 모눈의 수평과 수직의 간격을 다르게 설정한다.

Command: grid ↵

Grid spacing(X) or ON/OFF/Snap/Aspect/⟨1.00⟩. A ↵

Horizontal spacing (X) ⟨0.00⟩: 2 ↵

Vertical spaceing (Y) ⟨0.00⟩: 1.5 ↵

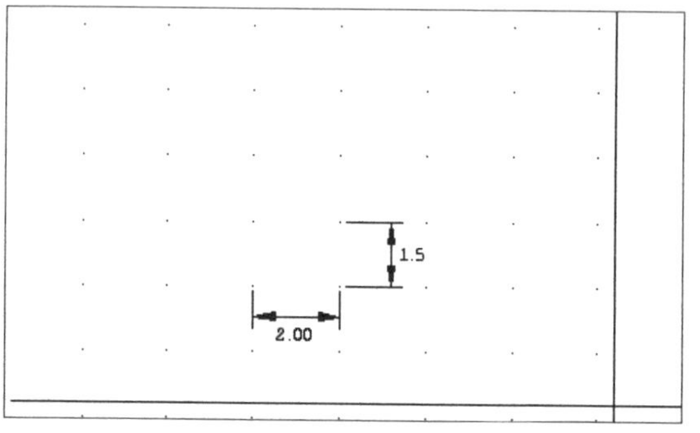


그림 3-3 GRID 간격 지정

만약, 도면 작성시 모눈의 간격을 너무 작게 지정하면 명령어 라인에 "Grid too dense to display(모눈이 너무 촘촘해서 표시할 수 없음)"이라는 메시지가 나타난다. 이 경우 모눈 간격을 다시 지정해야 한다.

## 3.3 스냅설정(SNAP)

지정한 SNAP 간격만큼 커서가 일정하게 움직이는 명령이다.

▣ 명령어 사용 방법

- 키보드 입력 : snap
- 기능키 : 〈Ctrl + B〉 또는 〈F9〉키

▣ 사용 방법

명령 : SNAP ↵

스냅 간격 두기 지정 또는

[켜기(ON)/끄기(OFF)/종횡비(A)/회전(R)/유형(S)/형태(T)]〈10.000〉:

▣ 추가 명령어

- Spacing : 스냅의 간격을 조정한다.
- ON/OFF : 스냅의 사용 유무를 결정한다.
- Aspect : 스냅의 X축의 간격과 Y축의 간격을 다르게 지정할 때 사용한다.
- Rotate : 스냅을 회전하고자 할 때 사용한다.
- Style : 스냅의 형태를 결정한다.

▣ 연습(1) : snap 명령을 실행한 후 마우스 또는 디지타이저를 움직이면 크로스헤어가 snap의 간격만큼 움직인다.

명령 : snap ↵
스냅 간격 두기 지정 또는
[켜기(ON)/끄기(OFF)/종횡비(A)/회전(R)/유형(S)/형태(T)]〈10.000〉: ON ↵

## 3.4 수직 수평이동 설정(ORTHO)

커서의 움직임이 수평과 수직으로만 이동되는 명령어이다.

▣ 명령어 사용 방법

- 키보드 입력 : ortho
- 기능키 : 〈Ctrl + O〉 또는 〈F8〉키

▣ 사용 방법

명령: ortho ↵
모드 입력 [켜기(ON)/끄기(OFF)] 〈끄기〉:

▣ 추가 명령어

- ON : 커서를 수직·수평으로만 움직이게 한다.
- OFF : Ortho 기능을 해제한다.

▣ 연습(1)

명령: ortho ↵
모드 입력 [켜기(ON)/끄기(OFF)] 〈끄기〉:

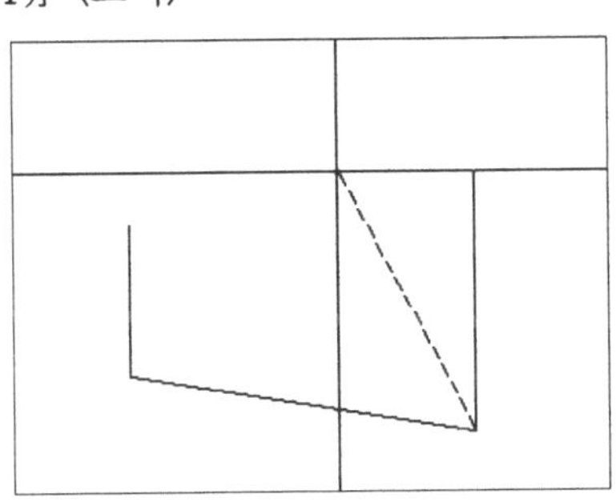

그림 3-4 ortho

# 3.5 스냅, 모눈 및 객체스냅 설정(DDRMODES)

대화상자를 이용하여 스냅, 모눈 및 객체스냅 등의 명령을 실행한다.

▣ 명령어 사용 방법

- 키보드 입력 : DDRMODES

▣ 사용 방법

명령 : DDRMODES ↵

- "제도 설정"이라는 대화상자가 나타난다.

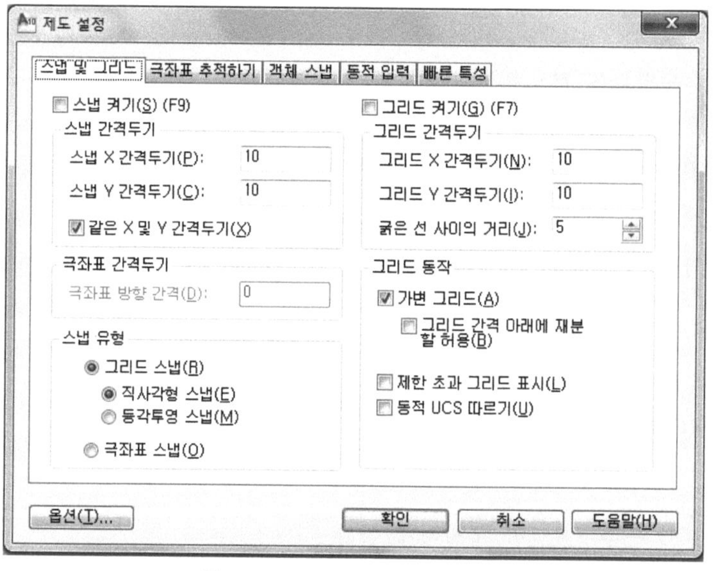


그림 3-5 DDRMODES 대화상자

▣ SNAP

- X Spacing (X 간격두기) : X 방향의 스냅간격을 지정한다.
- Y Spacing (Y 간격두기) : Y 방향의 스냅간격을 지정한다.
- Snap Angle (각도) : 스냅 모드를 지정된 스냅 각 만큼 회전시킨다.
- X Base (X 기준) : 모눈의 X 기준점을 지정한다.
- Y Base (Y 기준) : 모눈의 Y 기준점을 지정한다.

▣ GRID

- ON : 그리드를 ON/OFF 한다.

- X Spacing (X 간격두기) : X 방향으로 모눈 간격을 지정한다.
- Y Spacing (Y 간격두기) : Y 방향으로 모눈 간격을 지정한다.

▣ OBJECT SNAP (8장 객체스냅 참조)

## 3.6 단위 설정(UNITS or DDUNITS)

길이 및 각도의 표현을 소수점 8자리까지 나타낼 수 있다. 뿐만 아니라 기준 각도를 설정하기 위한 방향 조정도 가능하다.

▣ 명령어 사용 방법

- 키보드 입력 : UNITS

▣ 사용 방법

명령 : UNITS ↵

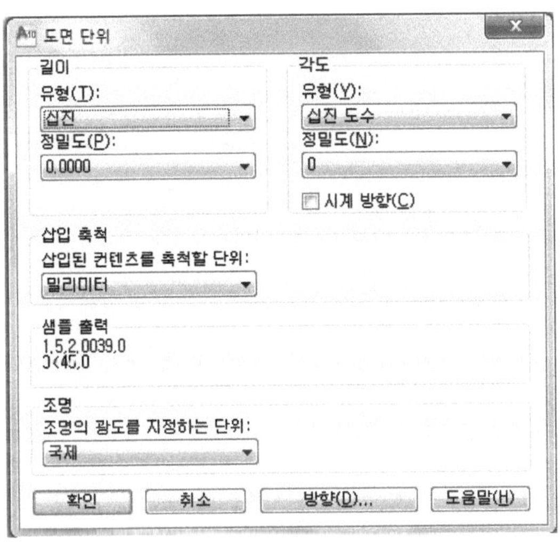


그림 3-6 UNITS 대화상자

▣ 길이형식 정하기

1. Architectural (건축) 1'-3 1/2" ⇨ 건축학적 형식으로 표시(정수의 피트와 분수의 인치로 표시)
2. Engineering (공학) 1'-350" ⇨ 공학적 형식으로 표시(정수의 피트와 소수의 인치로 표시)
3. Scientific (과학) 1.55E+01 ⇨ 지수 형식으로 지수 표시

4. Decimal (십진) 15.50 ⇨ 소수 형식으로 표시
5. Fractional (분수) 15 1/2 ⇨ 분수 형식으로 표시

도면의 단위를 선택하면 그 다음으로 정밀도(Precision)를 선택할 수 있는데, 소수점 이하 8자리 이내에서 선택한다.

- 소숫점 이하 2자리일 경우 (20.12) ⇨ 0.00
- 소숫점 이하 4자리일 경우 (20.1234) ⇨ 0.0000

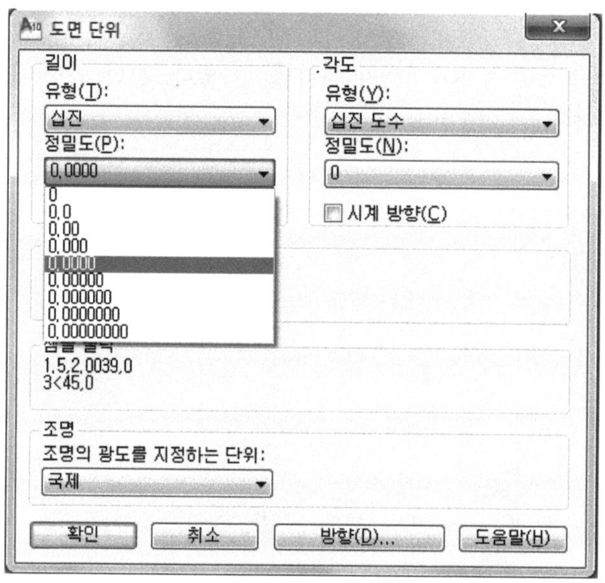


그림 3-7 소수점이하 자리수 설정

▣ 각도 형식 정하기

1. Decimal degrees(십진도 수) 45.000 ⇨ 소수 형식으로 표시
2. Degrees/minutes/seconds(도/분/초) 45d0'0" ⇨ 도/분/초 단위 형식으로 표시
3. Grads (그래드) 50.0000g ⇨ 기울기 단위 형식으로 표시
4. Radians (라디안) 0.7854r ⇨ 라디안 단위 형식으로 표시
5. Surveyor's units (측량사 단위) N 45d0'0" E ⇨ 각도를 동서남북(E,W,S,N) 의 방위와 함께 표시

원하는 각도 단위 형식을 지정한 후, 소수점 이하 자리수를 지정한다.

▣ 방향 (Direction)

East (동) = 0 ⇨ 시계의 3시 방향을 기준 각도(0°)로 설정한 경우이다.

North (북) = 90 ⇨ 이때 12시 방향은 90°가 된다.

West (서) = 180 ⇨ 이때 9시 방향은 180°가 된다.

South (남) = 270 ⇨ 이때 6시 방향은 270°가 된다.

현재 지정된 각도의 방향은 3시 방향(East)을 0°로 하여 각을 정하는데, 각은 반시계방향(Counter Clock Wise)으로 증가하는 것을 원칙으로 한다.

그러나 다음과 같은 물음에 Y를 입력하면 각도의 방향은 시계 방향으로 증가하도록 설정된다.

그림 3-8 각도 조정 대화상자

4

CHAPTER

# 명령어(Ⅲ)

4.1 색상
4.2 도넛
4.3 트레이스
4.4 솔리드
4.5 호
4.6 객체스냅

# 4.1 색상(COLOR or DDCOLOR)

도면요소의 색상표시는 1에서 255까지의 숫자나 표준색상 이름을 입력하면 도면요소의 색이 결정되며, 이 명령어 이후의 모든 도면요소에 적용된다. 그러나 플로터(Plotter)로 출력할 때 주변기기에 따라 나타낼 수 있는 색상의 수에는 한계가 있으므로 표준 색상 중 7가지를 주로 사용한다.

도면을 그릴 때 색상을 이용하면 도면요소의 구분을 용이하게 하고 플로터로 도면을 출력할 때 색상에 맞는 선의 두께를 조절할 수 있다.

### ▣ 명령어 사용 방법

- 키보드 입력 : COLOR

### ▣ 사용 방법

명령 : COLOR ↵

New entity color ⟨BYLAYER⟩: (원하는 색상 선택)

### ▣ 표준색상

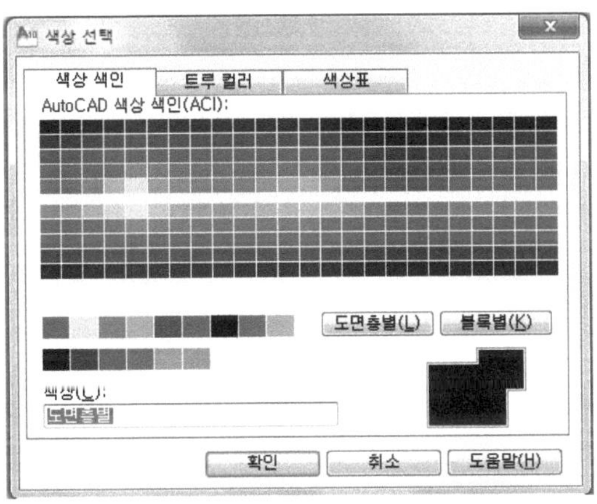


그림 4-1 색상 선택

1. 빨간색 : Red
2. 노란색 : Yellow
3. 초록색 : Green
4. 하늘색 : Cyan
5. 파란색 : Blue
6. 선홍색 : Magenta
7. 흰 색 : White

> 참고
> 원하는 색상을 선택하는 경우 세 가지 방법이 있는데, 만약 초록을 선택하는 경우 3, Green 또는 약자 G를 사용한다.

▣ 전체 색상 팔레트

파렛트에 원하는 색상에 마우스를 이용하여 지정하거나, color 편집박스에 직접 색상을 입력하고 “OK" 버튼을 누르면 이후부터 그리는 도면요소의 색상이 결정된다.

▣ 연습(1) : 색상 변경하여 선 그리기

Command: color ↵

New entity color 〈BYLAYER〉: green or G or 3 ↵

Command: Line ↵ ⇨ 선을 그린다.

## 4.2 도넛(DONUT or DOUGHNUT)

도넛형태의 원을 그릴 때 사용한다.

▣ 명령어 사용 방법

- 키보드 입력 : DONUT 또는 DOUGHNUT
- 리본 메뉴 : 그리기 ⇨ donut(도넛) 

▣ 사용 방법

명령: DONUT

도넛의 내부 지름 지정 〈0.5000〉: ↵ ⇨ 도넛의 내부지름 입력.

도넛의 외부 지름 지정 〈1.0000〉: ↵ ⇨ 도넛의 외부지름 입력.

도넛의 중심 지정 또는 〈나가기〉: ⇨ 도넛의 중심점 지정.

▣ 추가 명령어

- FILL(ON) : 도넛의 내부가 채워진 형태로 그려진다.
- FILL(OFF) : 도넛의 외곽선만 그려진다.

▣ 연습(1) : 도넛 형태

명령: DONUT ↵

도넛의 내부 지름 지정 〈0.5000〉: 1 ↵ ⇨ 내부지름(1) 입력.

도넛의 외부 지름 지정 〈1.0000〉: 2 ↵ ⇨ 외부지름(2) 입력.

도넛의 중심 지정 또는 〈나가기〉: ⇨ 중심점 지정.

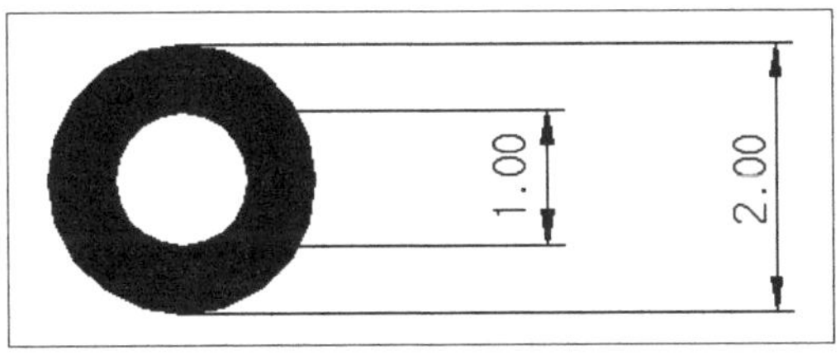


그림 4-2 도넛형태

▣ 연습(2) : 속이 채워진 원

Command: Fill ↵

ON/OFF 〈ON〉: ON ↵

Command: Dount ↵

Inside diameter 〈0.05〉: 0 ↵ ⇨ 내부지름(0) 입력

Outside diameter 〈1.00〉: 2 ↵ ⇨ 외부지름(2) 입력

Center of doughnut: (Pointing) ⇨ 중심점 입력

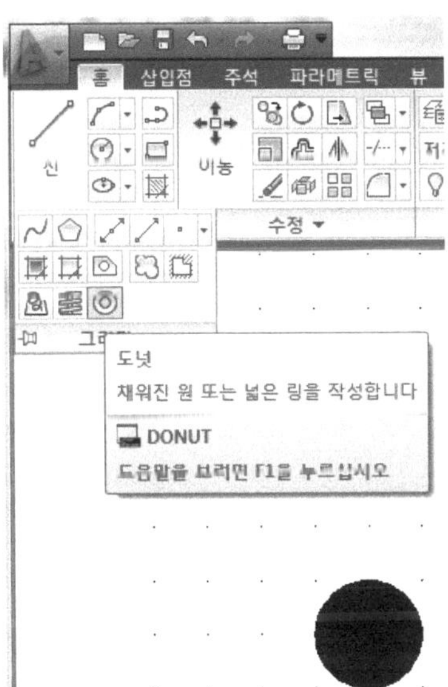


그림 4-3 속이 채워진 원

▣ 연습(3) : 속이 빈 형태의 도넛

Command: color ↵ ⇨ 색상을 파랑색(blue)으로 변경한다.

New entity color 〈BYLAYER〉: B ↵

Command: Fill ↵

ON/OFF 〈ON〉: OFF ↵

Command: Dount ↵

Inside diameter 〈0.05〉: 1 ↵

Outside diameter 〈1.00〉: 2 ↵

Center of doughnut: (Pointing)

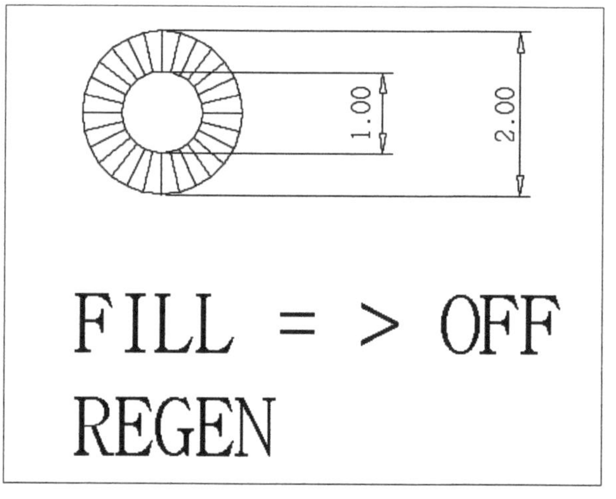


그림 4-4 속이 빈 도넛

참고

속이 빈 형태의 명령을 이용하여 연습을 한 뒤 반드시 "FILL"명령을 원래 상태인 "ON"으로 한다.

# 4.3 트레이스(TRACE)

두께를 가진 실선을 그리고자 할 때 사용하는 명령어이며, 선을 그리기 전에 두께를 지정해야 한다.

▣ 명령어 사용 방법

- 키보드 입력 : trace

▣ 사용 방법

명령 : trace ↵

Trace width 〈0.05〉: ⇨ 선의 두께 지정

From point: ⇨ 시작점 지정

To pointt:

▣ 가 명령어

- FILL(ON) : trace의 내부가 채워진 선이 그려진다.
- FILL(OFF) : trace의 외곽선만 그려진다.

▣ 연습

Command: trace ↵

Trace width 〈0.05〉: 0.1 ↵

From point: 6,5 ↵

To pointt: 4,5 ↵

To pointt: 3,4 ↵

To pointt: 3,3 ↵

To pointt: ↵

Command: Fill ↵

ON/OFF 〈ON〉: OFF ↵

Command: REGEN ↵

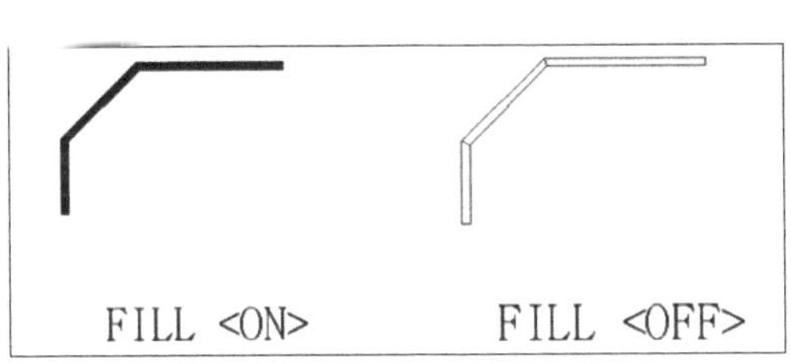


그림 4-5 TRACE 명령

## 4.4 솔리드(SOLID)

다각형의 속이 채워진 객체(오브젝트)를 그릴 수 있는 명령이다. 이때 좌표값을 입력하거나 지정할 경우에는 지그재그로 하여야 한다.

▣ 명령어 사용 방법

- 키보드 입력 : SOLID

▣ 사용 방법

명령 : solid ↵

▣ 추가 명령어

- FILL(ON) : solid의 내부가 채워진 선이 그려진다.
- FILL(OFF) : solid의 외곽선만 그려진다.

solid 명령으로 그릴 다각형의 꼭지점의 위치는 반드시 지그재그 형태로 지정해야만 한다. 왜냐하면 Solid 명령은 내부가 채워진 다각형을 한 번에 그리는 것이 아니라 지정한 점에 따라 삼각형의 형태로 내부를 채우기 때문이다.

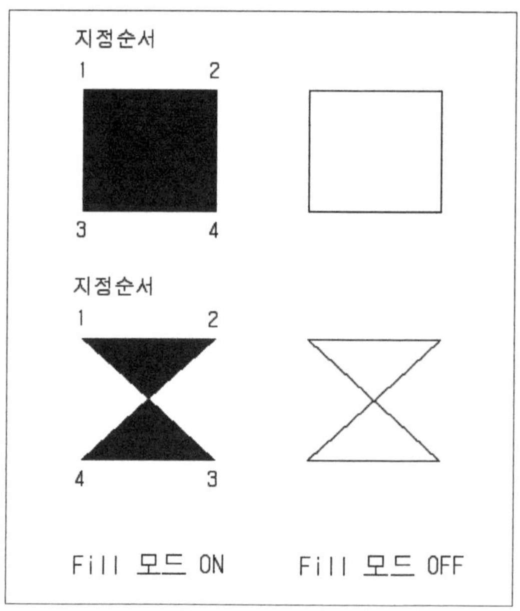


그림 4-6 Solid 명령

▣ 연습

한 변의 길이가 4이고 내부가 채워진 정사각형을 왼쪽 위의 꼭지점(5,8)부터 그려보자.

Command: solid ↵
First point: 5,8 ↵ (왼쪽 위 꼭지점 지정)
Second point: @ 4,0 ↵ (오른쪽 위 꼭지점 지정)
Third point: 5,4 ↵ (왼쪽 아래 꼭지점 지정)
Second point: @ 4,0 ↵ (오른쪽 아래 꼭지점 지정)
Third point: ↵ (Solid 명령 실행 종료)

다음과 같이 Fill 명령을 실행 한 후 Fill 모드를 OFF 시킨다.

Command: Fill ↵
ON/OFF 〈ON〉: OFF ↵ (Fill 모드의 OFF)
Command: Regen ↵

## 4.5 호(ARC)

호는 원의 일부로서 ARC 명령어를 이용하여 호를 그릴 수 있다. ARC 명령은 단순히 호를 그리는 것보다 기존의 객체와 연계해서 호를 그릴 때 많이 사용한다.

▣ 명령어 사용 방법

- 키보드 입력 : ARC 또는 A
- 리본 메뉴 : 그리기 ⇨ arc(호) 

▣ 사용 방법

Command : ARC ↵
Start point [Center] :
Center point/End/〈Second point〉 :
End point :

▣ 추가 명령어

- 3P (세 점을 지정한 호)
- S·C·E (시작점, 중심점 및 끝점을 지정한다.)
- S·C·A (시작점, 중심점 및 내부각을 지정한다.)

- S·C·L (시작점, 중심점 및 현의 길이를 지정한다.)
- S·E·R (시작점, 끝점 및 반지름을 지정한다.)
- S·E·A (시작점, 끝점 및 내부각을 지정한다.)
- S·E·D (시작점, 끝점 및 시작방향을 지정한다.)
- 선이나 호에서 연속하여 그린다.

### ☑ 참고 사항

S : 시작점(Start point)

D : 시작방향(Starting direction)

A : 내부각(Include angle)

R : 반지름(Radius)

C : 중심점(Center)

E : 끝점(End point)

L : 현의 길이(Length of chord)

### (1) 3P (세 점을 지나는 호)

원의 "3P"와 비슷하게 세 점을 지나는 호를 그린다.

Command: A ↵

Center/〈Start point〉: (7,4 or P1 지정)

Cente/End/〈Second point〉: (6,5 or P2 지정)

End point: (6,3 or P3 지정)

### (2) S·C·E (시작점, 중심점 및 끝점을 지정한다.)

중심선을 기준으로 시작점에서 끝점까지 반시계 방향으로 호를 그린다.

Command: A ↵

Center/〈Start point〉: (2,1 or P1 지정)

Cente/End/〈Second point〉: C ↵

Cente: (1,1 or P2 지정)

Angle/Length of chord/〈End point〉: (1,2,3 or P3 지정)

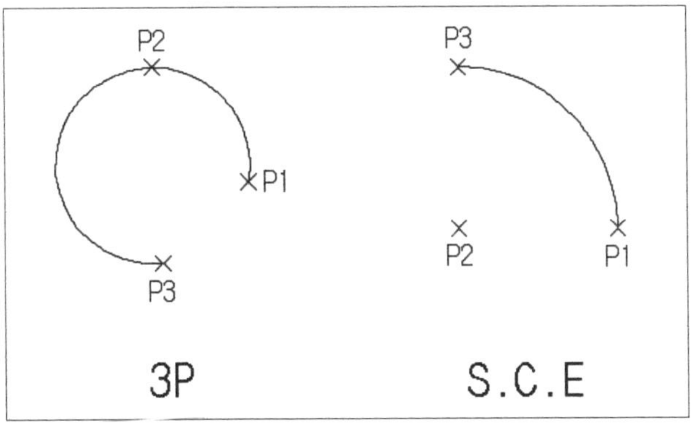


그림 4-7 호 그리기(Ⅰ)

### (3) S·C·A (시작점, 중심점 및 내부각을 지정한다.)

시작점에서 중심점까지를 주어진 각도만큼 호를 그리게 하는데, 각을 음수(-)로 지정하면 시계 방향으로 호를 그린다.

Command: A ↵

Center/〈Start point〉: 3,1 ↵

Center/End/〈Second point〉: C ↵

Center: 1,1 ↵

Angle/Length of chord/〈End point〉: A ↵

Include angle: (90 or -90 or - 270)

### (4) S·C·L (시작점, 중심점 및 현의 길이를 지정한다.)

중심점을 기준으로 시작점에서 현의 길이에 의해 호를 반시계 방향으로 그린다. 양수이면 180도 보다 작은 호가 그려지고 음수이면 180도 보다 큰 호가 그려진다.

Command: A ↵

Center/〈Start point〉: 2,1 ↵

Center/End/〈Sccond point〉: C ↵

Center: 1,1 ↵

Angle/Length of chord/〈End point〉: L ↵

Length of chord: (1.414 or -1.414)

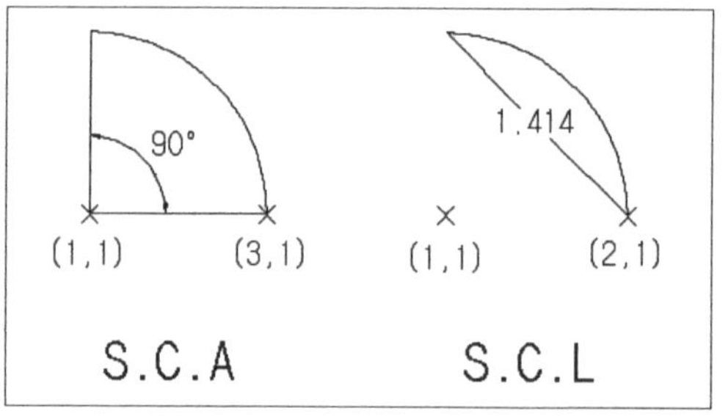


그림 4-8 호 그리기(Ⅱ)

### (5) S·E·R (시작점, 끝점 및 반지름을 지정한다.)

시작점과 끝점 사이를 반경에 의해서 그리는데, 반경이 양수이면 180도 보다 작은 호가 그려지고 음수이면 180도 보다 큰 호가 그려진다.

Command: A ↵
Center/⟨Start point⟩: 2,1 ↵
Center/End/⟨Second point⟩: E ↵
Center: 1,2 ↵
Angle/Direction/Radius/⟨Center point⟩: R ↵
Radius: (1 or -1)

### (6) S·E·A (시작점, 끝점 및 내부각을 지정한다.)

시작점으로부터 반시계 방향으로 호를 그리는데, 이 경우 각이 음수이면 시계방향으로 그려진다.

Command: ARC ↵
Center/⟨Start point⟩: 4,3 ↵
Center/End/⟨Second point⟩: E ↵
End point: 3,4 ↵
Angle/Direction/Radius/⟨Center point⟩: A ↵
Include angle: (90 or -90)

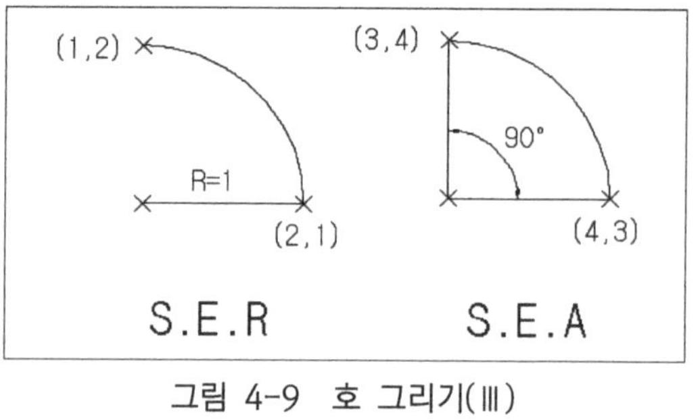


그림 4-9 호 그리기(Ⅲ)

### (7) S·E·D (시작점, 끝점 및 시작방향을 지정한다.)

시작점에서 끝점까지의 호를 그릴 때 사용하며 각이 180도 보다 크거나 작은 호를 그릴 수 있다.

Command: A ↵
Center/〈Start point〉: 2,1 ↵
Center/End/〈Second point〉: E ↵
End point: 1,2 ↵
Angle/Direction/Radius/〈Center point〉: D ↵
Direction from start point: 90 ↵

■ 연습(1)

circle 명령과 arc 명령을 이용하여 다음 그림과 같은 태극 도형을 그려보자. 이때 원 안의 왼쪽 호 AC는 중심점 B(6,6), 시작점 A(4,6), 끝점 C(8,6)를 지정하여 그려보자.

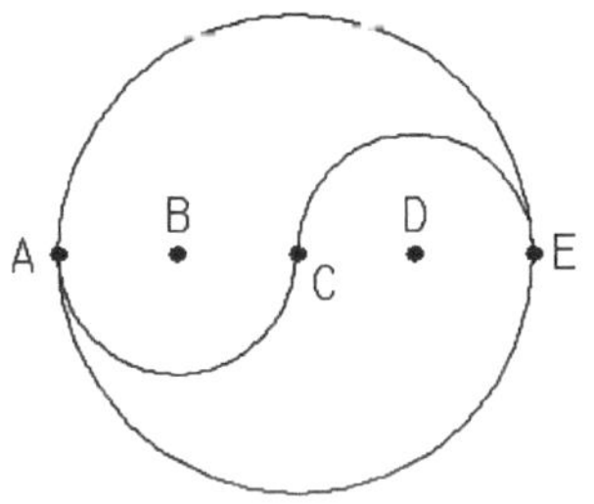


그림 4-10 태극 도형 그리기

Command: Circle ↵
3P/2P/Ttr/〈Center point〉: 8,6 ↵ (원의 중심점 C의 좌표 입력)
Diameter/〈Radius〉: 4 ↵ (원의 반지름 입력)
Command: Arc ↵
Center/〈Start point〉: C ↵ (Center 옵션 선택)
Center: 6,6 ↵ (호의 중심점 B의 좌표 입력)
Start point: 4,6 ↵ (호의 시작점 A의 좌표 입력)
Angle/Length of chord/〈End point〉: 8,6 ↵ (호의 끝점 C의 좌표 입력)
Command: ↵ (이전 명령을 재실행)
Center/〈Start point〉: C ↵ (Center 옵션 선택)
Center: 10,6 ↵ (호의 중심점 D의 좌표 입력)
Start point: 12,6 ↵ (호의 시작점 E의 좌표 입력)
Angle/Length of chord/〈End point〉: A ↵ (Angle 옵션 선택)
Lncluded angle: 180 ↵ (호의 각도 입력)

## 4.6 객체스냅(OSNAP or DDOSNAP)

도면 작성시 가장 필요한 기능으로서 객체의 원하는 지점을 정확하게 찾고자 할 때 이용된다. 예를 들어 선의 끝 지점을 지정하고자 할 때 원하는 근처에서 객체스냅 명령으로 end 명령어를 지정하여 정확하게 끝점을 지정하는 것이다. 이 명령어는 도면 작업중 언제나 이용할 수 있기에 강력한 기능을 가지고 있다.

▣ 명령어 사용 방법

- 키보드 입력 : OSNAP
- 상태표시줄 : 객체스냅(object snap)

▣ 사용 방법

Command: OSNAP ↵

Object snap modes: End, Mid, Cen (스냅모드를 한 개 또는 여러 개 입력한다.)

OSNAP 또는 DDSNAP을 실행하면 객체스냅 대화상자가 나타나며, 객체스냅 모드에서 필요한 기능만 선택하여 실행시킬 수 있다.

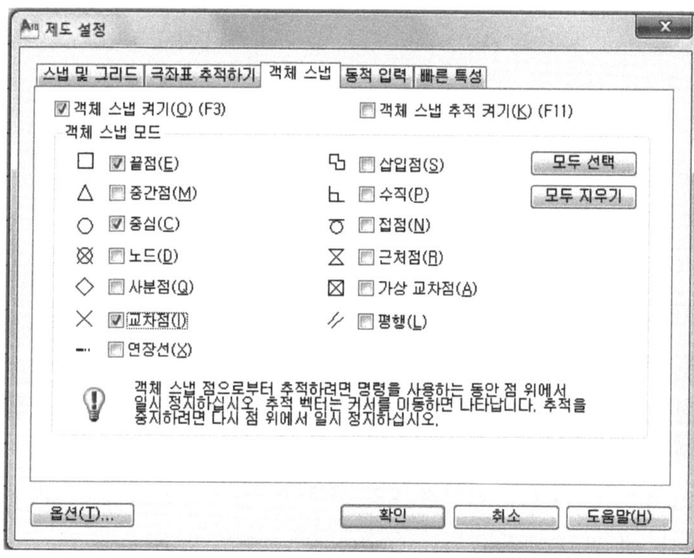


그림 4-11 객체스냅 대화상자

▣ 추가 명령어

- ENDpoint (끝점) : 끝점을 지정한다.
- MIDpoint (중간점) : 중간점을 지정한다.
- CENter (중심점) : 중심점을 지정한다.

- TANgent (접점) : 접선이 되는 점을 지정한다.
- INTersection (교차점) : 교차점을 지정한다.
- QUAdrant (사분점) : 원이나 타원의 1/4 위치 0, 90, 180, 270도가 되는 점을 지정한다.
- PERpendicular (수직) : 지정된 점으로부터 직각이 되는 지점을 찾아준다.
- NEArest (근처점) : 가장 가까운 객체를 찾아준다.
- NODe (노드) : 포인트의 점을 지정한다.
- NONE : 지정된 객체스냅을 취소한다.

### (1) ENDpoint (끝점)

선택된 객체의 끝점을 지정한다.

▣ 연습(2) : 다음 명령어를 이용하여 그림을 그린다.

Command: A ↵
Center/⟨Start point⟩: 5,3 ↵
Center/End/⟨Second point⟩: 3,5 ↵
End point: 5,7 ↵

Command: L ↵
From point: 7,3 ↵
To point: 7,7 ↵
To point: ↵

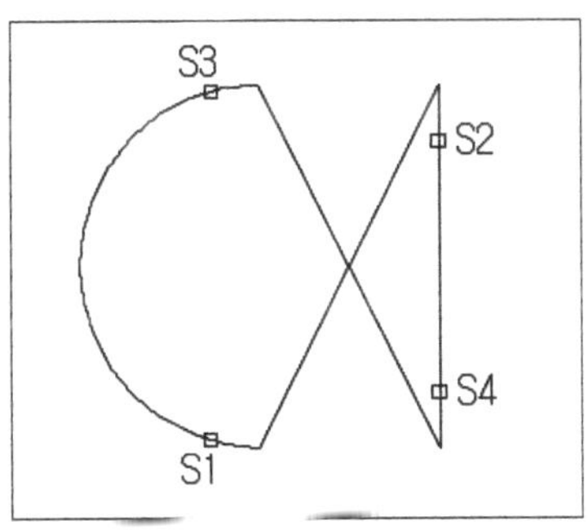


그림 4-12 ENDpoint 명령

Command: L ↵
From point: END ↵ of (S1 선택: 호의 끝점 선택)
To point: END ↵ of (S2 선택: 선의 끝점 선택)
To point: ↵
Command: L ↵
From point: END ↵ of (S3 선택: 호의 끝점 선택)
To point: END ↵ of (S4 선택: 선의 끝점 선택)
To point: ↵

> 참고
>
> 선(Line) 명령어가 실행하는 도중에 객체스냅을 사용하고자 할 때 십자선(Cursor hair)이 사라지고 사각형 크기의 선택박스(Target Box)가 나타나는데, 이 때 이 박스를 이용하여 원하는 지점을 선택한다.

### (2) MIDpoint (중간점)

선택된 객체의 중간점을 지정한다.

▣ 연습(2)

Command: L ↵

From point: MID ↵ of (S4 선택: 호의 끝점 선택)

To point: MID ↵ of (S5 선택: 선의 끝점 선택)

To point: ↵

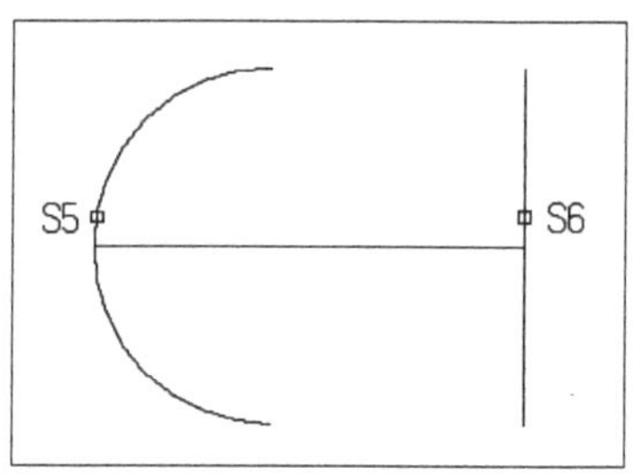


그림 4-13 MIDpoint 명령

### (3) CENter (중심점)

호 또는 원의 중심점을 지정한다.

▣ 연습(3)

Command: C ↵

Center/<Start point>: 4,5 ↵

Diameter/<Radius>: 2,5 ↵

Command: L ↵

From point: 8,2 ↵

To point: @6<90 ↵

To point: ↵

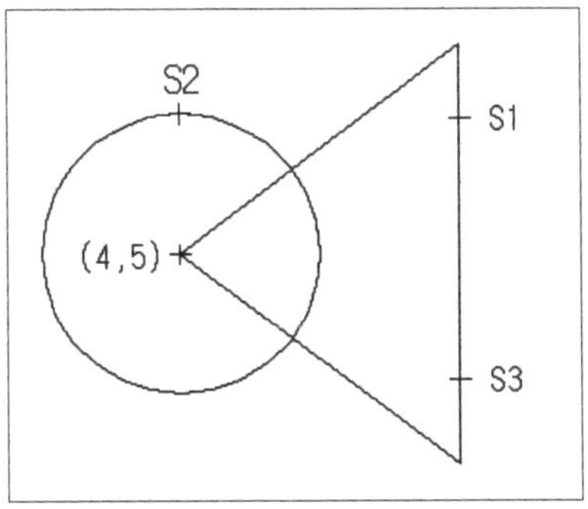


그림 4-14 CENter 명령

Command: L ↵
From point: END ↵ of (S1 선택: 선의 끝점 선택)
To point: CEN ↵ of (S2 선택: 원의 가장자리 선 선택)
To point: ↵

Command: L ↵
From point: END ↵ of (S3 선택: 선의 끝점 선택)
To point: CEN ↵ of (S2 선택: 원의 가장자리 선 선택)
To point: ↵

> **참고**
> 원의 중심점을 지정할 때 중심에 선택박스를 지정하는 것이 아니라 항상 원이나 호의 가장자리를 선택해야 한다.

### (4) TANgent(접선)

호 또는 원의 접선이 되는 지점을 지정한다.

▣ 연습(4)

Command: C ↵
3P/2P/TTR/⟨Center point⟩: 4,5 ↵
Diameter/⟨Radius⟩: 2 ↵

Command: L ↵
From point: 8,2 ↵
To point: @5⟨90 ↵
To point: ↵

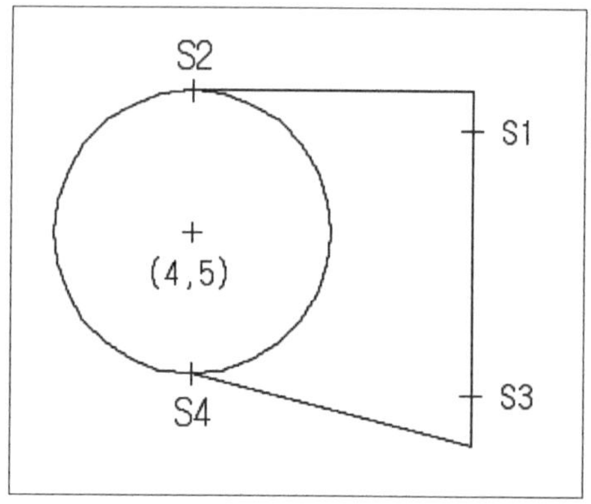


그림 4-15 TANgent 명령

Command: L ↵
From point: END ↵ of ⇨ S1 선택
To point: TAN ↵ of ⇨ S2 선택
To point: ↵
Command: L ↵
From point: END ↵ of ⇨ S3 선택
To point: TAN ↵ of ⇨ S4 선택
To point: ↵

### (5) INTersection (교차점)

교차 지점을 지정한다.

▣ 연습(5)

Command: L ↵
From point: 6,3 ↵
To point: @4<90 ↵
To point: ↵

Command: L ↵
LINE
From point: 4,5 ↵
To point: @4<0 ↵
To point: ↵

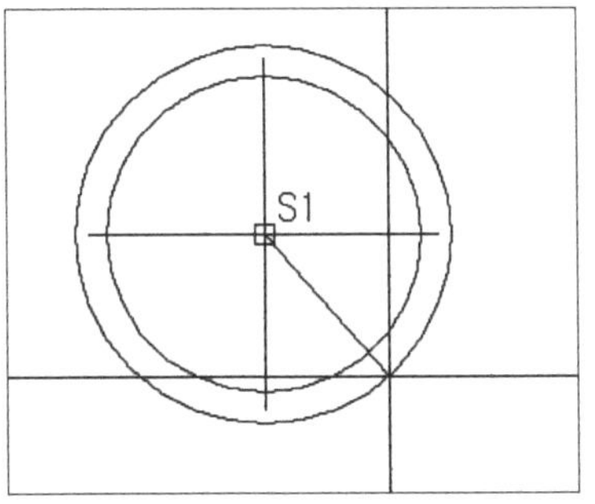


그림 4-16 INTersection 명령

Command : C ↵
3P/2P/TTR/〈Center point〉 : INT ↵ of ⇨ S1 선택
Diameter/〈Radius〉: 1.8 ↵

### (6) QUAdrant (사분점)

호 또는 원에서 가장 가까운 0°, 90°, 180°, 270° 되는 지점을 지정한다.

▣ 연습(6)

Command: C ↵
3P/2P/TTR/〈Center point〉: 3,5 ↵
Diameter/〈Radius〉: 2 ↵

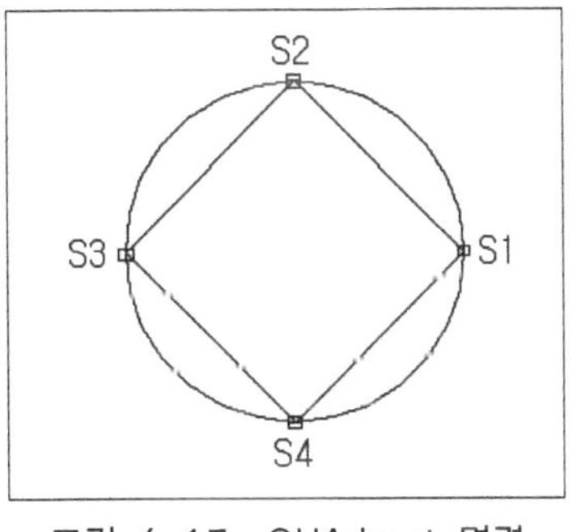


그림 4-17 QUAdrant 명령

Command: L ↵
From point: QUA ↵ of ⇨ S1 선택
To point: QUA ↵ of ⇨ S2 선택
To point: QUA ↵ of ⇨ S3 선택
To point: QUA ↵ of ⇨ S4 선택
To point: C ↵

> 참고
> 이때 OSNAP 명령의 QUA가 반복적으로 쓰이므로 매번 지정 해준다는 것은 능률적이지 못하므로 QUA를 한번에 지정하여 주면 명령어 실행마다 선택박스가 나타나는데, 이때 원하는 위치를 선택하면 된다.

Command : OSNAP ↵
Object snap modest : QUA ↵

Command : L ↵
From point : ⇨ 화면의 커서는 선택박스로 이미 변해 있다.

### (7) PERpendicular (수직점)

선, 호, 원 등에 지정된 점으로부터 직각 모드로 지정한다.

■ 연습(7)

Command : C ↵
3P/2P/TTR/〈Center point〉: 4,5 ↵
Diameter/〈Radius〉: 2 ↵

Command : L ↵
From point : 8,2 ↵
To point : @6〈90 ↵
To point : ↵

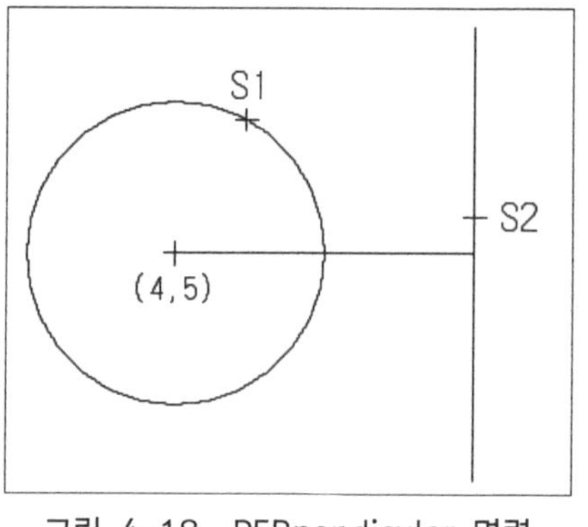


그림 4-18 PERpendicular 명령

Command : L ↵
From point : CEN ↵ of ⇨ S1 선택
To point : PER ↵ of ⇨ S2 선택
To point : ↵

### (8) NEArest (근처점)

가장 가까운 객체를 지정한다.

▣ 연습(8)

Command : L ↵
From point : END ↵ of ⇨ S4 선택
To point : NEA ↵ of ⇨ S3 선택
To point : ↵

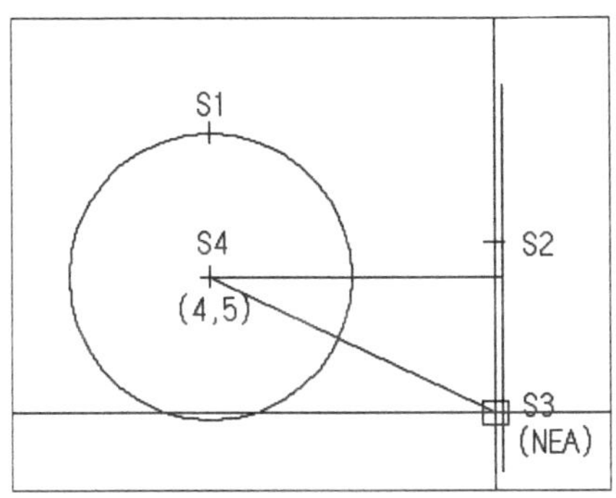


그림 4-19 NEArest 명령

### (9) INSert (삽입점)

TEXT / BLOCK 등의 삽입점을 지정한다.

### (10) NODe (점)

점(Point)의 중심점을 지정한다.

▣ 연습(9)

Command : OSNAP ↵
Object snap modes : NOD ↵

### (11) OSNAP 일괄 명령

OSNAP 명령어를 한번만 이용하기 위해 사용하기보다는 대화 상자에서 여러 개의 모드를 일괄 지정하면 편리하게 이용할 수 있다.

Command : OSNAP ⏎

Object snap modes에서 END, QUA, PER 선택

▣ 연습(10)

Command : C ⏎
3P/2P/TTR/〈Center point〉: 3,5 ⏎
Diameter/〈Radius〉: 2 ⏎

Command: L ⏎
From point: 8,2 ⏎
To point: 8,8 ⏎
To point: ⏎

Command: L ⏎
From point: S1 ⏎ ⇨ S1 선택
To point: S2 ⇨ S2 선택
To point: S3 ⇨ S3 선택
To point: S4 ⇨ S4 선택
To point: S5 ⇨ S5 선택

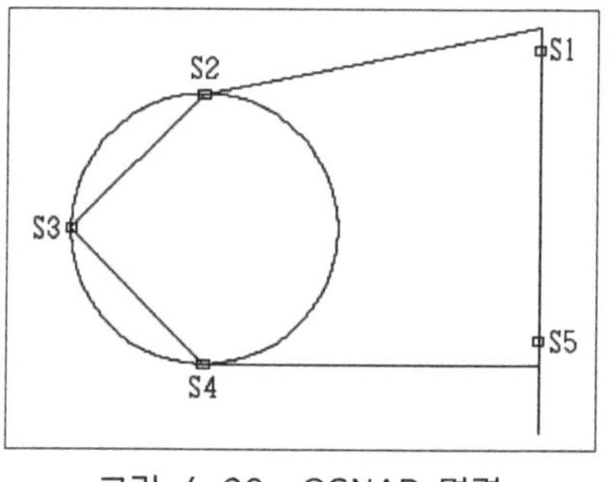


그림 4-20 OSNAP 명령

> ■ OSNAP 명령을 연속적으로 사용한 뒤 해제하는 명령은 대화상자에서 〈전체비우기〉를 클릭한다.
> Command: OSNAP ⏎
> 〈전체 비우기〉 선택

## (12) 어퍼처(Aperture)

객체스냅(Object snap) 모드를 이용하여 점(point)을 지정하고자 할 때 AutoCAD는 십자 선과 함께 사각의 선택박스(target)가 나타나 도면요소의 선택을 쉽게 하는데, 이 선택박스의 크기를 조절하는 명령어이다.

Command: APERTURE ↵
Object snap target box height (객체스냅 표적 높이)
(1-50 pixels) ⟨10⟩: (원하는 크기 지정)

원하는 선택박스의 크기는 1~50 사이의 정수 값으로 크기를 조절하는데, 수치가 클수록 선택박스가 커지게 되며 도면을 그리는데 가장 적당한 크기는 5 pixels 정도이다.

▣ Aperture size

또는 객체스냅 대화상자에서 ⟨옵션( I )⟩을 클릭하면 쉽게 선택 박스의 크기를 조절할 수 있다. 마우스를 이용하여 슬라이더를 지정한 뒤 좌우로 움직이면 표식기의 크기가 조절되는데, 원하는 크기를 지정한 뒤 확인(OK)을 누르면 된다.

5

CHAPTER

# 명령어(Ⅳ)

# 5.1 점(POINT)

도면에 점을 표시하거나 후에 나오는 분할(DIVIDE) 명령이나 측정(MEASURE) 명령에서 도면요소를 나누어 표시할 때 쓰인다.

▣ 명령어 사용 방법

- 키보드 입력 : POINT
- 리본 메뉴 : 그리기 ⇨ point (다중점)

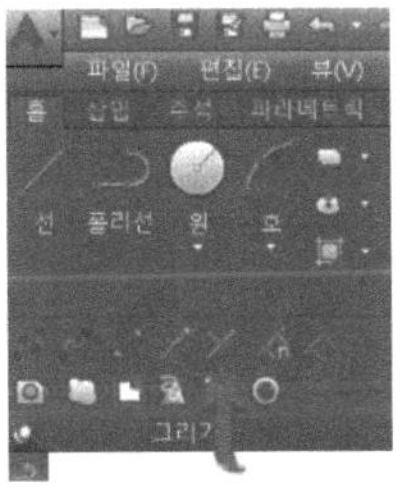

▣ 사용 방법

Command: POINT ↵ ⇨ 화면에 점을 찍는다.
point: 5,5↵ ⇨ 점의 절대 위치

Command: Redraw ↵ ⇨ 화면상의 블립(blip)을 제거한다.

## ☑ 참고 사항

좌표값 5,5 지점을 살펴보면 점이 찍혀 있지만 식별이 불가능하므로 점의 형태와 크기를 조절해주는 PDMODE, PDSIZE 변수가 있다.

### ▷ PDMODE 변수

만약 점(point)의 고유번호를 알고 있으면 시스템 변수 PDMODE 명령으로 간단하게 점을 변경할 수 있다. PDMODE는 0에서 100 사이의 번호에 의해 형태가 지정된다.

### ▷ PDSIZE 변수

시스템 변수 PDSIZE는 점의 크기를 조정할 수 있는데, PDSIZE가 양수(+)이면 절대 크기로 지정되고, 음수(-)인 경우에는 상대 크기가 되며 ZOOM 명령에는 영향을 받지 않는다.

Command: PDMODE ↵ ⇨ 점의 모양을 지정한다.
New value for PDMODE: 2 ↵

Command: PDSIZE ↵ ⇨ 점의 크기를 지정한다.

New value for PDSIZE: 2 ↵

Command: POINT ↵
Point: ↵ ⇨ 화면에 점(+ 형태)을 찍는다.

그러나 다음과 같이 대화상자를 이용하여 점의 형태를 변경할 수도 있다.

**▷ 점의 형태를 선택하기 위한 대화상자 이용**

▣ 명령어 사용 방법
- 키보드 입력 : DDPTYPE

▣ 사용 방법
Command: DDPTYPE ↵

그림 5-1 점의 형태 대화상자

이 대화상자에서 위쪽 4줄은 점의 형태를 선택하는 영역이고, 아래 부분은 선택한 점의 크기를 조정하는 영역이다.

▣ Point size (점 크기)
편집박스 안에 점의 크기를 설정한다.

▣ Set Size Relative to Screen (화면에 상대적으로 크기설정)
지정된 화면 크기에 따라 백분율로서 점의 크기를 설정한다.

▣ Set Size Absolute Units (절대단위로 크기설정)

편집박스 안에 점의 크기를 절대적인 크기로 설정한다.

▣ 연습(1) : 점의 모양을 3번으로 나타내고자 할 때 사용방법

Command: SETVAR ↵

Variable name or ?: PDMODE ↵

New value for PDMODE ⟨0⟩: 3 ↵

Command: POINT ↵

point: 6,7 ↵ ⇨ X 형태가 찍힌다.

## 5.2 등분할(DIVIDE)

도면요소를 원하는 수만큼 나누는 방법으로 분할되는 점은 DDPTYPE 명령 또는 PDMODE에서 설정한 점(Point)의 형태로 표시된다.

DIVIDE 명령은 똑같은 나무나 건물을 어떤 지역에 균등하게 배치하고자 할 때 유용하다. 단, 명령을 실행하기 전에 점의 모양을 설정하거나 BLOCK이 만들어져 있어야 한다.

▣ ◈ 명령어 사용 방법

- 키보드 입력 : DIVIDE
- 리본 메뉴 : 그리기 ⇨ divide(등분할) 

▣ ◈ 사용 방법

명령 : divide ↵

등분할 객체 선택: ⇨ 분할을 원하는 도면요소 지정

세그먼트의 개수 입력 또는 [블록(B)]:

▣ 추가 명령어

- Number of segments : 분할 하고자 하는 수를 입력한다. 분할하고자 하는 2~32,767까지 가능하다.
- Block : 사용자가 만든 BLOCK을 이용한다.

▣ 연습

Command: C ↵

3P/2P/Ttr/〈Center point〉: 3,5 ↵

Diameter/〈Radius〉: 2 ↵

Command: ↵

3P/2P/Ttr/〈Center point〉: 8,5 ↵

Diameter/〈Radius〉: 2 ↵

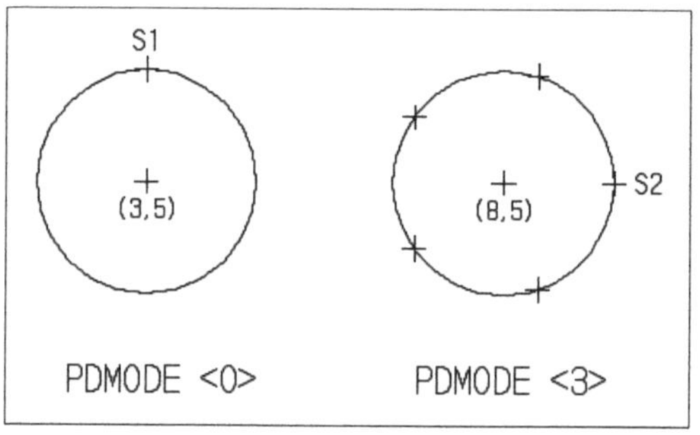


그림 5-2 분할 명령

ⓐ Command: PDMODE ↵

New value for PDMODE 〈3〉: 0 ↵

Command: DIVIDE ↵

Select object to divide: ⇨ S1을 선택한다.

〈Number of segments〉/Block: 5 ↵ ⇨ PDMODE에서 0번(·)을 지정하는 경우 우리 눈에는 보이지 않으나 원은 5개로 분할되어 있다.

ⓑ Command: PDMODE ↵

New value for PDMODE 〈0〉: 33 ↵

Command: DIVIDE ↵

Select object to divide: ⇨ S2을 선택한다.

〈Number of segments〉/Block: 5 ↵

ⓒ 앞에서 객체스냅(OSNAP)을 배우면서 "NODE"에 대한 연습을 점(POINT)에서 해보기로 한다. 여기서 S2를 선택하여 5개 등분한 점을 모두 연결해 보도록 하자.

Command : OSNAP ⏎
대화창구에서 NODE (점) 선택

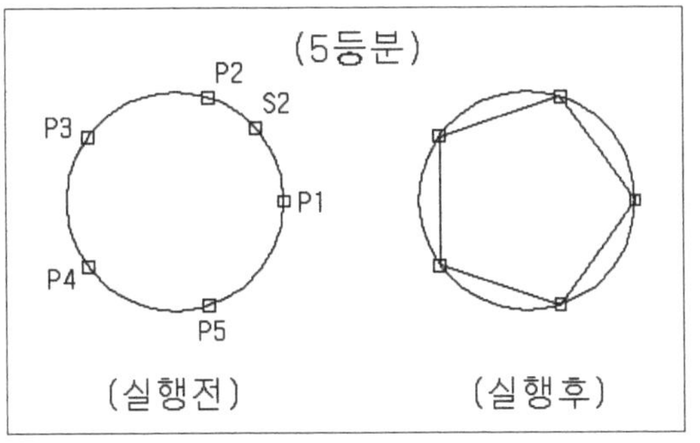


그림 5-3 NODE 명령

Command: L ⏎
From point: P1 ⏎ ⇨ 객체스냅이 자동 생성되어 P1 지정.
To point: P2 ⏎
To point: P3 ⏎
To point: P4 ⏎
To point: P5 ⏎
To point: C ⏎

## 5.3 나누기(MEASURE)

지정된 도면요소를 사용자가 지정한 간격으로 나누어 점이나 블록으로 표시한다.

기본적으로 DIVIDE 명령과 같은 개념이지만 MEASURE 명령은 세그먼트의 길이를 입력하여 점이나 블록이 배치될 지점을 지정한다.

▣ 명령어 사용 방법

- 키보드 입력 : MEASURE
- 리본 메뉴 : 그리기 ⇨ measure(길이분할) 

▣ 사용 방법

명령 : measure ⏎

길이분할 객체 선택: ⇨ 측정을 원하는 요소 지정
세그먼트의 길이 지정 또는 [블록(B)]:

▣ 추가 명령어

- Segment length : 원하는 세그먼트의 길이를 지정한다. 도면요소의 선택점에 가까운 쪽 끝에서부터 주어진 세그먼트 길이 간격으로 점이 표시되며, 원인 경우는 원의 중심에서 3시 방향을 0° 로 하여 반시계 방향으로 점을 표시한다.
- BLOCK : 사용자가 만든 BLOCK을 이용하여 나눈다.

▣ 연습(1)

Command: C ↵
3P/2P/Ttr/〈Center point〉: 6,6 ↵
Diameter/〈Radius〉: 2 ↵

Command: L ↵
From point: 2,2 ↵
To point: @7.5〈0 ↵
Command: ↵
From point: 2,3 ↵
To point: @7.5〈0 ↵

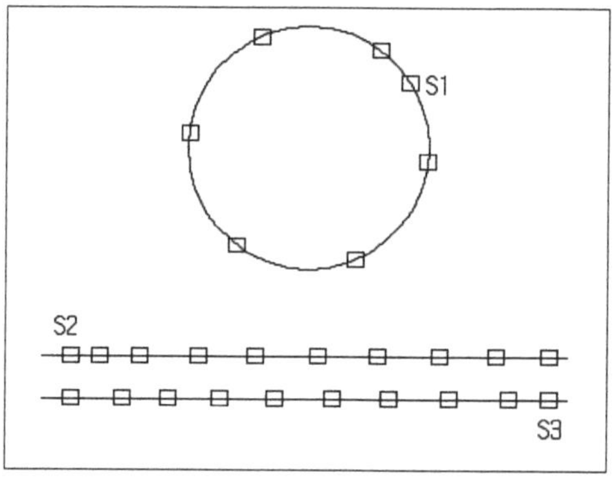


그림 5-4 나누기 명령

ⓐ MEASURE 명령어에 지정되는 점의 형태는 앞의 방법과 동일하다.

Command: PDMODE ↵
New value for PDMODE 〈0〉: 65 ↵

ⓑ 선의 좌측 끝을 기준으로 선택한다.

Command: MEASURE ↵
Select object to measure: ⇨ S2을 선택
〈Segment length〉/Block: 0.9 ↵

ⓒ 선의 우측 끝을 기준으로 선택한다.

Command: MEASURE ↵

Select object to measure: ⇨ S3을 선택

〈Segment length〉/Block: 0.9 ↵

ⓓ 원은 아무 부분이나 선택해도 항상 0도 방향이 기준이 된다.

Command: MEASURE ↵

Select object to measure: ⇨ S1을 선택

〈Segment length〉/Block: 2 ↵

참고

사용자가 지정한 크기로 나누는 명령어이므로 선택한 도면 요소가 지정한 크기와 나누어 떨어지지 않을 경우 선택한 지점이 기준이 되어 반대 방향에 나머지 부분이 남는다, 위의 예제이서 선의 길이가 7.5이고 사용자가 지정한 길이가 0.9이므로 0.9씩 등분하다 보면 맨 뒤에서 0.5가 남는데, 이 나머지 부분은 항상 사용자가 지정한 방향의 반대 부분에 남게된다. 원일 경우에는 0° 방향이 기준이 되어 등분된다.

# 5.4 타원(ELLIPSE)

두 축을 중심으로 하여 타원을 그리는 명령어로서 여러 가지 방법이 있다.

장축과 단축의 양 끝점, 중심점, 축의 거리, 편심각 등이 이용된다.

▣ 명령어 사용 방법

- 키보드 입력 : ELLIPSE
- 리본 메뉴 : 그리기 ⇨ ellipse(타원) 

▣ 사용 방법

Command : ellipse ↵

Arc/Center/〈Axis endpoint 1〉: ⇨ 첫 번째 축 지정.

Axis endpoint 2: ⇨ 두 번째 축 지정.
〈Othrer axis distance〉/Rotation:

▣ 연습(1) : 장축과 단축에 의한 타원

Command : ELLIPSE ↵
〈Axis endpoint 1〉/Center: P1 ⇨ 축의 첫 번째 점 입력
Axis endpoint 2: P2 ⇨ 축의 두 번째 점 입력
〈Othrer axis distance〉/Rotation: P3 or 1.2 ⇨ 중심부터 거리

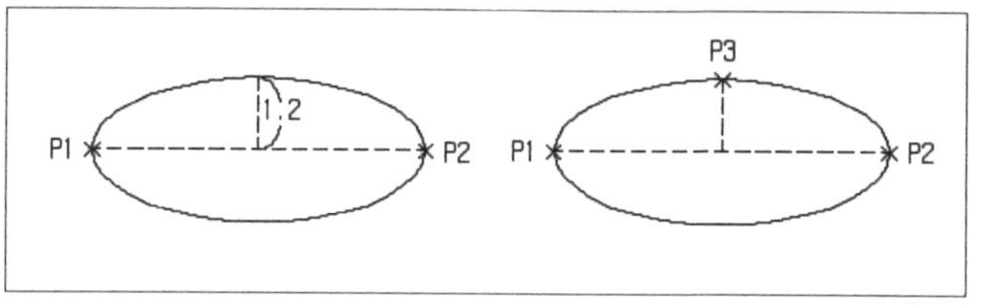


그림 5-5 타원그리기(Ⅰ)

▣ 연습(2) : 축과 회전각에 의한 타원

Command: ELLIPSE ↵
〈Axis endpoint 1〉/Center: P1 ⇨ 축의 첫 번째 점 입력
Axis endpoint 2: P2 ⇨ 축의 두 번째 점 입력
〈Othrer axis distance〉/Rotation: R ⇨ 회전각을 입력하는 옵션
Rotation around major axis: 0 or 45 or 70

➡ Rotation 선택 후 0° 에서 89.4° 까지 회전각을 입력할 수 있는데, 만약 0° 를 지정하면 원이 그려지고, 89.4° 보다 큰 회전각은 입력이 안 된다.

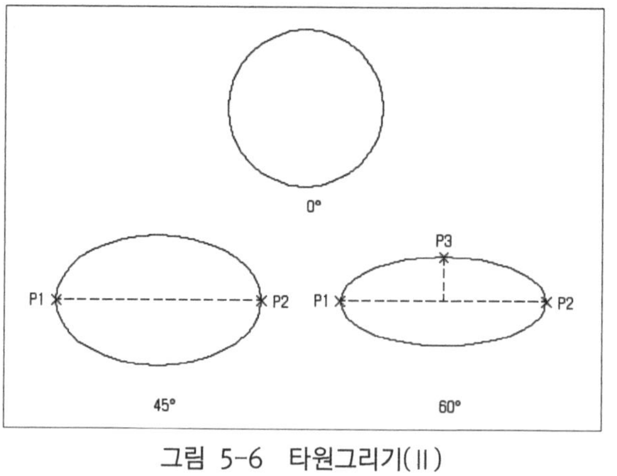


그림 5-6 타원그리기(Ⅱ)

■ 연습(3) : 중심점과 두 축에 의한 타원

Command: ELLIPSE ↵

〈Axis endpoint 1〉/Center: C ↵ ⇨ 중심점을 입력하는 옵션

Center of ellipse: P1 ⇨ 중심점을 입력

Axis endpoint: P2 ⇨ 한 축의 끝점을 지정

〈Othrer axis distance〉/Rotation: R ⇨ 회전각을 입력하는 옵션

Rotation around major axis : 0 or 45 or 70

➡ 다른 축의 거리를 입력할 때 R을 입력하면 회전각을 입력할 수 있다.

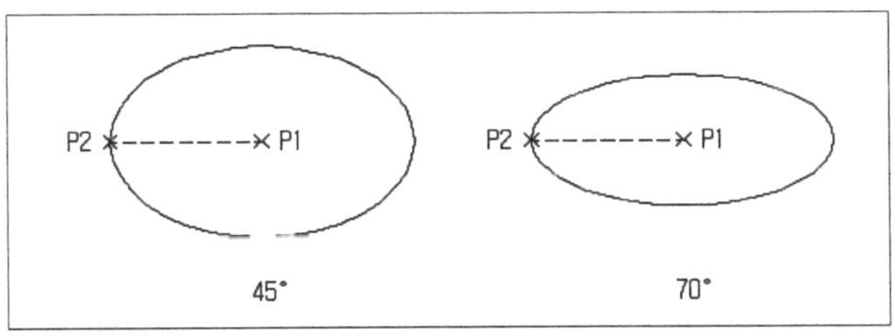


그림 5-7 타원그리기(Ⅲ)

## 5.5 다각형(POLYGON)

POLYGON 명령은 다각형을 그린다. 다각형의 크기는 내접하거나 외접하는 원의 반경에 의해 또는 각 변의 길이를 지정할 수 있다.

■ 명령어 사용 방법

- 키보드 입력 : POLYGON
- 리본 메뉴 : 그리기 ⇨ polygon(다각형) 

■ 사용 방법

명령: POLYGON ↵

변의 수 입력 〈4〉: ⇨ 다각형을 구성하고 있는 변의 개수를 입력한다.

다각형의 중심을 지정 또는[모서리(E)]: ⇨ 다각형의 중심점을 지정하거나, 변의 두 점을 지정한다.

옵션 입력 [내접원(I)/외접원(C)] 〈C〉: ⇨ 원에 내접(I)/외접(C)하는지를 결정한다.

원의 반지름 지정 : ⇨ 원의 반지름을 입력한다.

■ 추가 명령어

- Incribed : 원에 내접하는 다각형
- Circumscribed : 원에 외접하는 다각형
- Edge : 하나의 변을 지정하여 만드는 다각형

■ 내접, 외접한 다각형

Command: C ↵

3P/2P/Ttr/⟨Center point⟩: 4,5 ↵

Diameter/⟨Radius⟩: 2 ↵

Command: ↵

3P/2P/Ttr/⟨Center point⟩: 9,5 ↵

Diameter/⟨Radius⟩ ⟨2.0000⟩: 2 ↵

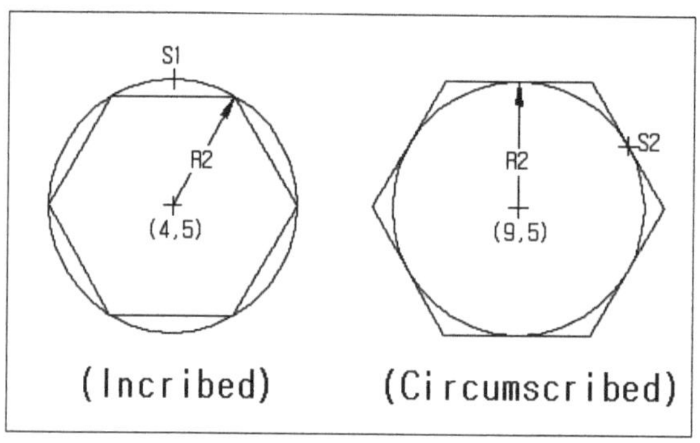


그림 5-8 원에 내·외접하는 다각형

■ 연습(1) : 원에 내접하는 다각형

Command: POLYGON ↵

Number of sides ⟨4⟩: 6 ↵

Edge/⟨Center of polygon⟩: ⇨ S1 선택

Inscribed in circle/Circumscribed about circle (I/C) ⟨ I ⟩: I ↵ ⇨ 내접 명령어

Radius of circle: 2 ↵ ⇨ 반지름 값

■ 연습(2) : 원에 외접하는 다각형

Command: ↵

POLYGON Number of sides ⟨6⟩: ↵

Edge/〈Center of polygon〉: cen ↵ of ⇨ S2 선택
Inscribed in circle/Circumscribed about circle (I/C) 〈 I 〉: C ↵ ⇨ 외접 명령어
Radius of circle: 2 ↵ ⇨ 반지름 값

▣ 연습(3) : 하나의 변을 이용하여 다각형 만드는 방법

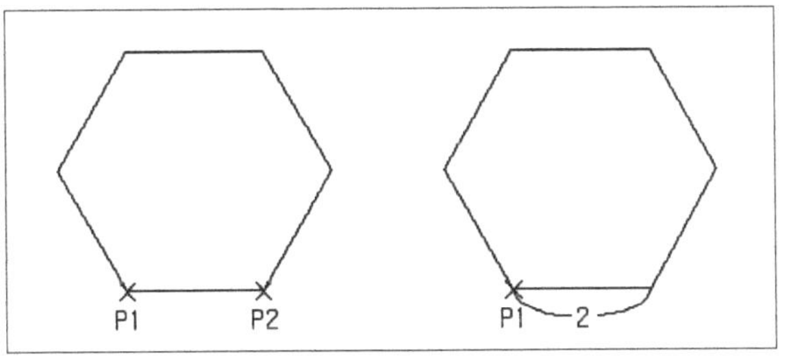


그림 5-9 한 변을 이용한 다각형

Command: POLYGON ↵
Number of sides 〈4〉: 6 ↵
Edge/〈Center of polygon〉: E
First endpoint of edge: P1 ↵ ⇨ P1 지정
Second endpoint of edge: P2 or @2〈0↵ ⇨ P2 지정

## 5.6 확대 및 축소(ZOOM)

도면의 일부분을 확대 또는 축소한다.

▣ 명령어 사용 방법

- 키보드 입력 : ZOOM or Z
- 리본 메뉴 : 뷰 ⇨ 탐색 ⇨ Zoom(범위)

▣ 사용 방법

명령: ZOOM ↵
윈도우 구석을 지정, 축척 비율 (nX 또는 nXP)을 입력, 또는
[전체(A)/중심(C)/동적(D)/범위(E)/이전(P)/축척(S)/윈도우(W)/객체(O)] 〈실시간〉:

▣ 추가 명령어

- All (전체) : 도면한계(limits)에서 정한 전부를 보여준다.
- Center (중심) : 중심과 배율을 지정한다.
- Dynamic (동적) : 동적으로 PAN 혹은 ZOOM으로 한다.
- Extents (범위) : 도면 전체를 화면에 꽉 차게 보여준다.
- Previous (이전) : 바로 전의 상태로 되돌린다.
- Scale (축척) : 초기에 확대, 축소 배율을 지정한다.
- Window (윈도우) : 창문(Box)을 만들어 그 부분만 확대한다.

➡ 확대 명령을 연습하기 위하여 AutoCAD에서 제공하는 Tablet.dwg 파일을 화면에 전개한 상태에서 연습해 본다.

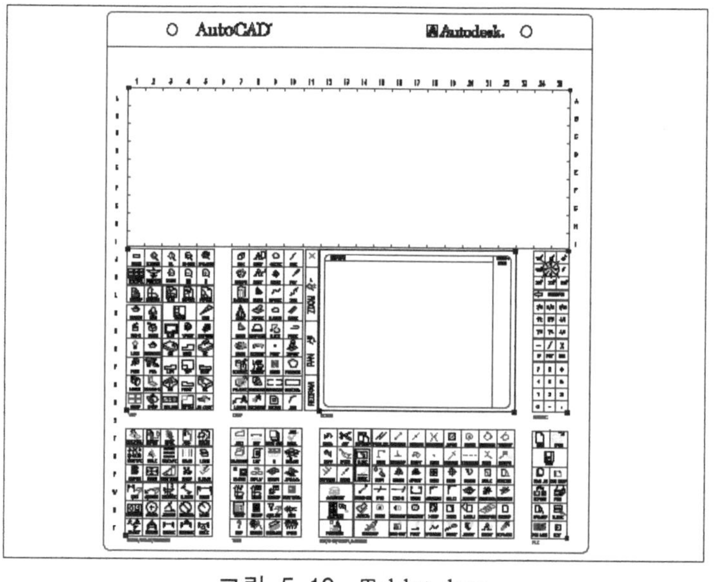


그림 5-10 Tablet.dwg

## 5.6.1 ZOOM SCALE(X)

ZOOM 명령에서 가장 간단한 명령어로서 현재 화면에 나타난 상태에 대한 확대 또는 축소를 지정하는 방법으로 1을 기준으로 하여 큰 값은 확대, 작은 값은 축소를 나타낸다. 아래 예제는 0.25배로 축소시킨 예이다.

Command: ZOOM ↵

All/Center/Dynamic/〈Scale(real time)〉/Window : 0.25 ↵

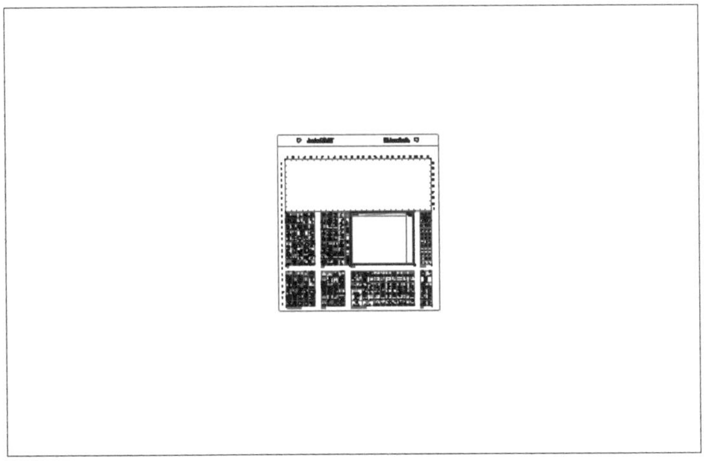

그림 5-11 0.25X(축소)

배율 수에 이어 X를 입력하면 현재 화면에 상대 값으로 축소 또는 확대된다. 다음에는 현재 배율에 대해 5배 크기로 확대한 것이다.

Command: ZOOM ↵

All/Center/Dynamic/Vmax/Scale(real time)/Window : 5X ↵

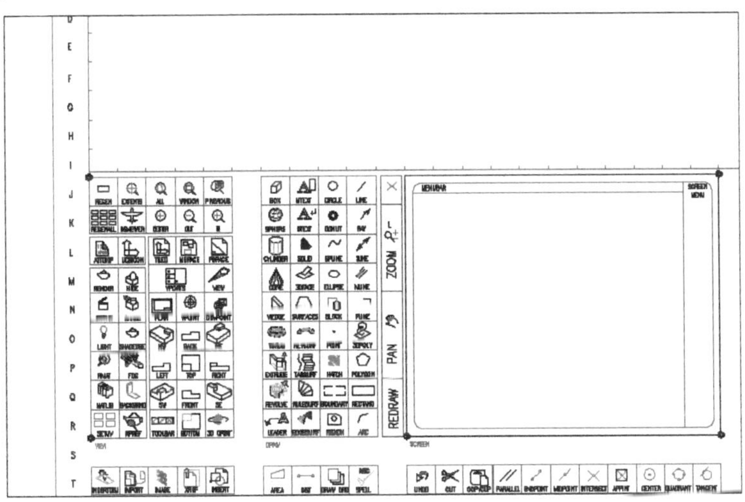


그림 5-12 5X(확대)

## 5.6.2 ZOOM(⇨ALL)

Zoom ⇨ All 명령은 LIMITS 명령으로 설정된 도면의 최대 영역까지 전체 도면을 나타낸다.

Command: ZOOM ↵

All/Center/Dynamic/Scale(real time)/Window : A ⏎

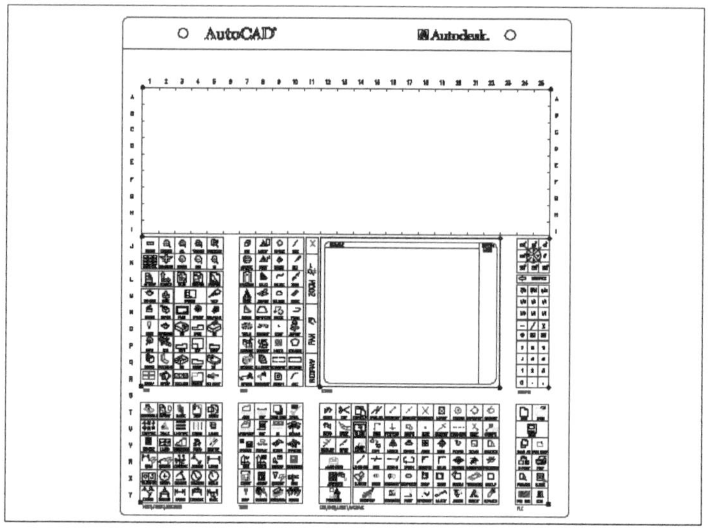

그림 5-13 Zoom ⇨ All

■ 화면 한계가 범위(Limits)보다 클 때 화면 내에서 모든 도면요소가 나타난다. 간혹, Zoom ⇨ All은 다른 메시지를 나타냄과 동시에 그 도면요소들을 현재의 화면에 가득차게 나타내는데 도면 한계를 넘는 경우 다음과 같은 메시지를 나타낸다.

** Redisplay rquired by change in drawing extents

## 5.6.3 ZOOM(⇨CENTER)

Zoom ⇨ Center 명령어를 이용하면 사용자가 중심점을 지정하고 그 지점을 중심으로 도면을 확대 축소할 수 있다. 현재의 높이를 기준으로 작은 값으로 지정하면 확대되고 큰 값으로 지정하면 축소된다.

예를 들어, 화면의 중심을 P1에 두고 높이를 5로 하여 만든다면.

Command: ZOOM ⏎

All/Center/Dynamic/Scale (real time)/Window : C ⏎

Center point: P1 ⇨ 화면의 중앙을 지정한다.

Magnification or Height⟨1 5/8⟩: 5 ⏎ ⇨ 중심점을 기준으로 위·아래가 전체적으로 나타나는 높이가 5이다.

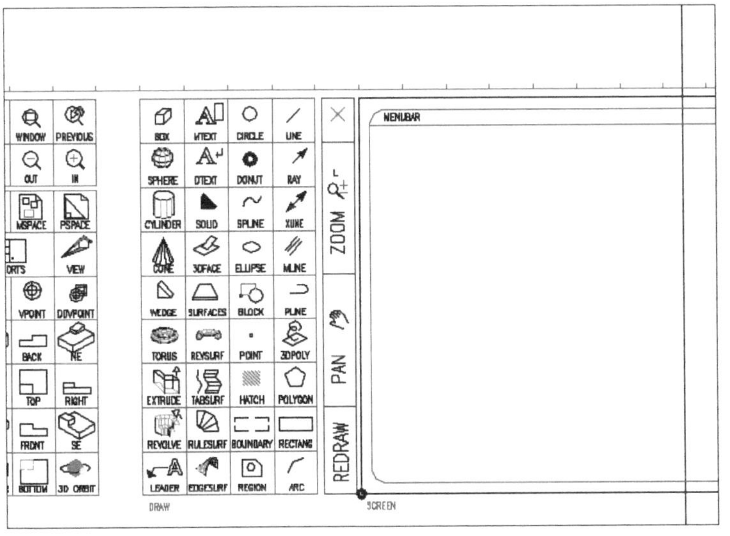

그림 5-14 Zoom ⇨ Center

■ 위에 사용한 명령은 높이를 위해 절대값 5를 사용하였다. 수 뒤에 오는 X는 고정값에 대한 배율로 나타내게 되는데, 만약 2X이면 드로잉 높이를 두 배로 만든다.

## 5.6.4 ZOOM(⇨DYNAMIC)

화면에 나타나는 다이나믹 커서(커서에 X 표시가 있다) 박스를 이용하여 도면의 일부분을 나타내는 방법이다. 이때 사용자는 다이나믹 커서 박스를 확대 또는 축소(Pick 버튼을 이용한다.)하여 확대하고자 하는 영역을 도면 내에서 이리저리 옮겨 다닐 수 있다. 다이나믹 커서 박스의 자리가 잡히고 원하는 크기로 되었을 때 Enter키를 눌러 줌잉(Zooming) 할 수 있다.

Command: ZOOM ⏎

All/Center/Dynamic/Scale (real time)/Window : D ⏎

바깥쪽에 있는 박스는 LIMITS 명령으로 설정한 전체 도면의 그기를 보여주는 것이고, 안쪽에 녹색 점선으로 나타나는 부분은 DYNAMIC 옵션을 실행하기 전의 전체 화면으로 나타났던 부분을 지정하고, 커서를 이동시키면 나타나는 X 표시가 있는 직사각형이 바로 다이나믹 커서(dynamic curse)이다.

다이나믹 커서 박스는 마우스에 따라 이동하게 되며 마우스 왼쪽버튼(한번 누르면 X 표시가 → 표시로 바뀌게 되어 다이나믹 커서 왼쪽은 고정되고 오른쪽은 크기가 변한다)에 의하여 화면의 크기가 결정된다. 크기 및 위치를 결정한 다음 Enter키를 누르면 그 부분의 화면을 채우게 되는데, Enter를 누르기 전에 Ctrl+C를 눌러 Zoom Dynamic 명령을 포기하고 이전 화면을 되살릴 수 있다.

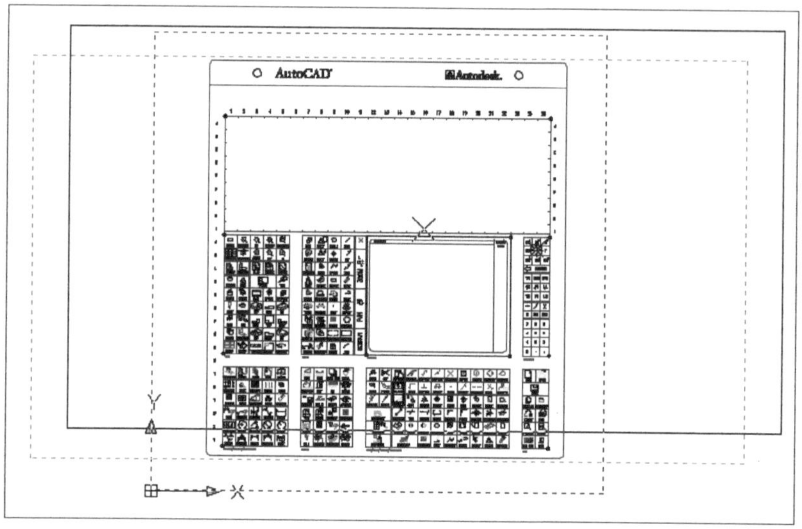

그림 5-15 Zoom ⇨ Dynamic

## 5.6.5 ZOOM(⇨EXTENTS)

화면에 있는 모든 도면요소를 도면의 한계범위까지 좌우 상하 같은 비율로 나타낸다.

Command: ZOOM ↵

All/Center/Dynamic/Scale (real time)/Window : E ↵

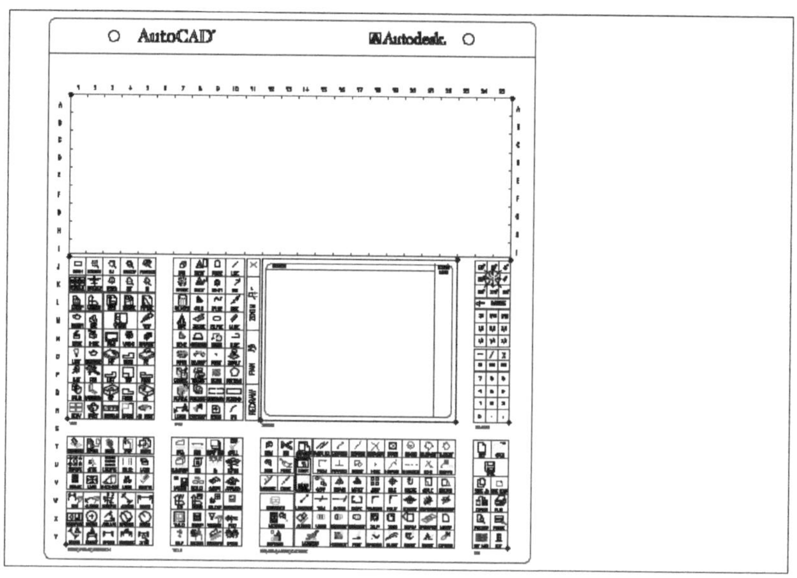

그림 5-16 Zoom ⇨ Extents

### 5.6.6 ZOOM(⇨LEFT)

Zoom ⇨ LEFT 명령어는 좌측하단 모서리를 지정할 수 있다는 점을 제외하고는 Zoom ⇨ Center 명령과 동일하다.

화면의 한 지점을 선택하고 도면 범위를 지정하면 된다. 이 경우 선택된 지점 P1이 확대/축소된 후에 화면의 왼쪽 하단 맨 구석이 된다.

Command: ZOOM ↵

All/Center/Dynamic/Scale (real time)/Window : L ↵

Lower left corner point: ⇨ 좌측 하단점 지정

Magnification or Height⟨5⟩: 3 ↵

### 5.6.7 ZOOM(⇨WINDOW)

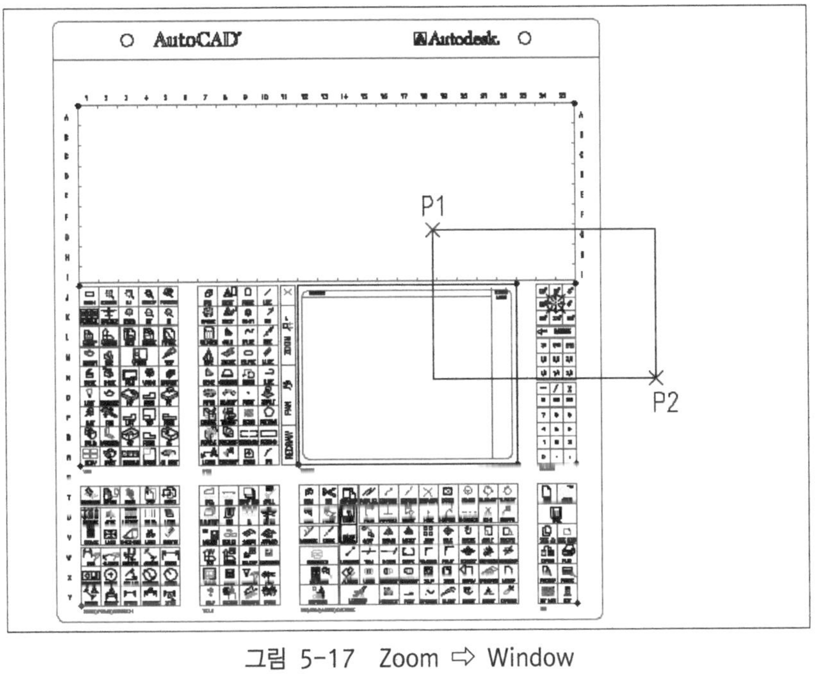


그림 5-17 Zoom ⇨ Window

Zoom ⇨ Window 명령은 가장 많이 사용되는 명령어로서 사각형의 선택박스에 의하여 보고자 하는 경우 영역을 지정하여 화면에 나타낸다. Window의 중심은 새로운 화면의 중심이 되며 Window 영역은 확대 또는 축소되어 최대한 화면을 채운다. 명령어 지정은 좌표 또는 Pointing을 사용하여 지정한다.

Command: ZOOM ↵

All/Center/Dynamic/Scale (real time)/Window : W ↵
First corner: P1 ⇨ P1 지정
Other corner: P2 ⇨ P2 지정

Command: ZOOM ↵
All/Center/Dynamic/Scale (real time)/Window : P1
Other corner: P2

### 5.6.8 ZOOM(⇨PREVIOUS)

도면을 바로 이전 상태로 돌아가도록 하는 명령이다.

Command: ZOOM ↵
All/Center/Dynamic/Extents/Previous/Scale (real time)/Window : P ↵

6

CHAPTER

# 명령어(V)

## 6.1 폴리선(POLYLINE)

폴리선(polyline)명령은 직선이나 호를 연속적으로 그릴 수 있고, 적당한 폭을 가지며 시작점과 끝점의 폭을 다르게 할 수 있다. 폴리선에 의하여 그려진 선이나 호는 단일 객체로 이루어져 있다.

▣ 명령어 사용 방법

- 키보드 입력 : PLINE or PL
- 리본 메뉴 : 그리기 ⇨ polyline(폴리선) 

▣ 사용 방법

명령: PL ↵

시작점 지정: ⇨ 시작점 지정

현재의 선 폭은 0.0000임

다음점 지정 또는 [호(A)/반폭(H)/길이(L)/명령 취소(U)/폭(W)]:

▣ 추가 명령어

*<u>LINE 모드</u>*

- Arc(호) : 호(Arc)를 그릴 수 있는 옵션을 선택한다
- Close(닫기) : 시작점과 끝점을 연결하여 닫힌 오브젝트를 만들어 준다.
- Halfwidth(반폭) : 선 두께의 절반 값을 입력하여 그린다.
- Length(길이) : 현재의 폭과 각도를 유지하면서 지정한 길이만큼 선분을 그린다.
- Undo(명령취소) : 마지막에 그려진 도면요소를 취소한다.
- Width(폭) : 선의 두께를 지정한다.

*<u>ARC모드</u>*

- Angle(각도) : 호 내부의 각을 지정하여 호를 그린다. 각도가 +이면 반시계방향, -이면 시계방향으로 그려진다.
- CEnter(중심) : 호의 중심점을 지정한다.
- Close(닫기) : 끝점과 시작점을 연결하여 닫힌 오브젝트를 만들어 준다.
- Direction(방향) : 호의 시작 방향을 지정한다.
- Line(선) : 호(Arc) 모드에서 선(Line) 모드로 전환하여 선을 그릴 수 있다.
- Radius(반지름) : 호의 반지름을 지정한다.
- Second Pt(두번째 점) : 세 점을 지정할 때 두 번째 Arc점을 지정한다.
- Undo(명령취소) : 마지막에 그려진 선분을 취소한다.
- Length(길이) : 호의 현(chord)길이를 지정한다.

## 6.1.1 LINE 모드

▣ 연습(1) : PLINE 명령과 LINE 명령의 비교

명령: PLINE

시작점 지정: 10,1 ↵

현재의 선 폭은 0.0000임

다음점 지정 또는 [호(A)/반폭(H)/길이(L)/명령 취소(U)/폭(W)]:15,1 ↵

다음점 지정 또는 [호(A)/닫기(C)/반폭(H)/길이(L)/명령 취소(U)/폭(W)]:15,6 ↵

다음점 지정 또는 [호(A)/닫기(C)/반폭(H)/길이(L)/명령 취소(U)/폭(W)]:10,6 ↵

다음점 지정 또는 [호(A)/닫기(C)/반폭(H)/길이(L)/명령 취소(U)/폭(W)]: C ↵

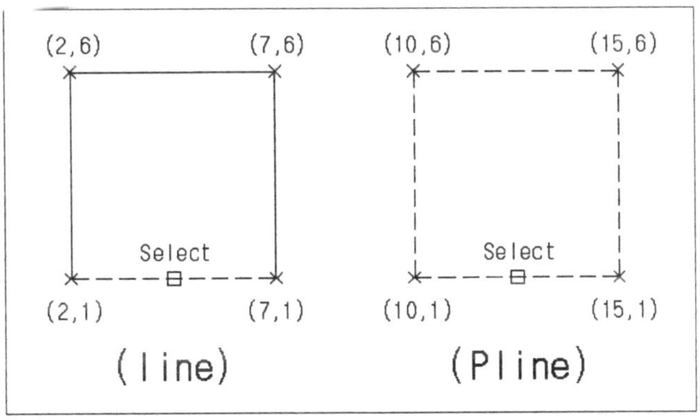


그림 6-1　PLINE 명령

Line 명령으로 그린 사각형은 하나의 변을 선택하면 그 변만 선택되며, Pline으로 그린 사각형은 전체가 선택 된다.(단일요소)

▣ 연습(2) : 현재의 지점에서 Pline의 시작점과 연결하여 그린다.

Command: PLINE ↵

From point : 3,2 ↵

Current line-width is 0.0000

Arc/Close/Halfwidth/Len/Width/〈Endpoint of line〉: 7,2 ↵

Arc/Close/Halfwidth/Len/Width/〈Endpoint of line〉: @3〈90 ↵

Arc/Close/Halfwidth/Len/Width/〈Endpoint of line〉: C ↵

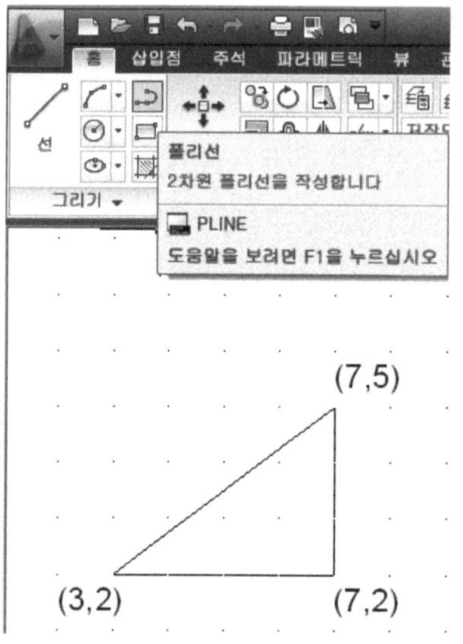


그림 6-2 Close 명령

▣ 연습(3)

다음 그림과 같이 V자와 화살표 모양의 폴리라인을 그려보자. 이때 V자는 선의 폭을 0과 0.5에서 증가 및 감소시킨다.

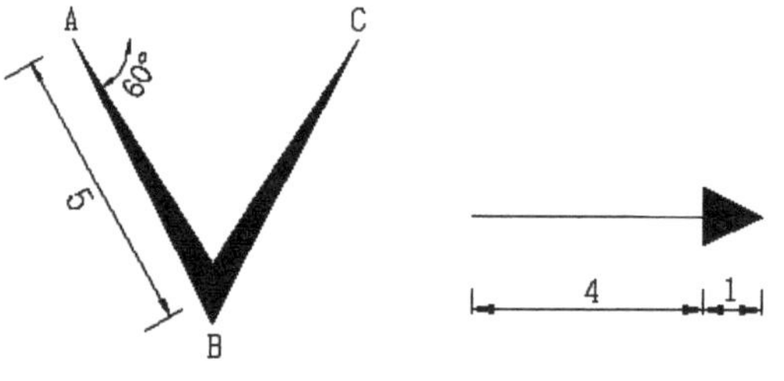


그림 6-3 V자와 ➞ 모양 그리기

Command: pline ⏎

From point : 2,9 ⏎ (시작점 A의 좌표 지정)

Arc/Close/Halfwidth/Length/Undo/Width/〈Endpoint of line〉:W ⏎ (그릴 선의 폭을 지정한다)

Starting width 〈0.0000〉: ⏎ (그릴 선의 시작점 A의 폭으로 0지정)

End width 〈0.0000〉: 0.5 ⏎ (그릴 선의 끝점 B의 폭으로 0.5지정)

Arc/Close/Halfwidth/Length/Undo/Width/〈Endpoint of line〉: @5〈-60 ⏎

(끝점 B의 좌표 입력)

Arc/Close/Halfwidth/Length/Undo/Width/〈Endpoint of line〉: W ⏎

Starting width 〈0.5000〉: ⏎ (그릴 선의 시작점 B의 폭으로 0.5지정)

End width ⟨0.0000⟩: 0 ↵ (그릴 선의 끝점 C의 폭으로 0지정)
Arc/Close/Halfwidth/Length/Undo/Width/⟨Endpoint of line⟩: @5⟨60 ↵
Arc/Close/Halfwidth/Length/Undo/Width/⟨Endpoint of line⟩: ↵ (명령종료)

### 6.1.2 호(Arc) 모드

폴리라인 명령에서 직선 모드를 호(Arc) 모드로 전환시킨다.

Command: PLINE ↵
From point: 2,2 ↵
Current line width is 0.0000
Arc/Close/Halfw/Length/Undo/Width/⟨Endpoint of line⟩: A ↵

Angle/CEnter/CLose/Direction/Halfwidth/Line/Radius/
Second pt/Undo/Width/⟨Endpoint of arc⟩: ↵

▣ 연습(1)

다음 그림과 같은 태극 모양의 도형을 Pline 명령을 이용하여 점 A(3,6)부터 차례로 그려보자

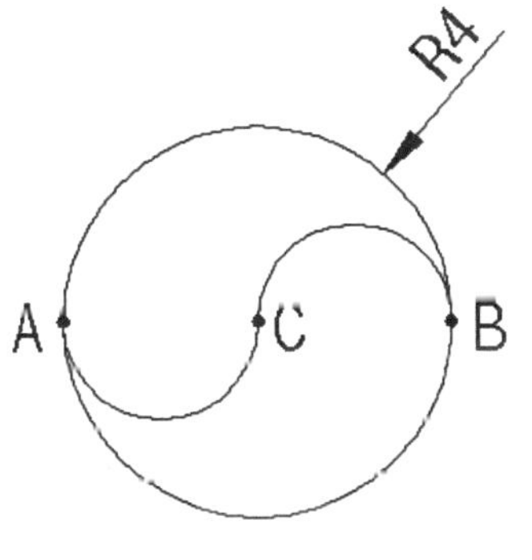


그림 6-6 Length 명령

Command: PLINE ↵
From point: 3,6 ↵ (시작점 A의 좌표 지정)
Current line - width is 0.0000 (현재 선의 폭 표시)
Arc/Close/Halfwidth/Length/Undo/Width/⟨Endpoint of line⟩:A↵(Arc옵션 선택)
Angle/CEnter/CLose/Direction/Halfwidth/Line/Radius/Second pt/Undo/Width/

〈Endpoint of arc〉: R ↵ (호의 그리기의 반지름 옵션 선택)
Radius: 4 ↵ (호 AB의 반지름 입력)
Angle/〈End point〉: @ 8,0 ↵(호 AB의 끝점 B좌표 지정)
Angle/CEnter/CLose/Direction/Halfwidth/Line/Radius/Second pt/Undo/Width/
〈Endpoint of arc〉: @ -8,0 ↵ (호 BA의 끝점 A좌표 지정)
Angle/CEnter/CLose/Direction/Halfwidth/Line/Radius/Second pt/Undo/Width/
〈Endpoint of arc〉: @ 4,0 ↵ (호 AC의 끝점 C좌표 지정)
Angle/CEnter/CLose/Direction/Halfwidth/Line/Radius/Second pt/Undo/Width/
〈Endpoint of arc〉: @ 4,0 ↵ (호 CB의 끝점 B좌표 지정)
Angle/CEnter/CLose/Direction/Halfwidth/Line/Radius/Second pt/Undo/Width/
〈Endpoint of arc〉: ↵ (Pline 명령 실행 종료)

## 6.2 폴리 에디터(POLYEDIT)

Polyline, Polygon으로 그려진 도면을 편집 또는 수정한다.

▣ 명령어 사용 방법

- 키보드 입력 : PEDIT
- 리본 메뉴 : 수정 ⇨ pedit(폴리선 편집) 

▣ 사용 방법

Command: PEDIT ↵
Select polyline: ⇨ 편집하기 위한 폴리선을 선택한다.
Close/Join/Width/Edit/vertex/Fit/Spline/Decurve/Ltypegen/
Undo/eXit 〈X〉: E
Next/Previous/Break/Insert/Move/Regen/Strighten/Tangent
/Width/eXit 〈N〉:

▣ 추가 명령어

- Close(닫기) : 열린 pline을 닫아준다.
- Open(열기) : 닫혀진 pline을 열어준다.
- Join(결합) : 선, 호, 다른 pline과 만나는 부분을 연결하여 그것을 pline에 추가한다.
- Width(폭) : pline의 폭을 지정한다.
- Edit Vertex(정점편집) : pline의 정점을 선택하여 그 정점과 그에 따르는 요소에 대해 편집 할 수 있게 해준다.
- Fit(맞춤) : pline의 모든 정점에 매끈한 곡선을 그린다.
- Spline(스플라인) : 선택된 폴리라인의 첫점과 끝점을 통과하는 스플라인 커브를 만든다.
- Decurve(비곡선화) : Fit 및 Spline에 의해 조작된 곡선을 원래의 폴리라인으로 되돌린다.
- Ltype gen(선종류 생선) : 폴리라인이 실선이 아닐 경우 정점에 공간이 생길 수 있다. 이 경우 정점에 실선을 만든다.
- Undo(명령취소) : 직전에 실행한 폴리라인 편집을 취소한다.
- eXit(나가기) : Pedit 명령에서 빠져나온다.

※ 정점 편집(Edit vertex)

- Next(다음) : X 마크를 다음 정점으로 이동시킨다.
- Previous(이전) : X 마크를 바로 전 정점으로 이동시킨다.
- Break(끊기) : 폴리라인을 잘라낸다.
- Insert(삽입) : 지정된 위치에 새로운 정점을 추가시킨다.
- Move(이동) : Enter new location: 현재의 정점의 위치를 원하는 곳으로 이동시킨다.
- Regen(재생성) : 폴리라인을 다시 그린다.
- Straighten(지선화) : 두 정점 사이의 요소를 제거하고 직선으로 연결한다.
- Tangent(접선) : 곡선화할 것에 대비하여 현재의 정점에 접선 각을 표시한다.
- Width(폭) : 표시된 정점 바로 뒷 요소에 폭을 바꿀 수 있게 해준다.
- eXit(나가기) : Pedit 모드로 돌아간다.

참고

**분해(EXPLODE) :**

블록(Block), 폴리라인(Polyline)등과 같은 단일 요소들을 개별요소로 나누어 준다.

```
Command : EXPLODE
Select block reference or polyline
```

▣ 연습 : 폴리라인을 편집한다.

① 폴리라인을 이용하여 도면을 그린다.

Command: PLINE ↵

From point: 3,7 ↵

Current line-width is 0.0000

Arc/Close/Half/Len/Undo/Width/〈Endpoint line〉: @3〈-90 ↵

Arc/Close/Half/Len/Undo/Width/〈Endpoint line〉: @3〈-45 ↵

Arc/Close/Half/Len/Undo/Width/〈Endpoint line〉: @3〈45 ↵

Arc/Close/Half/Len/Undo/Width/〈Endpoint line〉: @3〈90 ↵

Arc/Close/Half/Len/Undo/Width/〈Endpoint of line〉: ↵

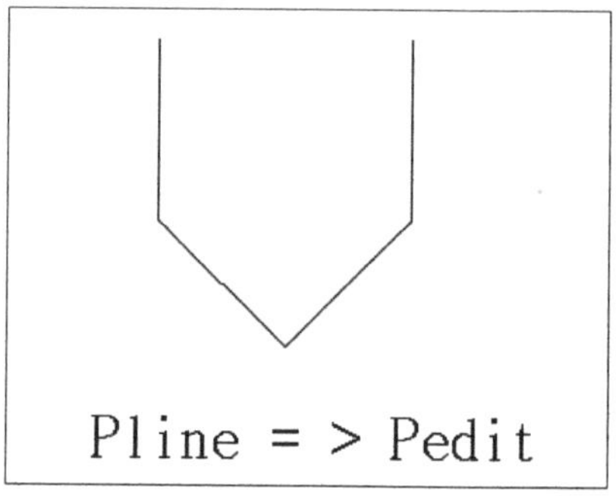


그림 6-7 폴리라인 연습(1)

② 폴리라인을 편집한다.

Command: PEDIT ↵

Select polyline: (폴리라인으로 그린 도면을 선택한다.)

③ 열린 도면을 닫아준다.

Close/Join/Width/Edit vertex/Fit/Spline/D/L/U/eXit〈X〉: C ↵

④ 닫힌 두면을 열어준다.

Open/Join/Width/Edit vertex/Fit/Spline/D/Ln/U/eXit〈X〉: O ↵

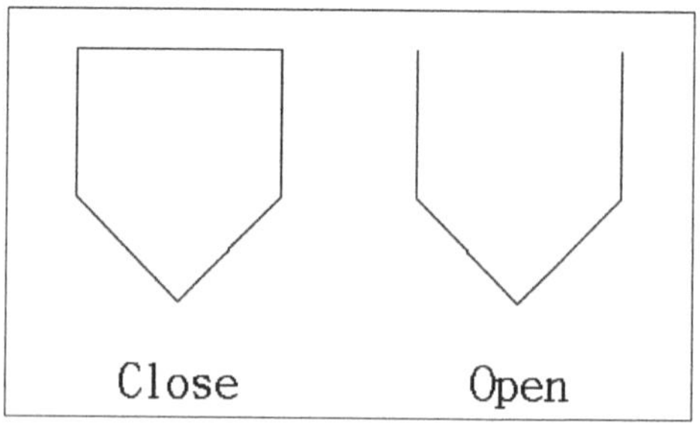


그림 6-8 폴리라인 연습(2)

⑤ 접선 방향으로 폴리라인의 모든 정점에 매끈한 곡선을 그린다.

Close/Join/Width/Edit vertex/Fit/Spline/D/L/U/eXit〈X〉: F ↵

⑥ 조작된 정점을 제거하고 폴리라인의 도면요소를 직선으로 한다.

Close/Join/Width/Edit vertex/Fit/Spline/D/L/U/eXit〈X〉: D ↵

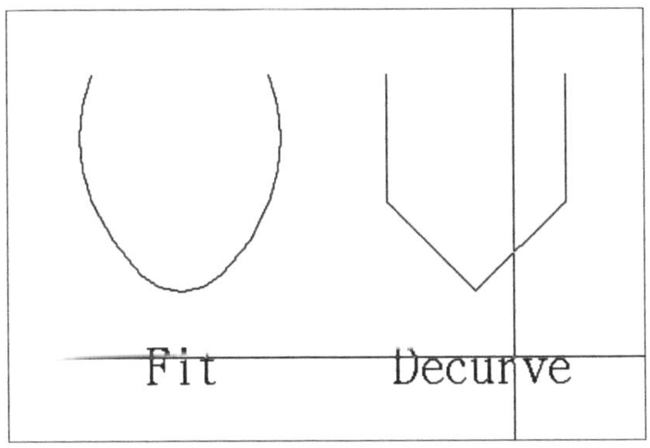


그림 6-9 폴리라인 연습(3)

⑦ 폴리라인의 첫점과 끝점을 기준으로 곡선을 그린다.

Close/Join/Width/Edit vertex/Fit/Spline/D/L/U/eXit〈X〉: S ↵

⑧ 조작된 정점을 제거하고 폴리라인의 요소를 직선으로 만든다.

Close/Join/Width/Edit vertex/Fit/Spline/D/L/U/eXit〈X〉: D ↵

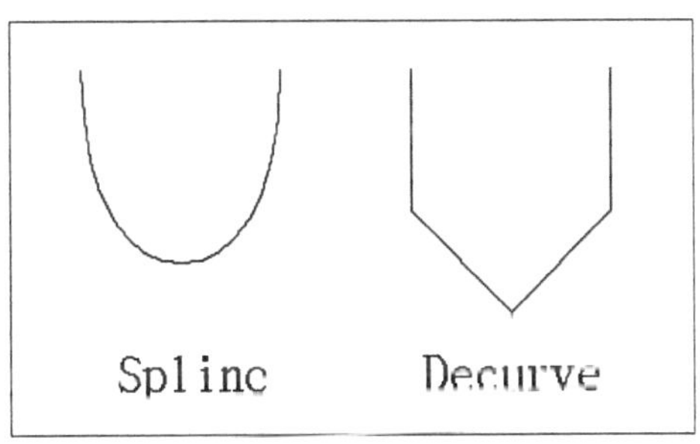


그림 6-10 폴리라인 연습(4)

⑨ 폴리라인의 두께를 처음부터 끝까지 지정한다.

Close/Join/Width/Edit vertex/Fit/Spline/D/L/U/eXit〈X〉: W ↵

Enter new width for all segments: 0.1 ↵

Close/Join/Width/Edit vertex/Fit/Spline/D/L/U/eXit〈X〉: W ↵

Enter new width for all segments: 0 ↵

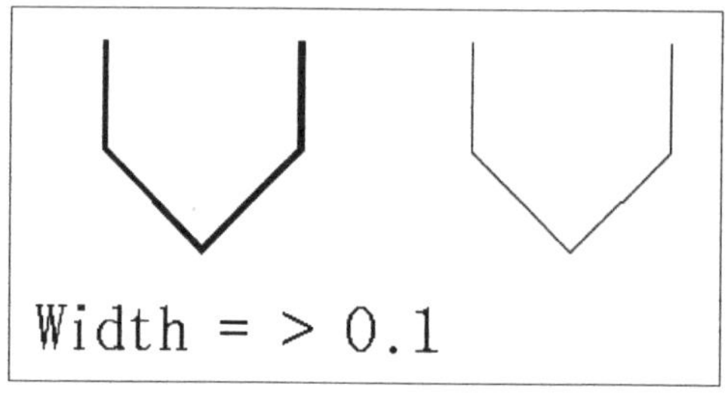


그림 6-11 폴리라인 연습(5)

⑩ Pedit 명령어를 빠져나간다.

Close/Join/Width/Edit vertex/Fit/Spline/D/L/U/eXit⟨X⟩: X ↵

## 6.3 선 형태 축척(LTSCALE)

도면 작성중 선의 형태를 변경하였지만 그대로 실선이 나타나는 경우가 있는데 이러한 문제는 LTSCALE 값을 변경하면 된다.

LTSCALE 명령은 파선이나 1점 쇄선 등에서 선과 공란의 간격을 일정크기의 비율로 확대 또는 축소하는 명령이다.

▣ 명령어 사용 방법

- 키보드 입력 : LTSCALE

▣ 사용 방법

Command: LTSCALE ↵

New Scale factor ⟨1.00⟩ : 5

참고

고정값 1을 기준으로 하여 LIMITS값의 크기에 비례하여 지정하며, 1보다 큰 값을 입력한 경우 선의 길이가 길어지며 0에서 1사이의 값을 입력하면 선의 길이가 짧아진다.

# 6.4 선 종류(LINETYPE or DDLTYPE)

선 종류를 지정하는 명령이다.

▣ 명령어 사용 방법

- 키보드 입력 : LINETYPE  or DDLTYPE

▣ 사용 방법

명령 : linetype ↵

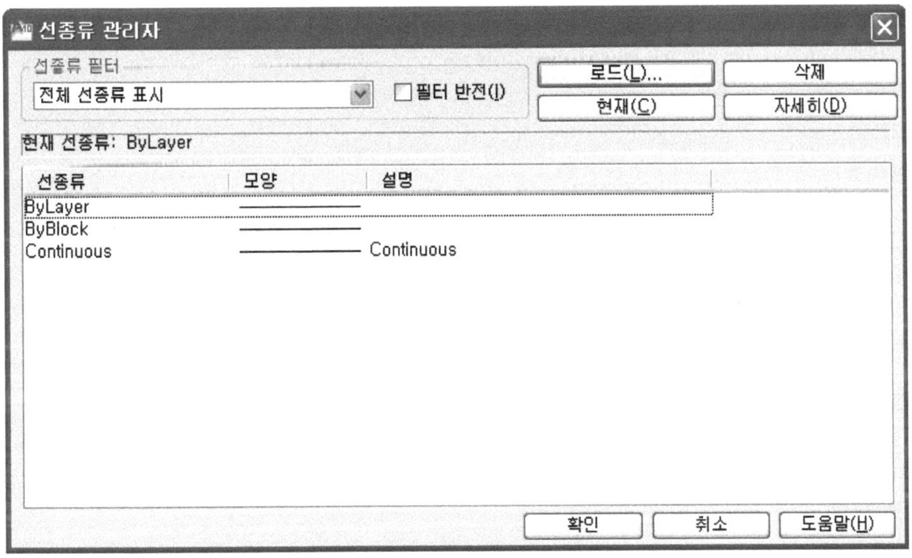


그림 6-14  선 형태 대화상자

위와 같은 linetype 대화상자가 나타나면, 사용할 선을 마우스로 선택한 후 확인(ok) 버튼을 누른다. 사용할 선이 목록에 없으면 로드(Load) 버튼을 이용하여 사용할 선을 목록에 추가한 후 선택토록 한다.

AutoCAD의 기본 라이브러리 파일인 ACAD.LIN에는 다음과 같은 선이 정의되어 있다.

| 선 이름 | 선 모양 |
|---|---|
| BORDER | |
| BORDER2 | |
| BORDER×2 | |
| CENTER | |
| CENTER2 | |
| CENTER×2 | |
| DASHDOT | |
| DASHDOT2 | |
| DASHDOT×2 | |
| DASHED | |
| DASHED2 | |
| DASHED×2 | |
| DIVIDE | |
| DIVIDE2 | |
| DIVIDE×2 | |
| DOT | |
| DOT2 | |
| DOT×2 | |

| 선 이름 | 선 모양 |
|---|---|
| HIDDEN | |
| HIDDEN2 | |
| HIDDEN×2 | |
| PHANTOM | |
| PHANTOM2 | |
| PHANTOM×2 | |
| ACAD_ISO02W100 | |
| ACAD_ISO03W100 | |
| ACAD_ISO04W100 | |
| ACAD_ISO05W100 | |
| ACAD_ISO06W100 | |
| ACAD_ISO07W100 | |
| ACAD_ISO08W100 | |
| ACAD_ISO09W100 | |
| ACAD_ISO010W100 | |
| ACAD_ISO011W100 | |
| ACAD_ISO012W100 | |
| ACAD_ISO013W100 | |
| ACAD_ISO014W100 | |
| ACAD_ISO015W100 | |

## 6.4.1 선의 크기 조절

도면의 크기에 따라 선의 형태에 대한 크기(LTSCALE)를 조절해 주어야 한다.

■ 다음은 도면의 크기를 A3(420×297)로 지정한 뒤 linetype을 변경하는 방법이다.

Command: LIMITS ↵

Reset Model space limits

ON/OFF/⟨Lower left corner⟩ ⟨0.0000,0.0000⟩: 0,0 ↵

Upper right corner ⟨12.0000,9.0000⟩: 420,297 ↵

Command: ZOOM ↵

All/Center/Dynamic/Extents/Left/P/V/W/⟨Scale (X/XP)⟩: A ↵

Command: LINETYPE ↵

선종류 관리자 대화상자에서 선종류 Hidden 선택

Command: LINE ↵⇨ 화면에 선을 그린다.

Command: CIRCLE ↵⇨ 화면에 원을 그린다.

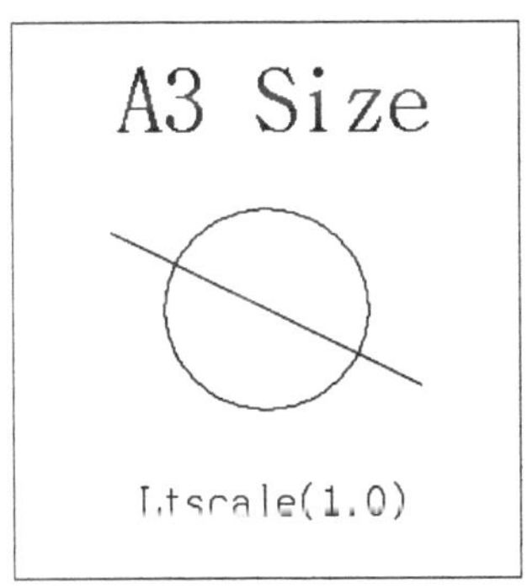


그림 6-15 A3 상태에서의 선형태

■ 현재 설정된 도면의 크기에서 선의 형태를 변경시켜 주었지만 화면에는 그냥 직선으로 나오고 있으므로 도면의 크기를 변경시켰으면 거기에 따른 선크기도 조절해주어야 한다.

Command: LTSCALE ↵

New scale factor ⟨1.0000⟩: 3 ↵

Regenerating drawing.

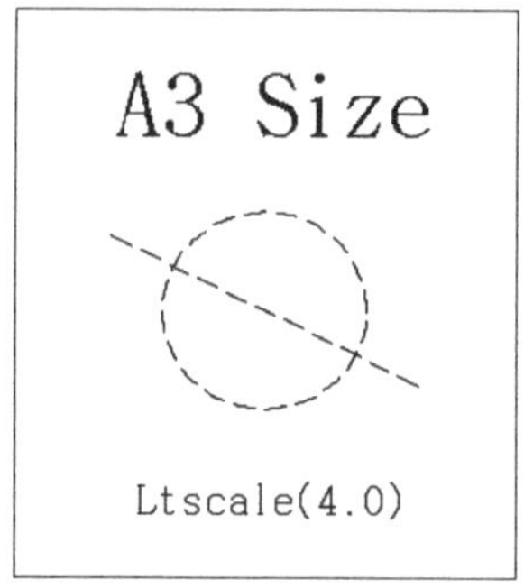


그림 6-16 LTSCALE을 준 상태

## 6.5 X선(Construction Line)

X선 명령은 한쪽 또는 양쪽방향으로 화면 끝까지 이어질 무한대의 선을 그린다. 사용자가 지정한 점을 중심으로 무한대로 발산하는 직선을 그리는 명령이다.

▣ 명령어 사용 방법

- 키보드 입력 : XLINE
- 리본 메뉴 : 그리기 ⇨ 선 ⇨ xline(구성선) 

▣ 사용 방법

Command : XLINE ↵

Hor/Ver/Ang/Bisect/Offset/⟨Specify a point⟩: ⇨ 추가 명령어

▣ 추가 명령어

**1. 통과점 : 시작점의 위치와 그것이 지나는 점의 무한선을 그린다.**

From point: ⇨ 시작점.

Through point: ⇨ X선이 지나는 점 지정.

**2. 수평(Hor) : 지정된 지점을 지나는 수평방향의 X선을 그린다.**

Through point: ⇨ X선이 지나갈 점을 지정한다.

**3. 수직(Ver) : 지정된 지점을 지나는 수직방향의 X선을 그린다.**

Through point: ⇨ X선이 지나갈 점을 지정한다.

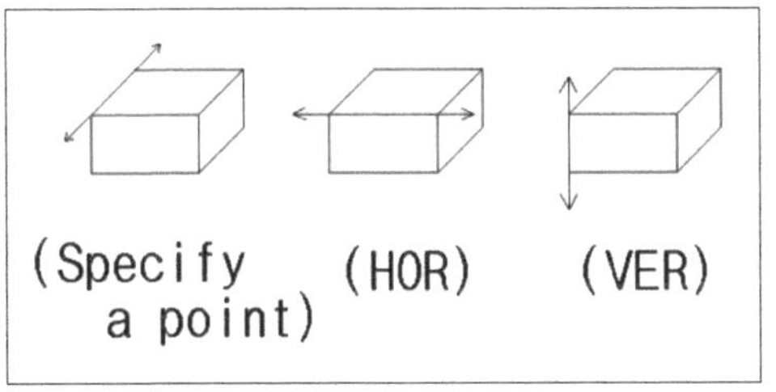


그림 6-17 통과점, 수평, 수직

**4. 각도(Ang) : 지정하는 각도로 X선을 그린다.**

Referencr/<Enter angle (0.00)>: ⇨ 각도를 지정하거나 R을 입력한다.

• 각도입력(Enter angle) : X선이 위치할 각도를 지정한다.

Reference/<Enter angle (0.00)>: 30 ↵ ⇨ 각도 지정.

Throught point: ⇨ X선이 위치할 점 지정.

• Reference : 선택된 참조선으로부터 지정된 각에 의한 X선을 그린다. 각도는 참조선으로부터 반시계 방향으로 측정한다.

Reference/<Enter angle (0.00)>: R ↵

Select a line object: ⇨ Line, Pline, Xline 또는 Ray선택

Enter angle <0.00> ⇨ 각 지정.

Through point: ⇨ X선이 지나갈 점을 지정

**5. 이등분(Bisect) : 지정된 기준점을 통과하고 지정한 두 점이 이루는 각을 양분하는 선을 그린다.**

Angle Vertex point: P2 ⇨ P2를 지정한다.

Angle Start point: P3 ⇨ P3를 지정한다.

Angle End point: P4 ⇨ P4를 지정한다.

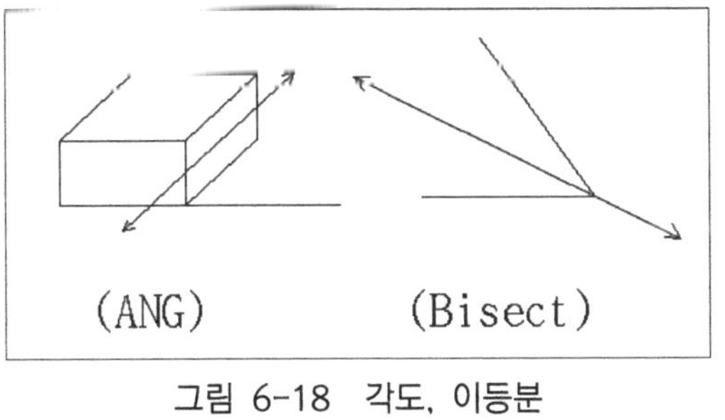


그림 6-18 각도, 이등분

**6. 간격띄우기(Offset) : 선택한 선과 평행하게 X선을 그린다.**

Offset distance or Through ⟨0.0⟩:

- 간격지정(Offset Distance) : 선택한 객체에서 X선이 떨어져 그려질 거리를 지정한다.

  Select a line object: ⇨ Line, Pline, Ray, Xline 선택

  Select to offset: P2 ⇨ 지정된 간격의 점(P1) 지정

- 통과(Through) : 지정된 점을 통과하는 X선을 그린다.

  Offset distance or through ⟨0.0⟩: T ↵

  Selelct a line object: ⇨ Line, Pline, Ray, Xline 선택

  Through point: P2 ⇨ X선이 그려질 점(P2) 지정

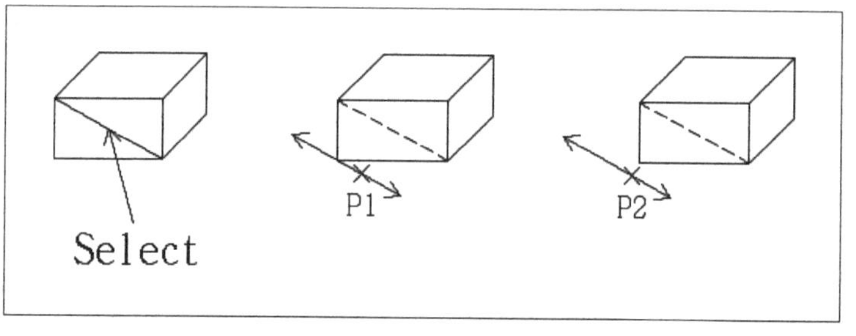


그림 6-19 간격, 통과

7

CHAPTER

# 편집 명령어(Ⅰ)

## 7.1 이동(MOVE)

선택한 도면요소를 다른 지점으로 이동시킨다. 이 명령은 이미 그려진 도면 요소를 다시 배치할 때 유용하게 사용된다.

▣ 명령어 사용 방법

- 키보드 입력 : MOVE 또는 M
- 리본 메뉴 : 수정 ⇨ move(이동) 

▣ 사용 방법

명령 : MOVE ↵

객체 선택: 반대 구석 지정: ⇨ 이동시킬 도면요소 선택

객체 선택: ↵

기준점 지정 또는 [변위(D)] 〈변위〉: ⇨ 선택된 도면 요소의 기준점 지정

두 번째 점 지정 또는 〈첫 번째 점을 변위로 사용〉: ⇨ 이동할 위치 지정

▣ 연습(1)

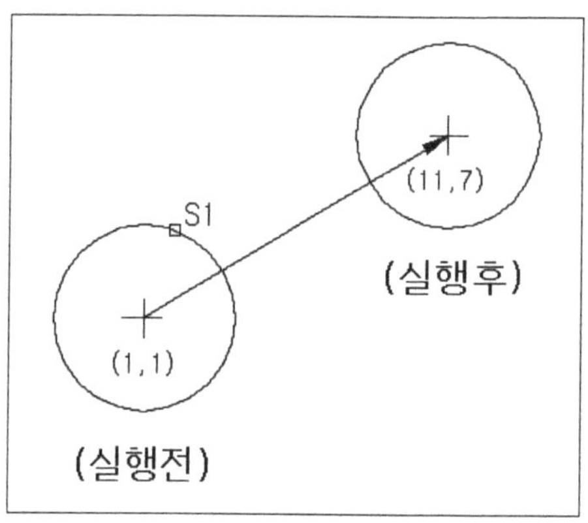


그림 7-1 MOVE 명령

Command: C ↵

3P/2P/TTR/〈Center point〉: 1,1 ↵

Diameter/〈Radius〉 〈2.0000〉: 1 ↵

Command: MOVE ↵

Select objects: S1 ↵

1 found
Select objects: ↵
Base point or displacement: 1,1 ↵
Second point of displacement: 11,7 ↵

## 7.2 팬(PAN)

PAN 명령은 도면요소의 위치는 그대로 두고 화면만 이동시킨다.

▣ 명령어 사용 방법

- 키보드 입력 : PAN 또는 P
- 탐색 막대 : 뷰 탭 아래의 탐색막대에 위치 

▣ 사용 방법

명령 : PAN ↵
ESC 또는 엔터키를 눌러 종료하거나 오른쪽 클릭하여 바로 가기 메뉴를 표시 ⇨ 이동시킬 도면요소 지정

▣ 연습(1)

Command: PAN ↵
Displacement: 11,7 ↵
Second point: 5,5 ↵

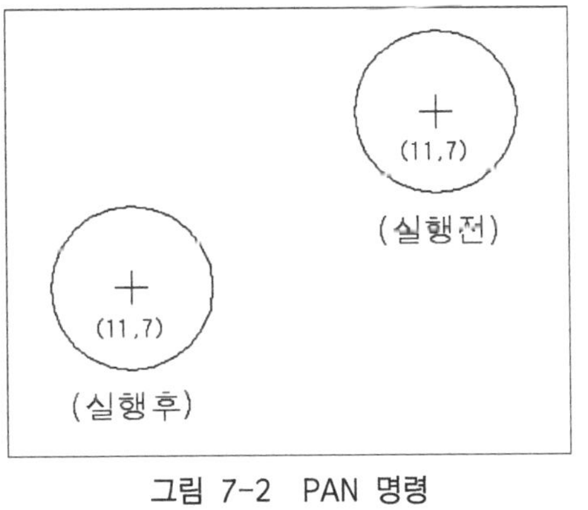


그림 7-2 PAN 명령

Command: ZOOM ↵
All/Center/Dynamic/Extents/P/W/〈Scale (X/XP)〉: A ↵

> 참고
> MOVE 명령은 도형의 이동과 동시에 벡터 값도 변하지만, PAN 명령은 도형의 다른 부분을 잠시보고 원래의 상태로 되돌린다.

## 7.3 복사(COPY)

선택한 도면 요소를 일정한 지점에 복사하고자 할 때 사용되는 명령어로서 기본 값은 다중 복사이다.

▣ 명령어 사용 방법

- 키보드 입력 : COPY 또는 CP
- 리본 메뉴 : 수정 ⇨ copy(복사) 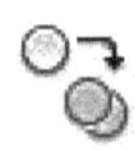

▣ 사용 방법

명령: COPY ↵
객체 선택: ⇨ 복사할 대상 선택
객체 선택: ↵
기준점 지정 또는 [변위(D)/모드(O)] 〈변위(D)〉: ⇨ 복사할 도면요소의 기준점 지정
두 번째 점 지정 〈0.0000, 0.0000, 0.0000〉 : ⇨ 복사할 위치 지정

▣ 추가 명령어

- 기준점 지정 또는 [변위(D))/모드(O)] 〈변위〉 : 복사할 도면요소의 기준점을 지정한다.

▣ 연습(1) : 원본에 하나만 복사 -> 모드(o)를 단일(S)로 설정한 후 복사해야 한다.

명령: C ↵
3P/2P/TTR/〈Center point〉: 3,3 ↵
Diameter/〈Radius〉: 1 ↵

명령: CP ↵
객체 선택: ⇨ 복사할 원 선택
객체 선택: ↵

기준점지정 또는 [변위(D)/모드(O)] 〈변위(D)〉: 3,3 ↵
두 번째 점 지정: @5〈0 or 8,3 ↵

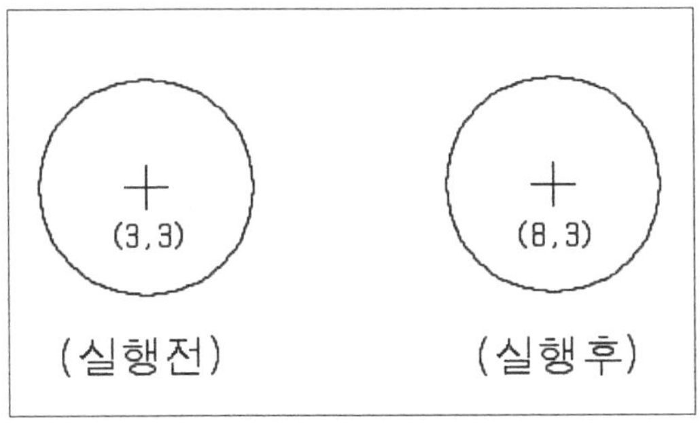


그림 7-3  1 : 1 복사

▣ 연습(2) : 다중 복사 -> Copy의 기본 값이다.

명령: CP ↵
객체 선택: ⇨ 복사할 원 선택
객체 선택: ↵
기준점 지정 또는 [변위(D)/모드(O)] 〈변위(D)〉: 3,3 ↵
두 번째 점 지정: 8,5 ↵
두 번째 점 지정: 8,1 ↵
두 번째 점 지정: ↵

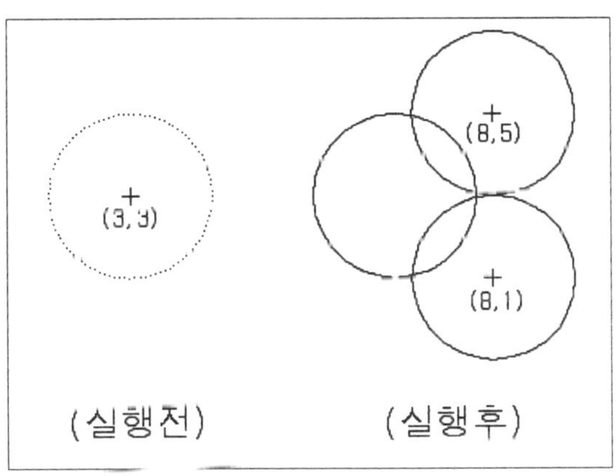


그림 7-4  다중 복사

## 7.4 축척(SCALE)

지정된 도면요소를 확대 또는 축소시키는 명령어로서 1을 기준으로 하여 큰 값을 입력하면 확대, 작은 값을 입력하면 축소된다.

▣ 명령어 사용 방법

- 키보드 입력 : SCALE
- 리본 메뉴 : 수정 ⇨ scale(축척) 

▣ 사용 방법

명령 : SCALE ↵

객체 선택: 반대 구석 지정: ⇨ 크기를 변환시킬 도면 요소 선택

객체 선택: ↵

기준점 지정: ⇨ 도면요소의 기준점 지정

축척 비율 지정 또는 [복사(C)/참조(R)] 〈1.0000〉: ⇨ 추가 명령어 지정

▣ 추가 명령어

- 축척 비율 지정 : 확대/축소 비율 값을 지정한다.
- 참조(R) : 도면 요소의 길이를 참조하여 지정 크기로 확대/축소한다.

▣ ※ 만약 절대 비율 값을 지정한 경우

축척 비율 지정 또는 [복사(C)/참조(R)]: R ↵

참조 길이 지정 〈1〉: ⇨ 현재 도면요소의 길이 지정

새 길이 지정 또는 [점(P)] ⇨ 새로운 도면요소의 길이 지정

▣ 연습(1) : 상대 축척

Command: L ↵

From point: 2,3 ↵

To point: @3〈0 ↵

To point: ↵

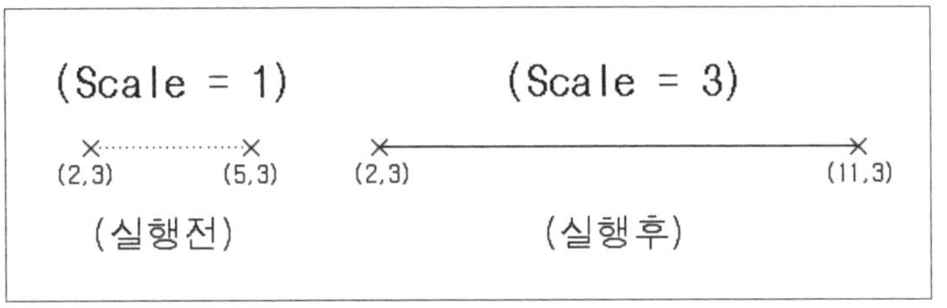


그림 7-5 상대축척

Command: SCALE ↵
Select objects: ⇨ 선(도면요소) 선택
1 found
Select objects: ↵
Base point: 2,3 ↵
〈Scale factor〉/Reference: 3 ↵

▣ 연습(2) : 절대 축척

상대축척 보다 절대축척 길이 방식으로 작업할 때가 쉬울 수가 있다. 예를 들어, 현재 길이가 3.2인 선을 9로 늘이려고 한다면 앞에서 배운 상대길이 방식으로 하면 2.8125배를 계산하여 입력해야 하지만 절대길이 방식으로 하면 쉬울 것이다.

Command: L ↵
From point: 2,5 ↵
To point: @3.2〈0 ↵
To point: ↵

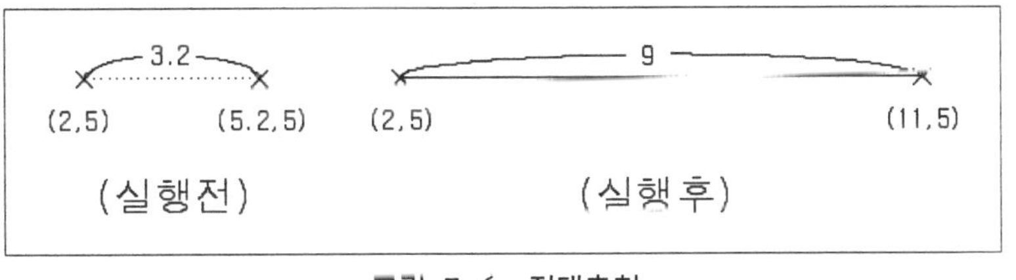


그림 7-6 절대축척

Command: SCALE ↵
Select objects: ⇨ 축척할 선 선택
Select objects: ↵

Base point: 2,5 ⏎

〈Scale factor〉/Reference: R ⏎

Reference length 〈1〉: 3.2 ⏎

New length: 9 ⏎

## 7.5 회전(ROTATE)

도면요소를 지정한 각도만큼 회전시킨다.

▣ 명령어 사용 방법

- 키보드 입력 : ROTATE
- 리본 메뉴 : 수정 ⇨ rotate(회전) 

▣ 사용 방법

명령 : ROTATE ⏎

현재 UCS에서 양의 각도: 측정 방향=시계 반대 방향 기준 방향=0

객체 선택: 반대 구석 지정: ⇨ 회전시킬 도면 요소 선택

객체 선택: ⏎

기준점 지정: ⇨ 기준점 선택

회전 각도 지정 또는 [복사(C)/참조(R)] 〈0〉: ⇨ 추가 명령어 선택

▣ 추가 명령어

- 회전 각도 : 회전각도를 지정한다.
- 참조(R) : 현재 각도를 기준으로 하여 새로 지정한 각도만큼 회전시킨다.

※ 절대 각도를 지정하는 경우

〈Rotation angle〉/Reference: R ⏎

Reference angle 〈0〉: ⇨ 선택한 도면 요소의 회전각 지정

New angle: ⇨ 새로운 회전각 지정

### ▣ 연습(1) : 상대 각도

Command: L ↵
From point: 1,2
To point: @4<0

Command: ↵
From point: 3,2 ↵
To point: @2<90 ↵

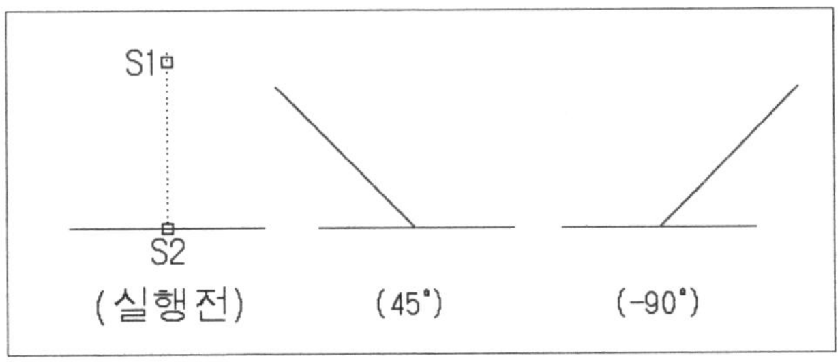


그림 7-7 상대각도

Command: ROTATE ↵
Select objects: 〈S1〉 ↵ ⇨ S1 선택
Select objects: ↵
Base point: END ↵
of 〈S2〉 ⇨ S2 선택
〈Rotation angle〉/Reference: 45 ↵

Command: ROTATE ↵
Select objects: 〈S1〉 ↵ ⇨ S1 선택
1 found
Select objects: ↵
Base point: 〈S2〉 ↵ ⇨ S2 선택
〈Rotation angle〉/Reference: -90 ↵

### ▣ 연습(2) : 절대 각도

상대각도 보다 절대각도를 이용하는 것이 쉬울 수가 있다. 예를 들어, 현재의 각도가 45° 이고 이 각을 20.5°가 되려고 한다면 앞에서 배운 상대각도 방식은 -24.5° 를 계산하여 입력해야 하지만, 절대 각도 방식으로 현재의 각도와 새로운 각도를 입력하여 회전시킬 수 있다.

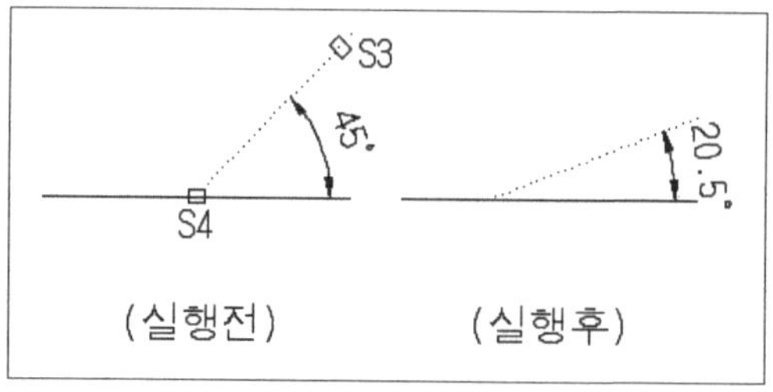


그림 7-8 절대각도

Command: ROTATE ↵

Select objects: 〈S3〉 ↵ ⇨ S3 선택

Select objects: ↵

Base point: 〈S4〉 ↵ ⇨ S4 선택

〈Rotation angle〉/Reference: R ↵

Reference angle 〈0〉: 45 ↵

New angle: 20.5 ↵

## 7.6 대칭복사(MIRROR)

도면요소를 지정된 축을 중심으로 대칭 복사하는 명령이다.

▣ 명령어 사용 방법

- 키보드 입력 : MIRROR
- 리본 메뉴 : 수정 ⇨ mirror(대칭) 

▣ 사용 방법

명령: MIRROR ↵

객체 선택: ⇨ 대칭복사 시킬 도면 요소 지정

객체 선택: ↵

대칭선의 첫 번째 점 지정: ⇨ 대칭축의 한점을 지정

대칭선의 두 번째 점 지정: ⇨ 대칭축의 다른 한 점을 지정

원본 객체를 지우시겠습니까? [예(Y)/아니오(N)] 〈N〉:

⇨ N : 복사한 도면요소를 보존시킨다.

Y : 복사한 도면요소를 삭제시킨다.

■ 연습(1) : 도형 대칭복사

Command: MIRROR ⏎

Select object: C ⏎ ⇨ 도면요소를 선택하기 위하여 윈도우에 걸쳐 있는 모든 요소 선택 (Crossing)

First corner: ⇨ P1

Other corner: ⇨ P2

Select object: ⏎

Firs point of mirror line: END ⏎ of ⇨ P3 지정

Second point: END ⏎ of ⇨ P4 지정

Delete old objects? ⟨N⟩: ⏎

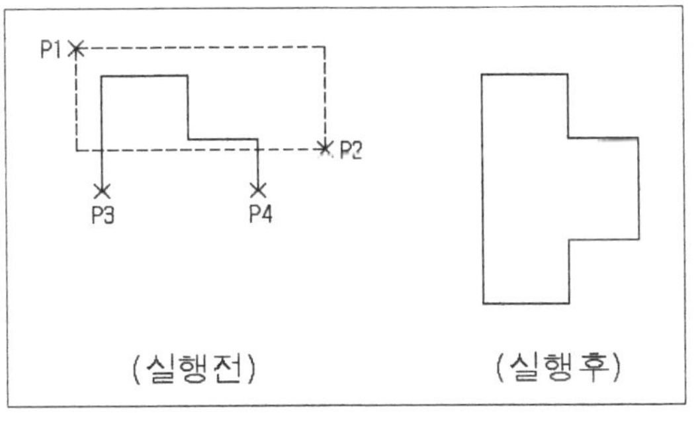


그림 7-9 대칭복사

➡ 만약 맨 마지막 부분에서 'Y'를 하는 경우 기존의 도면요소는 삭제되고 대칭도형만 나타난다.

Delete old objects? ⟨N⟩: Y ⏎

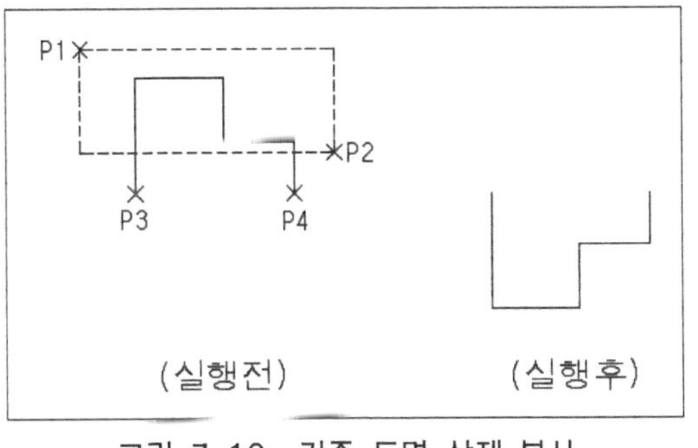


그림 7-10 기존 도면 삭제 복사

■ 연습(2) : 대칭 복사

Command: TEXT ⏎

Justify/Style/⟨Start point⟩: 3,1 ⏎

Height ⟨0.200⟩: 1 ↵
Rotation angle ⟨0⟩: 0 ↵
Text: AUTOCAD ↵

Command: TEXT ↵
Justify/Style/⟨Start point⟩: 7,1 ↵
Height ⟨0.200⟩: 1 ↵
Rotation angle ⟨0⟩: 0 ↵

Text: AUTOCAD ↵

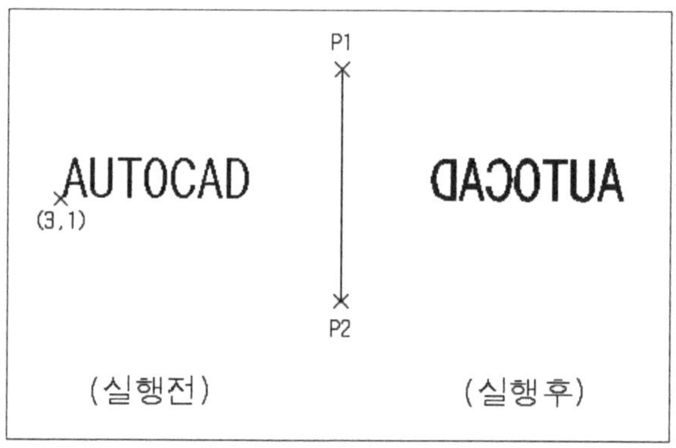


그림 7-11 문자 대칭(1)

Command: MIRROR ↵
Select object: ⇨ AUTOCAD 선택
Select object: ↵
First point of mirror line: ⇨ P1 지정
Second point: ⇨ P2 지정
Delete old objects? ⟨N⟩:

➡ 문자가 뒤집혀서 복사된다. 이를 정상적으로 복사하기 위해서는 시스템변수 MIRRTEXT의 값을 다음과 같이 바꾸어야 한다.
Command: MIRRTEXT ↵
New value for MIRRTEXT ⟨1⟩: 0 ↵

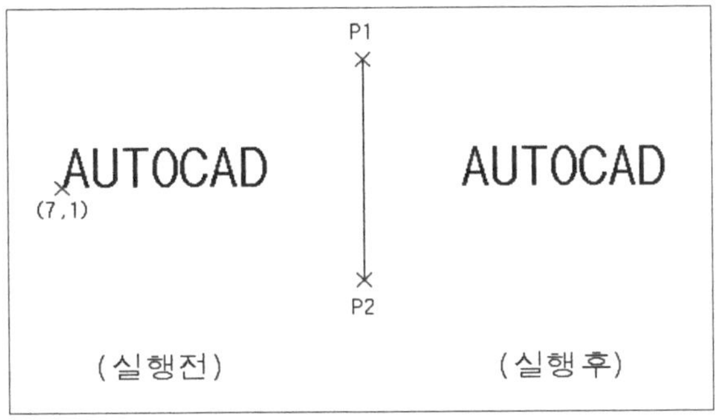


그림 7-12 문자 대칭(2)

Command: MIRROR ↵
Select object: ⇨ AUTOCAD 선택
Select object: ↵
First point of mirror line: ⇨ P1 지정
Second point: ⇨ P2 지정
Delete old objects? ⟨N⟩: ↵

## 7.7 배열(ARRAY)

선택한 도면 요소를 사각(Rectangular) 또는 원형(polar)의 형태로 다중복사하는 명령어다.

▣ 명령어 사용 방법

- 키보드 입력 : ARRAY
- 리본 메뉴 : 수정 ⇨ array(배열) ⇨ 직사각형 혹은 원형

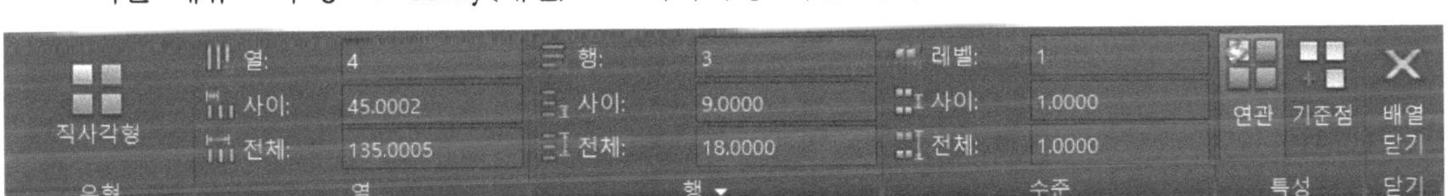


⟨직사각형 배열 대화상자⟩

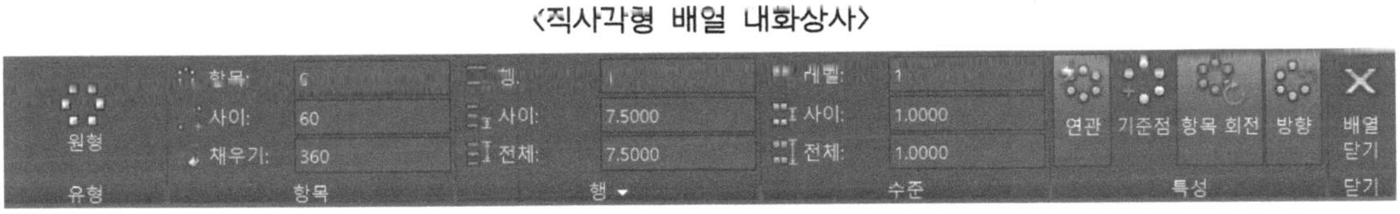


⟨원형배열 대화상자⟩

그림 7-13 배열을 위한 대화상자

▣ 사용 방법

- 직사각형 배열(Rectangular Array)

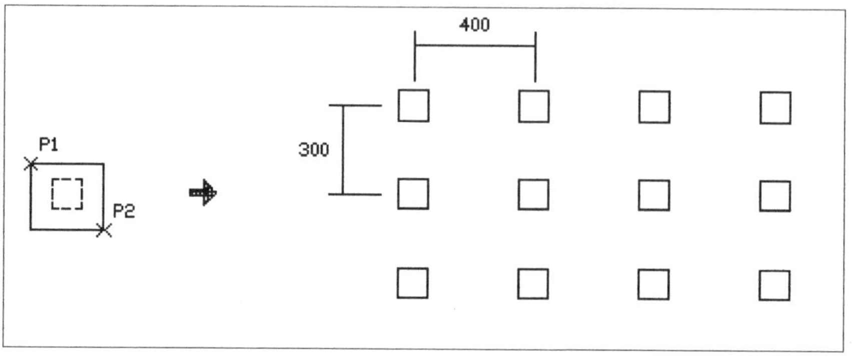


① 직사각형 배열을 선택한다.

② 객체선택: 배치할 객체를 선택한다.: P1 Click 후 P2 Click

③ 배열 할 행과 열의 수를 입력한다. :
행(가로)의 수 3, 열(세로)의 수 4을 입력한다.

④ 행과 열의 간격 값을 입력한다.
행(가로)의 간격 300, 열(세로)의 간격 400을 입력한다.

● 작업 화면을 선택하여 행과 열의 간격을 직접 입력할 수 있다.

● 선택 및 입력을 완료 한 후 확인을 하면 배치가 완료된다.

- 원형 배열(Polar Array)

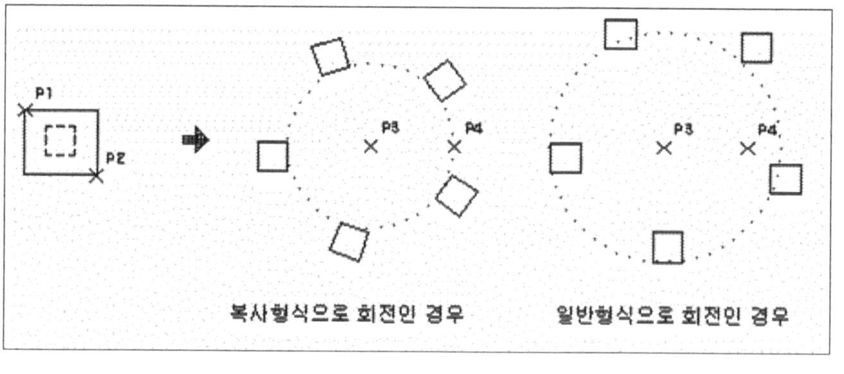


① 원형 배열 선택

② 객체선택 : 배열할 객체를 선택한다.

③ 원형 배열의 중심점을 선택한다.
원형 배열의 중심점을 작업도면에서 선택한다.

④ 배열방법을 선택한다.

⑤ 배열할 수를 입력(자기 자신도 개수에 포함) : 5

⑥ 배열할 각도를 직접 입력 또는 작업도면에서 선택한다.
각도는 반시계방향이며˚0 를 기준으로 한다.

⑦ 선택 및 입력을 완료후 확인을 하면 배치가 완료된다.

▣ 연습(1) : 직사각형 배열(Rectangular Array)

Command: C ↵

3P/2P/TTR/〈Center point〉: 1,1 ↵

Diameter/〈Radius〉: 0.5 ↵

Command: L ↵

From point: 1,1 ↵

To point: @0.5〈0 ↵

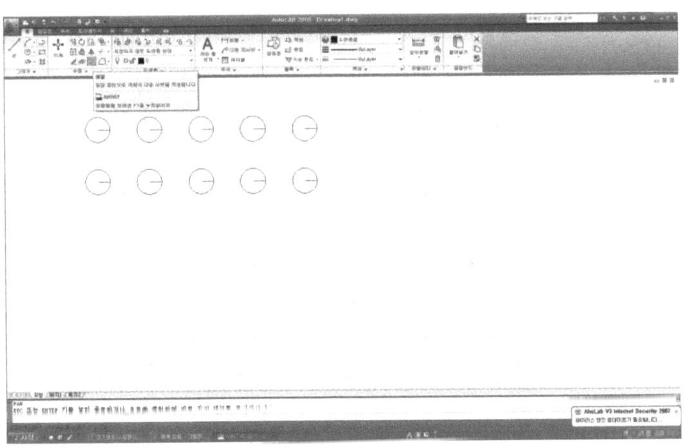

그림 7-14 직사각형 배열

Command: ARRAY ↵

Select object: ⇨ 배열할 도면요소를 선택한다.

Rectangular or Polar array (R/P) 〈R〉: ↵

Number of rows (---) 〈1〉: 2 ↵

Number of columns (|||) 〈1〉: 5 ↵

Unit cell or distance between rows (---): 1.5 ↵

Distance between columns (|||): 1.5 ↵

■ 연습(2) : 각도에 의한 원형배열

Command: C ↵
3P/2P/TTR/〈Center point〉: 3,5 ↵
Diameter/〈Radius〉: 2.5 ↵

Command: C ↵
3P/2P/TTR/〈Center point〉: 1,5 ↵
Diameter/〈Radius〉: 0.3 ↵

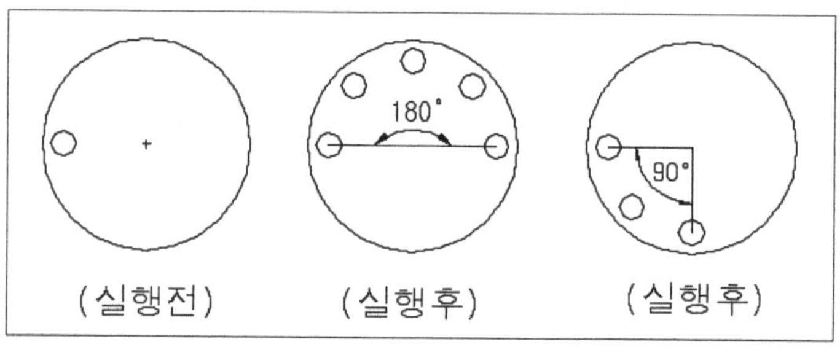


그림 7-15 원형 배열

Command: ARRAY ↵
Select object: ⇨ R(0.3)인 원 선택
Rectangular or Polar array (R/P) 〈R〉: P ↵ ⇨ 원형 배열(P) 선택
Center point of array: 3,5 ↵ ⇨ 원형 배열의 중심점 지정
Number of item: 5 ↵ ⇨ 배열 개수 입력
Angle for fill (+=CCW, -=CW) 〈360〉: -180 ↵ ⇨ 배열시킬 각도 입력
Rotate object as they are copied? 〈Y〉: ↵ ⇨ 복사되는 도면요소 회전여부
Command: ARRAY ↵
Select object: ⇨ R(0.3)인 원 지정
Rectangular or polar array (R/P) 〈R〉: P ↵
Center point of array: 7,5 ↵
Number of item: 3 ↵
Angle for fill (+=CCW, -=CW) 〈360〉: 90 ↵
Rotate object as they are copied? 〈Y〉: ↵

▣ 연습(3) : 원형 배열(1)

Command: ARRAY ↵

Select object: S1 ⇨ 배열대상 선택

Rectangular or Polar array (R/P) ⟨R⟩: P ↵

Center point of array: P1 ↵ ⇨ 회전시킬 중심점 지정

Number of item: 8 ↵

Angle for fill (+=CCW, -=CW) ⟨360⟩: ↵

Rotate object as they are copied? ⟨Y⟩: ↵ ⇨ 복사 대상이 배열 자체의 회전방향에 따라 회전한다.

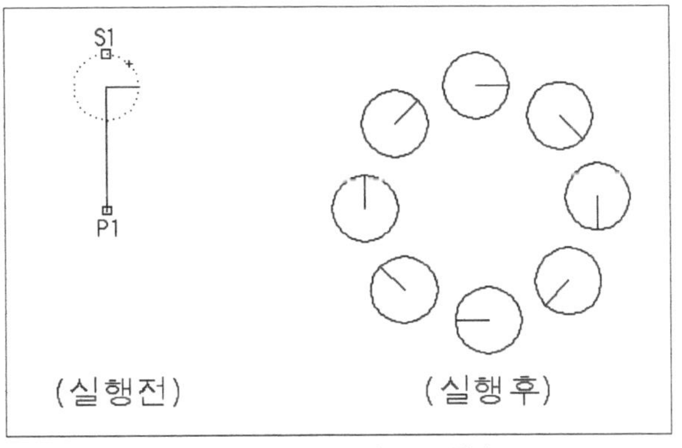


그림 7-16 원형 배열(1)

▣ 연습(4) : 원형 배열(2)

Command: ARRAY ↵

Select object: S1 ⇨ 배열대상 선택

Rectangular or Polar array (R/P) ⟨R⟩: P ↵

Center point of array: P1 ↵ ⇨ 회전시킬 중심점 지정

Number of item: 8 ↵

Angle for fill (+=CCW, -=CW) ⟨360⟩: ↵

Rotate object as they are copied? ⟨Y⟩: N ↵ ⇨ 복사 대상이 배열 자체의 회전방향에 따라 회전하지 않는다.

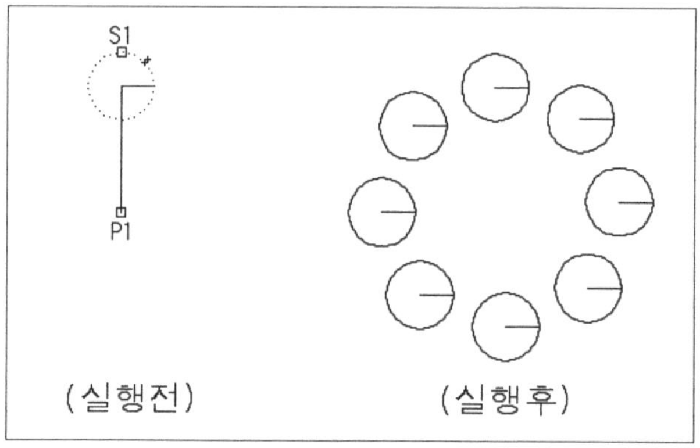


그림 7-17 원형 배열(2)

## 7.8 신축(STRETCH)

선택된 도면요소를 늘어나게 하거나 줄어들게 하는 명령어이다. 선(Line), 호(Arc), 트레이스, 솔리드, 폴리라인을 이용하여 이루어진 연결 상태는 연장될 수 있다.

▣ 명령어 사용 방법

- 키보드 입력 : STRETCH
- 리본 메뉴 : 수정 ⇨ stretch(신축) 

▣ 사용 방법

명령: STRETCH ↵

걸침 윈도우 또는 걸침 다각형만큼 신축할 객체 선택...

객체 선택: ⇨ 신축(스트레치)할 대상 선택

객체 선택: ↵

기준점 지정 또는 [변위(D)] 〈변위〉: ⇨ 기준점 지정

두 번째 점 지정 또는 〈첫 번째 점을 변위로 사용〉: ⇨ 신축을 원하는 지점 지정

▣ 연습(1) : 아래 그림에서 실행 전 상태의 도면을 그린 뒤 신축해 보자.

Command: STRETCH ↵

Select objects to Streatch by window...

Select object: C ↵ ⇨ Crossing Window

| | |
|---|---|
| First corner: P1 | ⇨ P1 지정 |
| Other corner: P2 | ⇨ P2 지정 |
| Select object: ↵ | |
| Base point: END ↵ | ⇨ OSNAP |
| of P3 | ⇨ P3 지정 |
| New point: P4 | ⇨ P4 지정 |

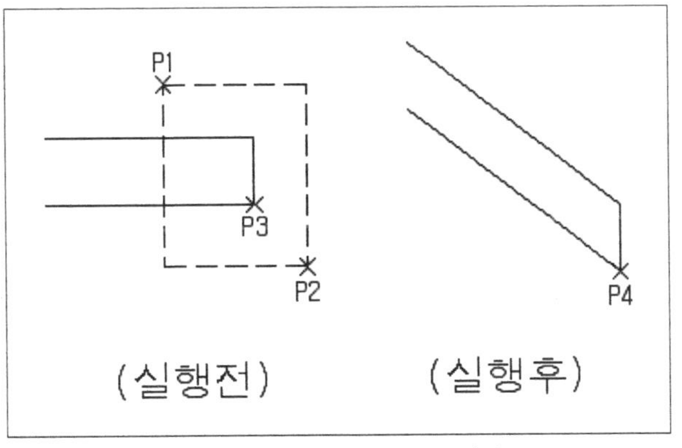


그림 7-18 STRETCH 명령

8

CHAPTER

# 편집 명령어(II)

8.1 끊기
8.2 자르기
8.3 연장
8.4 모깎기
8.5 모따기
8.6 간격 띄우기
8.7 길이 조정
8.8 분해

# 8.1 끊기(BREAK)

도면 요소의 일부를 끊을 때 사용하며, 원하는 대상을 선택한 다음 끊을 부분의 두 점을 지정하면 된다. 이때 끊어지는 도면요소는 두 개로 분리된다.(원은 제외)

▣ 명령어 사용 방법

- 키보드 입력 : BREAK
- 리본 메뉴 : 수정 ⇨ break(끊기)

▣ 사용 방법

명령: BREAK ↵
객체 선택: ⇨ 잘라내고자 하는 도면요소를 선택
두 번째 끊기점을 지정 또는 [첫 번째 점(F)]: ⇨ 잘라내고자 하는 끝점 지정

▣ 추가 명령어

- 첫 번째 점(F): 잘라내고자 하는 도면요소의 시작점을 다시 지정한다.

▣ 연습(1) : 선(Line)의 원하는 일부분을 지운다.

Command: BREAK ↵
Select object: P1 ⇨ P1 지정
Enter second point (or F for first point): P2 ⇨ P2 지정
※ 이 경우에는 Select object에서 선택한 지점에서부터 second point까지가 삭제된다.

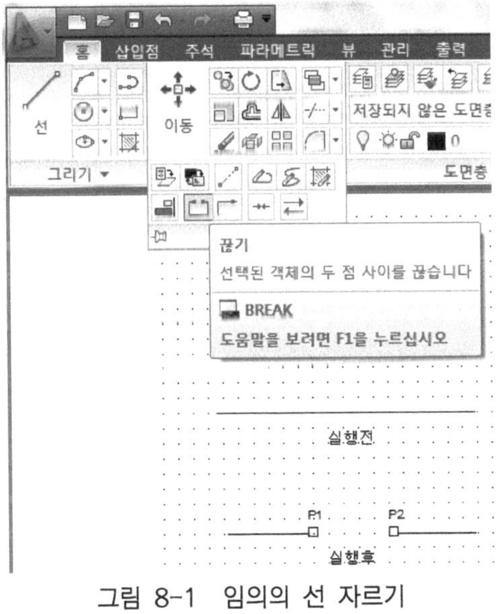


그림 8-1 임의의 선 자르기

▣ 연습(2) : 분리점이 정해진 부분을 지운다.

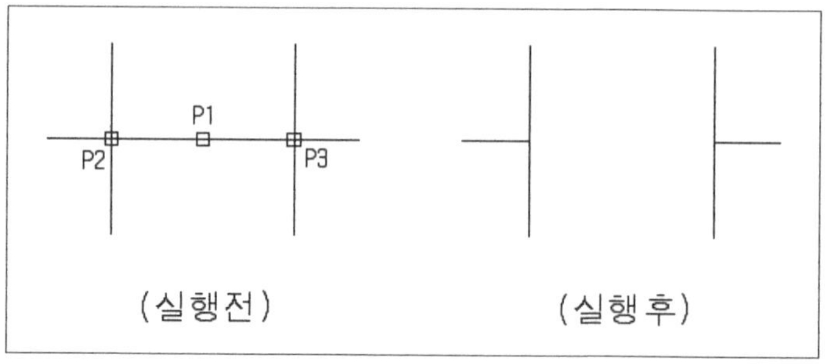


그림 8-2 원하는 지점 자르기

Command: BREAK ↵
Select object: P1 ⇨ P1 지정
Enter second point (or F for first point): F ↵
Enter first point: INT ↵
of P2 ⇨ P2 지정
Enter second point: INT ↵
of P3 ⇨ P3 지정

▣ 연습(3) : 하나의 도면요소를 두 개로 분리한다.

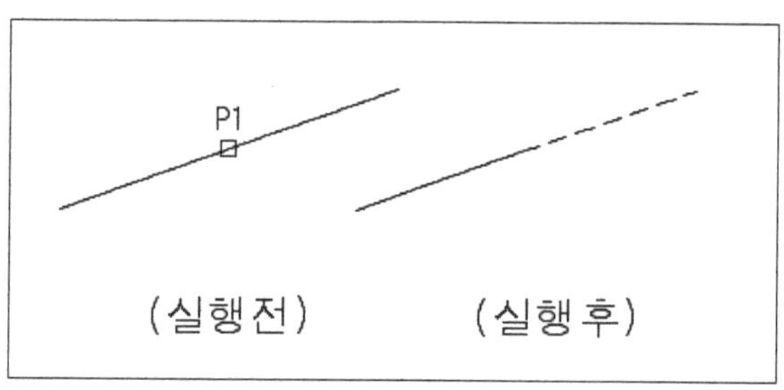


그림 8-3 도면요소 나누기

Command: BREAK ↵
Select object: P1
Enter second point (or F for first point): @ ↵ ⇨ 도면 요소 분리시 두 번째 점의 좌표는 ⓐ기호 입력하면 된다.

▣ 연습(4) : 원의 원하는 지점을 잘라 보도록 하자.

Command: BREAK ↵

Select object: P1 ⇨ P1 지정

Enter second point (or F for first point): P2 ⇨ P2 지정(반시계 방향으로 잘린다.)

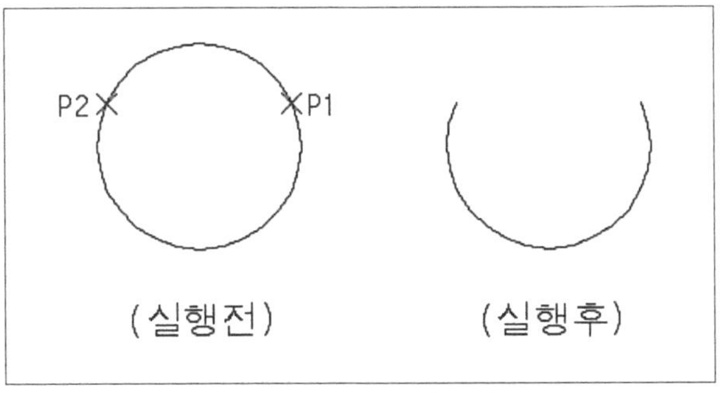


그림 8-4 원 자르기

## 8.2 자르기(TRIM)

다른 선에 의해 교차된 선(Line)이나 원(Circle), 호(Arc)등의 도면 요소의 일부분을 자르는 명령어이다.

▣ 명령어 사용 방법

- 키보드 입력 : TRIM
- 리본 메뉴 : 수정 ⇨ trim(자르기)

▣ 사용 방법

명령: TRIM ↵

현재 설정 값: 투영=UCS 모서리=없음

절단 모서리 선택 ...

객체 선택 또는 〈모두 선택〉: ⇨ 절단 모서리 선택

객체 선택: ↵

자를 객체 선택 또는 Shift 키를 누른 채 선택하여 연장 또는

[울타리(F)/걸치기(C)/프로젝트(P)/모서리(E)/지우기(R)/명령취소(U)]: ⇨ 자를 대상의 모서리(기준선) 선택

## ▣ 추가 명령어

- 〈Select object to trim〉 : 기준선에 의한 절단대상 도면요소 선택.
- Project : 3차원 도면에서 선택된 도면요소를 자를 때 사용하는 투영(projection) 모드를 결정한다.
  - ▸None : 3차원 공간에서 경계모서리와 교차하는 도면요소만을 자른다.
  - ▸UCS : 3차원 공간에서 자르기 도면요소와 교차하지 않는 도면요소를 자른다.
  - ▸View : 현재의 뷰 방향에 따라 투영함을 지정한다.
- Edge : 도면요소를 일부분 제거할 기준선의 연장 여부를 결정한다.
  - ▸Extend : 기준선을 연장한다. 연장된 가상의 선과 교차하는 도면 요소는 제거 할 수 있다.
  - ▸No extend : 기준선을 연장하지 않는다. 따라서 기준선과 실제로 교차하고 있는 도면 요소만 제거할 수 있다.
- Undo : TRIM 명령에 의해 절단된 모든 요소를 다시 살린다.

## ▣ 연습(1)

Command: TRIM ↵
Select cuttind edge(s)...
Select object:
First corner: P1 ⇨ P1 지정
Other corner: P2 ⇨ P2 지정
Select object:
〈Select object to trim〉/Undo: ⇨ S1 지정
〈Select object to trim〉/Undo: ⇨ S2 지정
〈Select object to trim〉/Undo: ⇨ S3 지정
〈Select object to trim〉/Undo: ⇨ S4 지정

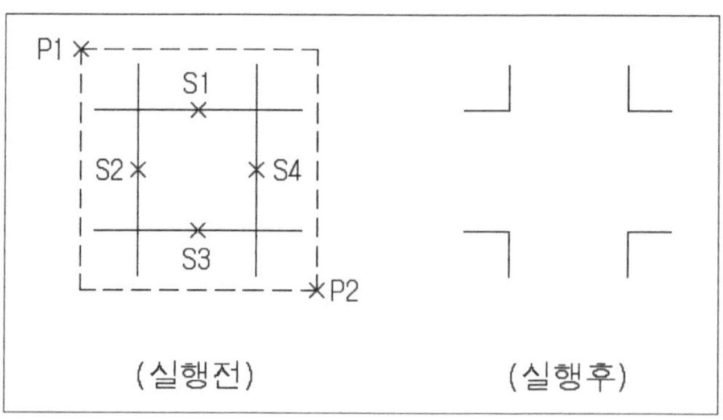


그림 8-5 TRIM 연습(1)

▣ 연습(2) : 다음 Trim 명령어를 이용하여 실행 후처럼 만들어라.

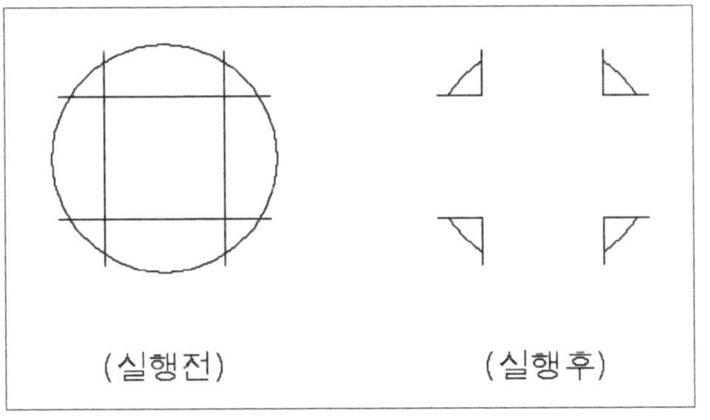


그림 8-6 TRIM 연습(2)

▣ 연습(3) : EDGE를 이용한 TRIM 명령

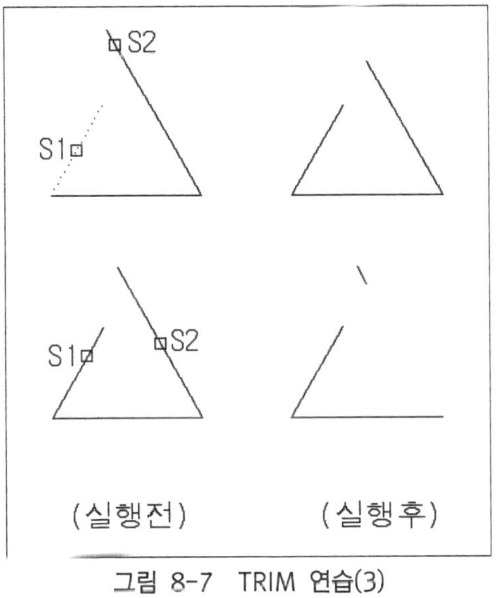


그림 8-7 TRIM 연습(3)

Command: TRIM ↵

Select cutting edge(s)...

Select object: S1 ⇨ S1 지정

Select object: ↵

〈Select object to trim〉/Project/Edge/Undo: E ↵

Extend/No extend: E ↵ ⇨ 기준선 연장

〈Select object to trim〉/Undo: S2 ⇨ S2 지정

〈Select object to trim〉/Undo: ↵

# 8.3 연장(EXTEND)

선택된 도면요소를 지정된 경계선까지 연장한다.

▣ 명령어 사용 방법

- 키보드 입력 : EXTEND
- 리본 메뉴 : 수정 ⇨ extend(연장) 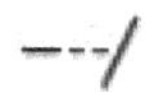

▣ 사용 방법

명령: EXTEND ↵

현재 설정값: 투영= UCS 모서리=없음

경계 모서리 선택 ...

객체 선택 또는 〈모두 선택〉: ⇨ 경계 모서리 선택

객체 선택: ↵

연장할 객체 선택 또는 Shift 키를 누른 채 선택하여 자르기 또는

[울타리(F)/걸치기(C)/프로젝트(P)/모서리(E)/명령취소(U)]: ⇨ 연장 모서리 선택

▣ 추가 명령어

- 〈Select object to extend〉 : 연장시킬 도면요소 선택.
- Project : 선택된 도면요소를 연장시킬 때 투영(projection)모드를 사용하는지를 결정한다.
  - ▸None : 3차원 공간에서 경계모서리와 교차되는 물체만을 연장시킨다.
  - ▸UCS : 3차원 공간에서 자르기 도면요소와 교차되지 않는 물체를 연장시킨다.
  - ▸View : 현재의 뷰 방향에 따라 투영함을 지정한다.
- Edge : 경계선의 연장 여부를 지정한다.
  - ▸Extend : 경계선을 연장한다.
  - ▸No extend : 경계선을 연장하지 않는다.
- Undo : EXTEND 명령에 의해 연장된 도면 요소를 한 단계씩 취소한다.

▣ 연습(1)

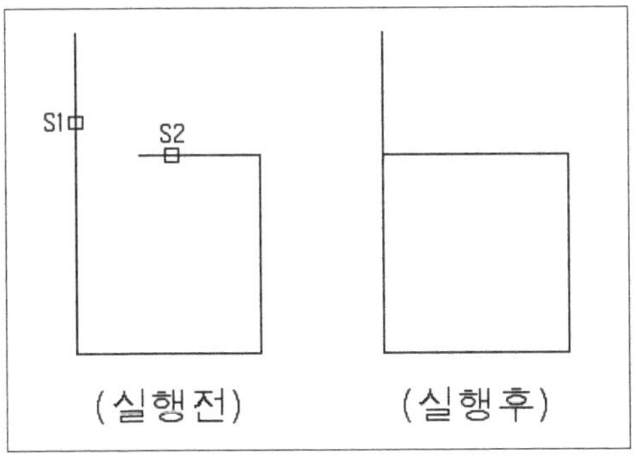


그림 8-8 선 연장

Command: EXTEND ↵

Select boundary edges

Select object: S1 ⇨ S1 선택

Select object: ↵

<Select object to extend/Project>/Edge/Undo: S2 ⇨ S2 선택

▣ 연습(2)

Command: EXTEND ↵

Select boundary edges

Select object: S1 ⇨ S1 지정

Select object: ↵

Select object to extend/Project/Edge/Undo: E ↵ ⇨ E 선택

EXTEND/No extend <default>: E ↵ ⇨ 가상의 기준선 연장

Select object to extend/Project/Edge/Undo: S2 ⇨ S2 선택

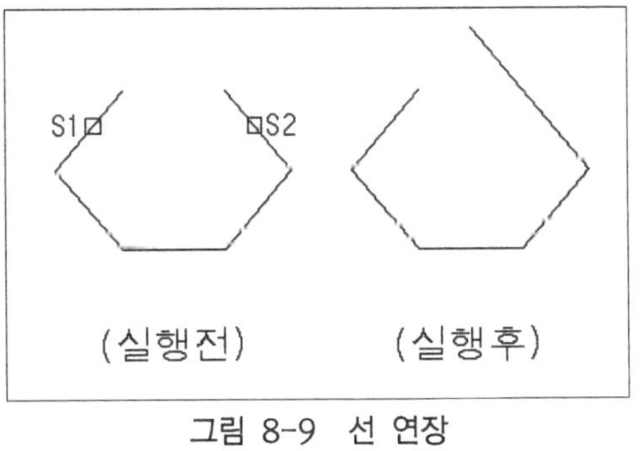


그림 8-9 선 연장

# 8.4 모깍기(FILLET)

두 개의 직선이 만나는 모서리 부분을 둥글게 모깍기 할 때 사용한다.

▣ 명령어 사용 방법

- 키보드 입력 : FILLET
- 리본 메뉴 : 수정 ⇨ fillet(모깍기) 

▣ 사용 방법

명령: FILLET ↵

현재 설정 값: 모드 = TRIM, 반지름 = 0.0000

첫 번째 객체 선택 또는 [명령취소(U)/폴리선(P)/반지름(R)/자르기(T)/다중(M)]:

⇨ 모깍기 반지름 값 입력

두 번째 객체 선택 또는 Shift 키를 누른 채 선택하여 구석 적용:

▣ 추가 명령어

- 〈Select first object〉 : 모깍기할 첫 번째 도면요소를 선택
- Polyline : 폴리라인으로 그려진 경우 한번에 모두 모깍기 처리된다.
- Radius : 모깍기할 반지름을 지정한다.
- Trim : 모깍기한 부분의 절단여부를 설정한다.
  - ▸Trim : 모서리 부분을 절단한 채로 모깍기한다.
  - ▸No trim : 모서리를 그냥 두고 모깍기한다.

▣ 연습(1) : 선(Line) 모깍기

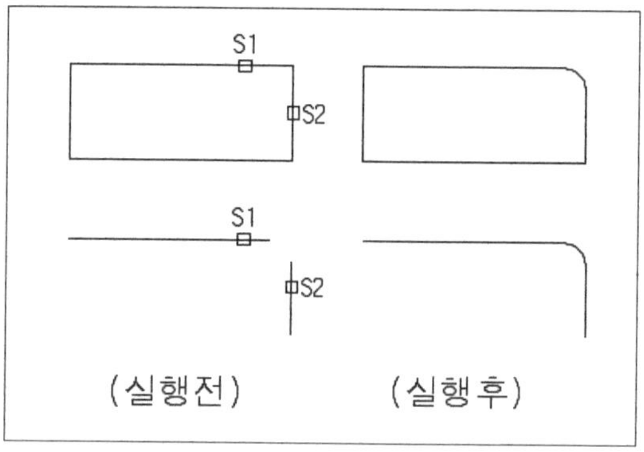


그림 8-10 선을 모깍기 할 때

Command: FILLET ↵

Polyline/Radius/〈Select first object〉: R ↵

Enter fillet radius 〈0.0000〉: 0.5 ↵ ⇨ 모깍기 반지름 입력

Command: ↵

FILLET Polyline/Radiys/〈Select first object〉: ⇨ S1 지정

Select second object: ⇨ S2 지정

▣ 연습(2) : 반지름을 0으로 주는 경우 교차선이 어긋나거나 떨어진 경우 두 직선을 붙여준다.

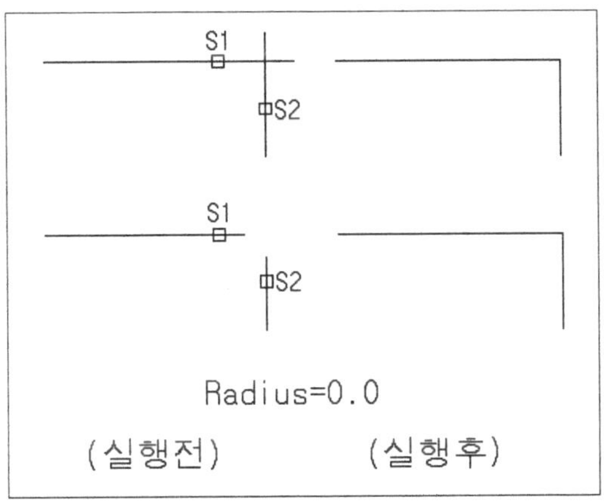


그림 8-11 반경 = 0.0

Command: FILLET ↵

(TRIMmode)Current fillet radius = 0.5000

Polyline/Radius/〈Select first object〉: R ↵

Enter fillet radius 〈0.7000〉: 0 ↵

Command: ↵

(TRIMmode)Current fillet radius = 0.0000

FILLET Polyline/Radius/〈Select first object〉: ⇨ S1 지정

Select second object: ⇨ S2 지정

▣ 연습(3) : 폴리라인(Pline)에 모깍기 할 때

Command: PLINE ↵

From point: 6,2 ↵

Current line-width is 0.0000

Arc/Close/Half/Len/U/Width/〈Endpoint of line〉:@3〈0 ↵

Arc/Close/Half/Len/U/Width/〈Endpoint of line〉:@3〈9 ↵

Arc/Close/Half/Len/U/Width/〈Endpoint of line〉:@3〈180 ↵

Arc/Close/Half/Len/U/Width/〈Endpoint of line〉:C ↵

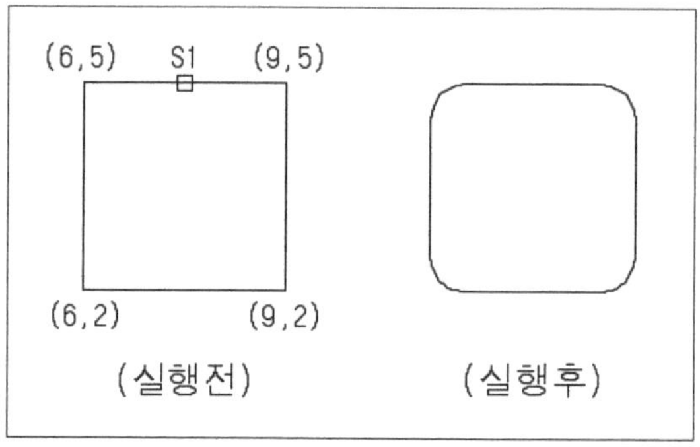


그림 8-12 폴리라인을 이용한 라운딩

Command: FILLET ↵

(TRIMmode)Current fillet radius = 0.0000

Polyline/Radius/〈Select first object〉: R ↵

Enter fillet radius 〈0.0000〉: 0.5 ↵

Command: ↵

(TRIMmode)Current fillet radius = 0.5000

FILLET Polyline/Radius/〈Select first object〉: P ↵ ⇨ 스폴라인 선택

Select 2D polyline: S1 ↵ ⇨ S1 선택

4 lines were filleted

※ 폴리라인일 경우 하나의 선택으로 모두 모깍기가 되는데 이 경우 폴리라인을 그릴 때 마지막 부분에서 C(Close)를 안해주고, @3<-90을 한 경우에는 3곳만 모깍기가 된다.

▣ 연습(4) : Trim을 이용한 모깎기

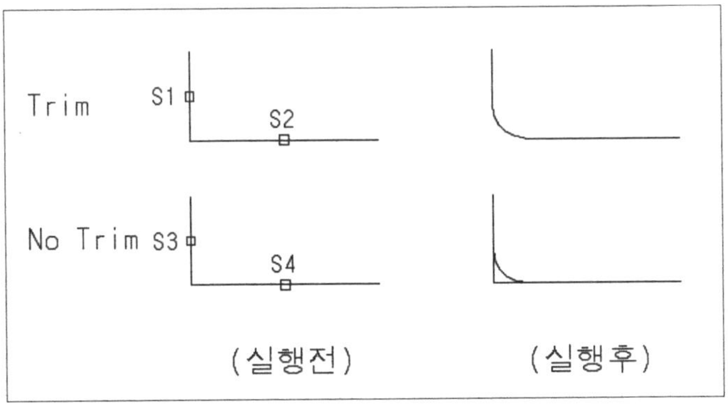


그림 8-13 Trim과 No Trim 비교

Command: FILLET ↵
(TRIMmode)Current fillet radius = 0.0000
Polyline/Radius/〈Select first object〉: R ↵
Enter fillet radius 〈0.0000〉: 0.8 ↵

Command: ↵
(TRIMmode)Current fillet radius = 0.8000
FILLET Polyline/Radius/〈Select first object〉: T ↵
Trim/No trim 〈trim〉: T ↵ ⇨ Trim 선택
FILLET Polyline/Radius/〈Select first object〉: S1 ↵
FILLET Polyline/Radius/〈Select first object〉: S2 ↵

Command: ↵
(TRIMmode)Current fillet radius = 0.8000
FILLET Polyline/Radius/〈Select first object〉: T ↵
Trim/No trim 〈trim〉: N ↵ ⇨ No Trim 선택
FILLET Polyline/Radius/〈Select first object〉: S3 ↵
FILLET Polyline/Radius/〈Select first object〉: S4 ↵

# 8.5 모따기(CHAMFER)

두 개의 직선이 만나는 모서리 부분을 지정된 거리 또는 각도만큼 모서리 따기를 한다.

▣ 명령어 사용 방법

- 키보드 입력 : CHAMFER or CHA
- 리본 메뉴 : 수정 ⇨ chamfer(모따기) 

▣ 사용 방법

명령 : CHAMFER ↵
(TRIM 모드) 현재 모따기 거리1 = 10.0000, 거리2 = 10.0000
첫 번째 선 선택 또는
[명령취소(U)/폴리선(P)/거리(D)/각도(A)/자르기(T)/메서드(E)/다중(M)]:
두 번째 선 선택 또는 Shift 키를 누른 채 선택하여 구석 적용:

▣ 추가 명령어

- 〈Select first line〉 : 모서리따기 할 때 정의하는 두 개의 모서리중 첫 번째 모서리를 선택한다.
- Polyline : 폴리라인으로 그려진 경우 모든 모서리를 동시에 모서리 따기 한다.
- Distance : 모서리 따기 거리(모서리부터의 거리)를 지정한다.
- Angle : 거리와 각도를 입력하여 모서리 따기 거리를 지정한다.
- Trim : 모서리 따기한 부분의 절단 여부를 설정한다.
  - ▸Trim : 모서리 따기한 부분을 절단한다.
  - ▸No Trim : 모서리 따기한 부분을 그대로 둔다.
- Method : 선택된 도면요소에 모서리 따기를 하는 경우 Distance 옵션이나 Angle 옵션 중 어느 것으로 모서리 따기할 것인가를 지정한다.
  - ▸Distance/Angle 〈Distance〉:

▣ 연습(1) : 거리값을 입력받아 모서리 따기

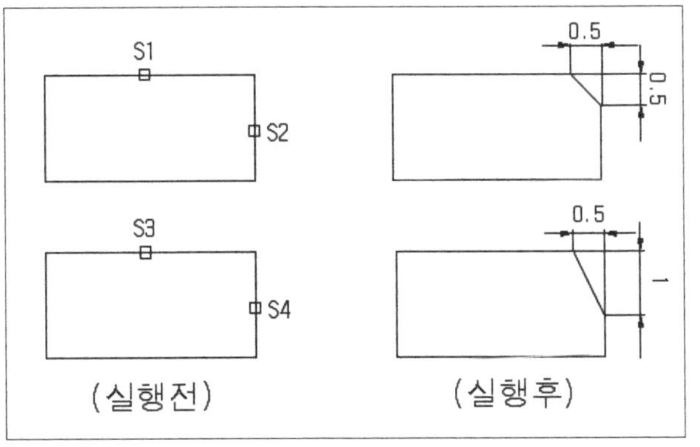


그림 8-14 거리가 다른 모서리따기

ⓐ 거리가 같은 경우 모서리 따기

Command: CHAMFER ↵

(TRIMmode)Current chamfer Dist1=0.0000 Dist2=0.0000

Polyline/Distance/Angle/Trim/Method/<Select first line>: D ↵

Enter first chamfer distance <0.0000>: 0.5 ↵

Enter second chamfer distance <0.5000>: ↵

Command: CHAMFER ↵

(TRIMmode)Current chamfer Dist1=0.5000 Dist2=0.5000

Polyline/Distance/Angle/Trim/Method/<Select first line>: S1

Select second line: S2

ⓑ 거리가 다른 경우 모서리 따기

Command: CHAMFER ↵

(TRIMmode)Current chamfer Dist1=0.0000 Dist2=0.0000

Polyline/Distance/Angle/Trim/Method/<Select first line>: D ↵

Enter first chamfer distance <0.0000>: 0.5 ↵

Enter second chamfer distance <0.5000>: 1 ↵

Command: CHAMFER ↵

(TRIMmode)Current chamfer Dist1=0.5000 Dist2=1.0000

Polyline/Distance/Angle/Trim/Method/<Select first line>: S3

Select second line: S4

▣ 연습(2) : 거리값이 0인 경우의 모서리 따기

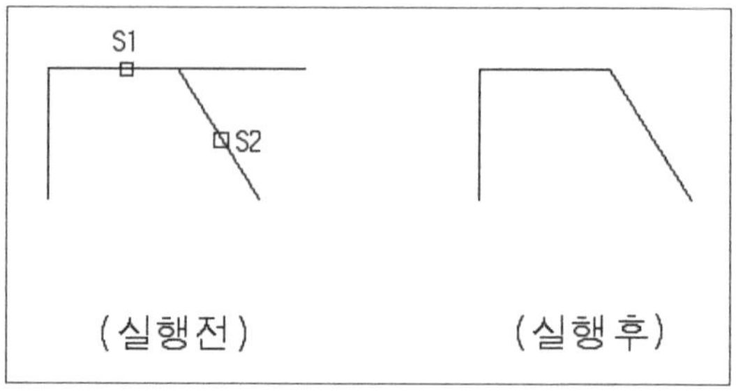


그림 8-15 거리 = 0

Command: CHAMFER ↵

(TRIMmode)Current chamfer Dist1=0.0000 Dist2=0.0000

Polyline/Distance/Angle/Trim/Method/〈Select first line〉: D ↵

Enter first chamfer distance 〈0.0000〉: 0 ↵

Enter second chamfer distance 〈0.0000〉: 0 ↵

Command: CHAMFER ↵

(TRIMmode)Current chamfer Dist1=0.0000 Dist2=0.0000

Polyline/Distance/Angle/Trim/Method/〈Select first line〉: S1

Select second line: S2

▣ 연습(3) : 폴리라인(Pline)을 이용한 모서리 따기

Command: PLINE ↵

From point: 7,2 ↵

Current line-width is 0.0000

Arc/Close/Half/Len/U/Width/〈Endpoint of line〉:@3〈0 ↵

Arc/Close/Half/Len/U/Width/〈Endpoint of line〉:@3〈90 ↵

Arc/Close/Half/Len/U/Width/〈Endpoint of line〉:@3〈180 ↵

Arc/Close/Half/Len/U/Width/〈Endpoint of line〉: C ↵

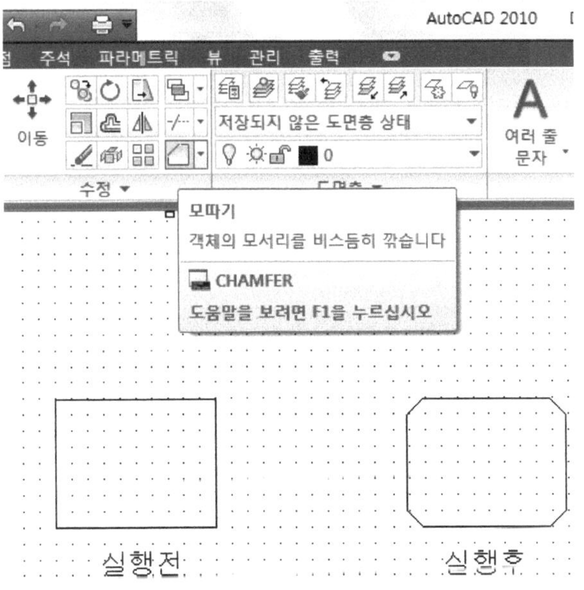


그림 8-16 PLINE 모서리 따기

Command: CHAMFER ⏎

(TRIMmode)Current chamfer Dist1=0.0000 Dist2=0.0000

Polyline/Distance/Angle/Trim/Method/⟨Select first line⟩: D ⏎

Enter first chamfer distance ⟨0.0000⟩: 0.3 ⏎

Enter second chamfer distance ⟨0.0000⟩: 0.3 ⏎

Command: CHAMFER ⏎

(TRIMmode)Current chamfer Dist1=0.3000 Dist2=0.3000

Polyline/Distance/Angle/Trim/Method/⟨Select first line⟩: P ⏎

Select 2D polyline:

4 lines were chamfered.

▣ 연습(4) : 거리와 각도를 입력받아 모서리 따기를 하는 경우 첫 번째 선택한 지점이 거리의 기준이 되어 각도를 실행한다.

Command: CHAMFER ⏎

(TRIMmode)Current chamfer Dist1=0.0000 Dist2=0.0000

Polyline/Distance/Angle/Trim/Method/⟨Select first line⟩: A ⏎

Enter chamfer length on the first line⟨0.0000⟩: 1.2 ⏎

Enter chamfer angle from the first line⟨0.0000⟩: 30 ⏎

Command: CHAMFER ↵

(TRIMmode)Current chamfer length=1.2000 Angle=30.0000

Polyline/Distance/Angle/Trim/Method/〈Select first line〉: S1

⇨ 기준이 되는 도면요소 선택

Select second line: S2 ⇨ 두 번째 도면요소 선택

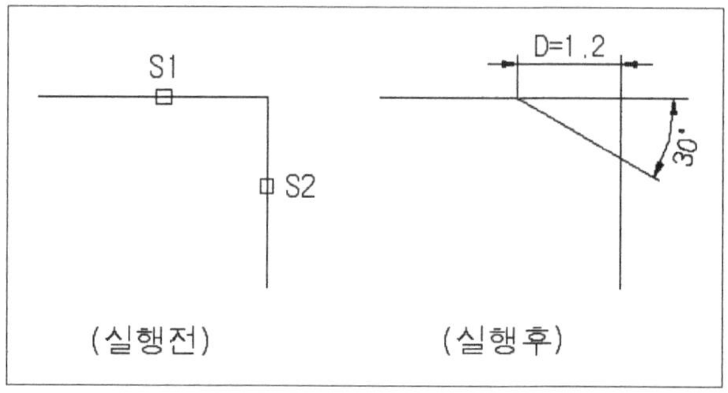


그림 8-17 거리, 각도에 의한 모서리 따기

▣ 연습(5) : Trim 명령을 이용하여 모서리 따기 한다.

Command: CHAMFER ↵

(TRIMmode)Current chamfer Dist1=0.0000 Dist2=0.0000

Polyline/Distance/Angle/Trim/Method/〈Select first line〉: D ↵

Enter first chamfer distance 〈0.0000〉: 0.5 ↵

Enter second chamfer distance 〈0.5000〉: ↵

Command: CHAMFER ↵

(TRIMmode)Current chamfer Dist1=0.5000 Dist2=0.5000

Polyline/Distance/Angle/Trim/Method/〈Select first line〉: T ↵

Trim/No trim 〈Trim〉: ↵

Polyline/Distance/Angle/Trim/Method/〈Select first line〉: S1

Select second line: S2

Command: CHAMFER ↵

(TRIMmode)Current chamfer Dist1=0.5000 Dist2=0.5000

Polyline/Distance/Angle/Trim/Method/〈Select first line〉: T ↵

Trim/No trim 〈Trim〉: N ↵

Polyline/Distance/Angle/Trim/Method/〈Select first line〉: S3

Select second line: S4

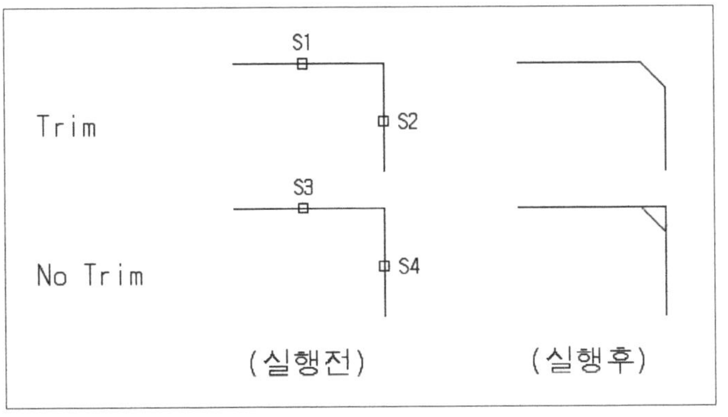


그림 8-18 Trim과 No Trim을 이용한 모서리 따기

# 8.6 간격 띄우기(OFFSET)

선택한 도면 요소를 지정된 간격만큼 평행 이동하여 복사한다.

▣ 명령어 사용 방법

- 키보드 입력 : OFFSET
- 리본 메뉴 : 수정 ⇨ offset(간격띄우기) 

▣ 사용 방법

명령: OFFSET ↵

현재 설정: 원본 지우기=아니오 도면층=원본 OFFSETGAPTYPE=0

간격띄우기 거리 지정 또는 [통과점(T)/지우기(E)/도면층(L)] 〈통과점〉:

⇨ 이동할 거리 또는 위치 지정

간격띄우기할 객체 선택 또는 [종료(E)/명령취소(U)] 〈종료〉:

⇨ 평행선을 그릴 도면 요소 선택

통과점 지정 또는 [종료(E)/다중(M)/명령취소(U)] 〈종료〉:

⇨ 복사할 방향 지정

▣ 추가 명령어

- 통과 점(T) : 마우스를 이용하여 평행선이 통과하는 위치를 지정한다.
- 간격띄우기 거리 : 간격 띄우기의 거리 값을 지정한다.

▣ 연습(1)

다음 예제는 선(Line)을 지정하여 임의의 지점에 offset시켜 주는 방법과 원(Circle)을 사용자가 지정한 간격만큼 offset시키는 방법이다.

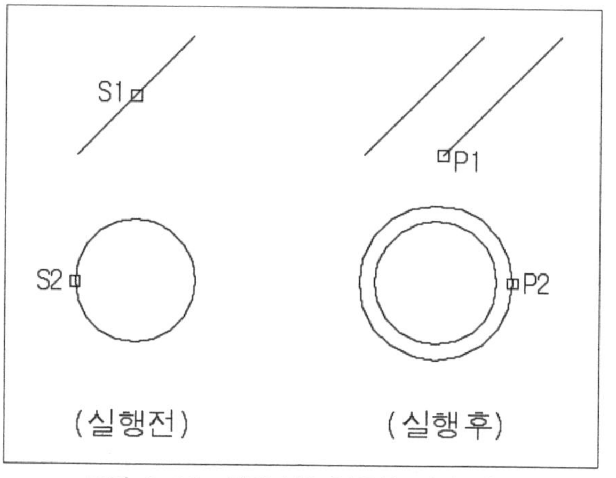


그림 8-19 마우스를 이용한 거리 지정

Command: OFFSET ↵

offset distance or Through ⟨Through⟩: ↵

Select object to offset: S1 ⇨ S1 지정

Side to offset : P1 ⇨ P1 지정

Command: OFFSET ↵

offset distance or Through ⟨Through⟩: ↵

Select object to offset: S2 ⇨ S2 지정

Side to offset : P2 ⇨ P2 지정

Command: OFFSET ↵

offset distance or Through ⟨Through⟩: 0.3 ↵

Select object to offset: S3 ⇨ S3 지정

Side to offset : P3 ⇨ P3 지정

Command: OFFSET ↵

offset distance or Through ⟨Through⟩: ↵

Select object to offset: S4 ⇨ S4 지정

Side to offset : P4 ⇨ P4 지정

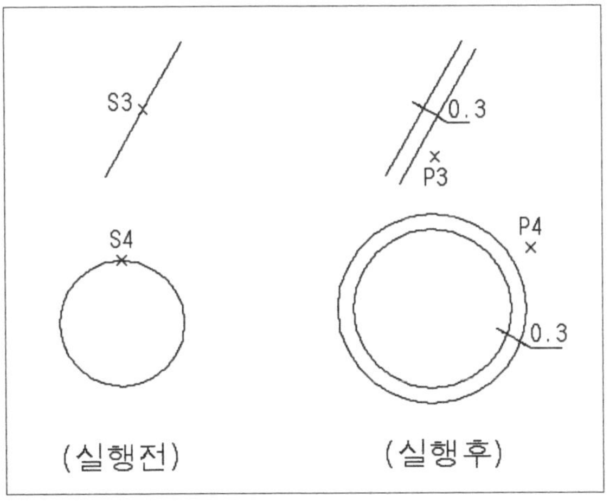


그림 8-20 거리입력 간격 지정

# 8.7 길이 조정(LENGTHEN)

선택된 도면요소의 길이를 연장한다.

▣ 명령어 사용 방법

- 키보드 입력 : LENGTHEN
- 리본 메뉴 : 수정 ⇨ lengthen(길이조정) 

▣ 사용 방법

명령: LENGTHEN ↵

객체 선택 또는 [증분(DE)/퍼센트(P)/합계(T)/동적(DY)]:

▣ 추가 명령어

- DElta(증분) : 연장하고 싶은 그 길이만큼 도면요소의 선택된 끝지점으로부터 늘려준다.
- Percent(퍼센트) : 현재 작성된 도면요소를 100%로 하고 백분율값을 지정한다. 100보다 작으면 도면요소가 줄어들게 되고, 100보다 크면 늘어가게 된다.
- Total(합계) : 지정한 값만큼 선택된 도면요소를 축소 또는 연장시켜 준다.
- DYnamic(동적) : 커서를 이동시켜 선택된 도면요소를 동적으로 늘이거나 줄일 수 있다.

▣ 연습(1)

Command: LINE ↵　　⇨ 길이가 3인 직선을 그린다.

Commadn: ARC ↵　　⇨ 호를 그린다.

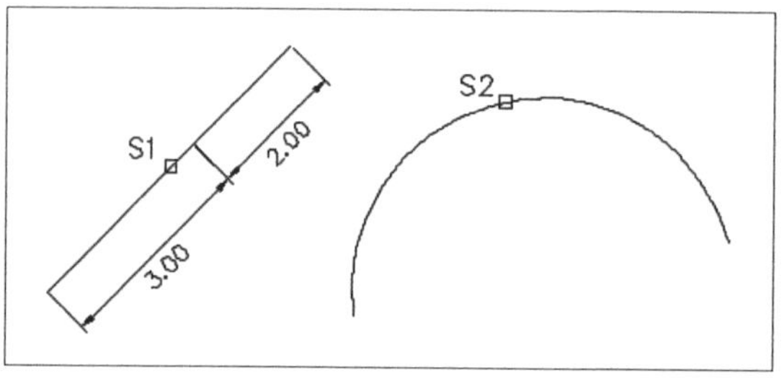


그림 8-21　길이 조정

Command: LENGTHEN ↵

DElta/Percent/Total/DYnamic/⟨Select object⟩: S1

Current length: 3.0000

DElta/Percent/Total/DYnamic/⟨Select object⟩: DE ↵

Angle/⟨Enter delta length (0.0000): 2 ↵

⟨Select object to change⟩/Undo: S1

Command: LENGTHEN ↵

DElta/Percent/Total/DYnamic/⟨Select object⟩: S2

Current length: 4.4396　included angle: 90.2137

DElta/Percent/Total/DYnamic/⟨Select object⟩: DE ↵

Angle/⟨Enter delta length (0.0000): A ↵

Enter delta angle ⟨0.0000⟩: 90 ↵

⟨Select object to change⟩/Undo: S2

▣ 연습(2)

Command: LINE ↵　　⇨ 길이가 3인 직선을 그린다.

Command: LINE ↵　　⇨ 길이가 6인 직선을 그린다.

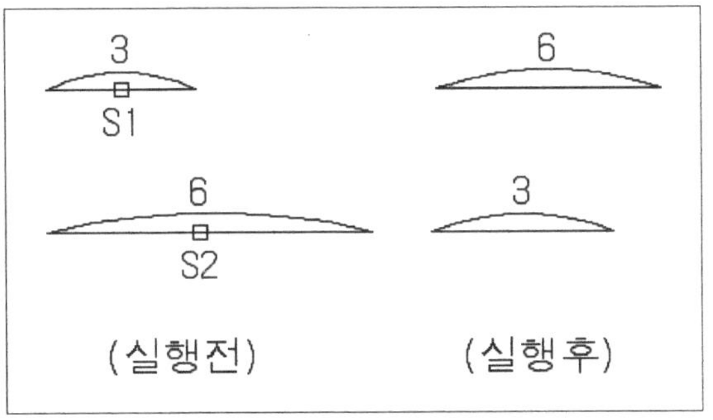


그림 8-22 백분율 길이 조정

Command: LENGTHEN ↵

DElta/Percent/Total/DYnamic/⟨Select object⟩: S1

Current length: 3.0000

DElta/Percent/Total/DYnamic/⟨Select object⟩: P ↵

Enter percent length ⟨100.0000⟩: 200 ↵

⟨Select object to change⟩/Undo: S1

Command: LENGTHEN ↵

DElta/Percent/Total/DYnamic/⟨Select object⟩: S2

Current length: 6.0000

DElta/Percent/Total/DYnamic/⟨Select object⟩: P ↵

Enter percent length ⟨100.0000⟩: 50 ↵

⟨Select object to change⟩/Undo: S2

▣ 연습(3)

Command: LINE ↵ ⇨ 길이가 2인 직선을 그린다.

Command: ARC ↵ ⇨ 호를 그린다.

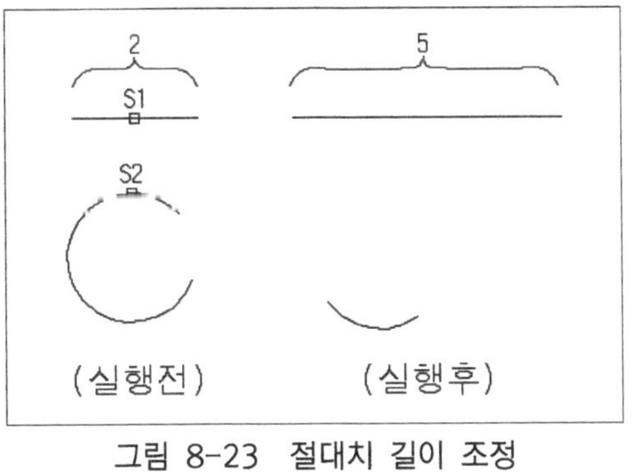


그림 8-23 절대치 길이 조정

Command: LENGTHEN ↵
DElta/Percent/Total/DYnamic/〈Select object〉: S1
Current length: 2.0000
DElta/Percent/Total/DYnamic/〈Select object〉: T ↵
Angle/〈Enter total length 〈2.0000〉〉: 5 ↵
〈Select object to change〉/Undo: S1

Command: LENGTHEN ↵
DElta/Percent/Total/DYnamic/〈Select object〉: S2
Current length: 4.9613 included angle: 132.8109
DElta/Percent/Total/DYnamic/〈Select object〉: T ↵
Angle/〈Enter total length (4.9313)〉: A ↵
Enter total angle 〈132.8109〉: 90 ↵
〈Select object to change〉/Undo: S2

## 8.8 분해(EXPLODE)

Block, Pline 등으로 그린 하나의 객체의 요소를 분해한다.

▣ 명령어 사용 방법

- 키보드 입력 : EXPLODE
- 리본 메뉴 : 수정 ⇨ explode(분해) 

▣ 사용 방법

명령: EXPLODE ↵
객체 선택: 분해할 대상물 선택 ↵

9

CHAPTER

# 문자와 해칭

# 9.1 단일행 문자(TEXT)

도면에서 문자를 삽입하기 위한 방법은 단일행 문자 입력방법(TEXT)과 다중행 문자 입력방법(MTEXT)이 있다. 간단하고 짧은 문자를 입력하기 위해서는 단일행 문자가 유용하다.

▣ 명령어 사용 방법

- 키보드 입력 : TEXT
- 리본 메뉴 : 주석 ⇨ Text ⇨ Single Line Text(단일행) 

▣ 사용 방법

Command: TEXT ↵
Justify/Style/〈Start point〉: J ↵
Align/Fit/Center/Middle/Right/TL/TC/TR/ML/MC/BL/BC/BR:
Height 〈0.2000〉: ⇨ 문자의 높이 지정
Rotation angle 〈0〉: ⇨ 문자의 회전각도 지정
Text: ⇨ 문자 입력

▣ 추가 명령어

- Start point(시작점) : 문자가 표기될 시작 위치를 지정한다.
- Style(유형) : 입력할 문자의 형태를 지정한다. 단, Style 명령에 의해 미리 정의되어 있어야 한다.
- Justify(자리 맞추기) : 입력할 문자의 정렬 방식을 지정한다.
- Align(정렬) : 지정한 두 점을 기준으로 문자의 크기가 조절되어 정렬된다.
- Fit(맞춤) : 지정한 높이와 두 점을 기준으로 문자의 크기가 조절되어 정렬된다.
- Center(중심) : 지정한 점에 문자열의 중앙 하단을 맞춰 정렬된다.
- Middle(중간) : 지정한 점에 문자의 중앙을 맞춰 정렬된다.
- Right(오른쪽) : 지정한 점에 문자열의 오른쪽을 맞춰 정렬된다.

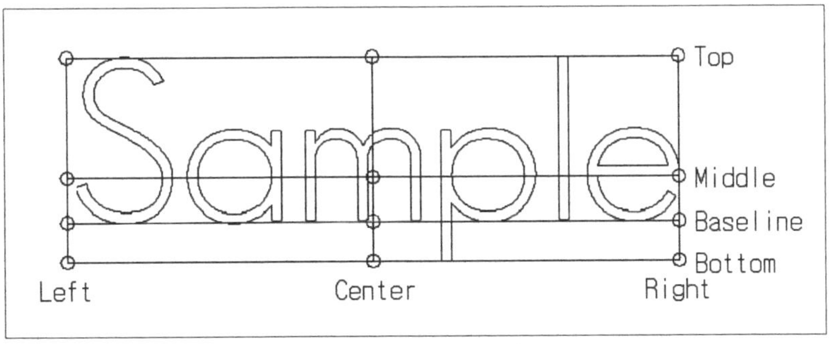


그림 9-1 문자 방향

- TL(Top/Left) 문자의 높이는 상단, 문자열은 좌측을 기준으로 정렬
- TC(Top/Center) 문자의 높이는 상단, 문자열은 중앙을 기준으로 정렬
- TR(Top/Right) 문자의 높이는 상단, 문자열은 우측을 기준으로 정렬
- ML(Middle/Left) 문자의 높이는 중앙, 문자열은 좌측을 기준으로 정렬
- MC(Middle/Center) 문자의 높이는 중앙, 문자열은 중심을 기준으로 정렬
- MR(Middle/Right) 문자의 높이는 중앙, 문자열은 우측을 기준으로 정렬
- BL(Bottom/Left) 문자의 높이는 하단, 문자열은 좌측을 기준으로 정렬
- BC(Bottom/Center) 문자의 높이는 하단, 문자열은 중앙을 기준으로 정렬
- BR(Bottom/Right) 문자의 높이는 하단, 문자열은 우측을 기준으로 정렬

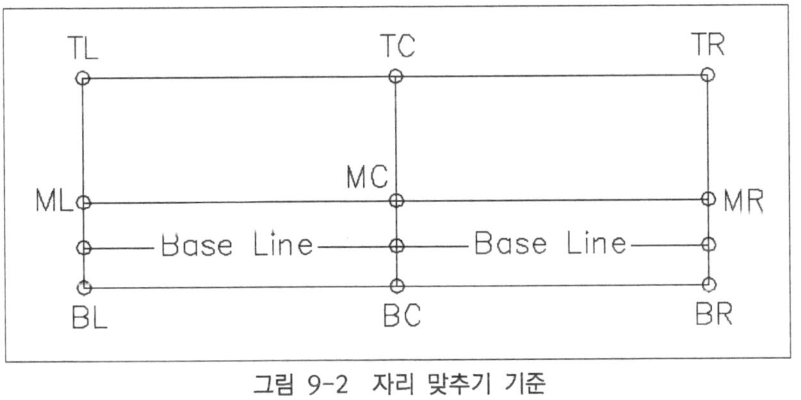


그림 9-2 자리 맞추기 기준

### 9.1.1 Start point(시작점)

Command: TEXT ↵

Justify/Style/〈Start point〉: P1 ⇨ P1 지정

Height 〈0.2000〉: 1.2 ↵ ⇨ 문자의 높이 지정

Rotation angle ⟨0⟩: ↵ ⇨ 문자의 회전 각도
Text: AutoCAD ↵ ⇨ 문자 입력

## 9.1.2 Aligned(문자정렬)

Command: TEXT ↵
Justify/Style/⟨Start point⟩: J ↵
Align/ ~ /TL/TC/TR/ML/MC/MR/BL/BC/BR:A ↵
First text line point: P2 ⇨ P2 지정
Second text line point; P3 ⇨ P3 지정
Text: AutoCAD ↵

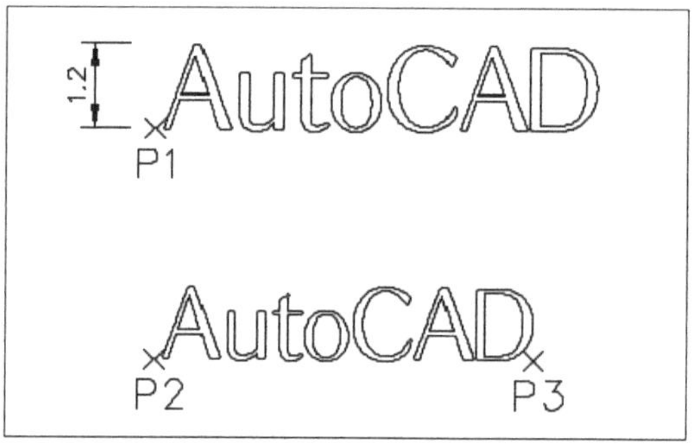


그림 9-3 Start point 및 Aligned

## 9.1.3 Fit(맞춤)

Command: TEXT ↵
Justify/Style/⟨Start point⟩: J ↵
Align/Fit/Center/Middle/Right/... : F ↵
First text line point: P1 ⇨ P1 지정
Second text line point; P2 ⇨ P2 지정
Height ⟨0.2000⟩: 1.8 ↵
Text: AutoCAD ↵

## 9.1.4 Center(중심)

Command: TEXT ↵

Justify/Style/〈Start point〉: J ↵

Align/Fit/Center/Middle/Right/... : C ↵

Center point: P3 ⇨ P3 지정

Height 〈0.2000〉: 1.5 ↵

Rotation angle 〈0〉: ↵

Text: AutoCAD ↵

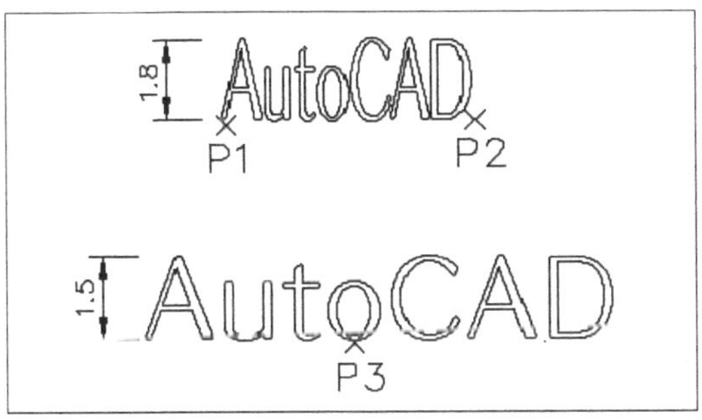


그림 9-4 Fit 및 Center

### 9.1.5 Middle : 중심점을 기준으로 지정

Command: TEXT ↵

Justify/Style/〈Start point〉: J ↵

Align/Fit/Center/Middle/Right/... : M ↵

Middle point: P1 ⇨ P1 지정

Height 〈0.2000〉: 1 ↵

Rotation angle 〈0〉: ↵

Text: AutoCAD ↵

### 9.1.6 Right(오른쪽)

Command: TEXT ↵

Justify/Style/〈Start point〉: J ↵

Align/Fit/Center/Middle/Right/... : R ↵

End point: P2 ⇨ P2 지정

Height 〈0.2000〉: 1.5 ↵

Rotation angle 〈0〉: ↵

Text: AutoCAD ↵

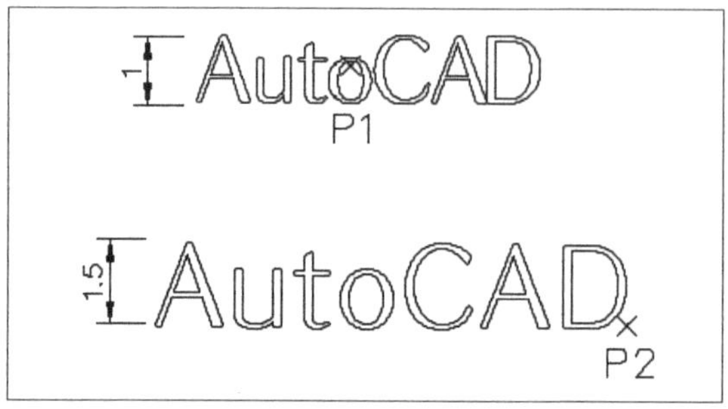


그림 9-5 Middle 및 Right

## 9.1.7 문자 반복 사용

문자를 한 번 기입한 후 Enter키를 치면 앞에 출력된 문자의 다음 줄에 Text 프롬프트가 나타나서 문자의 입력을 반복할 수 있다.

Command: TEXT ↵

Justify/Style/〈Start point〉: P1 ⇨ P1 지정

Height 〈0.2000〉: 1 ↵

Rotation angle 〈0〉: ↵

Text: Computer Aided Design ↵

Command: ↵

Justify/Style/〈Start point〉: ↵

Text : Computer Aided Manufacturing ↵

그림 9-6 문자 반복 사용

## 9.1.8 특수문자

일반적으로 지원되는 문자이외에 원의 지름( φ10), 각도(30°) 등을 표시하고자 하면 다음과 같은 특수문자 입력형식을 사용할 수 있다.

| 입력형식 | 설　　명 | 예　　제 |
|---|---|---|
| % % 0 | 윗줄 긋기 | %%0CAD ⇨ CAD |
| % % U | 밑줄 긋기 | %%UCAD ⇨ CAM |
| % % D | 각도 표시 | 30%%D ⇨ 30 |
| % % P | 공차 표시 | %%P0.2 ⇨ ±0.2 |
| % % C | 원의 지름 표시 | %%C20 ⇨ ϕ20 |
| % % % | % 기호 표시 | 100%%% ⇨ 100% |
| % % nnn | 특수문자 표시 | %%65 ⇨ A |

**연습 9-1** 다음 문자를 화면에 출력시켜 보자.

1. 150±0.05 ⇨ 150%%P0.05
2. ϕ20, ABC ⇨ %%C20, %%UABC
3. 30° ⇨ 30%%D

## 9.2 다중행 문자(MTEXT)

다중행 문자는 문자 입력창을 통해 워드 프로세스와 유사한 편집 기능을 이용하여 많은 문자를 입력할 수 있다. 이를 위하여 문자가 작성될 구역을 미리 정해 주어야 한다.

▣ 명령어 사용 방법

- 키보드 입력 : MTEXT
- 리본 메뉴 : 주석 ⇨ Text ⇨ mtext(여러 줄 문자)

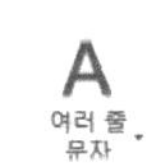


▣ 사용 방법

Command: MTEXT ↵

Text Height : 2.5

Current Text Style : Standard

Specify First Corner :

Specify Opposite Corner or [Height/Justify/Line/Spacing/Rotation/Style/Width] :

MTEXT명령 실행 후 첫 번째 문자 삽입점과 마지막 삽입점을 지정한 후 나타나는 다중행 문자 편집기에 문자열을 입력하며, 문자 편집기를 종료하면 삽입점의 위치에 입력한 문자열이 나타난다.

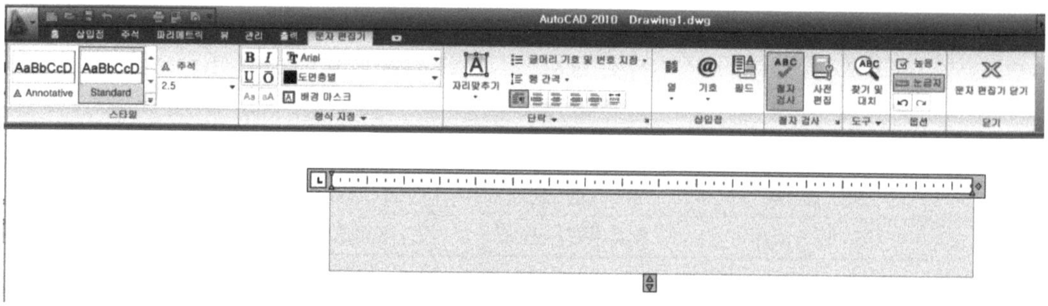

그림 9-7 다중행 문자편집기 대화상자

▣ 내용(Contents)

- Character(문자) : 새로운 문장에 사용할 문자체, 문자 높이, 색상, 기호를 설정한다.
- Properties(특성) : 새로운 문장에 사용할 문자유형, 자리 맞추기, 폭, 회전각을 설정한다.
- Line Spacing(행 간격) : 새로운 문장에서 문자의 행 간격을 설정한다.
- Find/Replace(찾기/대치) : 특정 문자 찾기 및 대치를 설정한다.

## 9.3 문자수정 대화상자(DDEDIT)

도면에 입력된 문자열을 수정하기 위한 대화상자가 나타난다.

▣ 명령어 사용 방법

- 키보드 입력 : DDEDIT

▣ 사용 방법

명령 : ddedit ⏎

Select an annotation object or [Undo] : ⇨ 수정할 문자 선택

**연습 9-2** 기존에 작성된 문자를 변경하는 방법이다.

Command: TEXT ⏎

Justify/Style/⟨Start point⟩: 2,8 ⏎

Height 〈0.2000〉: 1 ↵
Rotation angle 〈0〉: ↵
Text: AutoCAD ↵

Command: DDEDIT ↵
〈Select a TEXT or ATTDEF object〉/Undo:
⇨ 수정할 문자를 선택하여 수정 후 확인 버튼을 클릭

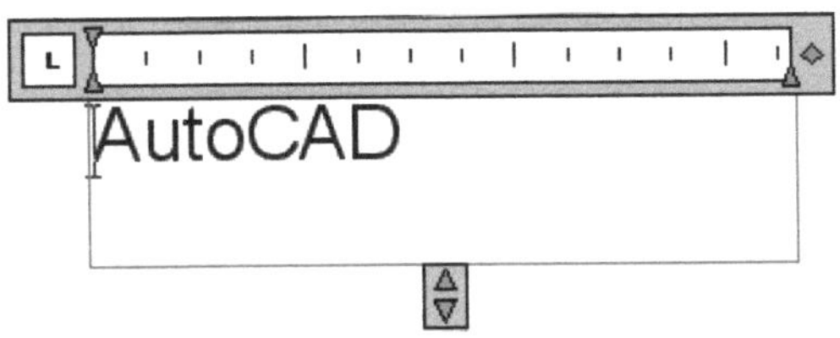


그림 9-8 문자 편집

> **참고** 문자를 선택하게 되면 "문자형식"이라는 대화상자가 나타나는 데 문자편집에서 수정할 문자를 입력한 다음 OK 버튼을 누르면 문자가 수정된다.

## 9.4 경계 해칭(Hatch)

HATCH 명령(boundary hatch)은 대화상자를 통해 해칭하므로 쉽게 실행할 수 있다.

▣ 명령어 사용 방법

- 키보드 입력 : HATCH ↵
- 리본 메뉴 : 그리기 ⇨ hatch.(해치) 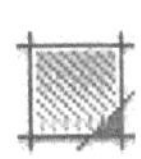

▣ 사용 방법

명령 : HATCH ↵

그림과 같은 메뉴가 나타난다. 사용자가 해치설정을 하려면 특성일치 아래의 화살표를 눌러서 다음과 같은 대화상자에서 설정한다.

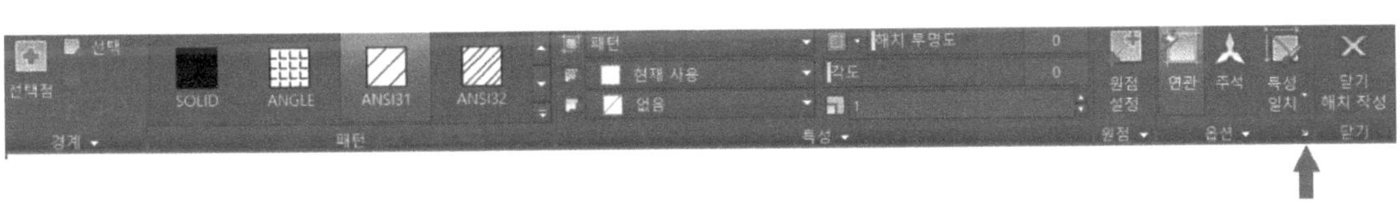

▣ 해치

### 1. Type(유형)

사용할 해칭 패턴의 형태를 지정한다.

- Predefined(미리 정의된) : AutoCAD에서 기본적으로 제공하는 ACAD.PAT 파일에 정의된 해칭 패턴을 사용한다.

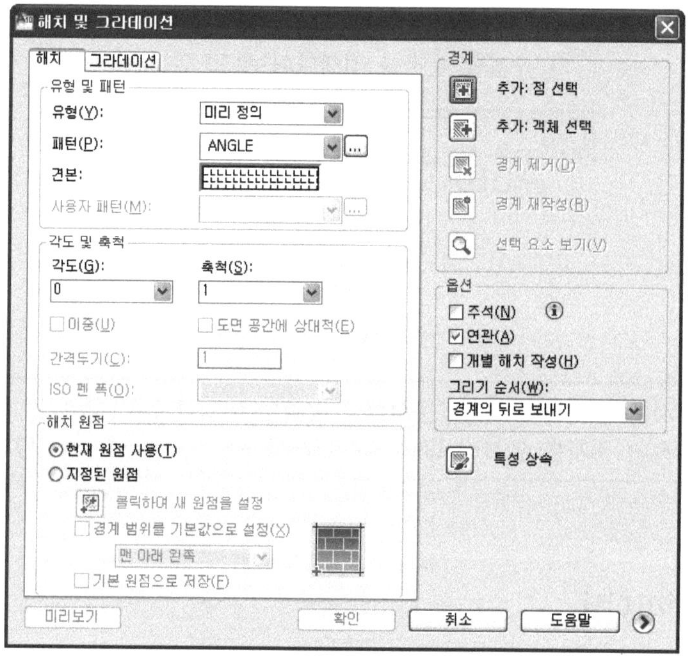


그림 9-9 경계해칭 대화상자

- User defined(사용자 정의) : 해칭 패턴을 사용자가 정의한다.
- Custom(사용자화) : 사용자가 필요한 해칭의 종류들을 만들어 사용할 수 있는 데, 이 때 파일명은 사용자가 붙이고 확장자는 ".PAT"로 한다.

### 2. Pattern(패턴)

위에서 선택한 패턴형태에 대한 패턴의 종류를 나열한다.

: 기본적으로 제공하는 "ACAD.PAT"에 정의된 해칭 패턴의 이름을 지정한다. 이 항목은 패턴 형태 상자에서 "Predefined"를 선택한 경우에만 사용할 수 있다.

### 3. Custom Pattern(사용자화 패턴)

사용자가 만든 해칭패턴의 이름을 지정한다. 이 사양은 패턴형태 상자에서 "Custom"을 선택한 경우에만 사용할 수 있다.

- Angle(각도) : 사용할 해칭패턴에 대한 각도를 지정한다.

- Scale(축척) : 사용할 해치 패턴의 축척을 지정한다.
- Spacing(간격두기) : 해칭 패턴에서 선의 간격을 지정한다. 이 사양은 패턴형태 상자에서 "User defined"이 선택된 경우에만 사용할 수 있다.
- ISO Pen Width(ISO 펜 폭) : 선택된 펜의 크기를 기초로 하여 ISO(국제 표준화 기구)와 관련된 패턴의 축척을 지정한다. 단위는 mm이다.

**4. Boundary(경계)**

해칭할 영역을 지정할 때 사용한다.

- Pick Points(내부 점 선택) : 해칭할 영역내의 임의의 점을 선택하여 해칭영역을 지정한다.
- Select object(객체 선택) : 해칭할 영역의 경계선을 선택하는 방법으로 해칭영역을 지정한다.
- Remove Islands(고립영역 제거) : 점 선택(Pick points)으로 어떤 영역을 선택할 경우 그 안에 포함된 다른 영역을 해칭에서 제외시킬 때 사용한다.
- View Selection(선택요소 보기) : 현재 선택된 해칭 경계를 파선으로 표시한다. 이 선택은 해칭경계가 선택되지 않았거나 만들어지지 않은 경우에는 사용이 불가능하다.
- Inherit Properties(특성상속) : 기존에 작성된 해칭패턴을 선택하면 작성된 해칭의 속성을 이어 받아 다시 사용한다.
- Associative(연관), Nonassociative(비연관) : 해칭된 영역을 편집 가능하도록 Hatchedit 명령과 연결한다. 이 사양을 선택하지 않으면 Hatchedit 명령으로 편집할 수 없다.
- Preview(미리보기) : 해칭할 영역을 미리 보여주는 기능으로 완성된 해칭을 미리 본 다음 "Boundary Hatch" 대화상자를 진행하려면 "Continue"를 선택한다.

■ 그라데이션

해치할 때 색의 계층을 다양하게 할 수 있다.

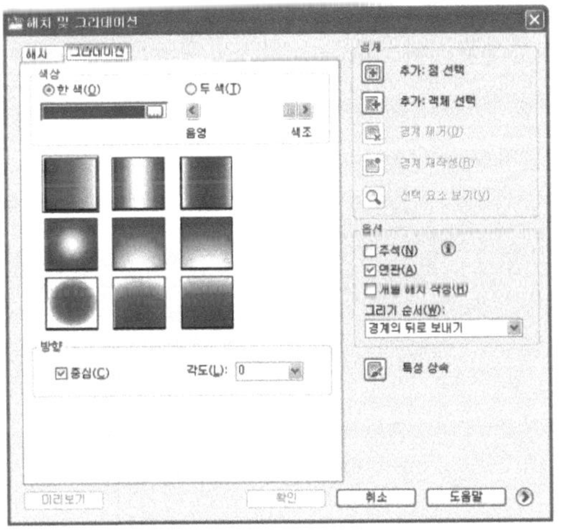


그림 9-10 그라데이션 대화상자

| 연습 9-3 | 다음과 같이 3개의 그림을 그린 다음 해칭방법의 차이에 따라 글씨까지 해칭되는 방법과 글씨 부분을 빼고 해칭되는 방법을 연습해 본다. |
|---|---|

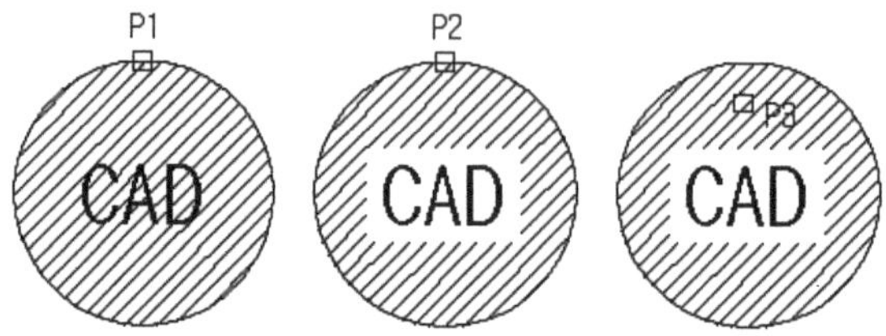


그림 9-11 해칭 연습

- Command: BHATCH ⏎

  "Boundary Hatch" 대화상자가 나타나는데 여기서 해치할 패턴의 종류와 각도, 크기를 지정한 다음 "Select object"를 선택한다.
- Select object: ⇨ 원(P1)을 선택한다.

  다시 ⏎(Enter)를 치면 "Boundary Hatch" 대화상자가 나타나는데, 여기서 OK(확인)를 클릭하면 미리 선택된 해칭 패턴으로 원과 문자가 해치된다.
- Command: BHATCH ⏎
- "Boundary Hatch" 대화상자에서 "Select object"를 클릭한다.
- 해칭할 영역으로 원( P2)과 문자를 선택한다.
- "Boundary Hatch" 대화상자에서 OK(확인)를 클릭한다.

- Command: BHATCH ⏎
- "Boundary Hatch" 대화상자에서 "Pick Points"를 지정한다.
- 해칭할 영역 (P3)을 지정한다.
- "Boundary Hatch" 대화상자에서 OK(확인)를 지정한다.

※ 위에서 해칭한 3개를 살펴보면 ①번은 문자에 관계없이 선택된 영역만을 모두 해칭한 경우이고 ②, ③번은 방법에는 차이가 있으나 해칭할 영역 안에서 문자만을 빼고 해칭한 경우이다.

10

CHAPTER

# 치수 기입

# 10.1 치수기입 개요

설계 도면에 있어서 도면 요소의 길이, 거리 또는 각도를 나타내기 위해서는 치수를 표시하여야 한다. 즉, 치수 기입은 단순히 물체의 치수만을 기입하는 것이 아니고 가공방법, 재료 등에도 관련되므로 올바르게 표시하여야 한다.

AutoCAD를 이용하여 기입할 수 있는 치수형태는 직선(linear), 각도(angular), 지름(diameter), 반지름(radius) 및 세로좌표(ordinate)가 있다.

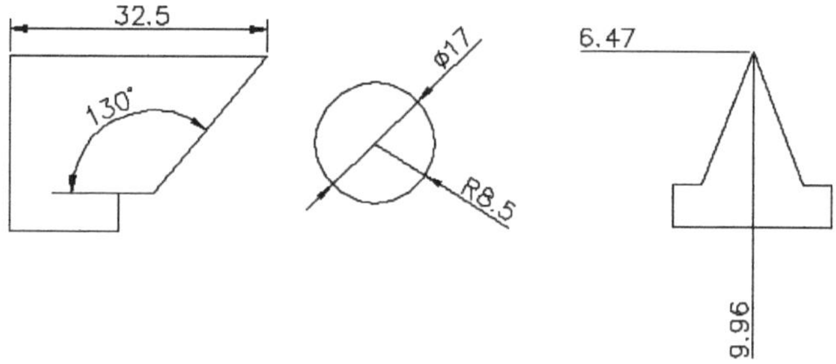


그림 10-1 기본 치수법

# 10.2 치수유형 관리

▣ 명령어 사용 방법

- 키보드 입력 : DIMSTYLE
- 리본 메뉴 : 주석 ⇨ 치수 ⇨ dimstyle(치수 스타일)

아래 대화 상자에서 수정(M)을 선택하여 설정한다.

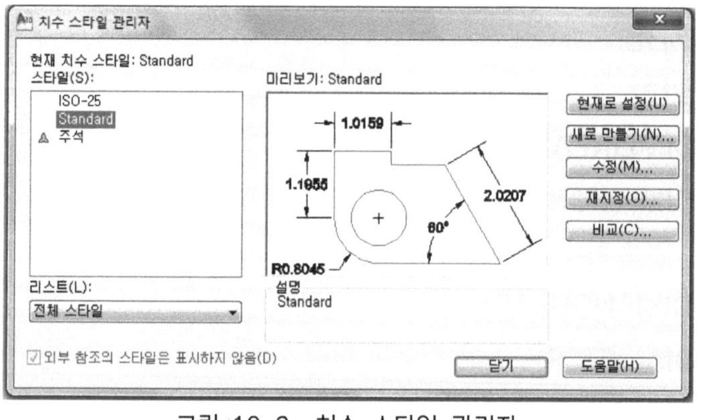


그림 10-2 치수 스타일 관리자

### 1) 선 설정

치수선, 치수 보조선에 대한 각종 값들을 설정한다.

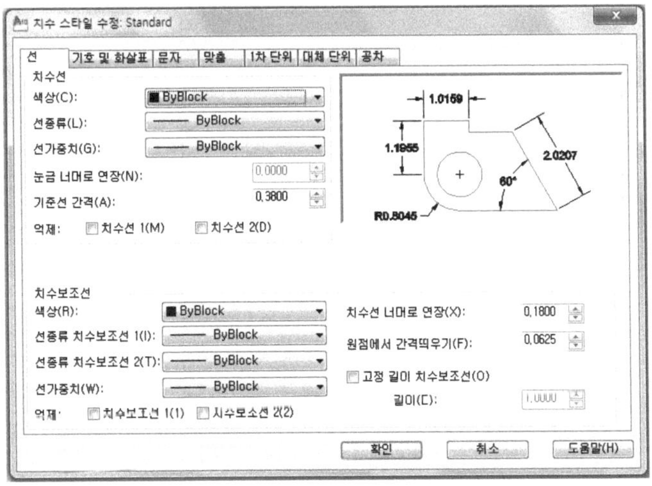


그림 10-3 선 설정

### 2) 기호 및 화살표 설정

치수선의 화살촉의 모양 및 크기 등을 설정한다.

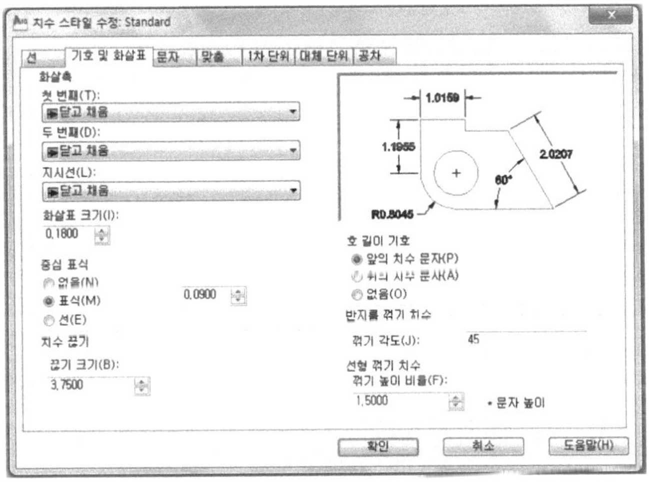


그림 10-4 기호 및 화살표 설정

**3) 문자를 설정한다.**

문자 높이 및 문자 배치를 설정한다.

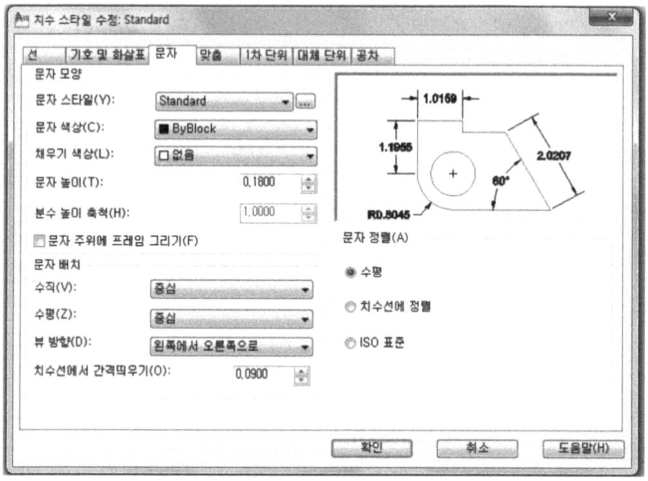


그림 10-5 문자 설정

**4) 1차 단위 설정**

문자 단위 표시 형식을 설정한다.

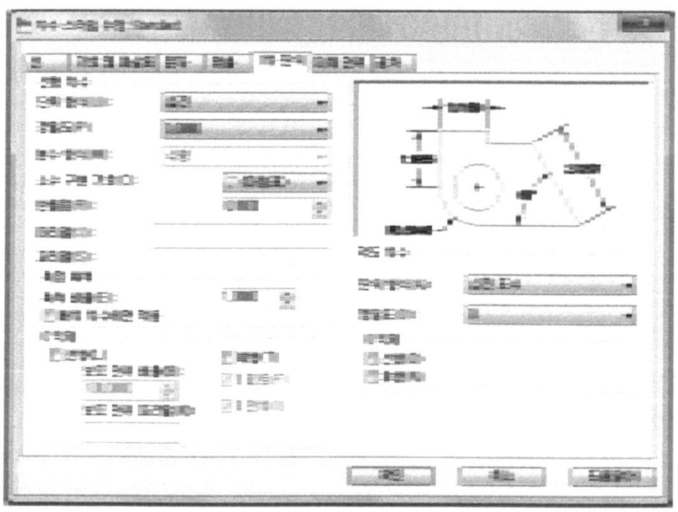

그림 10-6 1차 단위 설정

# 10.3 선형치수(DIMLINEAR)

도면 요소중 수평선이나 수직선, 사선 등의 선형 치수를 기입하는 명령이다.

▣ 명령어 사용 방법

- 키보드 입력 : DIMLINEAR or DIMLIN
- 리본 메뉴 : 주석 ⇨ 치수 ⇨ dimlineer(선형)

▣ 사용 방법

Command: DIMLIN ↵

Specify first extension line origin or ⟨select object⟩:
⇨ 첫번째 치수 보조선 원점 지정

Specify second extension line origin: ⇨ 두번째 치수 보조선 원점 지정

Specify dimension line location or

[Mtext/Text/Angle/Horizontal/Vertical/Rotated]:
⇨ 치숫선의 위치 및 추가명령어 선택

Dimension text ⟨100.0000⟩: ⇨ 치수기입

▣ 추가 명령어

- Text : 측정된 값을 그대로 사용하지 않고 사용자가 치수문자를 입력한다.
- Angle : 치수선이 기입될 각도를 지정한다.
- Horizontal : 수평치수를 기입한다.
- Vertical : 수직치수를 기입한다.
- Rotated : 회전치수를 기입한다.

| 연습 10-1 | 다음 도형을 그린 다음 여러 가지 방법으로 치수 기입을 해보자. |
|---|---|

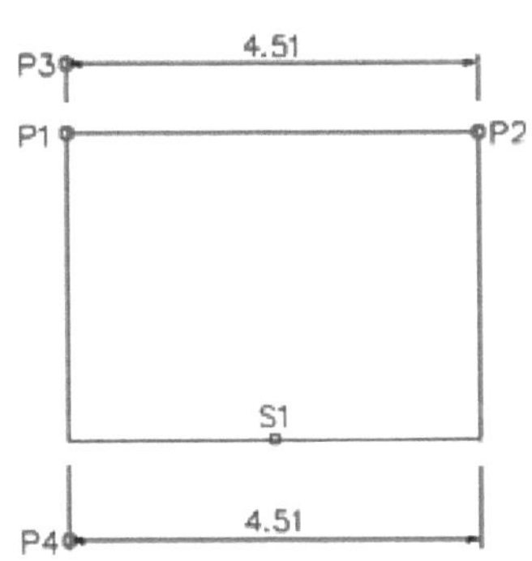


그림 10-7 연습 (1)

※ 치수를 기입하고자 하는 객체의 시작과 끝 지점을 지정해 주는 방법

Command: DIMLIN ↵
Specify first extension line origin or ⟨select object⟩: end ↵
of ⇨ P1 지정
Specify second extension line origin: end ↵
of ⇨ P2 지정
Dimension line location (Text/Angle): ⇨ P3 지정
Dimension text ⟨4.5100⟩: ⇨ 치수기입

※ 치수를 기입하고자 하는 요소를 하나로 선택하는 방법

Command: DIMLIN ↵
Specify First extension line origin or ⟨select object⟩: ↵
Select line,arc,or circle: ⇨ S1 선택
Dimension line location (Text/Angle): ⇨ P4 지정
Dimension text ⟨4.5100⟩: ⇨ 치수기입

**참고** 고정값으로 나오는 치수는 사용자가 지정한 객체의 길이가 측정된 값이다. 그러므로 그 값을 그대로 사용한다면 Enter를 치고, 다른 치수로 바꿀려면 원하는 치수를 입력한 후 Enter를 친다.

**연습 10-2** 다음 도형을 그린 다음 여러 가지 방법으로 치수 기입을 해보자.

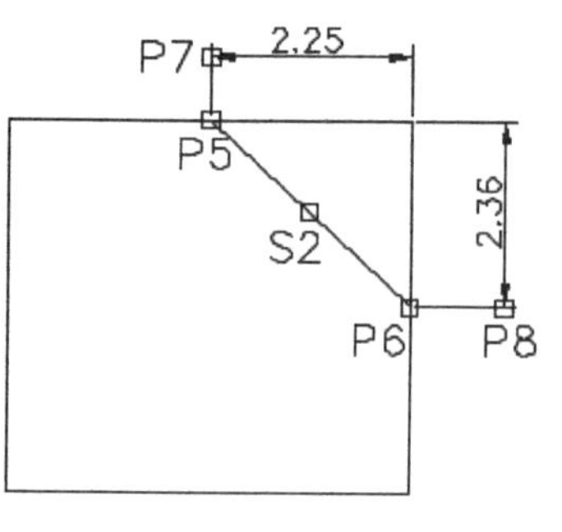


그림 10-8 치수기입

Command: DIMLIN ⏎
Specify First extension line origin or ⟨select object⟩: ⏎
of ⇨ P5 지정
Specify Second extension line origin: end ⏎
of ⇨ P6 지정
Dimension line location
(Text/Angle/Horizontal/Vertical/Rotated): ⇨ P7 지정

Command: DIMLIN ⏎
Specify First extension line origin or ⟨select object⟩: ⏎
Select object to dimension: ⇨ S2 선택
Dimension line location
(Text/Angle/Horizontal/Vertical/Rotated): ⇨ P8 지정

※ 두 가지 방법의 수평치수 기입법이 있으므로 사용자가 편리한 방법을 찾아서 사용하도록 한다.

**연습 10-3** 수평치수에서 연습한 도면을 이용한다.

그림 10-9 수직치수

Command: DIMLIN ⏎
Specify First extension line origin or ⟨select object⟩: ⏎
of ⇨ P1 지정
Specify Second extension line origin: end ⏎
of ⇨ P2 지정
Dimension line location

(Text/Angle/Horizontal/Vertical/Rotated): ⇨ P3 지정

Command: DIMLIN ↵
Specify First extension line origin or ⟨select object⟩: ↵
Select object to dimension: ⇨ S1 선택
Dimension line location
(Text/Angle/Horizontal/Vertical/Rotated): ⇨ P4 지정

## 10.4 정렬치수(DIMALIGNED)

치수선을 선택된 객체에 평행하게 그릴 때 사용한다.

▣ 명령어 사용 방법

- 키보드 입력 : DIMALIGNED 또는 DIMALI
- 리본 메뉴 : 주석 ⇨ 치수 ⇨ dimaligned(정렬) 

▣ 사용 방법

Command: DIMALI ↵
Specify First extension line origin or ⟨select object⟩: ↵
⇨ 첫 번째 치수 보조선 위치 지정
Specify Second extension line origin: ⇨ 두 번째 치수 보조선 위치 지정
Specify Dimension line location(Text/Angle):
⇨ 치수선의 위치 지정 및 추가 명령어 선택

▣ 추가 명령어

- Text : 사용자가 새로운 문자를 넣는다.
- Angle : 치수 문자에 각도를 주어 기입한다.

**연습 10-4**

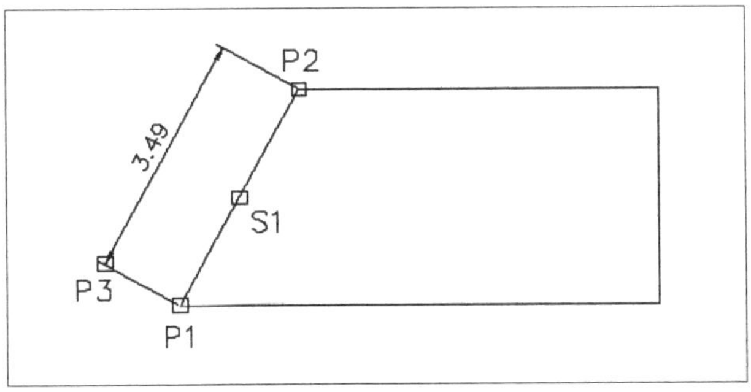


그림 10-10 정렬 치수기입법

Command: DIMALI ↵
Specify First extension line origin or ⟨select object⟩: ↵
of ⇨ P1 지정
Specify Second extension line select: end ↵
of ⇨ P2 지정
Specify Dimension line location(Text/Angle): ⇨ P3 지정

# 10.5 기준선 및 연속치수 기입

## 10.5.1 기준선 치수기입(DIMBASELINE)

먼저 지정된 치수의 첫 번째 치수 보조선에서 시작되는 치수선을 기준으로 연속해서 선형치수를 표시한다.

▣ 명령어 사용 방법

- 키보드 입력 : DIMBASELINE 또는 DIMBASE
- 리본 메뉴 : 주석 ⇨ 치수 ⇨ dimbase(기준선) 

▣ 사용 방법

Dimliner에 의한 선형치수 기입 후 기준선 치수를 기입한다.

Command: DIMBASE ↵

Specify a second extension line origin or [Undo/Select] 〈Select〉:
⇨ 두 번째 치수 보조선 위치 지정

Dimension text 〈2.50〉:

Specify a second extension line origin or [Undo/Select] 〈Select〉:
⇨ 세 번째 치수 보조선 위치 지정

Dimension text 〈2.50〉: ⇨ 치수를 변경하여 기입할 수 있다.

**연습 10-5** 다음과 같은 그림을 그린다

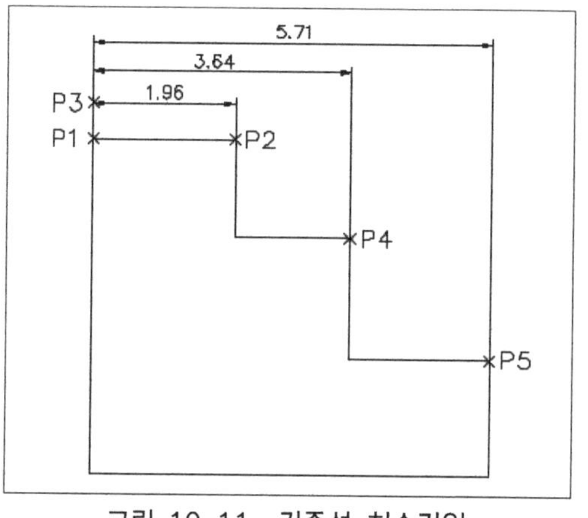


그림 10-11 기준선 치수기입

Command: DIMLIN ⏎

Specify first extension line origin or 〈select object〉: end ⏎

of ⇨ P1 지정

Specify second extension line origin: end ⏎

of ⇨ P2 지정

Dimension line location

(Text/Angle/Horizontal/Vertical/Rotated): ⇨ P3 지정

Command: DIMBASE ⏎

Specify first extension line origin or 〈select object〉: ⇨ P4 지정

Dimension text 〈3.5000〉: ⏎

Specify first extension line origin or 〈select object〉: ⇨ P5 지정

Select baseline dimension: ⏎

※ 만약 첫 번째 수평 치수 기입을 할 때 객체의 시작점(P1)과 끝점(P2)을 지정하지 않고 하나의 객체로 선택한 경우 기준선(DIMBASE) 치수기입법이 실행되지 않는다.

## 10.5.2 연속치수기입(DIMCONTINUE)

먼저 기입된 치수의 두 번째 치수 보조선으로 부터 시작되는 치수선으로 선형치수를 표시한다. 이 명령은 긴 치수를 몇 개의 구간으로 나누어서 표시한다.

▣ 명령어 사용 방법

- 키보드 입력 : DIMCONTINUE 또는 DIMCONT
- 리본 메뉴 : 주석 ⇨ 치수 ⇨ continue(연속) 

▣ 사용 방법

Dimliner에 의한 선형치수 기입 후 연속치수 기입을 한다.

Command: DIMCONT ↵
Specify second extension line origin or 〈select object〉:
⇨ 두 번째 치수 보조선 위치 지정
Dimension text 〈2.50〉:
Specify second extension line origin or 〈select object〉:
⇨ 세 번째 치수 보조선 위치 지정
Dimension text 〈2.50〉: ⇨ 치수를 변경하여 기입할 수 있다.

**연습 10-6** 다음과 같은 그림을 그린다

Command: DIMLINEAR ↵
Specify first extension line orign or RETURN to select:
Select object to dimension: ⇨ S1 선택
Dimension line location
(Text/Angle/Horizontal/Vertical/Rotated): ⇨ P1 지정

Command: DIMCONT ↵

Specify Second extension line orign or RETURN to select: ⇨ P2 지정
Specify Second extension line orign or RETURN to select: ⇨ P3 지정
Select object to dimension: ↵

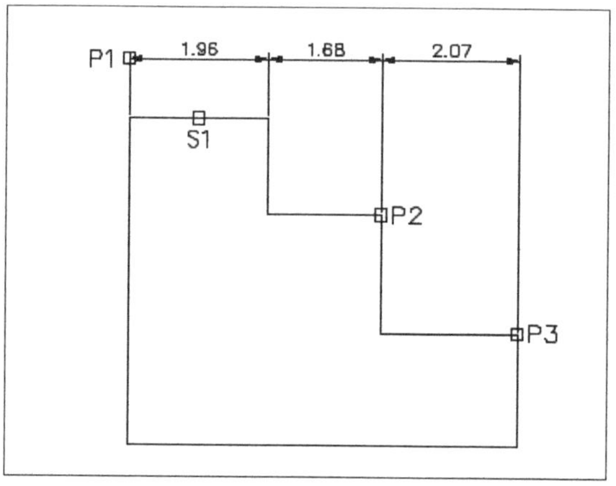


그림 10-12 연속치수 기입법

## 10.6 각도치수(DIMANGULAR)

각도를 표시하고자 할 때 사용한다.

▣ 명령어 사용 방법

- 키보드 입력 : DIMANGULAR 또는 DIMANG
- 리본 메뉴 : 주석 ⇨ 치수 ⇨ angular(각도) 

▣ 사용 방법

① Command: DIMANG ↵

Select arc, circle, line, or RETURN:
⇨ 각도를 지정할 첫 번째 요소를 선택한다.
Second line: ⇨ 각도를 지정할 두 번째 요소를 선택한다.
Dimension line location (Text/Angle):
⇨ 치수선의 위치 및 각도를 지정한다.

② Command: DIMANG ↵

Select arc, circle, line, or RETURN:

⇨ 각도를 지정할 첫 번째 요소를 선택한다.

Second line: ⇨ 각도를 지정할 두 번째 요소를 선택한다.

Dimension line location (Text/Angle):

⇨ 치수선의 위치 및 각도를 지정한다.

Enter dimension text ⟨30⟩: ⇨ 각도를 변경하여 기입할 수 있다.

## 연습 10-7 각도 치수 기입법

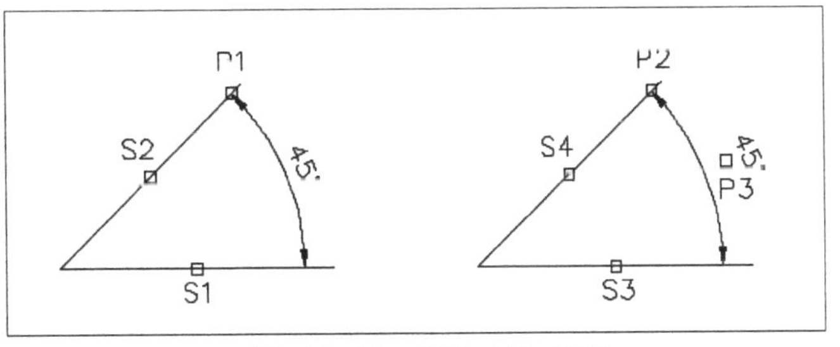


그림 10-13 각도 치수 기입

① Command: DIMANG ↵

Select arc, circle, line, or RETURN: ⇨ S1 선택

Second line: ⇨ S2 선택

Dimension line location (Text/Angle): ⇨ P1 지정

② Command: DIMANG ↵

Select arc, circle, line, or RETURN: ⇨ S3 선택

Second line: ⇨ S4 선택

Dimension line location (Text/Angle): ⇨ P2 지정

Enter dimension text ⟨30⟩: ↵

Enter text location: ⇨ P3 지정

※ 두 개의 평행하지 않은 직선 사이의 각을 계산한 뒤 그 값을 기입하지 않고 다른 각도를 지정하고자 할 때는 특수문자를 이용한다.

Enter dimension text ⟨30⟩: 45%%D ↵ ⇨ 45 표시

※ 치수선과 화살표 및 치수문자가 치수보조선 사이에 모두 들어가지 못할 경우 다음과 같은 메

시지가 출력되는데 이때 다시 위치를 지정한다.

Text does not fit. Enter new text location.

**연습 10-8** 호의 각도 기입법

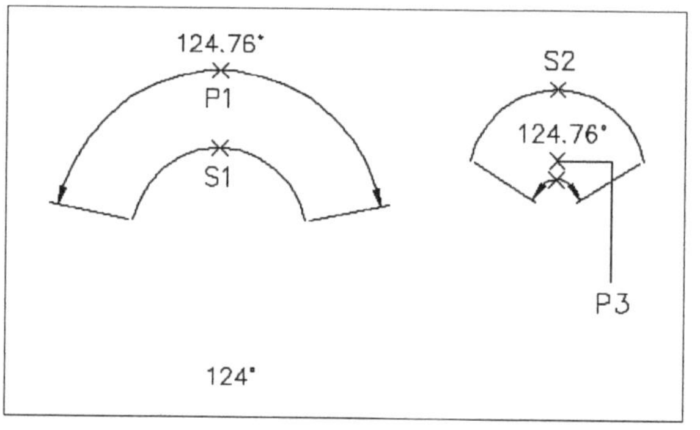


그림 10-14 호의 각도 치수기입

Command: DIMANG ⏎

Select arc, circle, line, or RETURN: ⇨ S1 선택

Dimension line location (Text/Angle): ⇨ P1 지정

## 10.7 지름(DIMDIAMETER)

원이나 호의 지름을 표시할 때 기입하는 명령어이다.

▣ 명령어 사용 방법

- 키보드 입력 : DIMDIAMETER 또는 DIMDIA
- 리본 메뉴 : 주석 ⇨ 치수 ⇨ diameter(지름) 

▣ 사용 방법

① Command: DIMDIA ⏎

Select arc or circle: ⇨ 원이나 호를 선택한다.

Dimension line location (Text/Angle): ⇨ 치수선의 위치 및 치수기입 지름 지정

② Command: DIMDIA ↵

Select arc or circle: ⇨ 원이나 호를 선택한다.

Dimension text ⟨2.5250⟩: ⇨ 지름을 변경하여 기입할 수 있다.

Dimension line location (Text/Angle):

**연습 10-9** 지름 치수 기입 방법

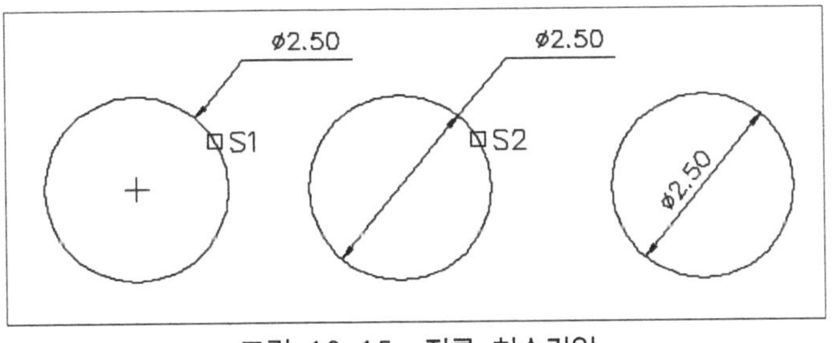


그림 10-15 지름 치수기입

Command: DIMDIA ↵

Select arc or circle: ⇨ 원(S1) 선택

Dimension line location (Text/Angle):

Command: DIMDIA ↵

Select arc or circle: ⇨ 원(S2) 선택

Dimension line location (Text/Angle): T ↵

Dimension text ⟨2.25⟩: %%C2.50 ↵

Dimension line location (Text/Angle): ↵

※ 만약, 원 또는 호가 너무 작은 경우 아래와 같은 메시지가 나타난다.

Text does not fit.

Enter leader length for text:

## 10.8 반지름(DIMRADIUS)

원이나 호의 반지름 치수를 기입하는 명령어이다.

▣ 명령어 사용 방법

- 키보드 입력 : DIMRADIUS 또는 DIMRAD
- 리본 메뉴 : 주석 ⇨ 치수 ⇨ radius(반지름) 

▣ 사용 방법

① Command: DIMRAD ↵

Select arc or circle: ⇨ 원이나 호를 선택한다.

Dimension line location (Text/Angle): ⇨ 치수선의 위치 및 치수기입 반지름 지정

② Command: DIMRAD ↵

Select arc or circle: ⇨ 원이나 호를 선택한다.

Dimension text 〈2.5250〉: ⇨ 반지름을 변경하여 기입할 수 있다.

Dimension line location (Text/Angle):

**연습 10-10** 반지름 치수 기입 방법

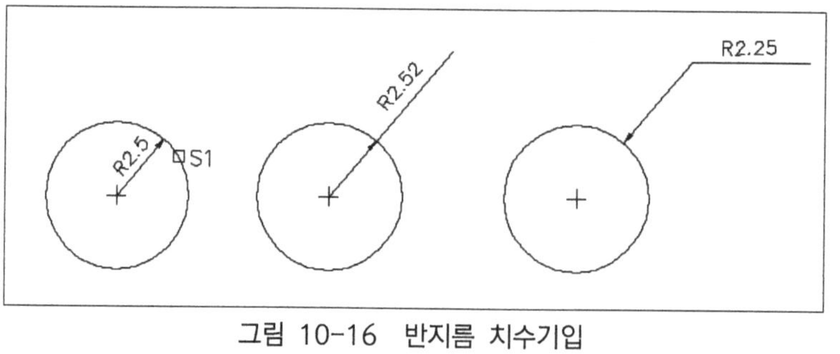


그림 10-16 반지름 치수기입

Command: DIMRAD ↵

Select arc or circle: ⇨ 원(S1) 선택

# 10.9 치수 유틸리티(DIM UTILITY)

## 10.9.1 DIMCENTER(중심표식)

원이나 호의 중심선 또는 중심을 표시하는 명령어이다. 중심표시는 변수 "DIMCEN"에 의하여 조절된다.

▣ 명령어 사용 방법

- 키보드 입력 : DIMCENTER
- 리본 메뉴 : 주석 ⇨ 치수 ⇨ center mark(중심 표식) 

**참고** 중심선의 크기를 조절하기 위해서는 "DIMCEN" 변수를 이용하며 +값인 경우 Center mark를, -값인 경우 Center line을 그린다.

▣ 사용 방법

Command: DIMCENTER ↵
Select arc or circle: ⇨ 원이나 호를 선택한다.

**연습 10-11** 반지름 치수 기입 방법

Command: DIMCEN ↵
New value for DIMCEN ⟨0.09⟩: 0.5 ↵ ⇨ 중심 기호 크기 입력

Command: DIMCENTER ↵
Select arc or circle: ⇨ 원 또는 호를 선택한다.

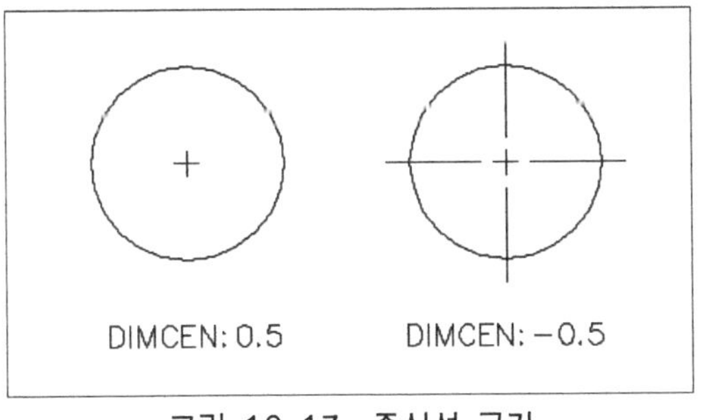


그림 10-17 중심선 긋기

▣ 【변수 사용】

◆ DIMCEN(Center Mark size : 기본값 (0.09)

호나 원의 중심 표시나 중심선을 그리는 것을 조절한다.

- DIMCEN (+) : 설정한 크기의 중심표시를 그린다.
- DIMCEN (-) : 설정한 크기의 중심표시와 함께 중심선도 그린다.
- DIMCEN (0) : 중심선, 중심 표시를 그리지 않는다.

## 10.9.2 LEAder(지시선)

도면 요소에 치수 기입이 불가능한 경우 치수선을 선(Line) 명령과 같은 방법으로 필요한 지점까지 연장시켜 놓은 다음 치수를 표시하는 방법이다.

▣ 명령어 사용 방법

- 키보드 입력 : LEADER
- 리본 메뉴 : 지시선 ⇨ leader(다중지시선) 

▣ 사용 방법

```
Command: LEADER ↵
From point:                ⇨ 지시선 시작점 지정
To point(Format/Annotation/Undo)〈Annotation〉:    ⇨ 다음점 지정
Annotation (or RETURN for options):
Tolerance/Copy/Block/None/〈Mtext〉:

Command: LEADER ↵
From point:
To point(Format/Annotation/Undo)〈Annotation〉: F
Spline/STraight/Arrow/None/〈Exit〉:
```

▣ 추가 명령어

**1. Annotation(치수 지시선의 모양 표현)**

Tolerance : 치수허용공차를 기입한다.

Copy : 현재도면에 작성된 문장을 복사한다.

Block : 블록으로 만들어 놓은 심볼을 불러들인다.

Mtext : 문장을 기입한다.

**2. Format(형식 결정)**

Spline : 지시선을 스프라인 곡선으로 처리한다.

STraight : 스프라인 곡선에서 직선으로 처리한다.

Command: DIM ↵

Dim: LEA ↵

Leader start: ⇨ 지시선 시작점 지정

To point: ⇨ 지시선 두 번째점 지정

Dimension text ⟨1.500⟩: ⇨ 문자나 치수기입

**연습 10-12 문자기입 지시선 작성**

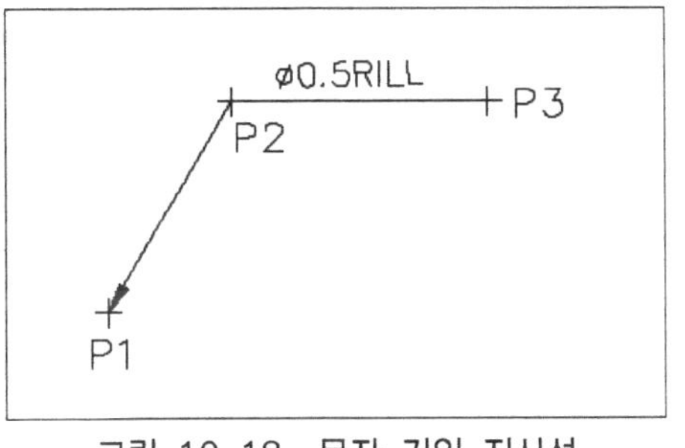


그림 10-18 문자 기입 지시선

Dim: LEA ↵

Leader start: ⇨ 지시선 시작점(P1) 지정

To point: ⇨ 지시신 두번째점(P2) 지성

To point: ⇨ 지시선 세번째점(P3) 지정

To point: ↵

Dimension text ⟨⟩: %%C0.5 Drill ↵

⇨ %%C는 지름기호 (ø)를 입력할 때 사용한다.

Command: LEADER ↵

From point: ⇨ P1 지정

To point(Format/Annotation/Undo)⟨Annotation⟩: ⇨ P2 지정

To point(Format/Annotation/Undo)⟨Annotation⟩: ⇨ P3 지정

Annotation (or RETURN for options): ↵ ⇨ 주석문자행 입력

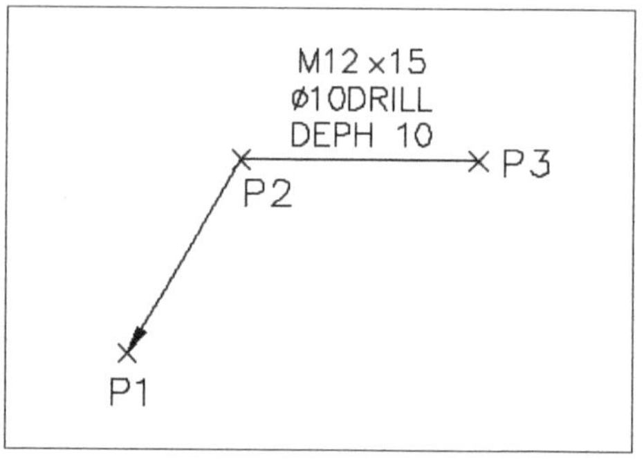


그림 10-19 다중 문장 기입

이때 긴 문장을 사용하기 위한 도스의 에디터가 화면에 나타난다.

11
CHAPTER

# 블록, 레이어, 특성변경 및 출력

# 11.1 블록(BLOCK)의 사용

도면 작업시 자주 쓰이는 전기기호를 매번 그린다면 매우 불편하고 시간소요도 많다. 이런 것은 블록으로 묶어 저장해 두었다가 원하는 곳에 삽입시키면 대단히 편리하다.

블록을 정의하고 조작하기 위해 AutoCAD는 다음과 같은 명령을 제공한다.

- BLOCK/BMAKE
- INSERT/DDINSERT (BLOCK / WBLOCK으로 정의된 것을 삽입할 때 사용)
- MINSERT (Mutiple insert-다중삽입)
- BASE (전체 도면을 삽입할 때 기준점을 지정)
- WBLOCK (Wide block-그림 파일로 만듦)

또한 기존 블록의 이름을 개명하거나 삭제하기 위해서는 RENAME, PURGE 명령을 사용한다.

## 11.1.1 블록(BLOCK or BMAKE)

도면요소에 관한 레이어, 색상, 선의 형태에 대한 정보가 블록내에 보존된다. 블록 삽입시에는 현 도면상의 상태에 관계없이 기존의 레이어 상에 보존된 색상과 선의 형태로 삽입된다.

### ▣ 명령어 사용 방법

- 키보드 입력 : BLOCK
- 리본 메뉴 : 블록 ⇨ block(작성) 

### ▣ 사용 방법

Command: BLOCK ↵

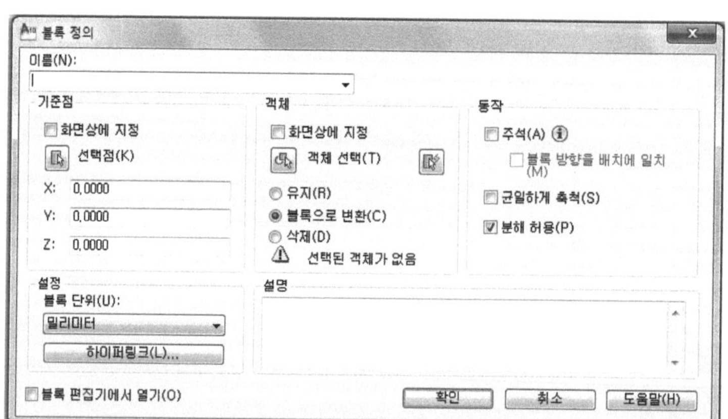


그림 11-1 블록정의 대화상자

name(이름) : ⇨ 정의할 Block의 이름 입력

base point(기준점)

    Pick point(점선택): ⇨ 삽입시 기준점 지정

Objects(객체)

    Select object(객체선택): ⇨ 블록으로 만들 도면요소 선택

> **참고** 블록 이름은 31자까지의 길이를 가질 수 있으며 알파벳 문자와 숫자 그리고 특수문자 '$', '–', '*'를 사용할 수 있다.

**연습 11-1** 기계제도에서 사용되는 표면 다듬질 기호(▽)를 DA-1이라는 이름의 블록으로 정의하여 보자.

Command: POLYGON ↵ (다듬질 기호를 만든다.)

Number of sides ⟨4⟩: 3 ↵

Edge/⟨Center of polygon⟩: 5,5 ↵

Inscribed in circle/Circumscribed about circle (I/C) ⟨I⟩: ↵

Radius of circle: @0.5<-90 ↵

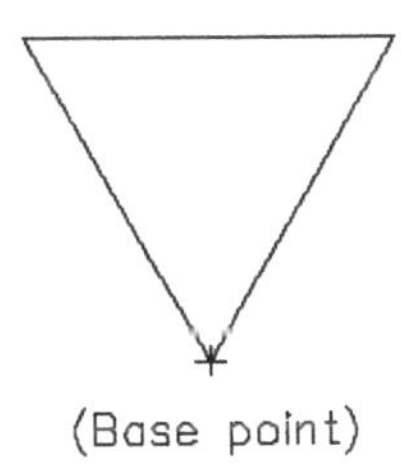


그림 11-2 블록정의

Command: BLOCK ↵

블록성의 대화상자에 다음과 같이 기입한다.

name : DA-1 ↵

Pick point: END ↵

of ⇨ 하단의 끝점(Basepoint)을 지정한다.

Select object: ⇨ 다듬질 기호(DA-1)를 선택한다.

그러면 정의한 다듬질 기호가 블록화 되면서 대화상자가 다시 나타나며, 확인버튼을 클릭하면 된다. 이와 같이 정의한 블록은 Insert나 Minsert 명령을 이용하여 필요한 위치에 삽입할 수 있다. 단, Block 명령으로 정의한 블록은 작업도면에서만 사용할 수 있으며, 다른 도면에서도 사용할 수 있도록 하기 위해서는 WBLOCK 명령을 이용해야 한다.

Command: MINSERT ⏎

Block name (or ?): ? ⏎⇨ 작업중인 도면의 블록 목록 표시

Block(s) to list ⟨*⟩: ⏎

```
Defined blocks.(정의된 블록)
      DA_1              (지정된 블록의 이름)

User          Unnamed
Blocks        Blocks
1             0
```

위 예에서 사용된 외부참조 명령어 내용은 다음과 같다.

- User Blocks(사용자 블록) : 도면에 정의된 블록의 수
- Unnamed Blocks(미지정 블록) : 지정안 된 블록수

## 11.1.2 블록 삽입(INSERT or DDINSERT)

이미 작성된 블록을 도면에 삽입하고자 할때 사용하는 명령으로서, 블록을 확대/축소하거나 회전시켜 삽입할 수 있다. 방법은 다음과 같다.

▣ 명령어 사용 방법

- 키보드 입력 : INSERT
- 리본 메뉴 : 블록 ⇨ Insert(삽입점) 

■ 사용 방법

Command: INSERT

그림과 같은 삽입 대화상자가 나타난다.

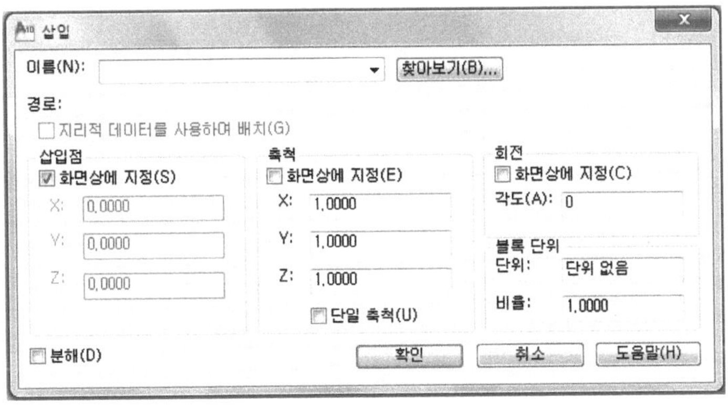


그림 11-3 삽입 대화상자

**1. Name(이름)**

삽입하고자 하는 블록의 이름이나 블록으로 삽입될 도면 파일의 이름을 입력한다.

**2. Path(경로)**

- Insertion Point(삽입점) : 블록이 삽입될 X, Y, Z축의 크기를 지정하거나 "화면상에 지정" 할 수 있다.
- Scale(축척) : 블록의 X, Y, Z축의 크기를 지정하거나 "화면상에 지정" 할 수 있다.
- Rotation(회전) : 블록의 회전각도를 지정하거나 "화면상에 지정" 할 수 있다.

**3. Explode(분해)**

삽입할 블록의 도면요소가 단일 요소가 아닌 개별 요소로 분해하여 삽입된다.

| **연습 11-2** | 앞에서 작성한 블록(DA-1)을 불러온다. |
|---|---|

Command: INSERT ⏎

삽입 대화상자에서 아래 사항을 기입하여 확인한다.

Name: ⇨ 블록명 지정

Insertion point: 3.2 ⇨ 삽입될 블록의 좌표값 지정(또는 "화면상에서 지정")

X scale factor: ⇨ 블록의 가로 측정 지정(또는 "화면상에서 지정")

Y scale factor: ⇨ 블록의 세로 측정 지정(또는 "화면상에서 지정")

Rotation angle: ⇨ 삽입될 블록의 각도 지정(또는 "화면상에서 지정")

### 11.1.3 블록의 다중 배열 삽입(MINSERT)

블록을 삽입하기 위해 사용하는 점은 INSERT 명령과 같으나 삽입할 블록을 다중 배열 형식으로 삽입한다는 점이 다르다. 기능은 표준 블록 기능을 추가하여 Row(행) /Column(열) 반복기능 및 SPACING을 바꿀 수 있다. 이 명령은 INSERT 명령과 ARRAY 명령의 기능을 합쳐 놓은 것이다.

▣ 명령어 사용 방법

- 키보드 입력 : MINSERT

▣ 사용 방법

Command: MINSERT ↵

Block name (or ?): ⇨ 삽입될 블록명 입력

Insert point: ⇨ 블록의 삽입 위치 지정

X scale factor 〈1〉 / Corner / XYZ: ⇨ X축의 축척 지정

Y scale factor (default=X): ⇨ Y축의 축척 지정

Z scale factor (default=X): ⇨ Z축의 축척 지정

Rotation angle 〈0〉: ⇨ 회전각 지정

Number of rows (---) 〈1〉: ⇨ 배열될 행의 갯수 지정

Number of columns (|||) 〈1〉: ⇨ 배열될 열의 갯수 지정

Unit cell or distance between rows (---): ⇨ 행의 간격 지정

Distance between columns (|||): ⇨ 열의 간격 지정

**연습 11-3** 앞에서 작성한 블록(DA-1)을 이용한다.

Command: MINSERT ↵

Block name (or ?): DA-1 ↵

Insertion point: 2,1 ↵

X scale factor 〈1〉 / Corner / XYZ: ↵

Y scale factor (default=X): ↵

Rotation angle 〈0〉: ↵

Number of rows (---) 〈1〉: 2 ↵

Number of columns (|||) 〈1〉: 2 ↵

Unit cell or distance between rows (---): 1 ↵

Distance between columns (|||): 1 ↵

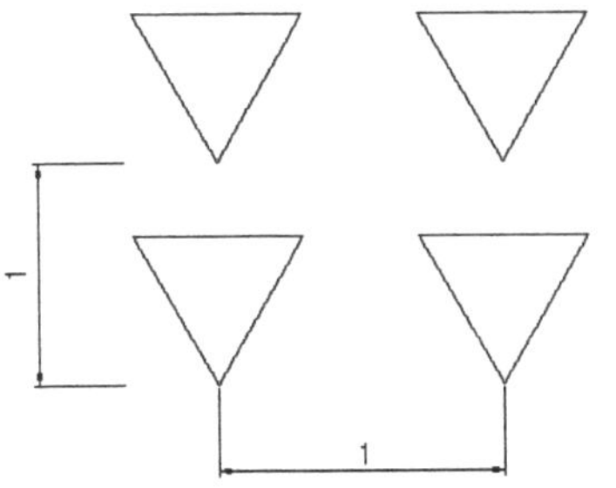


그림 11-4 MINSERT 명령

## 11.1.4 삽입 기준점 지정(BASE)

블록 명령어를 사용하여 선체의 도면을 삽입할 때는 반드시 INSERT 명령에 사용될 기준점을 지정한다. 별도의 삽입 기준점을 지정하지 않으면 원점(0.0)을 기준으로 삽입된다.

즉, 현재의 도면 또는 도면 요소가 다른 도면에 삽입할 경우에는 다음과 같은 기준점을 지정해야 한다.

▣ 명령어 사용방법

- 키보드 입력 : BASE
- 리본 메뉴 : 블록 ⇨ base(기준점 설정)

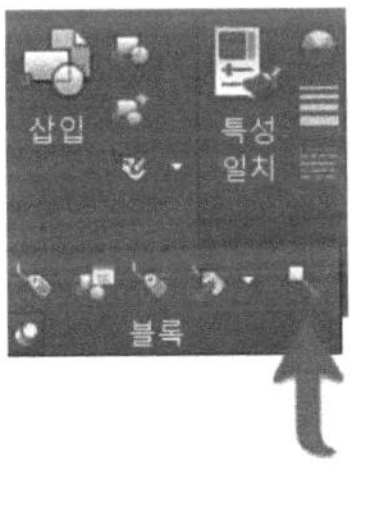


▣ 사용방법

Command: BASE ⏎

BASE point: (삽입 기준점 지정)

## 11.1.5 블록 도면 파일의 생성(WBLOCK)

WBLock은 BLock 명령과는 달리 정의한 블록을 도면 파일로 저장하여 다른 도면에서도 사용할 수 있도록 해 준다.

즉, WBLOCK으로 만들어진 도면요소는 ".DWG" 파일로 만들어진다.

▣ 명령어 사용 방법

- 키보드 입력 : WBLOCK or W

• 리본 메뉴 : 블록 ⇨ 삽입

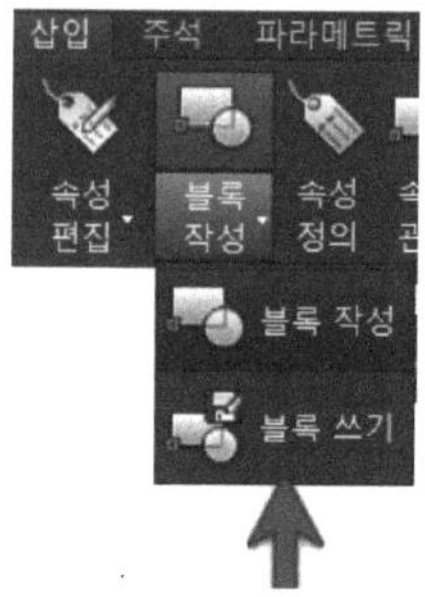


▣ 사용 방법

Command : WBLOCK ↵

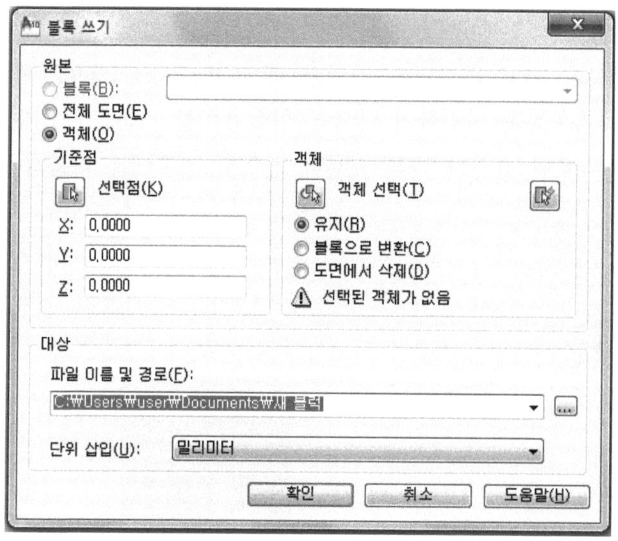


그림 11-5 블록쓰기 대화상자

Source(원본) : ⇨ 저장할 객체 선택

Block(블록) : ⇨ 도면 파일로 저장될 블록명 입력

Entire drawing(전체도면) : ⇨ 도면의 모든 객체를 선택

Objects(객체) : ⇨ 객체를 골라서 선택

▣ 추가 명령어

• Objects(객체) : 선택된 객체의 처리방법 설정

Retain(유지) : 외부에 저장한 후 현재 도면에 남김

Convert to block(블록으로 변환) : 블록으로 변환

Delecte from drawing(도면으로부터 삭제) : 블록으로 삭제

# 11.2 도면층

하나의 도면을 여러 개의 층(layer)으로 나누어서 작업하면 도면 작성 및 편집 작업의 효율을 높일 수 있다.

하나의 도면의 모든 층에는 같은 도면 범위, 좌표계, ZOOM 배율이 적용된다. 한 도면이 가질 수 있는 층 수와 각 층이 가질 수 있는 도면 요소의 수는 제한이 없다.

▣ 명령어 사용 방법

- 키보드 입력 : LAYER or DDLMODES
- 리본 메뉴 : 도면층 ⇨ Layers(도면층 특성) 

▣ 사용 방법

명령 : LAYER ↵

다음 그림과 같이 도면층 특성 관리자(Layer Properties Manger) 대화상자가 나타난다.

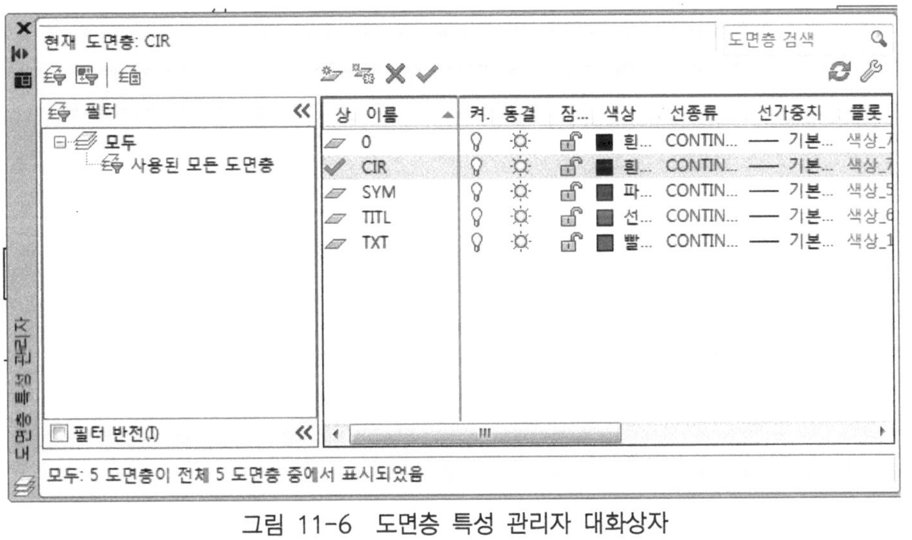


그림 11-6 도면층 특성 관리자 대화상자

- Named layer filters(명명된 도면층 필터) : 복잡한 도면에서 모든 레이어중 필요한 것만 선택한다.
  - ▸ Show all layers(전체 도면층 보기) : 모든 레이어를 본다.
  - ▸ Show all used(전체 사용된 도면층 보기) : 사용하는 레이어만 본다.
  - ▸ Show all Xref dependant layers(전체 외부참조 종속 도면층 보기) : 외부 참조된 레

이어만 본다.

- Invert filter(필터 반전) : 레이어 필터링을 반대로 한다.
- Apply to object properties toolbar(객체특성 도구막대에 적용) : 필터링된 레이어를 객체특성 도구막대의 드롭다운 리스트에 반영한다.
- New(신규)/Current(현재) : New 버튼을 누르면 새로운 도면층을 만들고, Current 버튼을 누르면 그 도면층을 현재의 도면층으로 설정한다.
- Save state(상태저장) : "도면층 상태저장" 대화상자가 열리면서 다음과 같은 기능이 있다.

▸ ON(켜기)/OFF(끄기)

ON은 새로운 도면층을 생성한다. 단, 작업중인 도면층은 새로운 도면층으로 변경되지 않는다. OFF는 지정된 도면층을 화면에서 감춘다.

OFF된 선택 도면층은 다시 ON될 때까지 나타나지 않는다. 따라서 새로운 도면요소를 그리기 전에 ON하여야 한다.

▸ Freeze(동결)/Thaw(동결해제)

Freeze(동결)은 특정 도면층을 동결시킨다. Freeze된 도면층은 화면에 나타나지 않고 도면출력도 되지 않는다. Freeze된 도면층의 도면요소는 무시되므로 복잡한 도면에서 ZOOM, PAN, VPOINT, REGEN 속도를 향상시킬 수 있다. 그러나 작업 도면층은 동결시킬 수 없다.

Thaw(동결해제)는 동결된 도면층을 해제시킨다.

▸ Lock(잠금)/Unlock(잠금해제)

Lock(잠금)은 특정 도면층을 잠근다. 잠겨진 도면층은 화면에 표시되지만 수정 및 편집이 불가능하다. Unlock(잠금해제)는 잠긴 도면층을 해제시킨다.

▸ Plot(플롯)/No plot(플롯안함)

프린트 출력 여부 결정

- Delete(삭제) : 선택된 레이어를 삭제한다.
- Show details(상세 보이기)/Hide details(상세 가리기) : 도면층 이름, 색상, 선가중치 및 선종류를 알 수 있다/없다.
- Restore state(상태복원) : 도면층 상태 관리자 대화상자가 나타난다.

**연습 11-4** 다음 도형을 각각의 레이어에 맞게끔 그린 다음, 도면층에 대해서 연습하도록 하자.

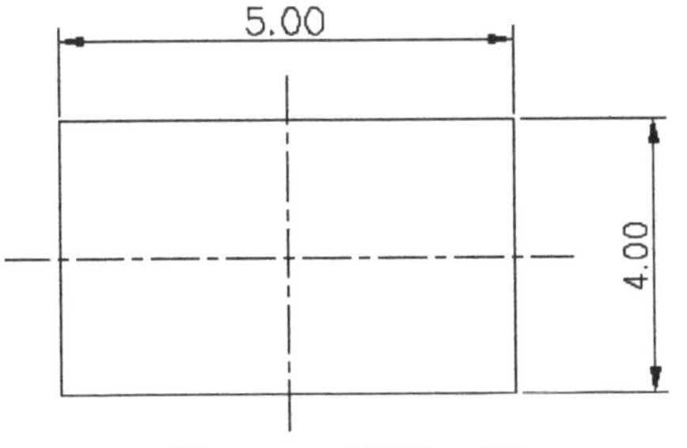


그림 11-7 레이어 연습

| 목록 이름 | 도면층 이름 | 색 상 | 선 형 태 |
|---|---|---|---|
| 도면 외형선 | OUT | Bylayer | Bylayer |
| 중심선 | CEN | Blue | Center |
| 해 칭 | HAT | Yellow | Bylayer |
| 치 수 | DIM | Green | Bylayer |

새로운 도면층을 생성시켜 도면 외형선을 지정한다.

Command: layer ↵

New(신규) 버튼을 이용하여 OUT, CEN, HAT, DIM의 레이어를 만든다.

OUT 레이어를 클릭한 후 CURRENT(현재)를 클릭하여 레이어 OUT를 현재의 도면층으로 설정한다.

Command: L ↵

LINE From point: 3,3 ↵

To point: @4<0 ↵

To point: @4<90 ↵

To point: @4<180 ↵

To point: C ↵

Command: LAYER ↵

레이어 HAT를 현재의 도면층으로 설정한다.

Command: HATCH ↵

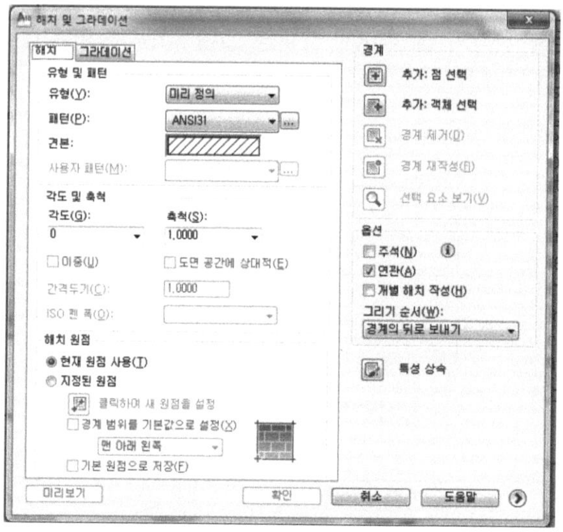


그림 11-8 해칭 대화상자

해칭 대화상자를 이용하거나 또는 HATCH 명령을 이용한다.

Command: HATCH

Pattern (? or name/U,style) 〈ansi31,〉: ↵

Scale for pattern 〈1.0000〉: 1.000 ↵

Angle for pattern 〈0〉: 0.000 ↵

Select objects: (4각형의 4변 선택)

Select objects: ↵

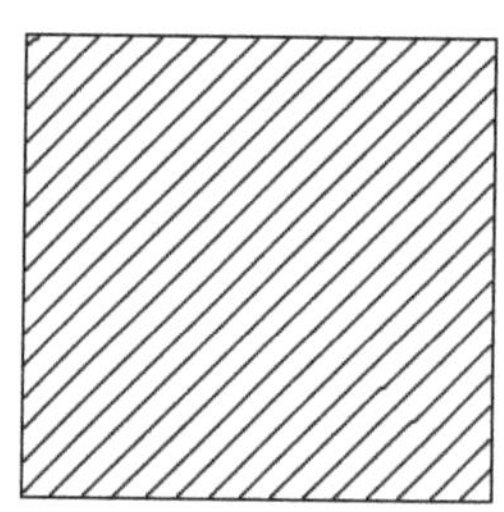

그림 11-9 도면층 지정

Command: LAYER ↵

레이어 CEN을 현재의 도면층으로 설정한다.

Command: L ↵

LINE From point: 2,5,5 ↵

```
To point: @5<0 ↵
To point: ↵
Command: L ↵
LINE From point: 5,2,5 ↵
To point: @5<90 ↵
To point: ↵

Command: LAYER ↵
```

레이어 DIM을 현재의 도면층으로 설정한다.

```
Command: DIM ↵
Dim: DIMTAD ↵
Current value <Off> New value: ON        ⇨ 치수선 위에 치수 기입

Command: DIMTIH ↵
Current value <Off> New value: OFF       ⇨ 치수선과 같은 방향으로 치수 기입

Dim: HOR ↵
First extension line origin or RETURN to select: 3,7 ↵
Second extension line origin: 7,7 ↵
Dimension line location (Text/Angle): @0.7<90 ↵
Dimension text <4.0000>: 4.00 ↵

Dim: VER ↵
First extension line origin or RETURN to select: 3,3 ↵
Second extension line origin: 3,7 ↵
Dimension line location (Text/Angle): @0.7<180 ↵
Dimension text <4.0000>: 4.00 ↵
Dim: EXIT ↵
```

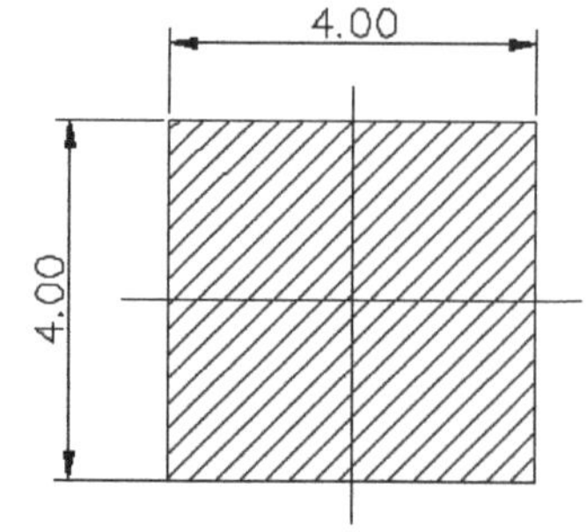


그림 11-10 도면층 지정

Command: LAYER ⏎

레이어 HAT의 Color(색상)을 Yellow(노란색)로 한다.

Command: LAYER ⏎

레이어 CEN의 색상을 Blue(파란색)로 한다.

Command: LAYER ⏎

레이어 DIM의 색상을 Green(초록색)으로 한다.

Command: LAYER ⏎

| Layer name | State | Color | Linetype |
|---|---|---|---|
| 0 | On | 7 (white) | CONTINUOUS |
| CEN | On | 5 (blue) | CENTER |
| DEFPOINTS | On | 7 (white) | CONTINUOUS |
| DIM | On | 3 (green) | CONTINUOUS |
| HAT | On | 2 (yellow) | CONTINUOUS |
| OUT | On | 7 (white) | CONTINUOUS |

레이어 HAT와 CEN을 OFF(끈다)한다.

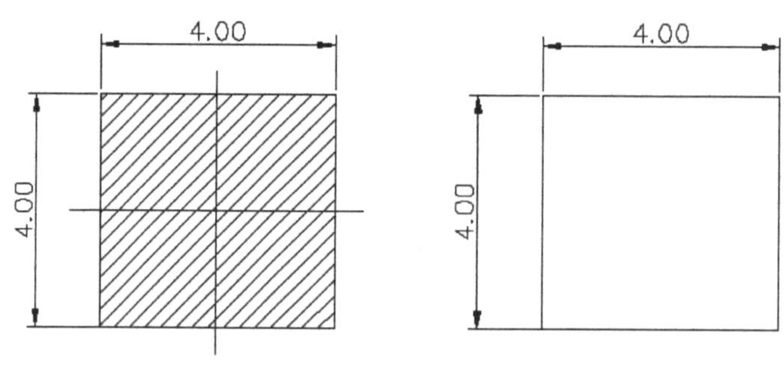


HAT,CEN : ON　　　　HAT,CEN : OFF

그림 11-11 ON과 OFF

# 11.3 특성 변경

## 11.3.1 이름변경(RENAME)

이 명령은 레이어, 문자유형, UCS, View, Vports, 블록 등의 이름을 바꾸어준다.

▣ 명령어 사용 방법

- 키보드 입력 : RENAME

▣ 사용 방법

Command : RENAME ↵

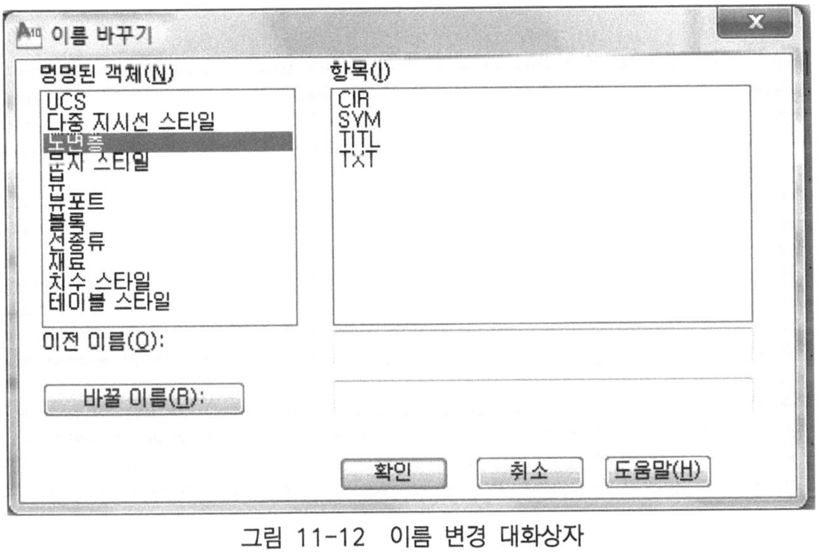


그림 11-12 이름 변경 대화상자

명명된 객체(Named Object) 상자 안에서 바꿀 대상을 선택해야 한다. 이때 대상이 이름들이 항목(Items) 상자에 나열되는데 이름을 선택하거나 또는 이전 이름(Old Name) 편집박스에 이전 이름을 직접 입력한 후 바꿀 이름(Rename To) 편집박스에 새로운 이름을 입력한 다음 확인(OK) 버튼을 누르면 된다.

1. **명명된 객체(Named Objects)**
   - Block : 블록 이름을 새로운 이름으로 변경한다.
   - Dimension style : 치수 형태의 이름을 새로운 이름으로 변경한다.
   - LAyer : 레이어 이름을 새로운 이름으로 변경한다.
   - Line types : 선 형태의 이름을 새로운 이름으로 변경한다.
   - Text style : 문자 형태의 이름을 새로운 이름으로 변경한다.
   - UCSs : 사용자 좌표계(UCS) 이름을 새로운 이름으로 변경한다.

- Viewport : VPORT 이름을 새로운 이름으로 변경한다.
- View : VIEW 이름을 새로운 이름으로 변경한다.

**2. 이전 이름(Old Name)**

바꾸려는 항목을 선택하면 Item(항목)이 나타나며 이를 선택하면 Old Name에 표시된다.

**3. 바꿀 이름(ename TO)**

새로운 이름을 넣는다.

### 11.3.2 도면 요소의 특성 변경(CHPROP)

CHPROP는 선택된 도면요소의 색상, 도면 층, 선의 형태, 선의 축척 및 두께 등의 특성을 변경한다.

▣ 명령어 사용 방법

- 키보드 입력 : CHPROP

▣ 사용 방법

Command: CHPROP ↵
Select object: ⇨ 변경할 도면요소 선택
Change what property
(Color/LAyer/LType/ltScale/Thickness)? ⇨ 변경할 속성 선택

▣ 추가 명령어

- Color(색상) : 선택 도면 요소의 색상을 변경한다.
- LAyer(도면층) : 선택 도면 요소의 레이어(도면층)를 변경한다.
- LType(선종류) : 선택 도면 요소의 선 유형을 변경한다.
- ltScale(선종류 축척) : 선택 도면 요소의 선 축척을 변경한다.
- Thickness(두께) : 선택 도면 요소의 돌출 두께를 변경한다.

### 11.3.3 대화상자를 이용한 특성 변경(DDCHPROP)

CHPROP는 명령라인을 이용하여 특성을 변경하지만, DDCHPROP 명령은 대화상자를 이용하여 도면요소의 특성을 변경한다.

▣ 명령어 사용 방법

- 키보드 입력 : DDCHPROP

▣ 사용 방법

Command: DDCHPROP ↵

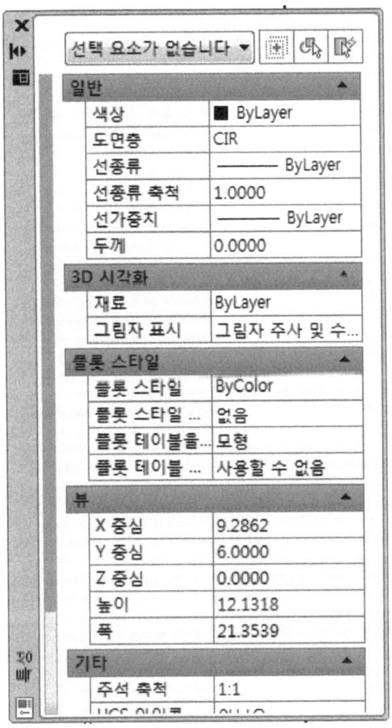


그림 11-13 DDCHPROP 대화상자

Enter를 치면 그림과 같이 “Change Properties” 대화상자를 나타낸다.
몇 가지 기능을 살펴보면 다음과 같다.

**1. Color(색상)...**

Color… 버튼을 누르면 색상 선택상자가 나온다.

**2. Layer(도면층)...**

Layer… 버튼을 누르면 레이어 이름이 나오며, 선택된 도면 요소의 레이어(도면층)를 변경한다.

**3. Linetype(선 종류)...**

Linetype… 버튼을 누르면 원하는 선유형을 지정하면 된다.

**4. Linetype Sclae(선종류 축척)...**

선유형의 축척값을 변경한다.

**5. Thickness(두께)...**

선택한 도면 요소의 돌출 두께를 변경한다.

### 11.3.4 변경(CHANGE)

선택된 도면요소의 특성(색상, 레이어, 선의 형태, 두께, 문자, 문자 형태)뿐만 아니라 위치 특성까지 변경할 수 있다.

▣ 명령어 사용 방법

- 키보드 입력 : CHANGE

▣ 사용 방법

**1. 방법1**

Command: CHANGE ↵

Select object: ⇨ 변경할 도면요소 선택

Properties/〈Change point〉: ⇨ 변경할 지점을 지정하면 선택된 도면요소에 따라 위치 특성이 변경된다.

**2. 방법2**

Command: CHANGE ↵

Select object:

Properties/〈Change point〉: P ⇨ 추가 명령어 선택

Change what property

(Color/Elev/LAyer/LType/ltScale/Thickness)?

▣ 추가 명령어

- C(Color) : 대상의 색상을 변경한다.
- E(Elev) : 대상의 3차원 고도를 변경한다.
- LA(LAyer) : 대상의 레이어를 변경한다.
- LT(LType) : 대상과 결합된 선 유형을 변경한다.
- S(ltScale) : 대상과 결합된 선의 형태 크기를 변경한다.
- T(Thickness) : 대상의 3차원 두께를 변경한다.

**1. 위치 변경**

선택한 도면요소의 위치를 변경한다.

| 연습 11-5 | 선택한 선의 끝점(지정한 점에 가까운 점)을 지정한 위치로 이동시킨다. |
|---|---|

Command: CHANGE ↵
Select objects: ⇨ 선 3개를 모두 선택
Select objects: ↵
Properties/〈Change point〉: P1 ⇨ P1 지정

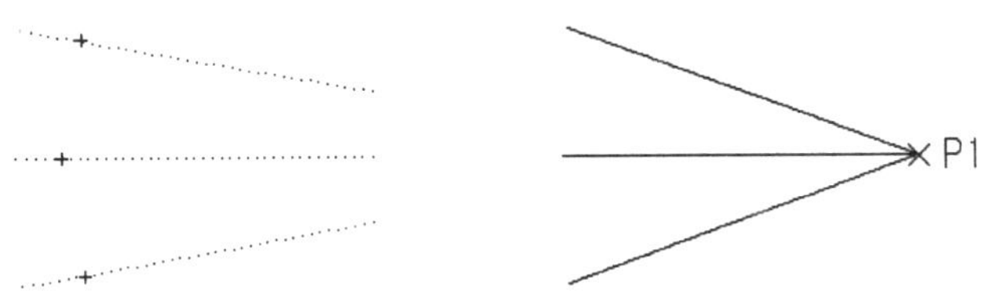


(실행전) (실행후)

그림 11-14 위치 변경

**2. Color(색상) 변경**

도면요소의 색상을 사용자가 원하는 색상으로 변경한다. 이때 색상번호나 색상이름을 입력한다.

| 연습 11-6 | 원의 색상을 노란색으로 변경한다. |
|---|---|

Command: C ↵
3P/2P/TTR/〈Center point〉: 5,5 ↵
Diameter/〈Radius〉: 3 ↵

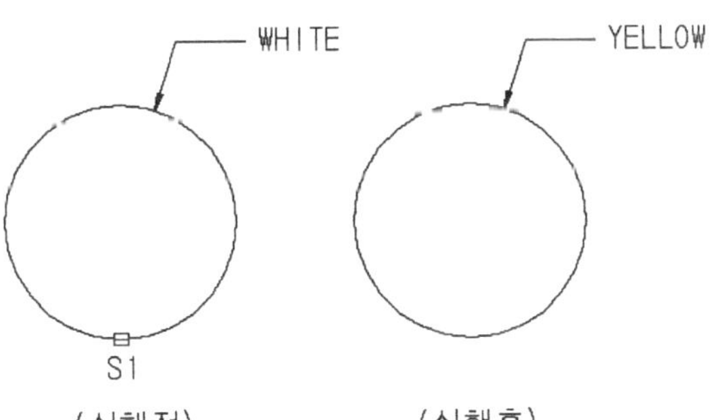


(실행전) (실행후)

그림 11-15 색상 변경

Command: CHANGE ↵
Select objects: S1 ⇨ 원을 선택
1 found
Select objects: ↵
Properties/〈Change point〉: P ↵ ⇨ 추가 명령어 선택
Change what property (Color/Elev/LAyer/LType/T)? C ↵ ⇨ 색상 변경
New color 〈BYLAYER〉: Y (2) ↵ ⇨ 노란색 지정
Change what property (Color/Elev/LAyer/LType/T)? ↵

### 3. LType(선 형태)

이 명령은 LAyer와 구분하기 위해 최소한 두 자를 입력해야 한다. 원하는 선유형으로 변경하기 위해 AutoCAD의 표준 선 유형 라이브러리 파일(ACAD.LIN)에 있는 선들의 이름을 지정해야 한다.

**연습 11-7** 다음은 앞에서 그린 노란선을 점선으로 바꾸어 보도록 하자.

Command: CHANGE ↵
Select objects: ⇨ 원을 선택 1 found
Select objects: ↵
Properties/〈Change point〉: P ↵
Change what property (Color/Elev/LAyer/LType/T)? LT ↵
New linetype 〈BYLAYER〉: HIDDEN ↵
Change what property (Color/Elev/LAyer/LType/T)? ↵

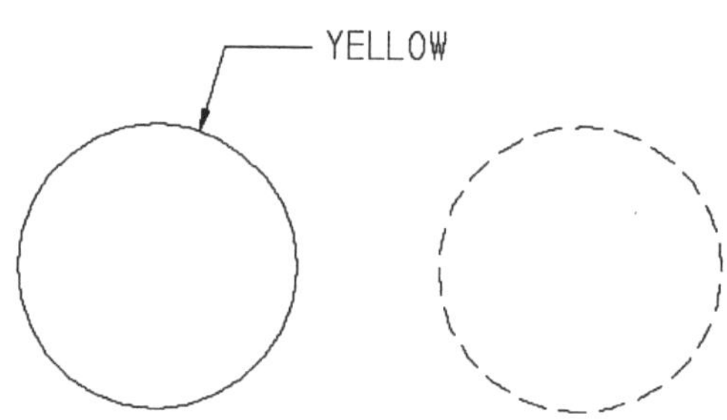


(실행전) (실행후)

그림 11-16 선의 형태 변경

※ 이때 도면의 크기를 크게 설정한 경우에는 점선이 나타나지 않으므로 LTSCALE의 크기를 지정해 준다.

**4. LAyer(도면층)**

사용자가 원하는 도면 층을 다른 층으로 이동시킨다. LType 명령과 구분하기 위해 최소한 두문자를 입력해야 하는데, 만약 레이어를 지정해도 변경되지 않는 경우에는 LAyer를 새로이 지정해 줘야 한다.

**5. 문자 변경**

선택한 문자에 대한 속성(문자형태, 높이, 각도)을 변경시킬 수 있다. 만약 문자의 내용만 변경하기 위해서는 문자 편집 대화상자(DDEDIT)를 이용하면 편리하게 사용할 수 있다.

**연습 11-8** | **문자의 형태, 높이, 각도 변경**

Command: DTEXT ↵

Justify/Style/⟨Start point⟩: 8,7 ↵

Height ⟨0.2000⟩: 1 ↵

Rotation angle ⟨0⟩: ↵

Text: COMPUTER ↵

Text: MONITOR ↵

Text: AUTOCAD ↵

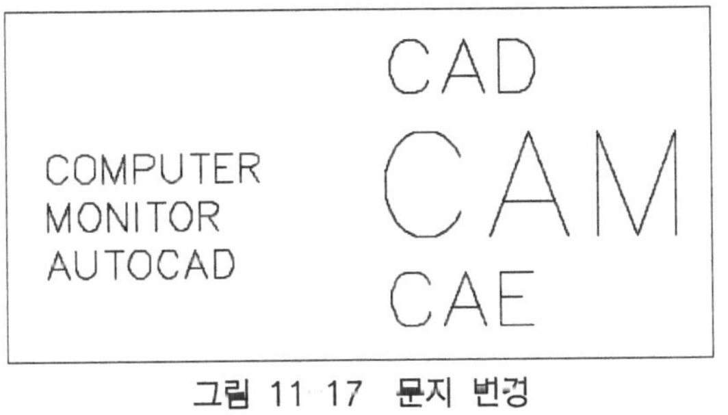


그림 11 17 문지 변경

Command: CHANGE ↵

Select objects: C ↵

First corner: Other corner: 2 found

Select objects: ↵

Properties/⟨Change point⟩: ↵

Enter text insertion point: ⇨ 문자 위치 변경
Text style: STANDARD ↵ ⇨ 문자 형태 변경
New style or RETURN for no change: ↵
New height ⟨1.0000⟩: ↵ ⇨ 문자 높이 변경
New rotation angle ⟨0⟩: ↵ ⇨ 문자 각도 변경
New text ⟨MONITOR⟩: CAD ↵ ⇨ 문자 변경
Enter text insertion point: ↵
Text style: STANDARD ↵
New style or RETURN for no change: ↵
New height ⟨1.0000⟩: 2 ↵ ⇨ 문자 높이 변경
New rotation angle ⟨0⟩: ↵
New text ⟨COMPUTER⟩: CAM ↵

Enter text insertion point: ↵
Text style: STANDARD ↵
New style or RETURN for no change: P3 ↵ ⇨ 문자 위치 변경
New height ⟨1.0000⟩: ↵
New rotation angle ⟨0⟩: 20 ↵
New text ⟨AUTOCAD⟩: CAE ↵

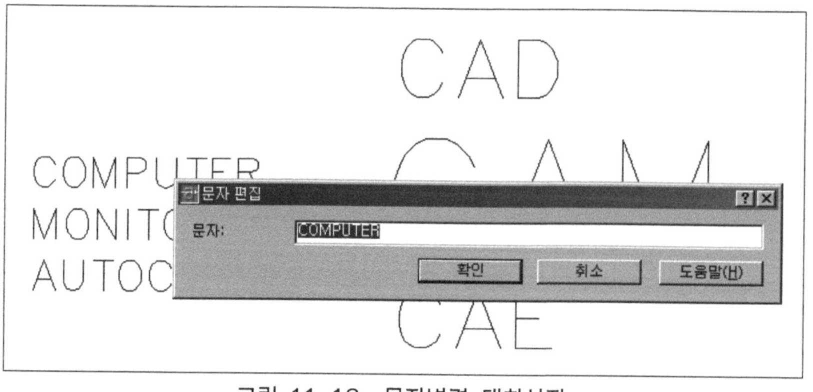


그림 11-18 문자변경 대화상자

※ 대화상자 안에서 변경 문자를 새로 입력한 다음 OK(확인) 버튼을 누르면 된다.

### 11.3.5 삭제(LAYDEL)

현재의 도면층의 모든 객체를 삭제하고 도면층을 소거한다. purge명령에서도 도면층의 객체를 삭제할 수 있다.

▣ 명령어 사용 방법

- 키보드 입력 : LAYDEL
- 리본 메뉴 : 도면층 ⇨laydel(삭제) 

▣ 사용 방법

명령 : PURGE ↵

▣ View items you can purge(소거할 수 있는 항목 보이기)

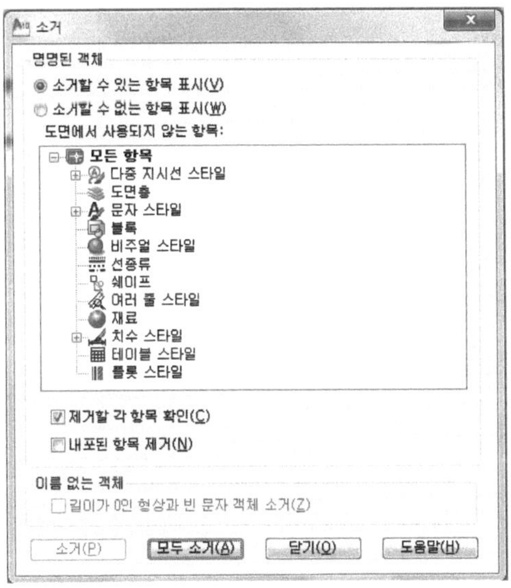


그림 11-19 소거 대화상자

- Mline styles(다중선 유형) : 도면 내에서 불필요한 다중선의 형태를 삭제하다
- Layers(도면층) : 도면 내에서 불필요한 레이어를 삭제한다.
- TSyies(문자유형) : 도면 내에서 불필요한 문자 형태를 삭제한다.
- Blocks(블록) : 도면 내에서 불필요한 블록을 삭제한다.
- LTypes(선종류) : 도면 내에서 불필요한 선의 형태를 삭제한다.
- Shapes(쉐이프) : 도면 내에서 불필요한 사용자 정의 도형 파일(*.SHP)을 삭제한다.
- Dimstyles(치수유형) : 도면 내에서 불필요한 치수형태를 삭제한다.

## 11.4 Plot 환경설정

PLOT은 작성한 도면을 출력하기 위하여 사용되는 명령이다. 이 명령을 실행하기 위해서는 먼저 사용하고 있는 프린터나 플로터와 일치하도록 AutoCAD의 환경을 설정해야 한다.

처음 플로터를 설치할 때는 그 기기기의 제품명, 모델 등에 맞게 AutoCAD에 환경을 설정해야 한다.

다음과 같이 CONFIG or OPTIONS 명령을 실행한다.

명령 : CONFIG ⏎

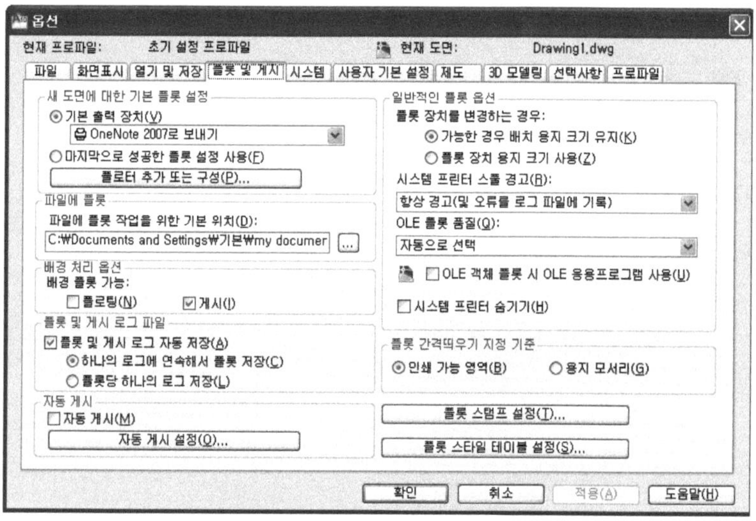


그림 11-20 옵션 대화상자

기본출력장치 설정

프린트 설정은 모든 도면에 공통되므로 기본출력 장치를 찾아야 하며 출력장치를 추가할 경우에는 플로터 추가 마법사를 이용해야 한다.

## 11.5 도면 출력

환경 설정을 하였으면 작성된 도면을 출력할 수 있다.

### 11.5.1 PLOT(플롯)

PLOT 명령을 이용하여 플로터나 프린터로 출력한다.

명령 : plot ↵ ⇨ 대화상자가 나타난다.

메뉴 검색기 : 인쇄 ⇨ 플롯(plot)

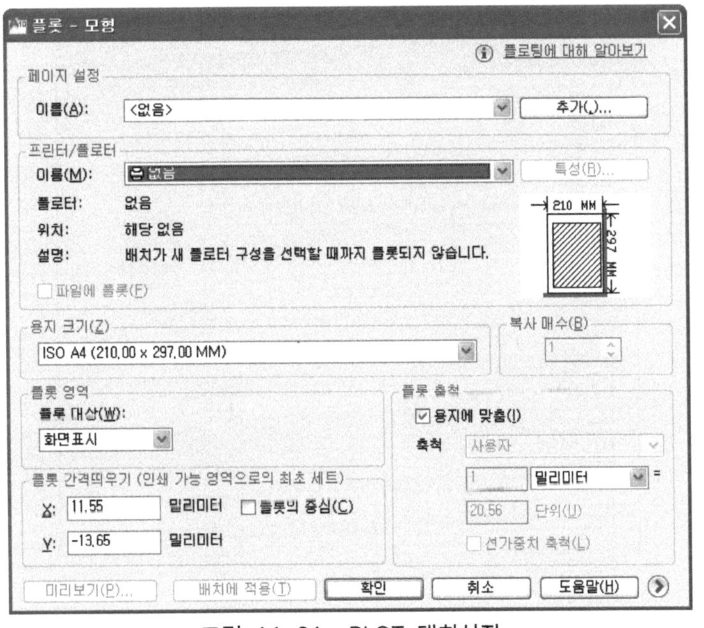

그림 11-21 PLOT 대화상자

**1. 프린트 / 플롯**

인쇄할 프린트 또는 플롯의 기종을 선택한다.

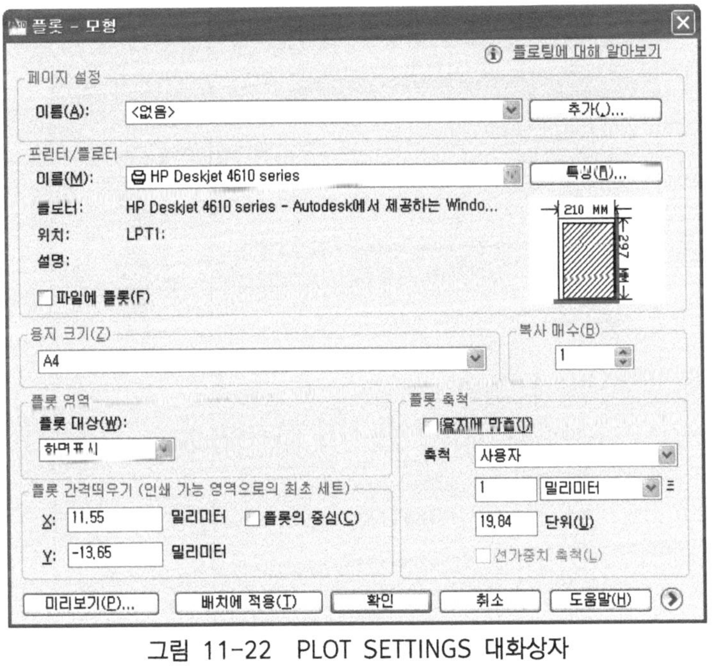

그림 11-22 PLOT SETTINGS 대화상자

**2. 용지크기를 설정한다.**

용지크기를 선택한다. 도면을 1:1로 출력하려면 limts로 설정한 값과 같은 크기를 선택해야 한다. 도면 크기는 inch 또는 mm 단위 중에서 선택한다.

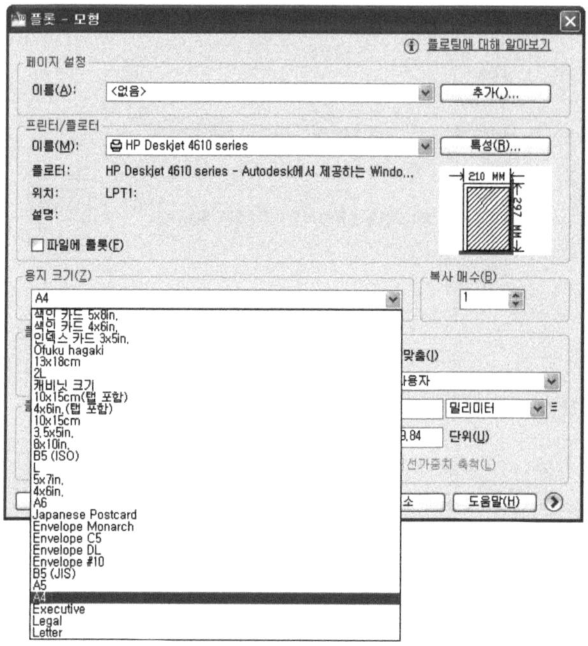

그림 11-23 용지 크기 설정

**3. 플롯영역 및 도면방향을 설정한다.**

인쇄할 영역 및 도면 방향을 설정할 때 사용한다.

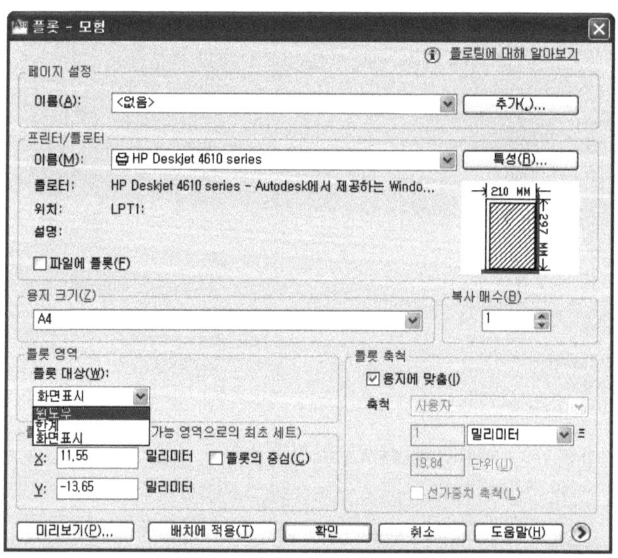

그림 11-24 PLOT 대화상자(화면표시)

- Limits(한계) : 도면의 한계 영역 내에 그려진 도면 요소만 출력한다.
- Extents(범위) : 도면의 크기 밖에 그려진 도면 요소도 출력한다.
- Display(화면표시) : 현재 작업 화면에 표시된 도면 요소를 출력한다.
- View(뷰) : VIEW 명령 보턴을 사용하면 지정하려는 영역을 선택할 수 있는 대화상자가 나타난다. 대화상자에서 pick 버튼을 선택하고 두 점으로 영역을 지정하여 도면의 임의 구간을 출력한다.
- Window(윈도우) : 출력될 영역을 사용자가 설정한다.
- 도면 방향 : 도면의 인쇄방향을 설정한다.
  세로방향 : Portrait
  가로방향 : Land scape

#### 4. 플롯 축척

도면의 확대 축소 비율을 설정한다.

인쇄 축척은 도면의 단위(drawing units)와 인쇄될 단위(plotted)를 지정하여 설정한다. 예를 들어 mm 단위로 작성된 도면을 두 배 확대하여 인쇄하려면 다음과 같이 한다.

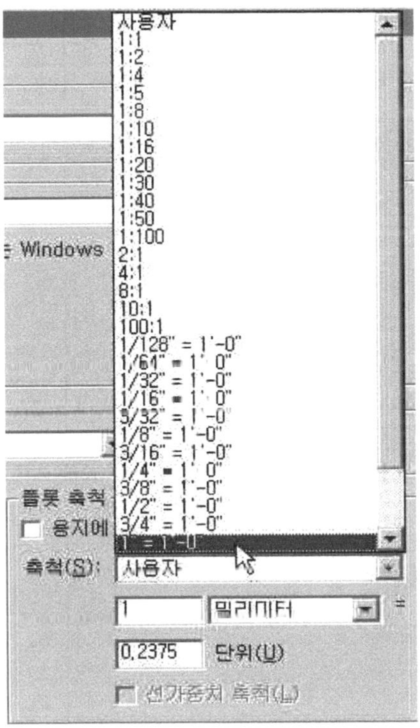


그림 11-25 인쇄 축척 설정

① 옵션에서 mm를 선택한다.

② 용지에 맞춤을 취소한다.

③ 축척에서 사용할 축척 값을 선택한다.

④ 확인 버튼을 눌러 인쇄를 시작한다.

이와 같은 방법으로 도면을 확대/축소하여 인쇄할 수 있다. 이 때 주의할 점은 도면에서 사용하는 단위를 올바르게 설정해 주어야 한다.

**5. 미리보기(P)**

출력결과를 미리 화면상에서 확인하여 다시 필요 사항을 수정한다. 시간과 용지 절약은 물론 출력 결과를 미리 알 수 있다.

# E-CAD

2

PART

12

CHAPTER

# E-CAD 설정

# 12.1 CAD 디자인 설정

**명령** : , ECadDwgSizeSetup

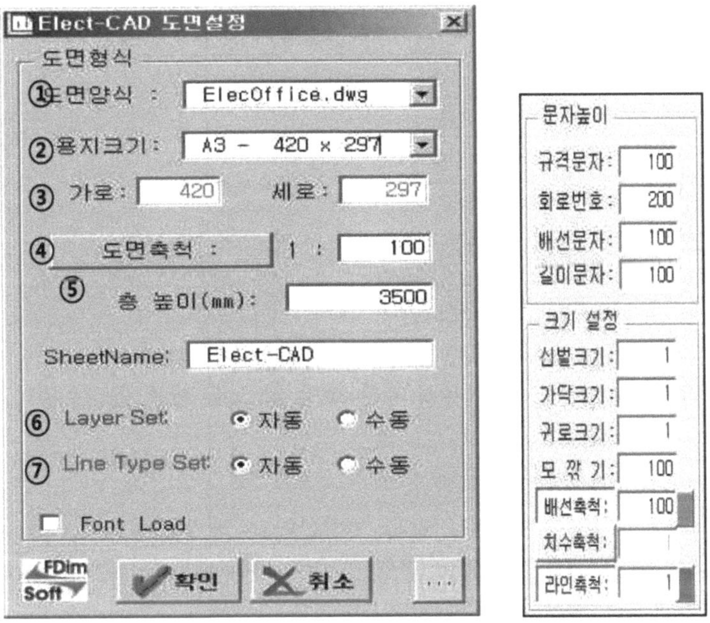


그림 12-1 Elec-CAD 도면 설정

작업할 도면의 기본적인 데이터 값을 설정한다.

- 도면설정화면의 우측하단 버튼을 선택하여 문자높이 및 크기를 수정할 수 있다
  ① 도면양식을 미리 만들어 놓은 다음 사용한다.
  (양식 등록은 CAD지원파일 설정의 도면파일 "경로 설정법"을 참조한다)
  ② 용지크기를 설정한다. – $A_5 \sim A_0$까지 설정할 수 있다.
  (user를 선택하면 사용자 임의 크기로 설정 할 수 있다)
  ③ 설정된 용지의 크기를 나타낸다.
  ④ 도면 축척값을 입력한다. - 도면축척을 선택하면 나타나는 아래 DCL 화면에 값을 미리 설정해 놓고 사용하면 편리하다.

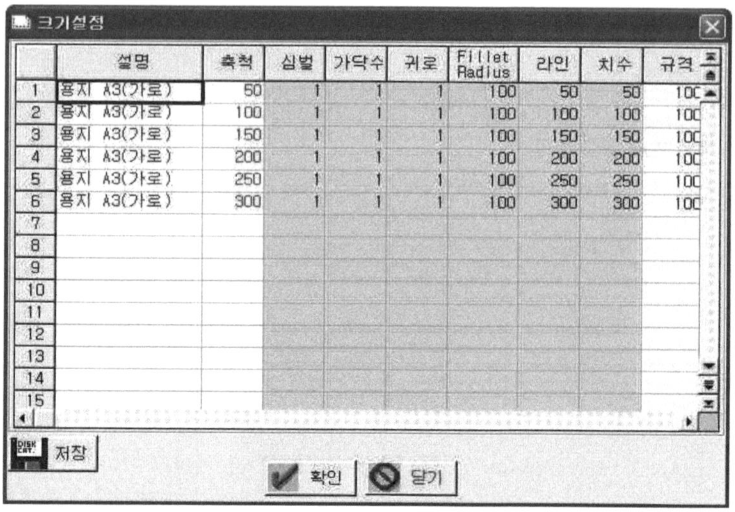


그림 12-2 용지크기 설정

**※ 용지를 입력한 후 데이터를 미리 설정(아래 설명 참조)후 사용 할 수 있다.**

- 설명 : 용지 크기(size)를 입력한다.
- 축척 : 도면의 축척을 입력한다.
- 심벌 : 심벌 삽입 시 SCALE 값을 지정한다.(본래 크기를 1로 본다)
- 가닥수 : 전선 가닥수 모양의 SCALE 값을 나타낸다.
- 귀로 : 분전반 귀로 표시 화살표의 크기를 나타낸다. (기본값은 1)
- 모깍기(Fillet ) : 배관의 모깎기 값을 나타낸다.
- 라인(배선축척) : 바닥 은폐배선과 같은 점선 사이의 간격을 나타낸다
- 치수(치수축척) : 치수문자의 높이를 나타낸다.
- 규격 : 기구 type 별 산출등의 규격문자 높이를 나타낸다
- 회로문자 : 분전반 귀로 표시 때 회로문자의 높이를 나타낸다.
- 배선 : 배선 규격표시 문자 높이를 나타낸다
- 길이 : 배선 길이 값 문자의 높이를 나타낸다.

※ 데이터 입력후 "저장"을 선택하면 저장된다.

※ 작업할 때는 해당용지를 선택한 후 확인을 선택한다.

⑤ 층 높이를 입력한다. - 작업할 도면의 층 높이를 입력한다.

⑥ Layer를 설정한다. (기본값은 자동으로 설정되어 있다. → 권장)

⑦ Line Type을 설정한다. (기본값은 자동으로 설정되어 있다.→ 권장)

⑧ 문자 입력에 대한 높이, 심벌 및 배선에 대한 크기 값을 설정한다.

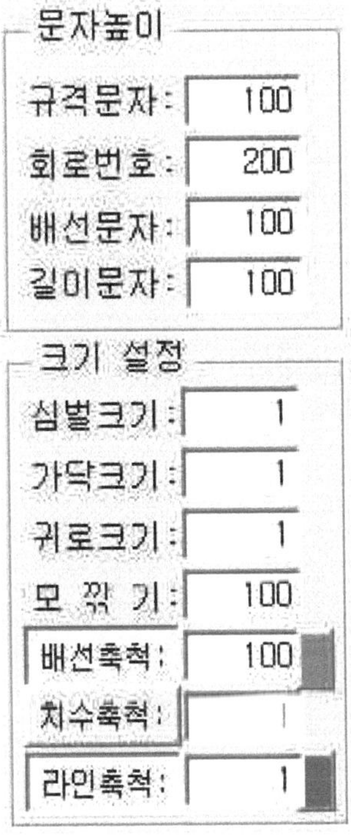


기구 type 별 산출등의 규격문자 높이 설정.

분전반 귀로표시의 회로문자 및 심벌기호 표시의 높이 설정

배선 규격 문자 높이 설정.

배선 길이 값 문자의 높이 설정

심벌 삽입 시 크기(scale)값을 설정 (원본을 1로 본다.)

전선 가닥수 크기 설정

분전반 귀로 표시 '화살표'의 크기 설정.

배관의 모깎기 값 설정.

바닥은폐 배선과 같은 점선 사이의 간격 설정 (celtscale)

치수문자의 높이 설정 - 축척값과 같게한다.

바닥은폐 배선에서 점선 사이의 간격 값(ltscale)

그림 12-3 문 높이 및 심벌 배선등의 크기 설정

Visible - 도면의 0,0 지점에 도면 기본 데이터 값이 표시된다.
(기본값은 체크 되어 있지 않다. → 권장)

## 12.2 단축키 설정

**명령 :** , ECadHotKey

명령실행을 단축키를 이용하여 사용할 때 사용한다.

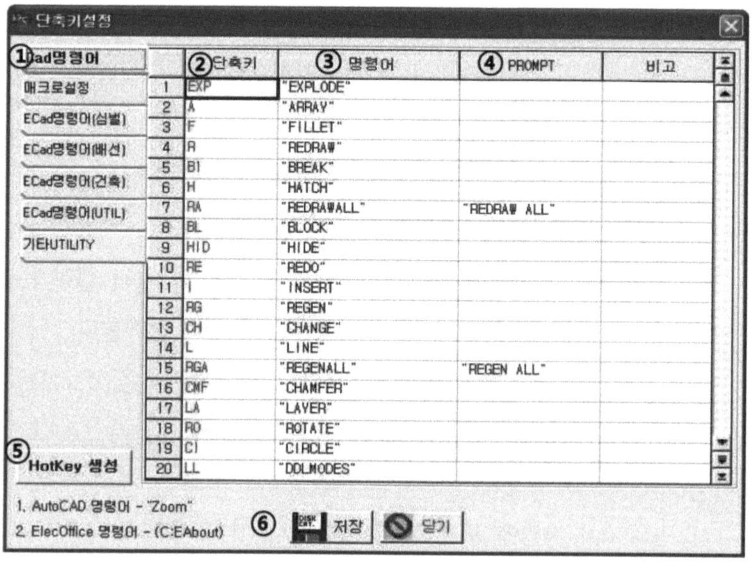


그림 12-4 단축키 설정

① 단축키 설정의 항목을 나타낸다.

② 사용할 단축키의 명령을 입력한다.

③ CAD명령어를 입력한다. (명령창에서 복사하여 사용)

④ 명령 행에 나타낼 이름을 입력한다. (생략가능)

⑤ 단축키 입력이 끝났으면 저장한다.

⑥ "HOTKEY 생성"을 선택하여야만 단축키 명령을 사용할 수 있다.

※ 단축키 명령이 중복되어서는 안 된다. (위에서 작성한 단축키가 가장 우선한다)
기존 단축키를 수정하여 사용할 수 있다.

# 12.3 지원파일 경로 설정

**명령 :** , ECadDwgPath

도면 Sheet 및 각종 지원 경로를 설정한다.

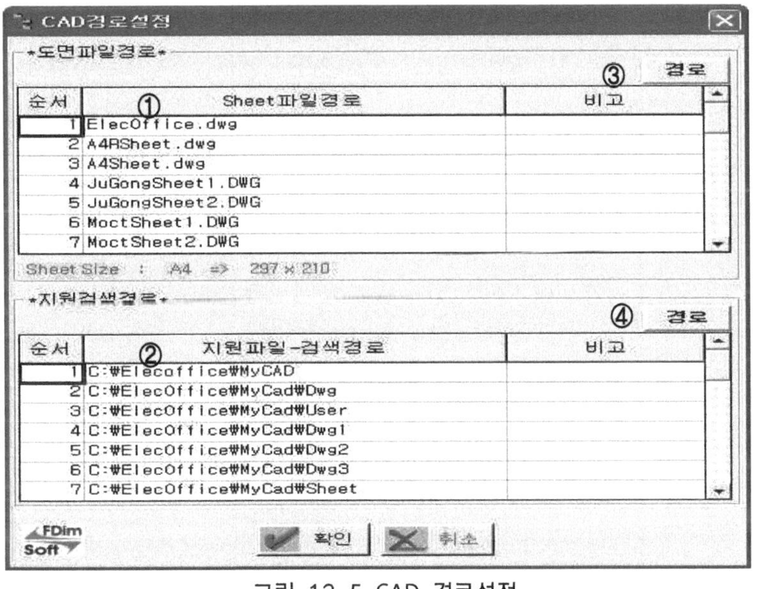


그림 12-5 CAD 경로설정

① 사용자 도면양식의 경로를 설정한다.

② 기본경로: c:\ElectCAD\myCAD\Sheet

③ 기존 등록된 Sheet파일을 복사하여 붙여 넣기후 파일 이름만 바꾼후 경로만 설정하여 사용할 수 있다.

④ (새로운 Sheet를 만들때는 양식 크기를 273 x 184로 만들어야 한다.)

⑤ 심벌, 폰트 등이 저장된 경로를 설정한다.

⑥ & ④ 경로를 추가로 설정할 때는 대화 창에서 선택한다.

▣ 경로 설정 방법

a) Sheet 및 심벌, 폰트등을 등록할 위치를 지정한 후 경로를 선택한다.

b) Sheet 및 심벌, 폰트 파일이 등록된 경로를 찾아 등록한다.

# 12.4 범례집 설정

**명령 :** , ECadBumLayerSetup

조명기구, 일반 수변전, 배관의 범례집에 대한 세부 분류를 만든다.

그림 12-6 범례집 설정

① 조명, 일반, 수변전, 전선범례집에서 해당 항목을 선택한다.

② 해당 범례집 안에서의 범례를 나타내며 수정 가능하다.

③ 해당 범례에 대한 Layer를 설정한다. (예) symbol, wire 등

④ 도면에서 심벌 삽입시 크기를 수정한다.

⑤ 체크하게 되면 심벌의 크기는 기본 설정값 대로 적용된다.

예) 심벌의 크기를 사용자화할 때는 체크표시를 해제후 SCALE 값을 조정한다.

⑥ 분류를 상세히 나타낼 때 사용한다.

⑦ 설정을 변경한 후에는 저장한 후 사용한다.

## 12.5 심벌 분류코드 설정

**명령 :** CODE, ECadCreateSetup

범례집을 작성할 때 선택심벌의 자재코드를 쉽게 연결하기 위하여 사용한다.

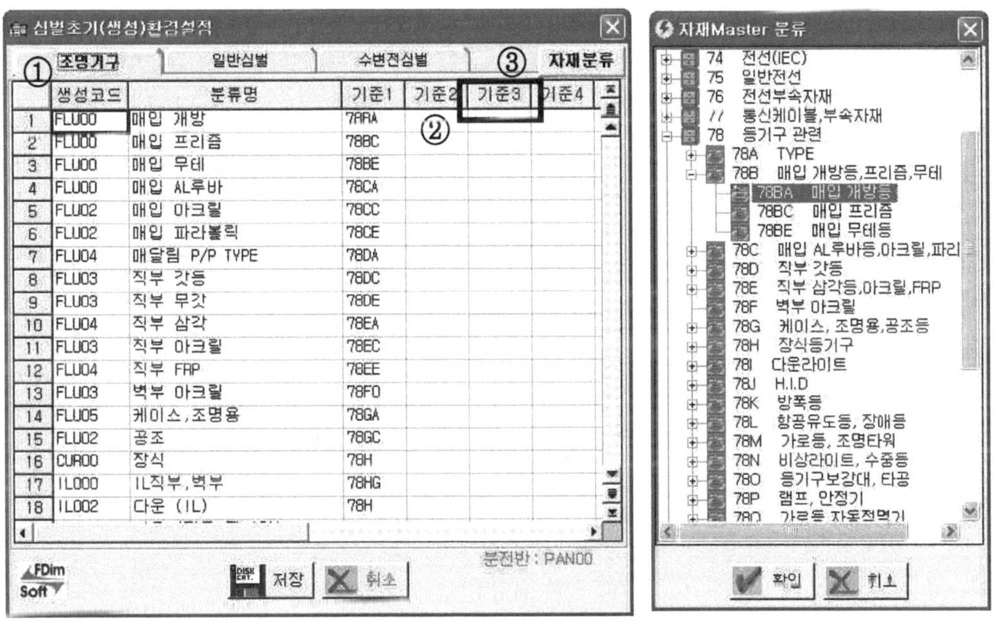


그림 12-7 심벌초기 환경 설정

① 등록할 심벌범례집 (조명기구, 일반, 수변전관련 심벌)을 선택한다.

② 자재분류코드에서 입력할 위치를 지정한다.

③ 자재분류를 선택하여 나타나는 자재Master분류 창에서 등록할자재분류를 선택한다.

④ 등록이 완료되었으면 저장한다.

## 12.6 배선 분류코드 설정

**명령 :** CODE, ECadWireSetup

배관 및 배선에 대한 자재코드 및 색상을 설정한다.

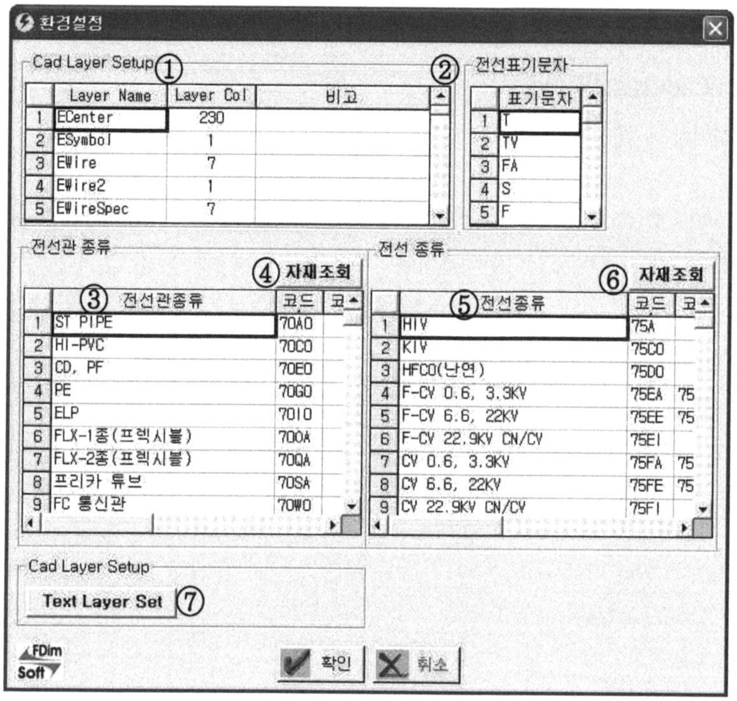


그림 12-8 환경 설정

① Layer에 대한 이름 및 Color를 설정한다.

② 배선에 삽입할 문자를 입력하여 사용할 수 있다.

③ & ④ 초기배선 범례집을 등록할때 전선관관련 자재를 쉽게 찾기 위하여 자재조회를 선택하여 자재 코드를 등록한다.

① ⑤ & ⑥ 초기배선 범례집을 등록할 때 전선관련 자재를 쉽게 찾기 위하여 자재조회를 선택하여 자재코드를 등록한다.

- 자재 코드 등록방법은 **심벌분류코드 설정방법**을 참고한다.

② ⑦ CAD에 삽입할 각종 문자에 대한 색상 및 레이어 값 등을 설정한다.

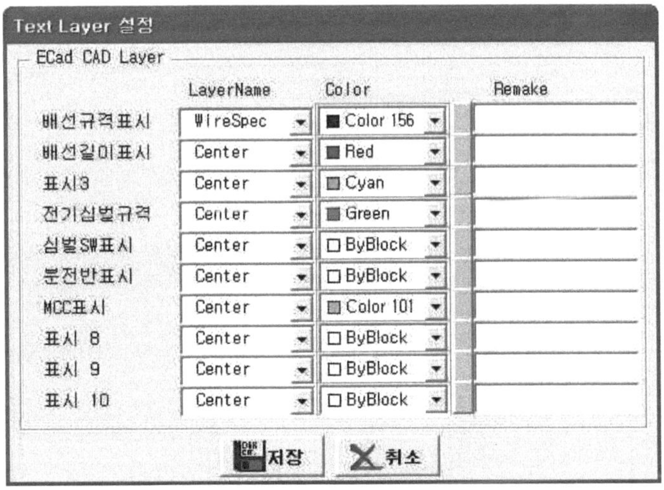


그림 12-9 Text Layer 설정

# 12.7 상세도 범례집 설정 및 상세도 분류 설정

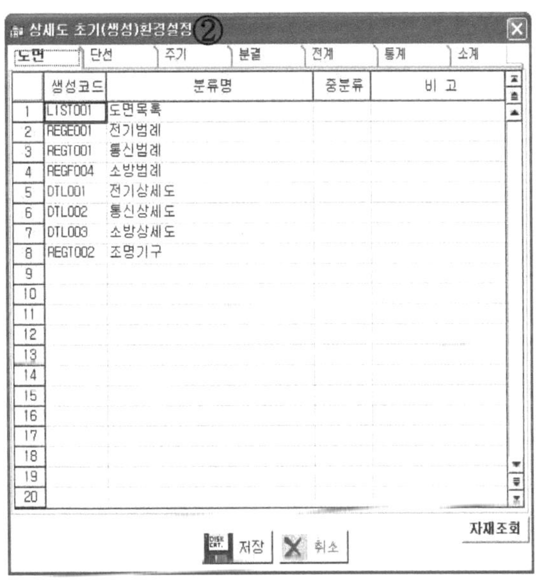


상도 범례집 설정화면 상세도 분류 설정 화면

그림 12-10 상세도 설정

① 분류이름을 사용자화할 수 있어 수정 또는 새로 만들어 사용할 수 있다.

② 각 분류별 상세도의 세부 분류사항을 만들어 사용한다.

## 12.8 배선 기초값 설정

**명령** : ECadWireSet

배선, 배관 및 귀로 표시에 대한 값을 설정한다.

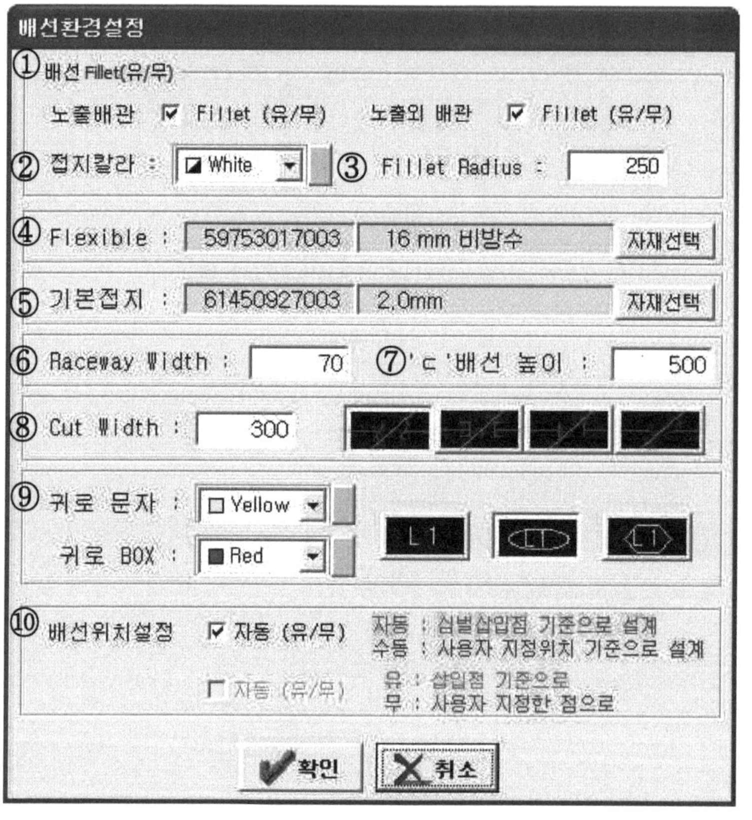


그림 12-11 배선환경 설정

① 배관을 그릴 때 모깎기(fillet) 여부를 설정한다. (체크 : 유)

② 접지선 가닥수 표시의 색상을 설정한다.

③ 배관의 모깎기(fillet)의 반지름을 설정한다.

④ & Flexible 및 접지선을 설정한다. - 사용하지 않음(후렉시블 값 설정을 참고한다.)

⑤ raceway 배관의 폭을 설정한다.

⑥ 배선을 할 때 "ㄷ"자 형태 배관의 높이를 설정한다.

⑦ 배선과 배선이 교차할 때 끊는 폭(cut width) 및 형태를 설정한다.

⑧ 각종 회로표시의 모양 및 칼라를 설정한다.

⑨ 배선 가닥수의 위치를 자동 및 수동으로 설정한다.

# 12.9 후렉시블 값 설정

**명령** : ECadSymAddWireSetup

후렉시블 사용에 대한 전선 및 전선관의 길이를 자동으로 계산할 때 사용한다. (범례집 작성때 부속 자재란에 적용된다.)

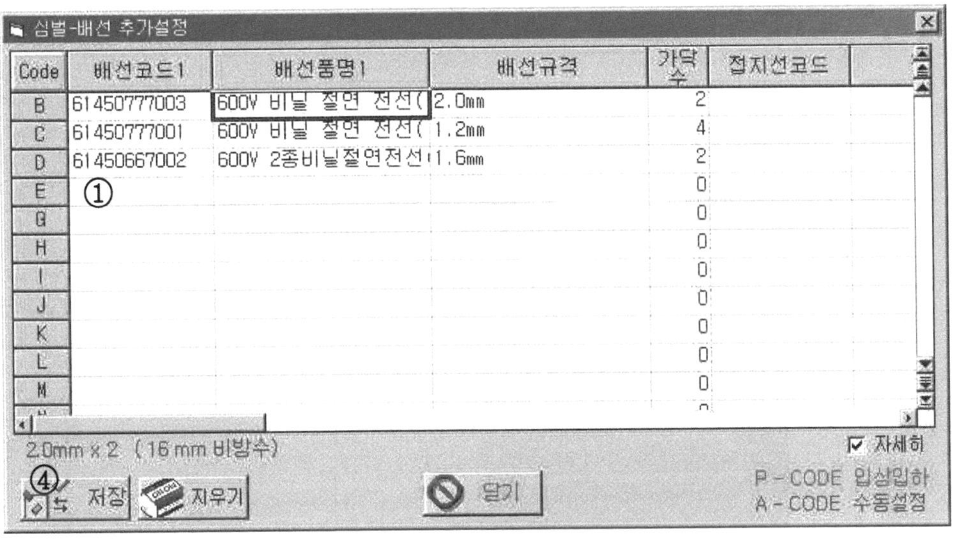

그림 12-12 심벌배선 추가설정

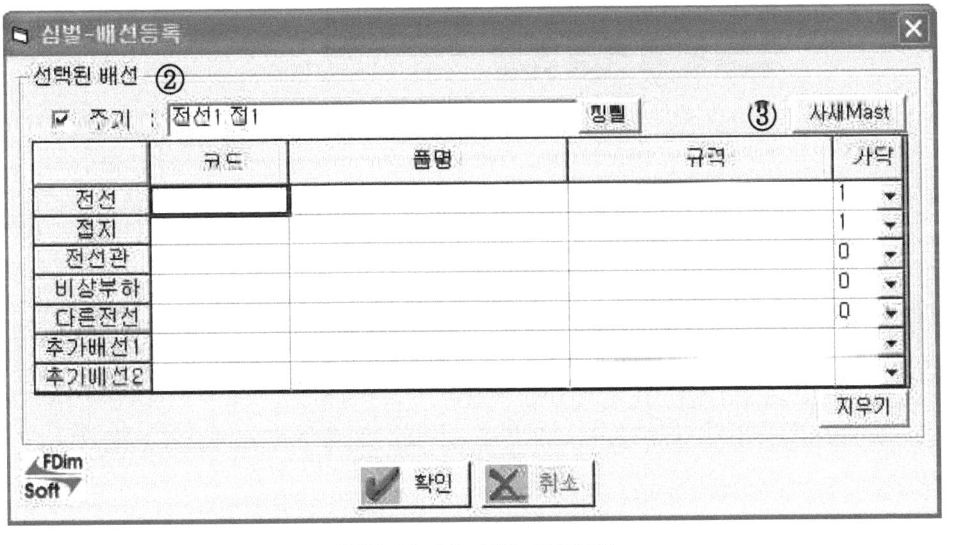

그림 12-13 심벌-배선등록

① 해당 항목에 대학 약어를 입력한다. - 예) 전등, 감지기, 스피커
② 전선 및 전선관과 가닥수를 입력한다. - 자재등록은 전선 범례집 작성 참조.
③ 등록을 완료하였으면 저장한다.

## 12.10 치수 유형관리

**명령 :** , ECADDimStyle

치수에 대한 기본적인 사항을 설정 할 수 있다.

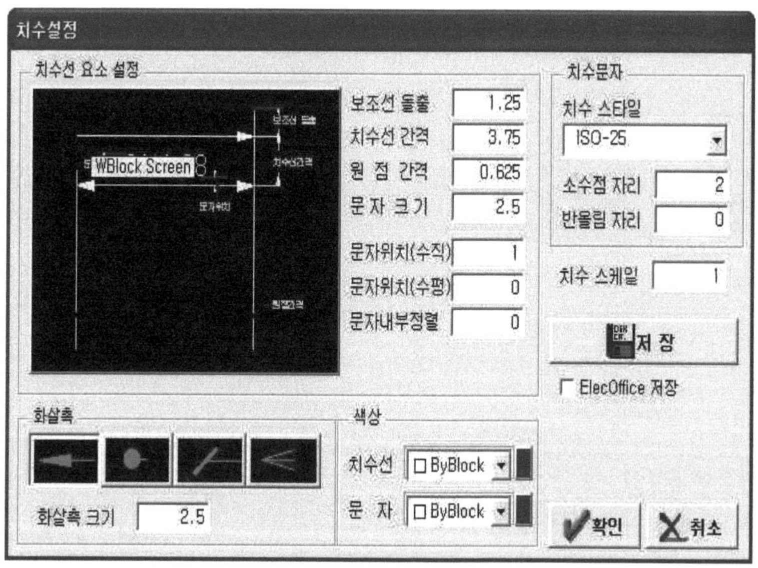


그림 12-14 치수 설정

① 치수선의 기본값을 나타낸다.
② 치수 스타일을 선택하여 사용할 수 있다.
예) ISO-25, ElecOffice 등
③ 기본값을 설정한 후 치수스타일에 저장하여 사용한다.
④ 필요한 값을 입력 또는 치수 스타일을 선택한 후 확인을 선택하여 사용한다.

# 12.11 CAD 시스템 변수 관리

**명령** : ECADSystemSetup

CAD시스템의 각종 변수에 대한 값을 설정한다.

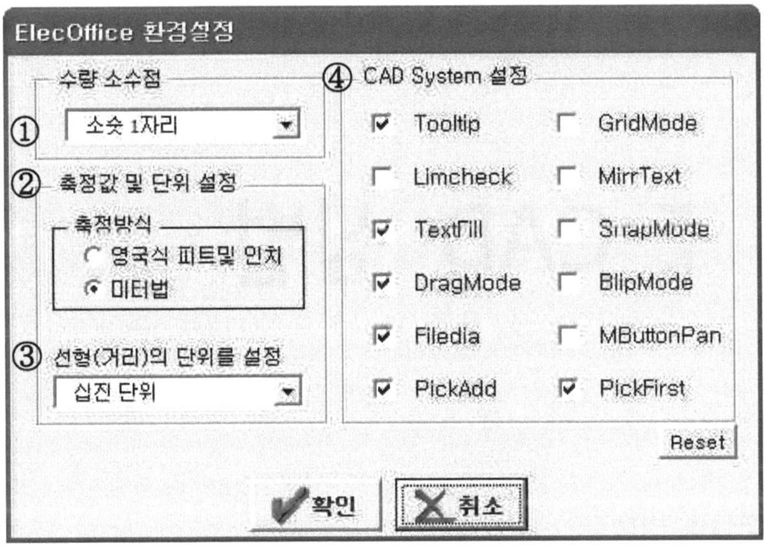


그림 12-15 ElecOffice 환경설정

① 소수점 자리수를 나타낸다.

② 단위설정 방법을 나타낸다.(기본 미터법)

③ 선형(거리)의 단위 설정을 나타낸다.(기본 십진단위)

④ CAD 시스템(변수)설정값을 나타낸다.

- Tooltip : 아이콘 내용 설명 설정
- Limcheck : 도면한계 외부에서의 객체 작성을 조정
- TextFill : 문자내부 채우기 설정.
- DragMode : DragMod를 설정
- Filedia : 명령행과 대화상자 선택을 설정
- PickAdd : 객체를 선택하는 방법 설정
- MirrText : 문자의 mirror를 설정
- SnapMode : 제도 설정값 설정
- BlipMode : 작업 포인트 표시 설정
- MButtonPan : 마우스의 휠을 Osanp 또는 Pan으로 설정
- PickFirst : 객체선택 방법 설정

13

CHAPTER

# E-CAD 심벌

# 13.1 조명심벌 범례집

**명령 :** , ECadSym01Bum

조명기구 심벌을 배치할 때 사용한다.

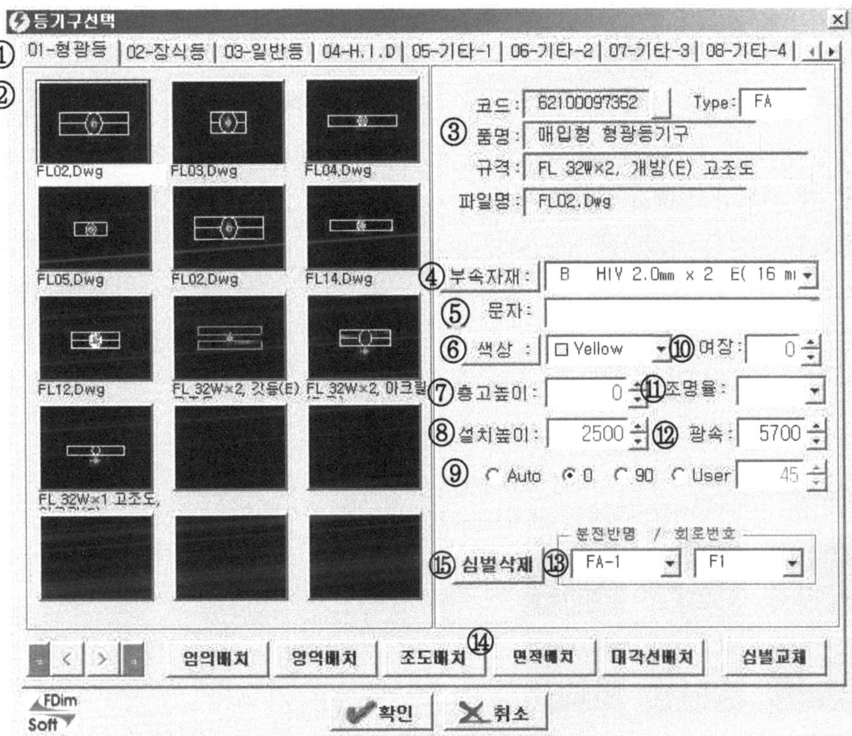


그림 13-1 등기구 선택

① 배치할 심벌의 항목을 선택한다. (항목을 사용자화하여 사용할 수 있다 : 범례집 Layer 설정 참조)

② 배치할 심벌을 선택한다.

③ 심벌에 대한 각종 사양을 나타낸다.

④ 심벌에 대한 부속자재를 입력한다. (후렉시블에 대한 값)

⑤ 심벌 배치 때 삽입할 문자를 입력한다.

⑥ 심벌에 대한 색상을 입력한다.

⑦ 층 높이를 입력한다. (CAD 디자인 설정 시 입력된 값이 나타난다)

⑧ 기구의 설치 높이를 입력한다.

⑨ 심벌에 대한 삽입각도를 입력한다.

- Auto – 심벌을 배치하면서 설치방향을 조정 – 주로 벽쪽에 심벌을 배치할 때 사용. (전열, 전화, TV, 분전반 등)
- 0, 90 – 심벌을 0도 또는 90도로 배치할 때 사용.
- User – 사용자가 배치각도를 임의로 설정하여 배치한다.

⑩ 심벌에 대한 전선의 여유길이를 입력한다.

⑪ 조명율을 구하기 위하여 기구타입을 설정한다.

⑫ 등기구의 광속을 입력한다.

⑬ 각종배치 방법을 선택하여 배치한다. (배치방법 참조)

⑭ 심벌에 대한 분전반명 및 회로값을 입력하여 배치한다.(값을 입력 후 배치하면 물량산출 때 별도 지정하지 않아도 된다)

⑮ 등록된 심벌을 삭제한다.

## 13.2 일반심벌 범례집

그림 13-2 일반심벌 선택

※ 사용방법은 조명기구 범례집과 동일하다.

# 13.3 범례집 작성

**명령 :** , ECadECadBumList

조명심벌 범례집, 일반심벌 범례집 및 수변전심벌 범례집을 작성한다.

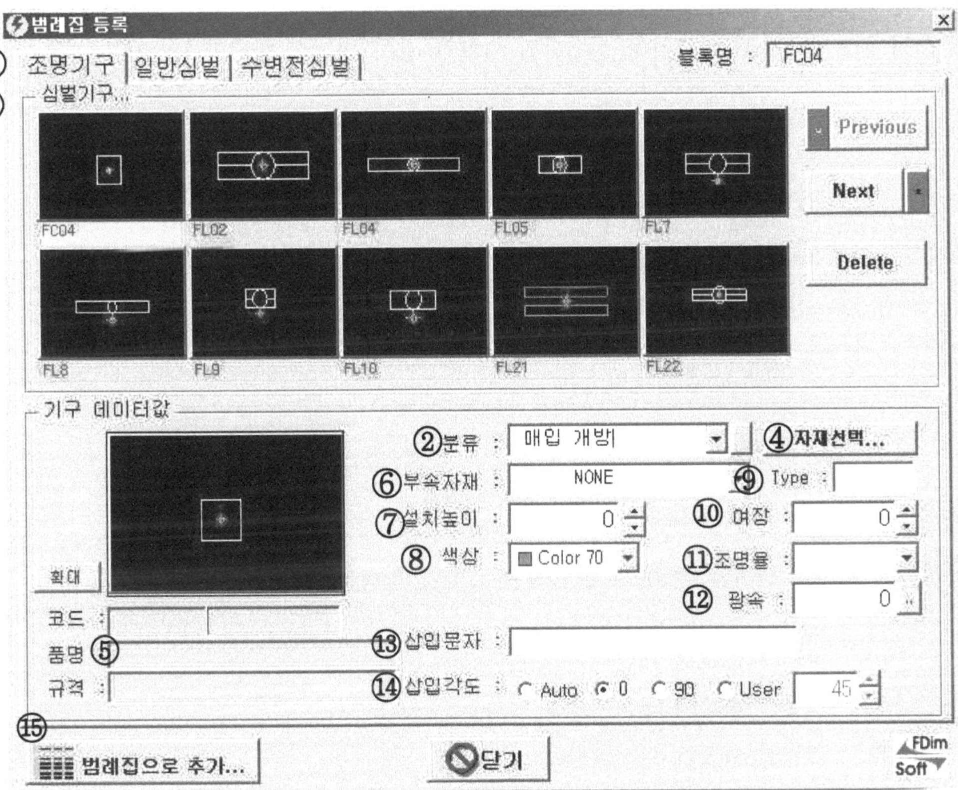


그림 13-3 범례집 등록

① 등록할 심벌의 항목을 선택한다(전등, 일반, 수변전 심벌)

② 심벌의 분류를 선택한다.

③ 범례집에 등록 할 심벌을 선택한다.

④ 사용할 자재를 찾아 입력한다. (4. 자재선택 방법 참조)

⑤ 선택한 자재에 대한 상세 사항을 나타낸다.

⑥ 심벌에 대한 Flexible 전선관 및 전선을 선택한다.(자재를 변경할 때는 E-설정의 후렉시블 값 설정을 수정하면 된다.)

⑦ 심벌의 설치 높이를 입력한다.

⑧ 심벌의 색상을 선택한다.

⑨ 기구의 타입을 입력한다.

⑩ 심벌에 대한 전선의 여유 길이 값을 입력한다

⑪ 조명율을 구하기 위하여 등기구 타입을 설정한다.

⑫ 심벌에 대한 광속을 입력한다 - 조도배치를 할 때 사용

⑬ 심벌 배치시 삽입할 문자를 입력한다.

⑭ 심벌 배치시 각도를 입력한다.

⑮ 설정 완료 후 범례집 추가를 선택하면 아래와 같이 범례집 화면이 나타난다.

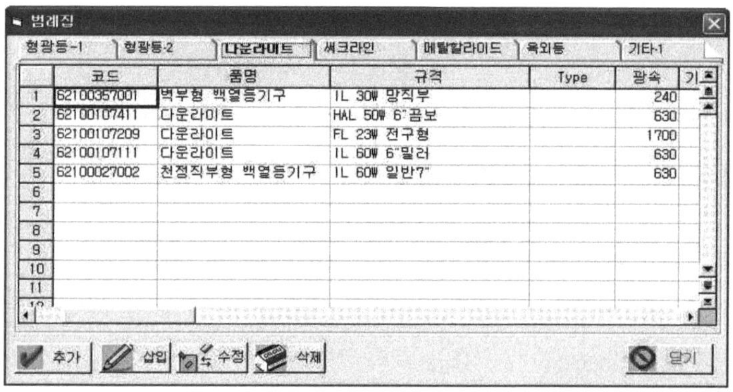


그림 13-4 범례집

등록할 심벌의 분류를 선택한 후 아래 방법을 참고하여 등록을 한다.

- 추가 - 순서의 마지막에 삽입된다.
- 삽입 - 선택된 항목의 위로 삽입된다.
- 수정 - 선택된 항목에 덮어씌운다.
- 삭제 - 선택된 심벌을 삭제한다.

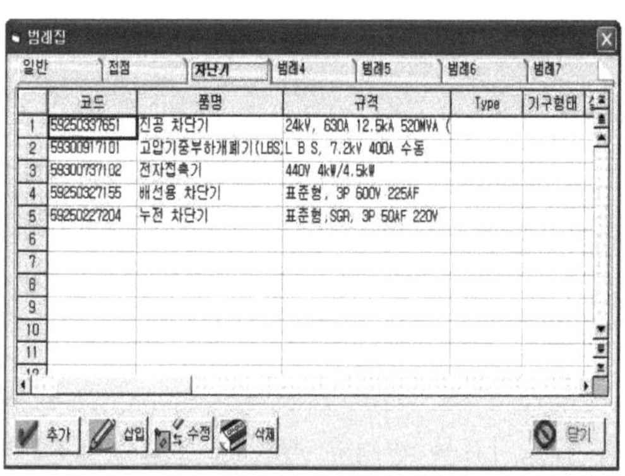


일반심벌범례집

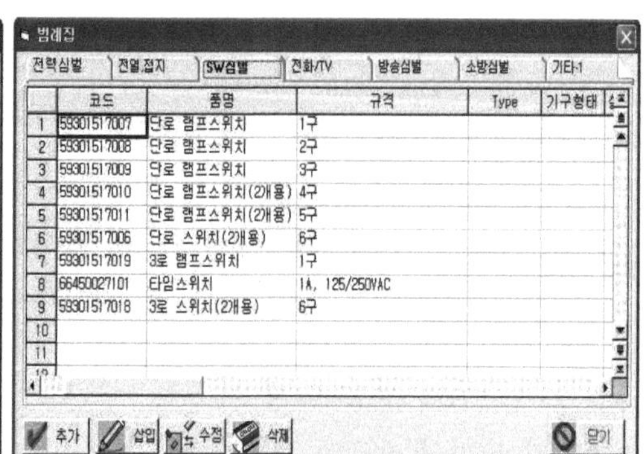


수변전심벌 범례집

그림 13-5 일반심벌 및 수변전 범례집

# 13.4 자재 선택방법(자재코드 입력방법)

심벌에 대한 자재 코드를 자재 Master에서 찾아 입력하는 방법이다.

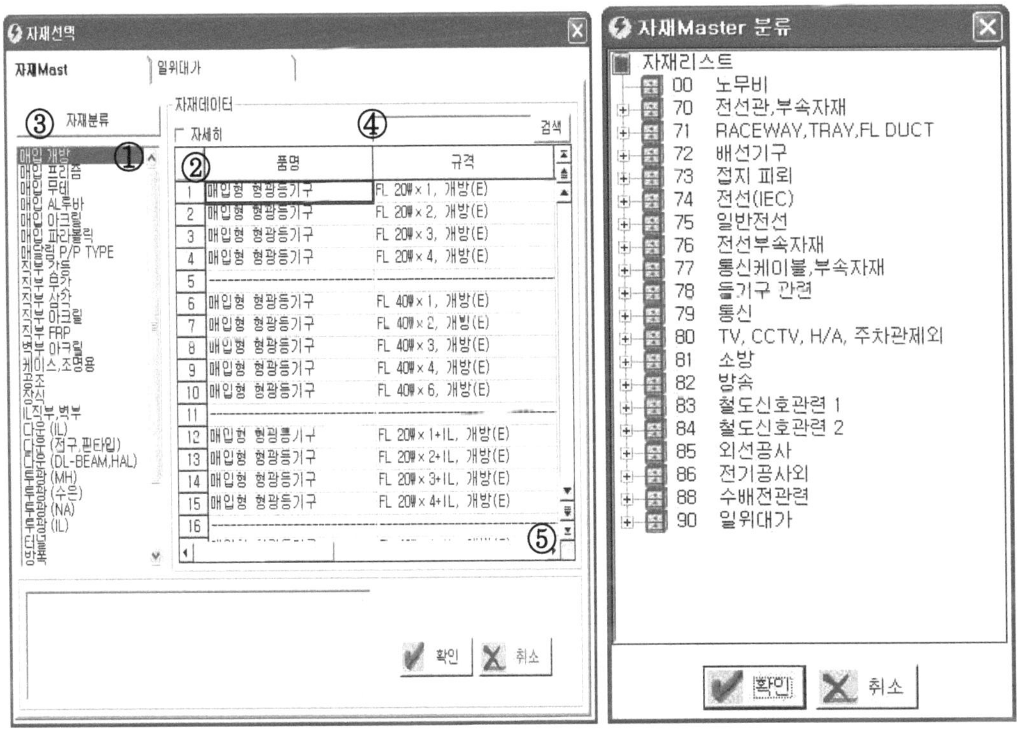


그림 13-6 자재선택 및 자재Master 분류

# 13.5 상세도 범례집

**명령 :** DETAIL, ECadDetailBum

각종 상세도를 도면에 배치할 때 사용한다.

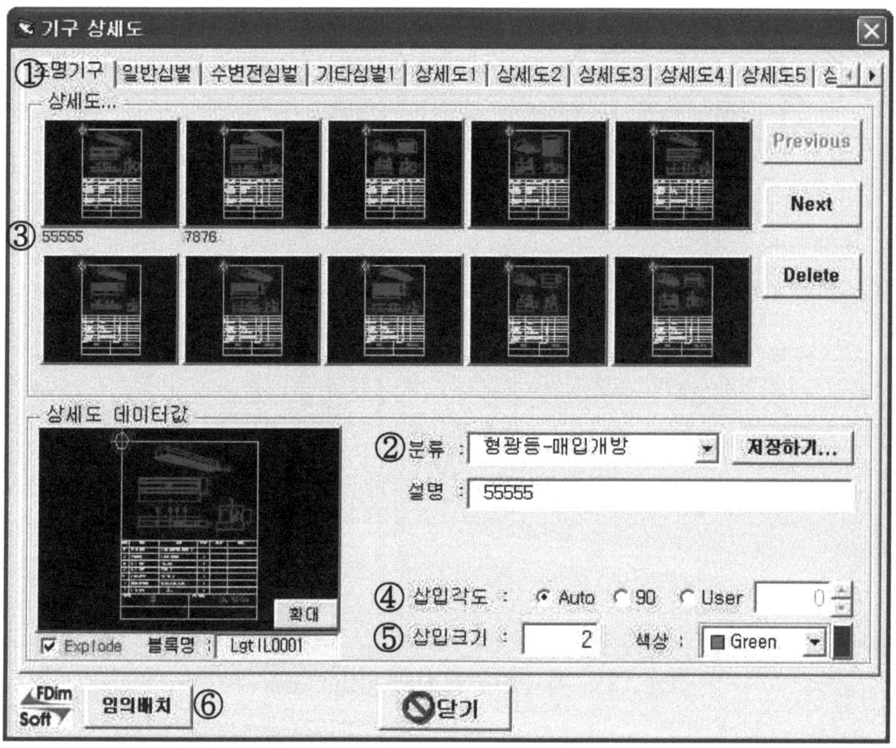


그림 13-7 기구 상세도

① 배치할 상세도의 목록을 선택한다.

② 상세도의 세부분류를 선택한다.

③ 배치할 상세도를 선택한다.

④ 삽입각도를 설정한다.

⑤ 삽입크기 및 색상을 선택한다.

⑥ 임의배치를 이용하여 배치를 완료한다.

# 13.6 심벌 블록 만들기

**명령 :** , ECadSymbolCreate

새로운 심벌을 만들어서 추가할 때 사용한다.

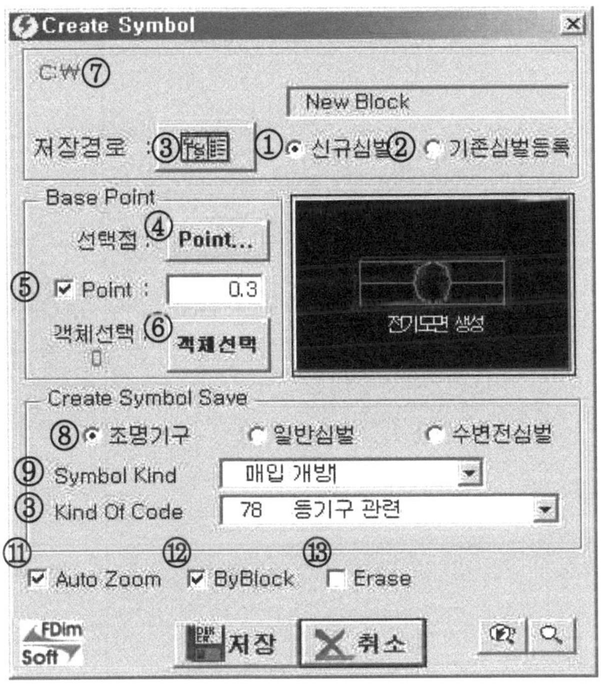


그림 13-8 심벌 만들기

① 새로운 심벌을 만들 때 사용한다. (기본값)

② 기존 심벌을 이용할 때 사용한다.

③ 새로운 심벌을 저장할 위치를 정한다. (탐색기 창이 나타난다.)

④ 심벌의 삽입 점을 선택한다.

⑤ 삽입 포인트 기호 크기를 입력한다. (기본값 0.3), 체크 해제시 표시가 안된다.

⑥ 블록을 만들 심벌을 선택한다.

⑦ 블록이 저장된 경로 및 블록이름이 나타난다.

⑧ 등록할 심벌의 분류를 선택한다. - 전등, 일반, 수변전 심벌

⑨ 심벌 구분을 선택한다.

⑩ 심벌의 중분류 자재를 선택한다. (심벌등록 시 자재찾기가 쉽다.)

⑪ 슬라이드 크기를 조정한다. - 체크하면 크기를 자동으로 만든다.

⑫ 체크하면 심벌의 고유 칼라를 무시하고 저장한다. - 일반적인 방법
(체크하지 않으면 심벌 고유색상으로 저장이 된다.)

⑬ 블록을 만들면서 심벌을 삭제할 경우 체크 표시를 한다.

### A 심벌 블록을 만드는 방법

- 등록할 심벌 (형광등 FL 2/32W)을 만든후 심벌만들기 명령을 실행한다.

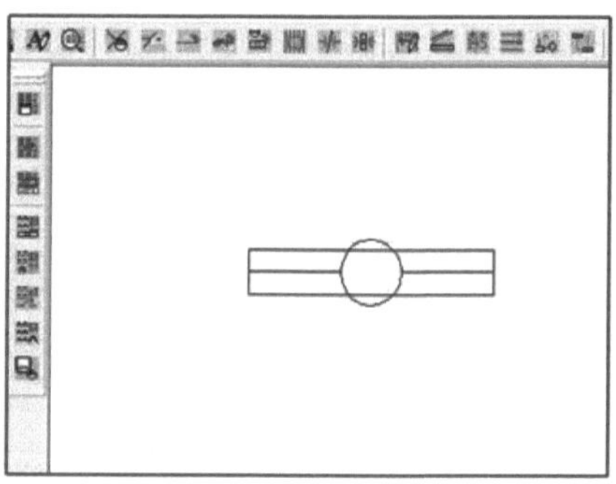

그림 13-9 등록할 심벌의 예

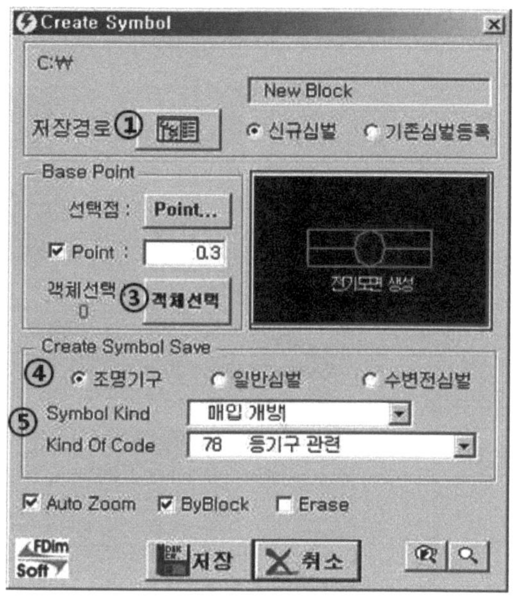


그림 13-10 심벌 만들기의 예

① 새로운 심벌을 저장할 방을 선택하여 파일이름(블록이름)을 입력한 후 저장한다.

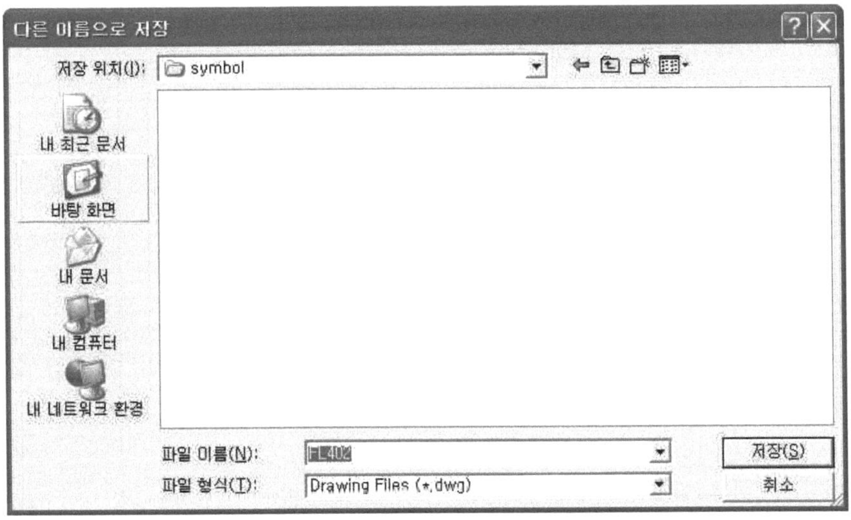


그림 13-11 새로운 심벌의 저장

- 블록 저장위치는 일반적으로 c:\ElectCAD\Mycad\User에 저장한다.
- 사용자화된 폴더에 저장할 경우는 E-설정의 지원파일 경로설정에 폴더를 등록해야만 만든 심벌을 사용할 수 있다.

② Base Point(심벌의 삽입점)를 선택한다.

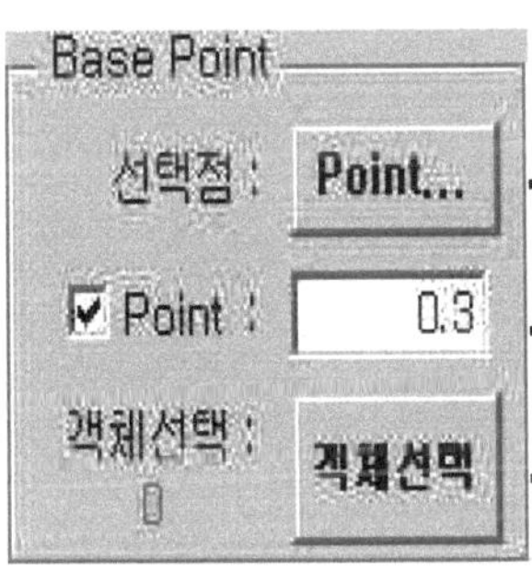


→ 블록을 만들 심벌의 삽입점을 선택한다. (osnap 이용)

→ 삽입 점 point의 크기를 나타낸다.

→ 객체를 선택한다.

그림 13-12 심벌의 삽입점

③ 심벌을 만들 객체를 선택한다.

ⓑ & ⓒ 객체를 선택한다.

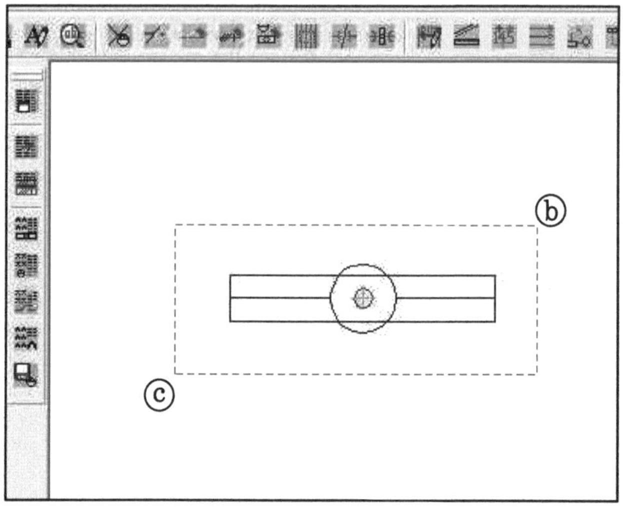


그림 13-13 심벌 선택의 예

④ 만든 심벌을 범례집에 등록하기 위하여 분류한다.

그림 13-14 심벌 저장 1

a) 심벌을 저장할 범례집 위치를 선택한다.

- 조명기구 : 각종 조명기구 관련 심벌을 저장한다.
- 일반심벌 : 분전반, 콘센트, 감지기 등의 일반심벌을 저장한다.
- 수변전심벌 : 전기 기호 관련 심벌을 저장한다.

⑤ 심벌 분류를 선택한다.(심벌을 종류별로 분류한다.)

심벌의 code를 선택한다. (심벌에 대한 자재코드를 쉽게 등록할 수 있다.)

⑥ 심벌 블록 만들기가 완료되었으면 저장한다.

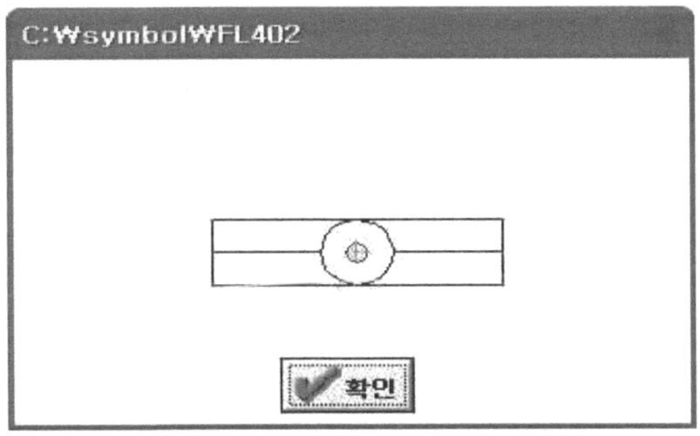


그림 13-15 심벌 저장 2

⑦ 범례집 작성에서 만든 심벌이 등록되었는지를 확인한다.
(등록한 심벌이 안 나타날 경우는 블록을 만든 폴더를 E 설정 à 지원파일 경로설정의 지원검색 경로에 폴더를 등록후 다시 확인 해야한다.)

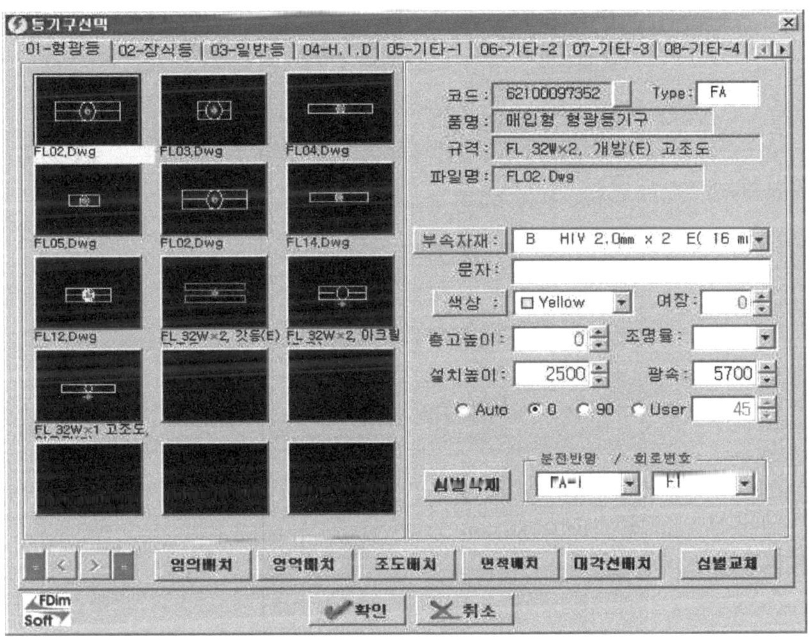


그림 13-16 등기구 선택

## 13.7 상세도 블록 만들기

**명령** : ECadAreaCreate

각종 상세도를 등록하여 사용할 수 있다.

※ 심벌의 삽입 점 선택 및 객체선택(area)까지는 심벌 블록 만들기 참조

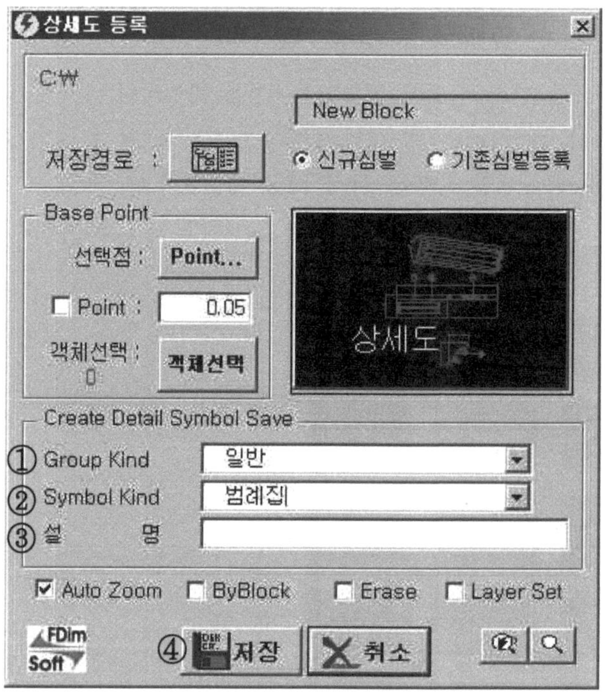


그림 13-17 상세도 등록

① Group Kind를 선택한다. - 대분류

② Symbol Kind를 선택한다. - 중분류

③ 상세도에 대한 설명을 입력할 때 사용한다.

④ 저장을 선택하면 상세도 등록이 완료된다.

# 13.8 심벌배치 방법

범례집의 배치방법을 이용하여 심벌 배치를 하고 동일한 심벌을 반복해서 배치할 때는 범례집을 선택하지 않고 각종 배치방법 명령을 이용하여 배치한다.

## 13.8.1 영역배치

**명령 :** , ECadSymAreaArray

사각형인형태의영역에심벌을일괄배치할때사용한다.

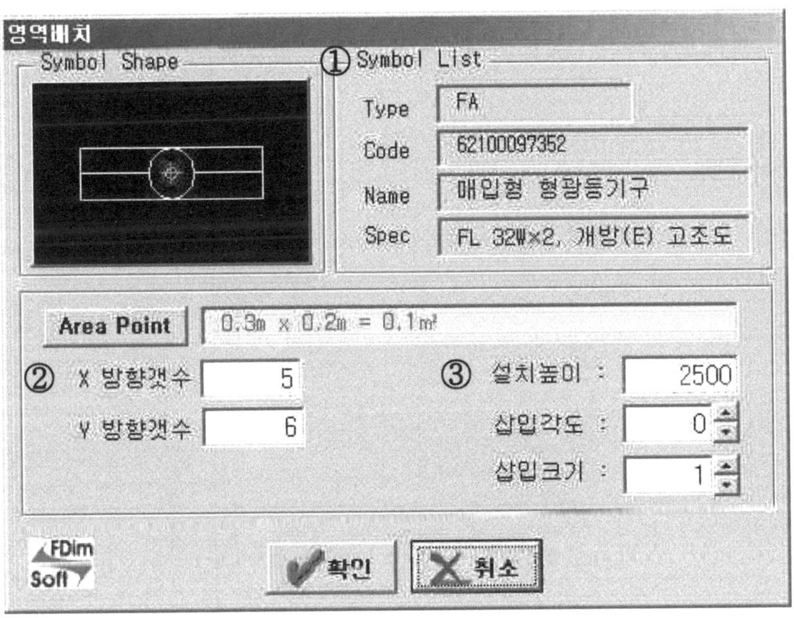


그림 13-18 영역 배치

※ 심벌을 배치할 영역을 선택하면 위와 같은 화면이 나타난다.

① 심벌에 대한 기본값을 나타낸다.

② 수량배치 : X, Y방향에 필요수량을 입력하여 배치한다.(일반적인 방법)

③ 심벌의 설치높이, 삽입각도 및 크기를 수정하여 배치할 때 사용한다.

※ 영역배치 중 수량배치의 예

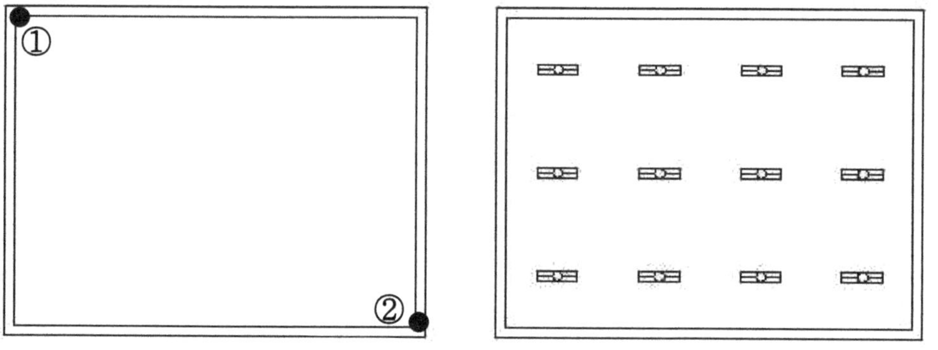


그림 13-19 영역배치의 예

배치할심벌을선택후영역배치명령을실행한다.

- 심벌 삽입 영역을 선택한다. - ① Click 후 ② Click 한다.
- 영역배치 화면에 X방향: 4, Y방향: 3을 입력후 확인하면 심벌이 배치된다.

## 13.8.2 임의배치

**명령 :** , ECadSymOne

심벌을 한 개씩 각각 배치할 때 사용 (콘센트, 분전반 등등)

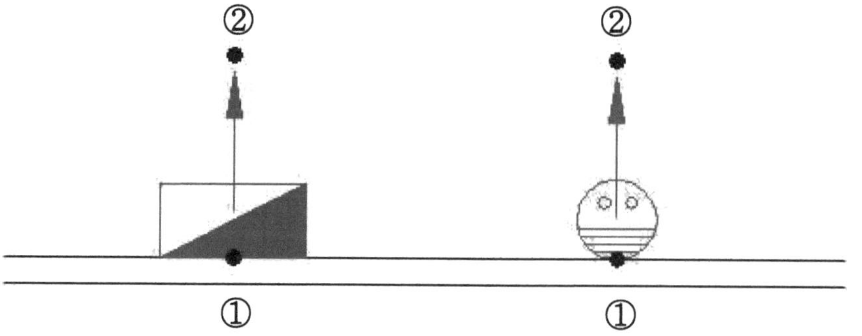


그림 13-20 심벌 임의 배치

※ 위의 방법은 심벌배치 각도가 Auto인 경우이며 0, 90, user인 경우는 심벌 배치 후 방향을 선택할 필요가 없다.

③ 심벌 배치할 지점 : ① Click

④ 방향 : ② Click

## 13.8.3 조도배치

**명령 :** , ECadSymLuxCalcinsert

작업영역에 조도계산을 하면서 심벌을 배치한다.

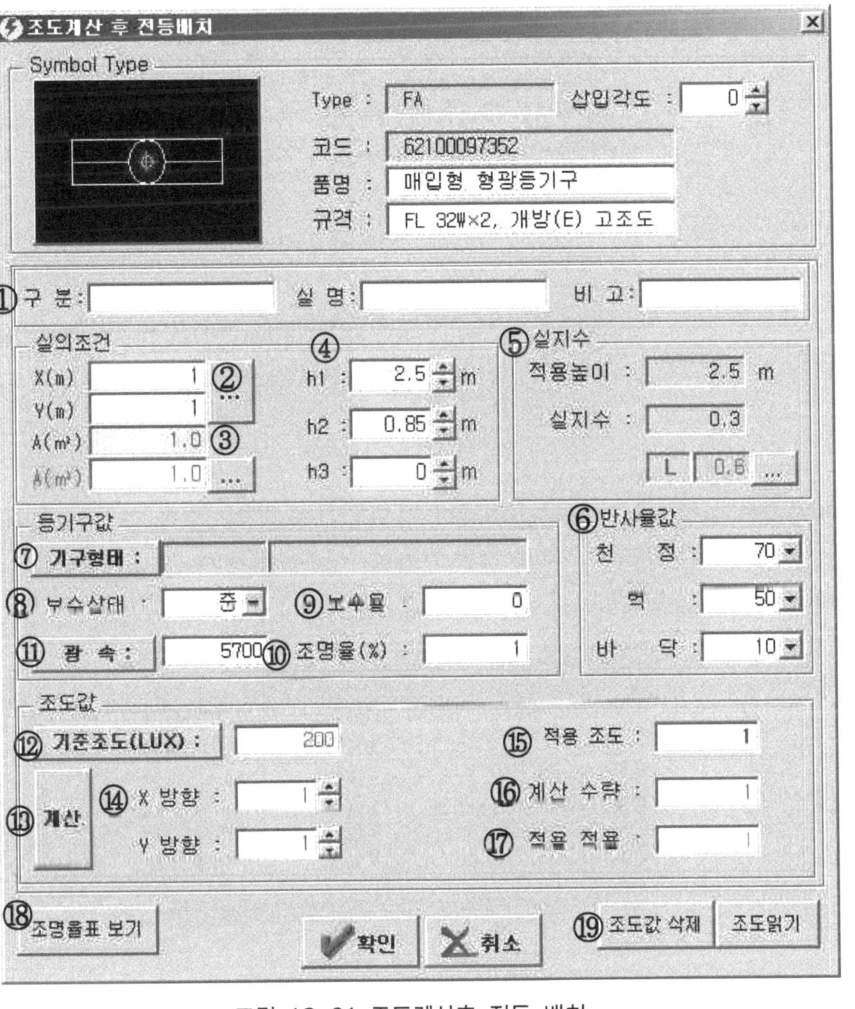


그림 13-21 조도계산후 전등 배치

① 구분 및 실명- 1층, 사무실 등등을 기입한다.

② 배치할 영역을 선택한다.

③ 배치할 영역이 사각형이 아닌 경우에 사용한다(배치 방법은 아래 (A) 실의 형태가 사각형이 아닌 장소 배치 방법을 참고).

④ 실지수 계산의 높이 선정에 대한 높이 값 입력

- h1 : 심벌설치 높이
- h2 : 작업 면 높이
- h3 : 조명기구가 P.P type인 경우의 파이프 길이

⑤ 실지수를 보여주며, 실지수값 옆의 버턴을 선택하면 아래와 같은 실지수가 나타난다.

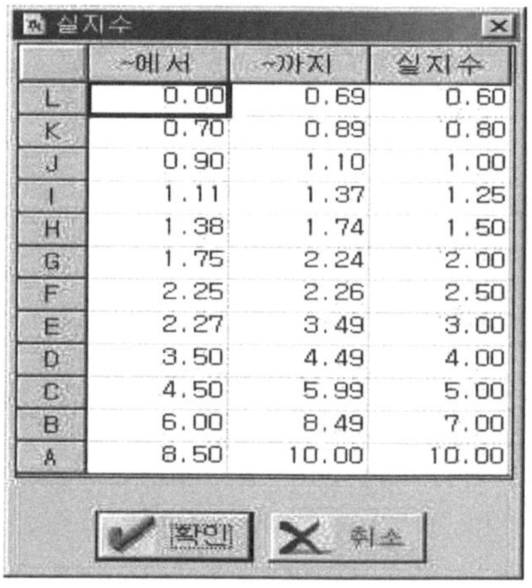

실지수

| | ~에서 | ~까지 | 실지수 |
|---|---|---|---|
| L | 0.00 | 0.69 | 0.60 |
| K | 0.70 | 0.89 | 0.80 |
| J | 0.90 | 1.10 | 1.00 |
| I | 1.11 | 1.37 | 1.25 |
| H | 1.38 | 1.74 | 1.50 |
| G | 1.75 | 2.24 | 2.00 |
| F | 2.25 | 2.26 | 2.50 |
| E | 2.27 | 3.49 | 3.00 |
| D | 3.50 | 4.49 | 4.00 |
| C | 4.50 | 5.99 | 5.00 |
| B | 6.00 | 8.49 | 7.00 |
| A | 8.50 | 10.00 | 10.00 |

확인 취소

그림 13-22 실지수

⑥ 반사율을 설정한다. - 기본값은 일반 사무실로 설정 되어있음.

⑦ 기구형태를 선택한다. - 아래 등기구 형태 선택창에서 기구를 선택하면 조명율 및 보수율이 자동으로 입력된다.

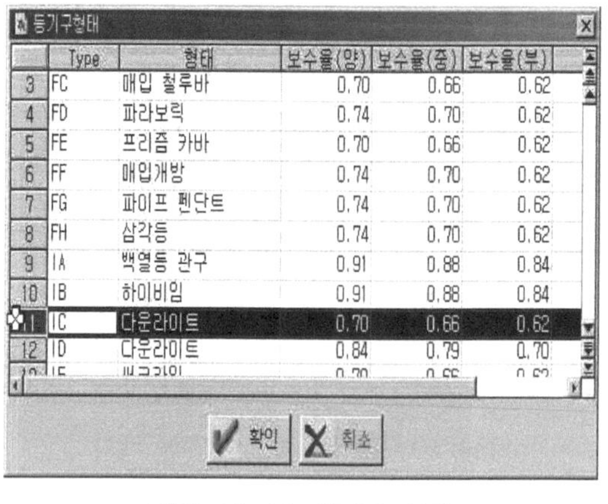

등기구형태

| | Type | 형태 | 보수율(양) | 보수율(중) | 보수율(부) |
|---|---|---|---|---|---|
| 3 | FC | 매입 철루바 | 0.70 | 0.66 | 0.62 |
| 4 | FD | 파라보릭 | 0.74 | 0.70 | 0.62 |
| 5 | FE | 프리즘 카바 | 0.70 | 0.66 | 0.62 |
| 6 | FF | 매입개방 | 0.74 | 0.70 | 0.62 |
| 7 | FG | 파이프 펜단트 | 0.74 | 0.70 | 0.62 |
| 8 | FH | 삼각등 | 0.74 | 0.70 | 0.62 |
| 9 | IA | 백열등 관구 | 0.91 | 0.88 | 0.84 |
| 10 | IB | 하이비임 | 0.91 | 0.88 | 0.84 |
| 11 | IC | 다운라이트 | 0.70 | 0.66 | 0.62 |
| 12 | ID | 다운라이트 | 0.84 | 0.79 | 0.70 |
| 13 | IE | [illegible] | [illegible] | [illegible] | [illegible] |

확인 취소

그림 13-23 등기구 형태

⑧ 보수상태를 설정하여 보수율을 수정할 수 있다.

⑨ 위의 ⑦번 기구형태를 설정하면 보수율이 자동으로 입력된다.

⑩ 기구 형태를 선택하면 조명율이 자동으로 입력된다.

⑪ 조명기구의 광속을 나타낸다. - 심벌범례집을 등록할 때 광속 값을 함께 등록 하면 편리하다. 광속을 직접 입력할 경우는 광속을 선택하면 나타나는 아래 광속 MASTER 표를 참고하여 입력한다.

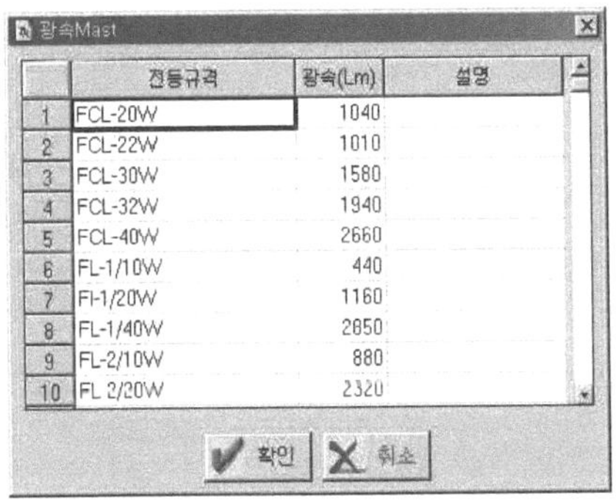


그림 13-24 조명기구별 광속

⑫ 직접입력 또는 기준조도를 선택하면 나타나는 아래 조도표를 이용하여 입력한다.

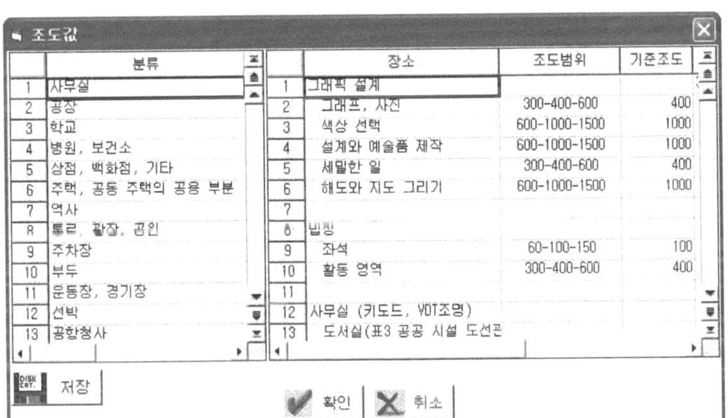


그림 13-25 장소별 조도값

⑬ 계산을 선택하면 의 조명기구 개수가 자동으로 산정된다.

⑭ 계산조도에 의해 산출된 수량을 X, Y에 분배하여 수량을 입력한 후

⑮ 실제 배치할 수량 및 조도를 확인 후 "확인"하면 심벌이 배치된다.

⑯ 적용된 조도값을 나타낸다.

⑰ 계산된 등기구 수량을 나타낸다.

⑱ 적용된 등기구 수량을 나타낸다.

⑲ 조명율 표를 나타낸다.

⑳ 조도값 데이터를 삭제 또는 조도값을 읽는다.

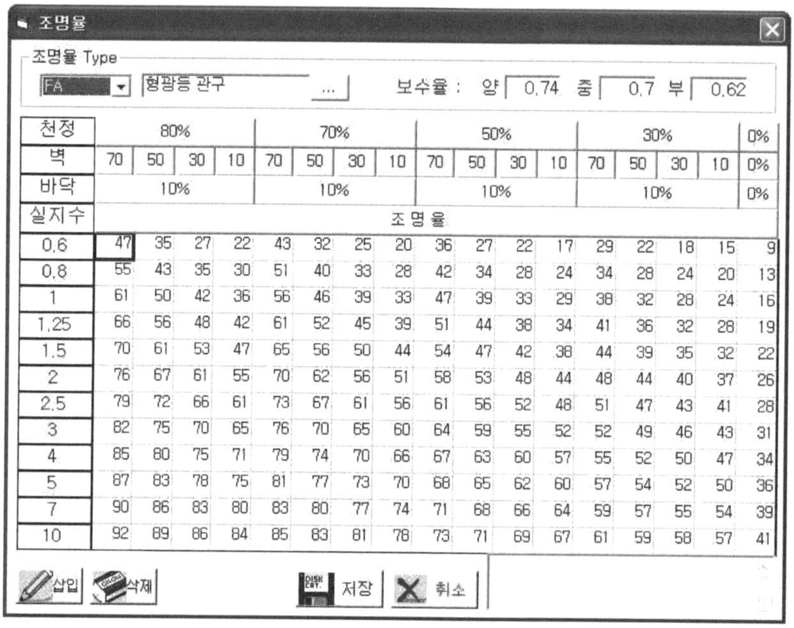

조명율

조명율 Type

FA | 형광등 관구 | 보수율 : 양 0.74 중 0.7 부 0.62

| 천정 | 80% | | | | 70% | | | | 50% | | | | 30% | | | | 0% |
|---|---|---|---|---|---|---|---|---|---|---|---|---|---|---|---|---|---|
| 벽 | 70 | 50 | 30 | 10 | 70 | 50 | 30 | 10 | 70 | 50 | 30 | 10 | 70 | 50 | 30 | 10 | 0% |
| 바닥 | 10% | | | | 10% | | | | 10% | | | | 10% | | | | 0% |
| 실지수 | 조 명 율 | | | | | | | | | | | | | | | | |
| 0.6 | 47 | 35 | 27 | 22 | 43 | 32 | 25 | 20 | 36 | 27 | 22 | 17 | 29 | 22 | 18 | 15 | 9 |
| 0.8 | 55 | 43 | 35 | 30 | 51 | 40 | 33 | 28 | 42 | 34 | 28 | 24 | 34 | 28 | 24 | 20 | 13 |
| 1 | 61 | 50 | 42 | 36 | 56 | 46 | 39 | 33 | 47 | 39 | 33 | 29 | 38 | 32 | 28 | 24 | 16 |
| 1.25 | 66 | 56 | 48 | 42 | 61 | 52 | 45 | 39 | 51 | 44 | 38 | 34 | 41 | 36 | 32 | 28 | 19 |
| 1.5 | 70 | 61 | 53 | 47 | 65 | 56 | 50 | 44 | 54 | 47 | 42 | 38 | 44 | 39 | 35 | 32 | 22 |
| 2 | 76 | 67 | 61 | 55 | 70 | 62 | 56 | 51 | 58 | 53 | 48 | 44 | 48 | 44 | 40 | 37 | 26 |
| 2.5 | 79 | 72 | 66 | 61 | 73 | 67 | 61 | 56 | 61 | 56 | 52 | 48 | 51 | 47 | 43 | 41 | 28 |
| 3 | 82 | 75 | 70 | 65 | 76 | 70 | 65 | 60 | 64 | 59 | 55 | 52 | 52 | 49 | 46 | 43 | 31 |
| 4 | 85 | 80 | 75 | 71 | 79 | 74 | 70 | 66 | 67 | 63 | 60 | 57 | 55 | 52 | 50 | 47 | 34 |
| 5 | 87 | 83 | 78 | 75 | 81 | 77 | 73 | 70 | 68 | 65 | 62 | 60 | 57 | 54 | 52 | 50 | 36 |
| 7 | 90 | 86 | 83 | 80 | 83 | 80 | 77 | 74 | 71 | 68 | 66 | 64 | 59 | 57 | 55 | 54 | 39 |
| 10 | 92 | 89 | 86 | 84 | 85 | 83 | 81 | 78 | 73 | 71 | 69 | 67 | 61 | 59 | 58 | 57 | 41 |

삽입 삭제 저장 취소

그림 13-26 조명율 표

### A. 실의 형태가 사각형이 아닌 경우 조도 배치하는 방법

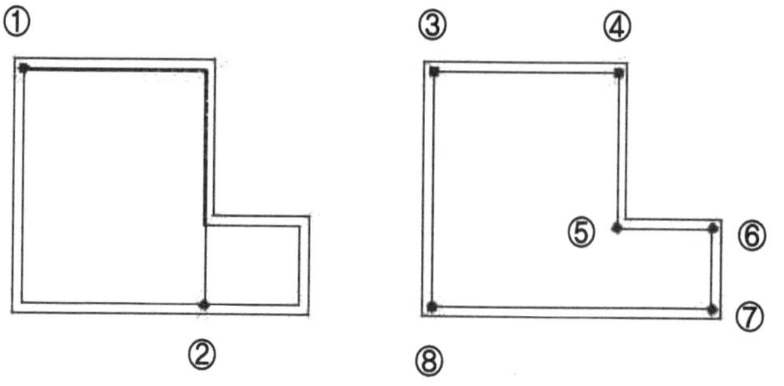


그림 13-27 심벌 배치1

(a) 그림 13-27과 같이 ①번 Click 후 ②번을 Click - 실지수 값이 계산된다.
(b) 실 전체 면적을 구하기 위하여 위의 그림과 같이③ 번부터 차례로 선택순서는 ③→④→⑤→⑥→⑦→⑧→③
(c) 등기구 타입 및 조도 값 등을 입력한 후 심벌을 배치한다.

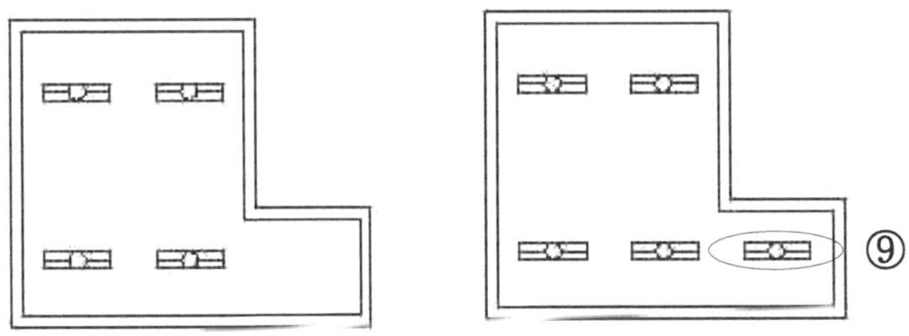


그림 13-28 심벌 배치2

(d) 심벌을 복사하여 심벌 배치를 완료한다. - 위의 그림 우측⑨ 번
(e) 조도계산서 인쇄를 열기한 후 아래 그림과 같이 적용 수량을 전체 배치된 수량으로 수정한다.

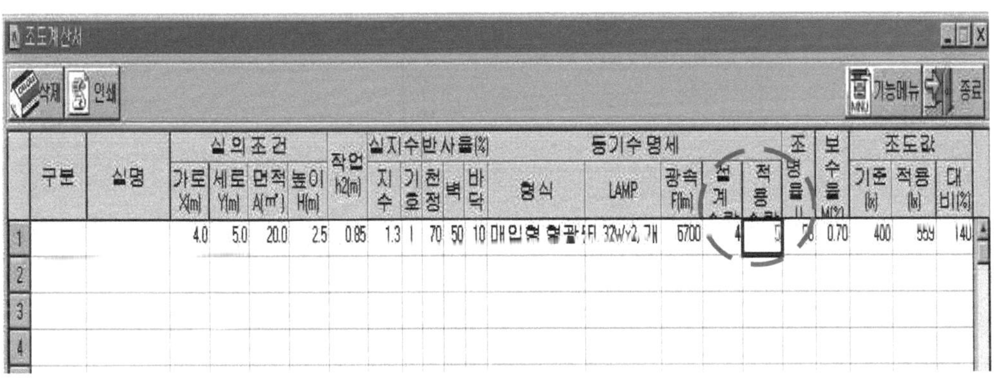


그림 13-29 조도 계산서

### ❖ 조도계산서 인쇄

**명령 :** , ECadSymLuxCalcPrinter

• 작성된 조도계산서를 출력한다.

## 13.8.4 면적배치

**명령 :** , ECadSymAreaWidth

심벌에 소요되는 면적을 입력한 다음 심벌을 배치한다. (감지기, 스피커 등)

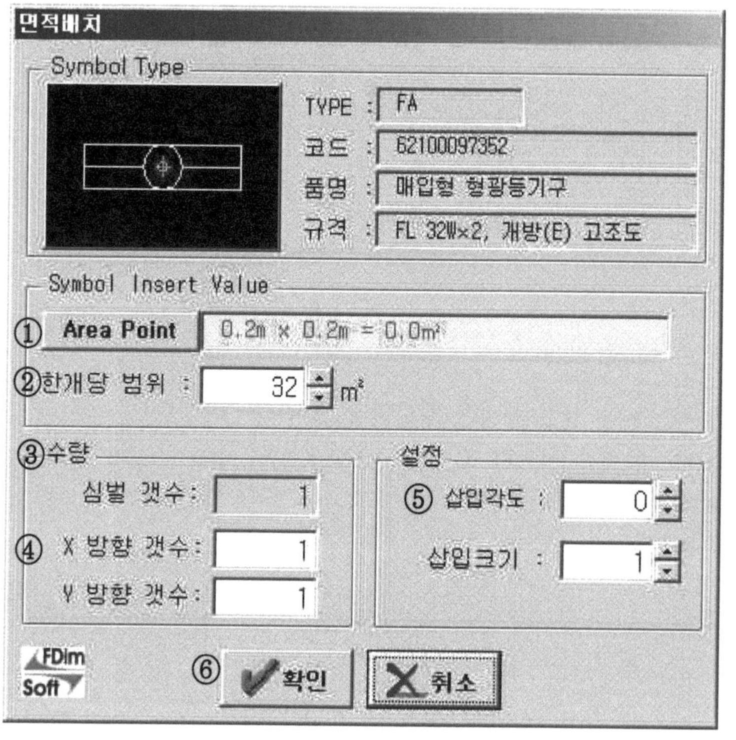


그림 13-30 면적 배치

① 심벌을 설치할 구역을 선택한다.
   Area Point - 면적배치를 연속으로 배치할 때 선택하여 사용한다.

② 심벌 한 개의 소요면적을 입력한다.
   예) 차동식 감지기 4 m미만에 설치되는 경우의 소요면적은 60 $m^2$

③ 심벌 개수가 자동으로 계산된다.

④ 자동으로 계산된 심벌개수를 X. Y방향 개수에 분배하여 입력한다.

⑤ 배치할 심벌의 각도 및 삽입크기를 설정한다.

⑥ 확인을 클릭하면 심벌이 배치된다.

## 13.8.5 대각선 배치

**명령 :** , ECadSymDiagonalArray

심벌을 대각선 형태의 장소에 배치 시 사용한다.

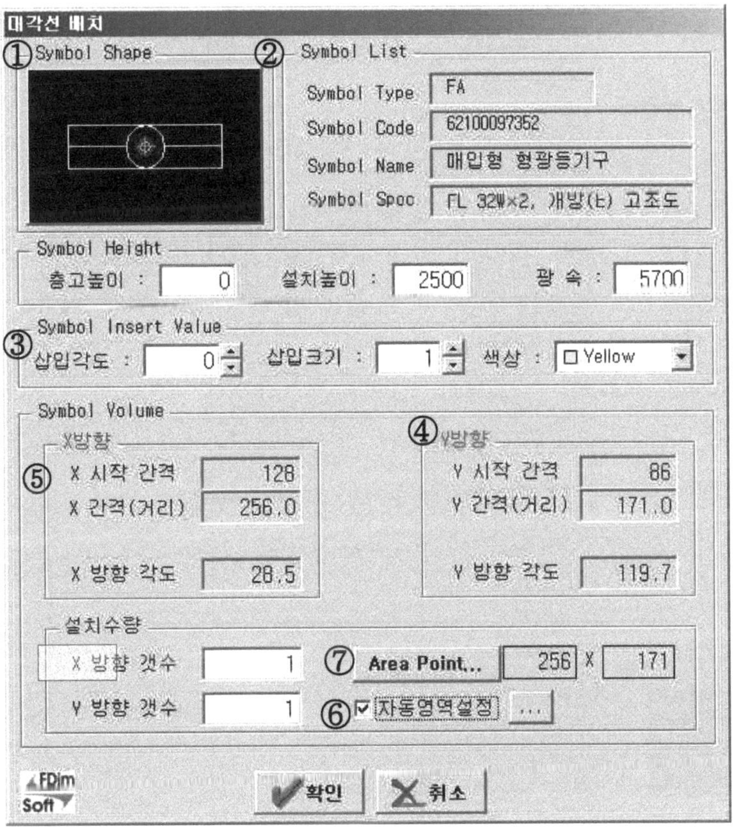


그림 13-31 대각선 배치

① & ② 심벌에 대한 기본값을 나타낸다.

③ 삽입각도 값을 선택한다.

④ X, Y방향에 대한 값을 입력하여 배치한다.

⑤ 배치할 수량을 입력한다.

⑥ 체크 시에는 수량을 기준으로 영역배치 형태로 심벌을 배치한다.

⑦ 대각선 배치를 연속으로 할 때 선택하여 사용한다.

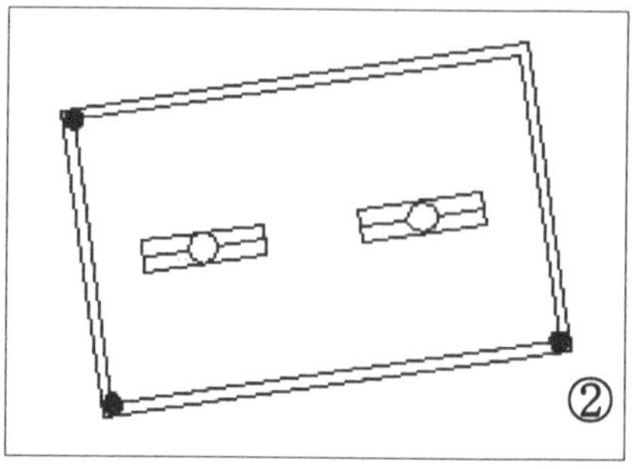


그림 13-32 대각선 배치 사용법

① 명령을실행한다.

② 첫 번째 지정을 선택한다 : 그림의 ①번 Click

③ X축 방향을 선택한다 : 그림의 ②번 Click

④ Y축 방향을 선택한다 : 그림의 ③번 Click

⑤ 삽입각도를 입력한다. (X방향의 각도 값을 입력한다.)

⑥ X방향 및 Y방향에 설치수량을 입력한다.

⑦ 자동영역을 체크하면 "영역배치" 형태로 배치된다.

### 13.8.6 선상배치

**명령 :** , ECadSymARCArray

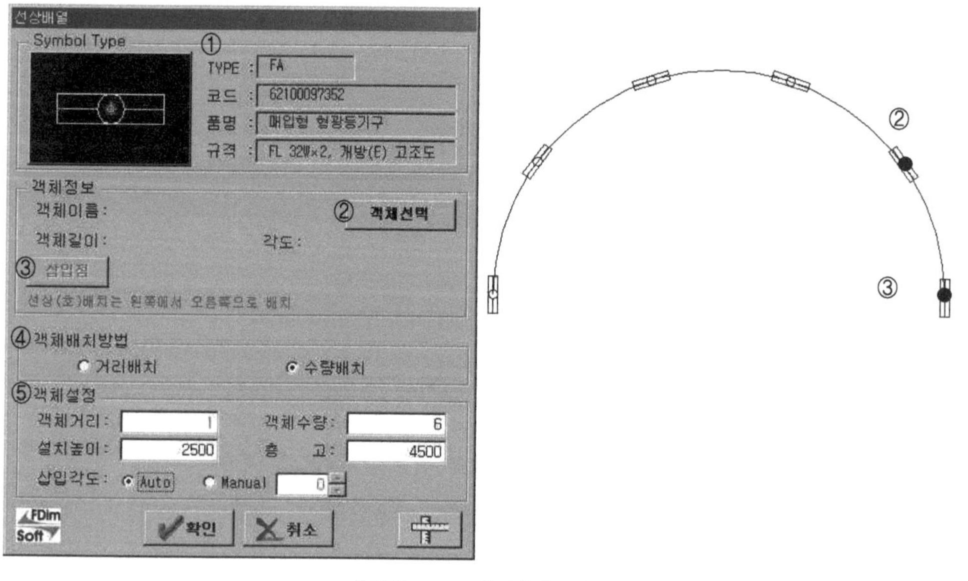


[그림 13-33] 선상 배치

※ 조명기구 범례집에서 배치할 심벌이 선택되어 있어야 한다

① 심벌에 대한 상세사항을 나타낸다.

② & ③ 심벌을 배치할 객체를 선택한 후 심벌이 설치될 삽입점을 선택한다.

④ 배치 방법을 선택한다.

- 거리배치 : 설치간격을 입력하여 심벌을 배치한다.
- 수량배치 : 수량을 입력하여 실벌을 배치한다.

⑤ 배치할 심벌에 대한 값을 입력한다.

### 13.8.7 원형배치

**명령 :** , ECadSymCircleArray

신벌을 원형으로 배치할 때 시용힌다.

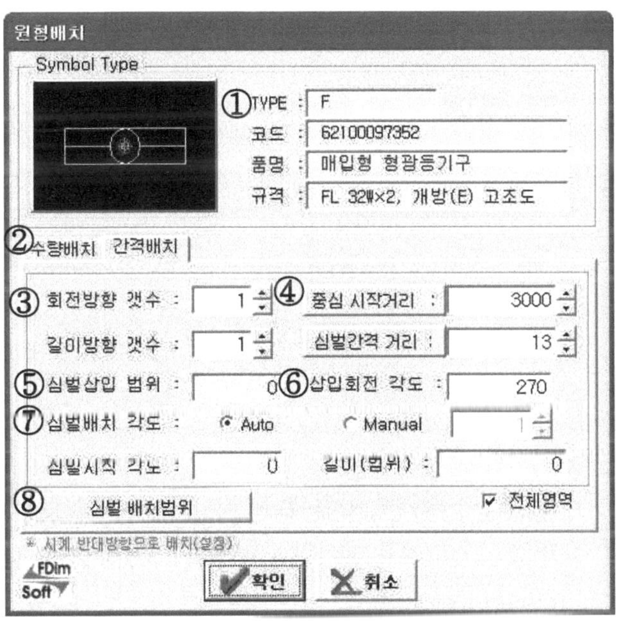


그림 13-34 원형 배치

① 심벌의 기본값을 나타낸다.

② 심벌의 배치방법을 나타낸다. - 수량배치 및 간격배치 방법 참조

③ 심벌의 회전방향 및 길이방향의 수량을 설정한다.

④ 설치시 거리를 입력한다.

⑤ 심벌의 삽입범위를 설정한다.- 항의심벌배치범위및길이를이용한다.

⑥ 삽입 회전각도를 설정한다.- 항의심벌배치범위및길이를이용한다.
⑦ 심벌의 배치각도 및 시작각도를 설정한다.
⑧ 심벌의 항의삽입범위및항의삽입회전각도를입력할때사용한다.

### A. 수량배치

심벌을 수량으로 배치한다.

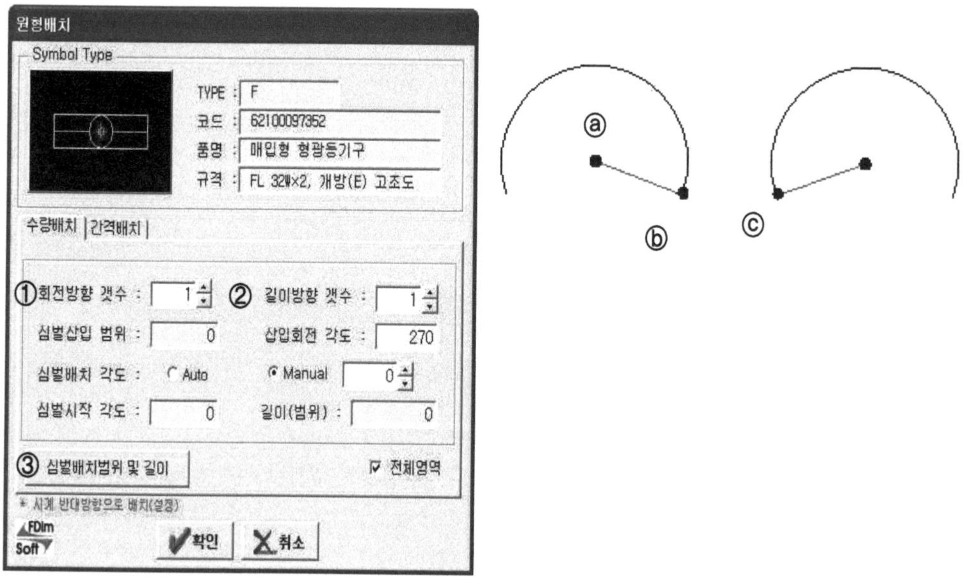


그림 13-35 수량 배치

① 회전 방향 개수를 입력한다.
② 길이 방향 개수를 입력한다.
③ 심벌시작 각도 및 길이를 선택하여 삽입 범위 및 회전 각도(끝점)를 입력한다.
ⓐ지점 Click (Osnap Center)후 ⓑ지점 Click (Osnap End)하고 마지막으로 ⓒ지점 Click (Osnap Center)한다.
입력이 완료되면 확인을 선택한다.

## B 간격배치

심벌을 길이방향으로 간격 배치한다.

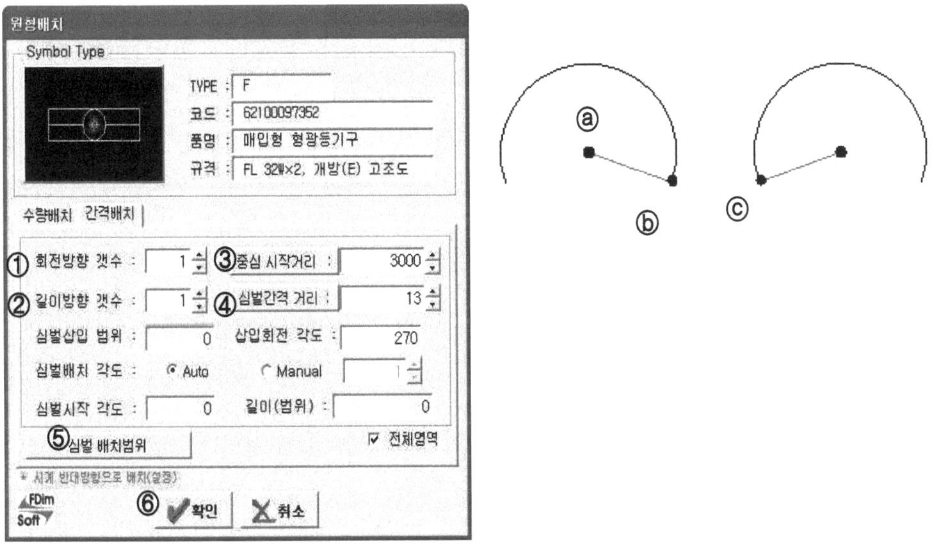


그림 13-36 간격 배치

① 회전방향 개수를 입력한다.

② 길이방향 개수를 입력한다.

③ 중심에서 길이 방향 첫 번째 심벌까지 거리를 입력한다.

④ 심벌의 길이 방향 간격을 입력한다.

⑤ 심벌시작 각도 및 길이를 선택하여 심벌 삽입 범위(시작점) 및 회전 각도(끝점)를 입력한다. - ⓐ Click(Osnap Center)후 ⓑ Click(Osnap End)하고 마지막으로 ⓒ Click(Osnap Center)한다.

⑥ 입력이 완료되었으면 확인을 선택한다.

※ **전체 영역**의 체크표시가 된 상태에서 심벌이 균등하게 배치되며 체크표시를 없에고 배치를 하면 심벌이 시작점부터 배치된다.

### 13.8.8 부분거리 배치

**명령** : , ECadSymDistInsert

거리 값을 입력하면서 심벌을 배치한다.

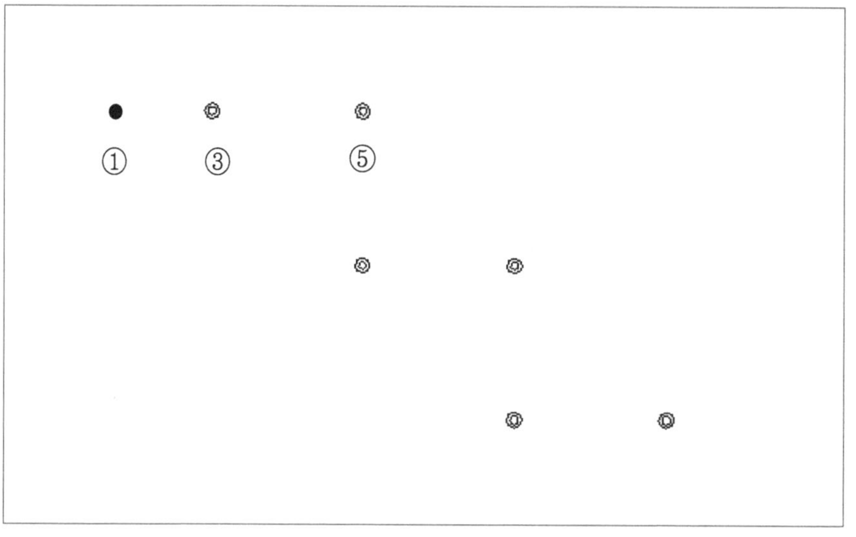


그림 13-37 부분거리 배치

① Start Point : 배치할 지점을 선택한다.
② Next Distance 〈1500.0〉 : 1000 입력후 엔터 - 배치 간격을 입력한다.
③ Next Point : 배치할 지점을 선택한다.
④ Next Distance 〈1000.0〉 : 엔터
⑤ Next Point : 배치할 지점을 선택한다.
⑥ Next Distance 〈1000.0〉 : 엔터
⑦ 나머지도 위와 같은 방법으로 배치를 완료한다.

## 13.8.9 거리 및 수량 배치

**명령 :** , ECadSymLineArray

거리 또는 수량을 입력하여 심벌을 배치한다.

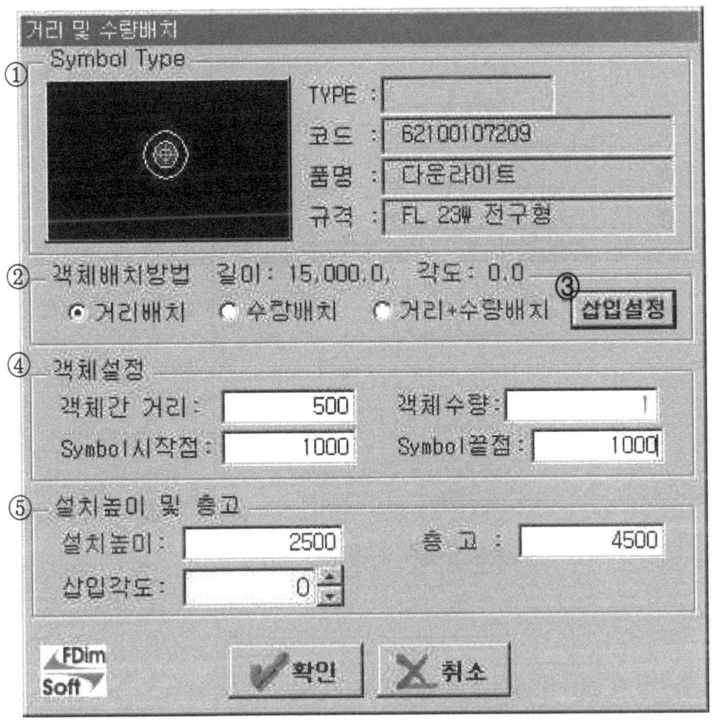


그림 13-38 거리 및 수량 배치 1

※ 배치할 심벌을 범례집에서 선택한 후 작업을 한다.

※ 3가지의 배치 방법을 A.B.C로 구분하였다

① 배치 심벌에 대한 내용을 보여준다.

② 배치 방법을 설정한다.

③ 배치하고자 하는 부분을 선택한다.

④ 심벌 배치 간격 및 수량을 입력한다.

⑤ 심벌의 설치 높이, 층고, 삽입각도를 설정한다.

**A. 거리배치 : 심벌간의 거리를 입력하여 배치한다.**

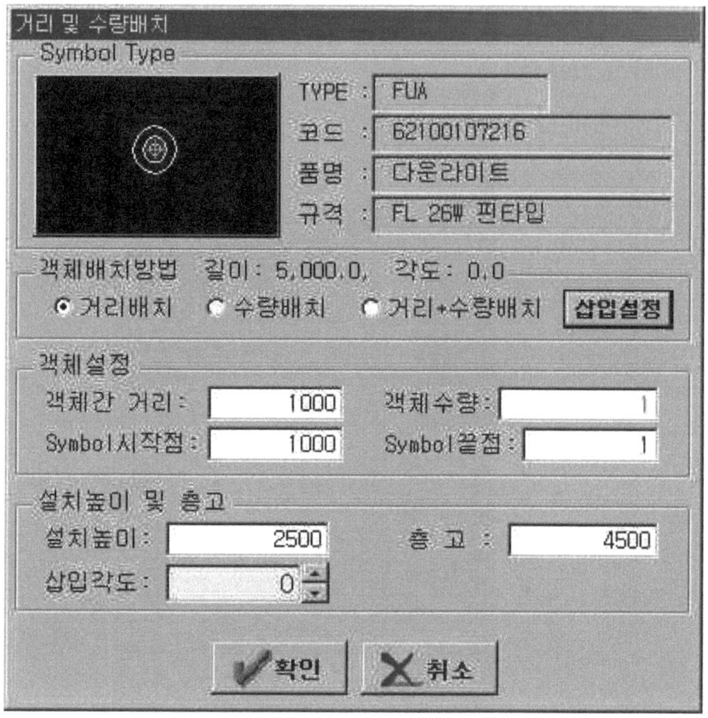


그림 13-39 거리 및 거리배치 2

① 명령을 실행한다.

② 거리배치를 선택 후 삽입설정을 선택한다.

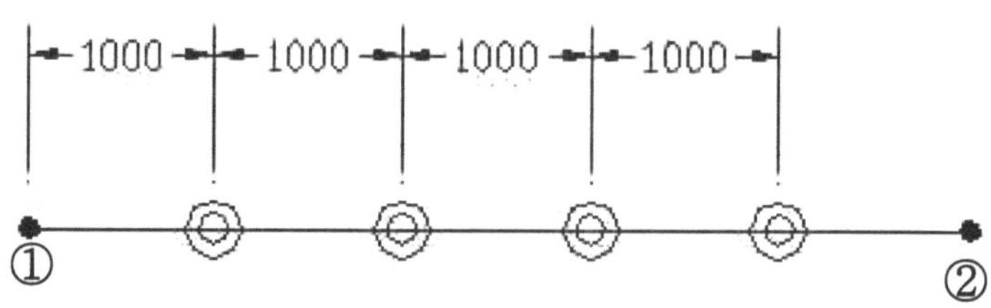


③ 시작점 ①번 Click 후 끝점 ②번 Click .

④ 객체간의 거리 및 심벌 시작점을 1000으로 입력 후 확인을 선택하면 배치가 완료된다.

**B. 수량배치 : 심벌의 수량을 입력하여 배치한다.**

그림 13-40 거리 및 거리배치 3

① 수량배치를 선택한다.

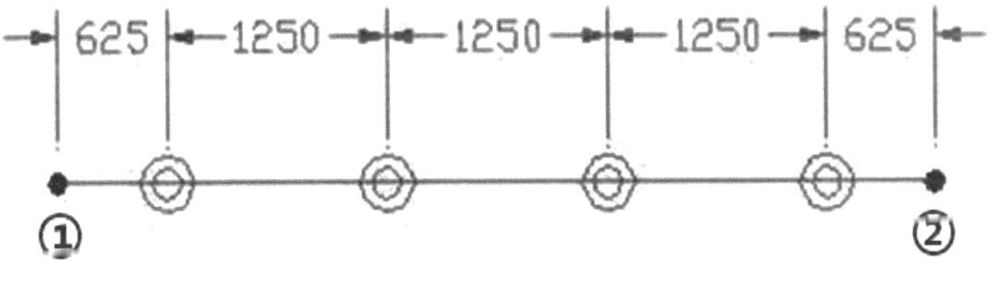


② 삽입 설정을 선택한 후 배치하고자 하는 지점 ①번 ②번 Click 한다.
③ & ④ 설치 수량을 입력한 후 확인을 하면 **균등하게** 심벌배치가 완료된다.

### C. 거리+수량배치

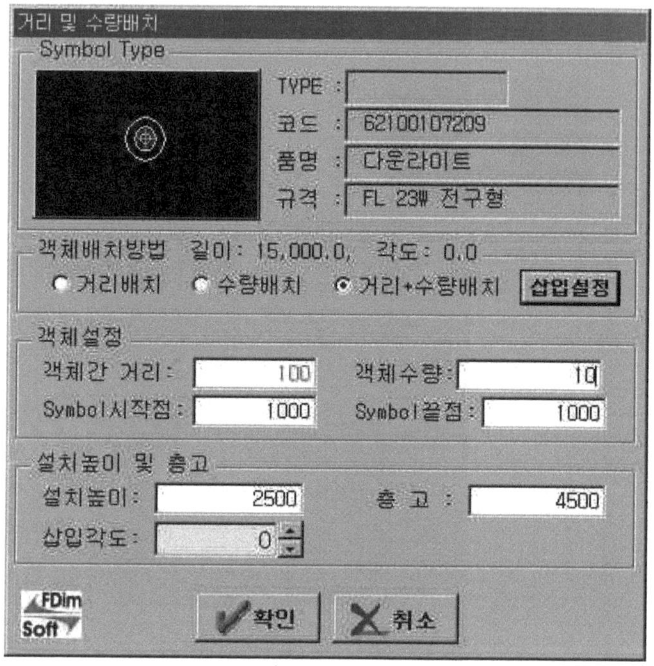


그림 13-41 거리 및 수량 배치 4

① 배치 방법 중 거리 + 수량배치를 선택한다.

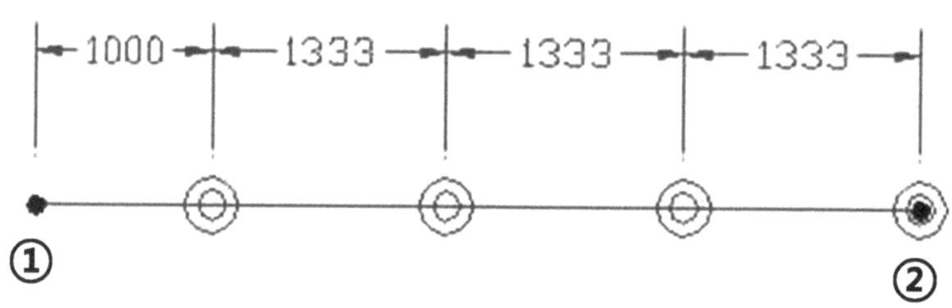


② **삽입설정**을 선택한 후 배치하고자 하는 지점 ①번 Click 후 ②번 Click 한다.

③ & ④ 설치수량(4개) 및 시작점(1000)을 입력 후 확인을 하면 심벌배치가 완료된다.

## 13.8.10 임의 배치 및 배선

**명령 :** , ECadOneSymWireCnt

심벌을 배치하면서 배관 및 배선을 동시에 작도한다.

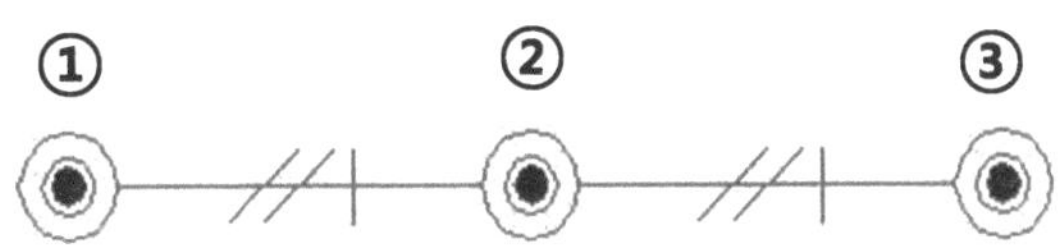

※ 심벌 범례집에서 배치할 심벌을 선택한다. (**삽입각도를 0 또는 90으로 한다.**)

※ 배선 범례집에서 사용할 배관 및 배선을 선택한다.

위와 같이 배치할 심벌 및 배관, 배선을 먼저 선택한 다음 작도한다.

① 심벌을배치할지점을선택한다: 1번 Click

② 다음 배치할 지점을 선택한다 : 2. 3번 Click

# 13.9 입상, 입하표시

**명령 :** , ECadPassInpOut

전선관 배관의 입상 및 입하 등을 표시할 때 사용한다.

① 배치할 심벌을 선택한다.

② 연결될 심벌과의 거리 값을 입력한다.
**(입상 또는 입하 중 한쪽 값을 입력)**

③ 삽입 각도 및 크기, 칼라를 설정한다.

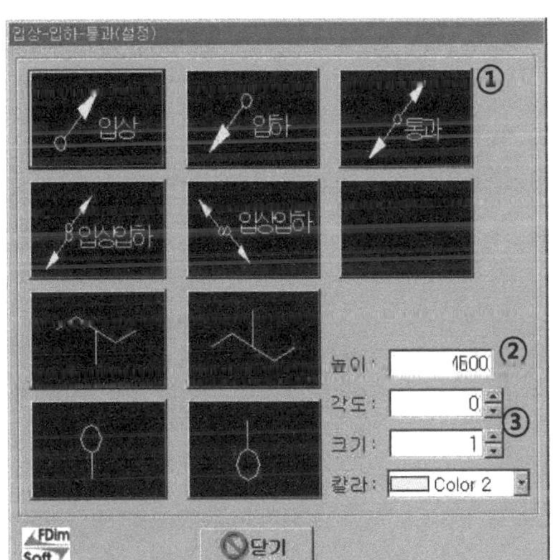


그림 13-43 전선관 입상 입하

## 13.10 심벌회전 - 90도

**명령 :**  , ECadSymRot90

심벌을 90도로 회전시킬 때 사용한다.

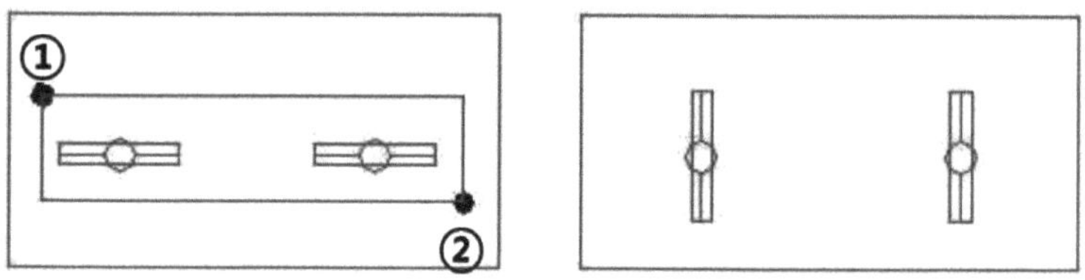

변경 전 변경 후

그림 13-44 심벌 회전

① 회전시킬 심벌을 선택한다. (그림의 ①번 Click 후 ②번 Click )

② 선택이 완료 되었으면 Enter

**※ 180도 및 270도 회전 명령도 위 명령과 동일하다.**

## 13.11 심벌회전 - 임의각도

**명령 :** , ECadSymRotManual

심벌을 사용자가 정한 임의 각도로 회전시킨다.

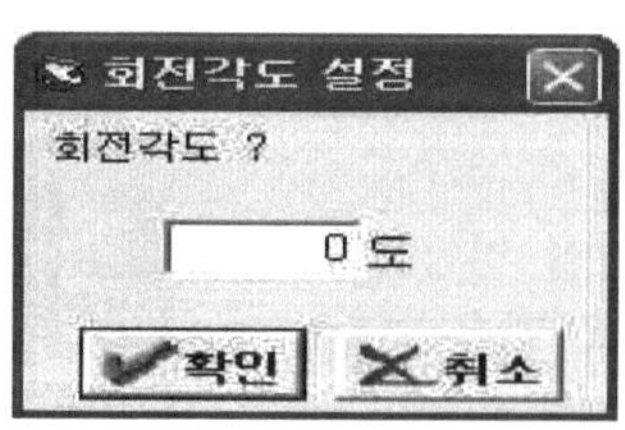


그림 13-45 회전각도 설정

① 회전각도를 입력한 후 확인을 한다.

② 회전시킬 심벌을 선택한 후 엔터를 하면 심벌이 회전한다.

# 13.12 심벌 기호 표시

**명령 :** 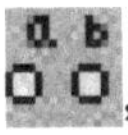, ECadSymSWTxtInt

심벌에 스위치 번호와 같은 기호를 표시할 때 사용한다.

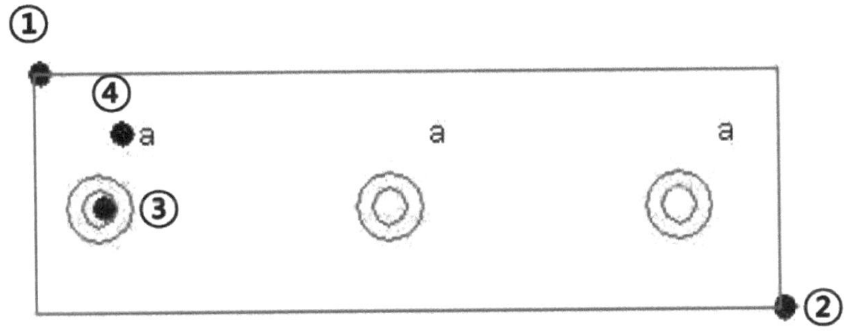


그림 13-46 심벌기호 표

① 기호를 입력할 심벌 그룹의 첫 번째 지점 : Click

② 두 번째 지점 : ② Click

③ 스위치 표시 문자를 입력한다. - a, b등의 기호를 입력한다.

④ 표시 할 심벌을 선택한다 : ③번 Click

⑤ 기호를 삽입할 위치를 지정한다 : ④번 Click

## 13.13 심벌교체

**명령 :** , ECadSymAlter

Block으로 만들어진 심벌을 교체할 때 사용한다.

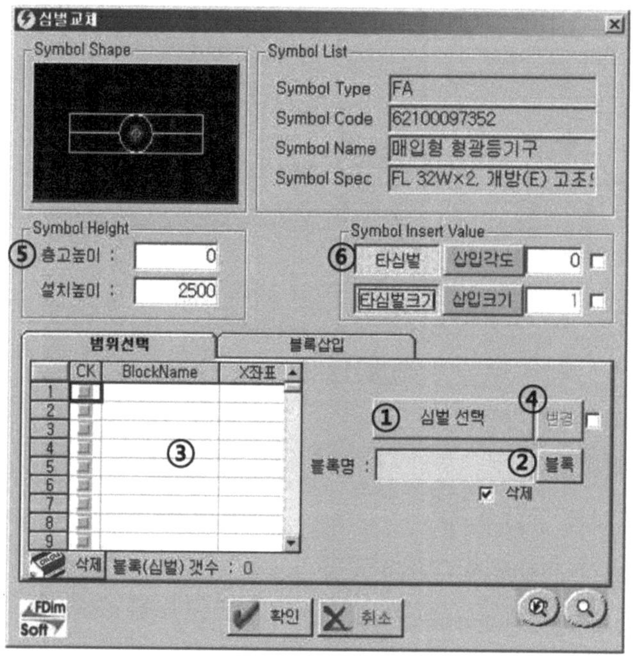


그림 13-47 심벌 교체

※ 심벌 범례집에서 교체할 심벌이 먼저 선택되어 있어야 한다.

① 교체할 심벌을 선택한다. - 작업도면에서 교체할 심벌을 선택후 엔터한다.

② 여러종류의 심벌중 심벌을 선택하여 교체할 때 사용한다.

③ 선택한 심벌의 블록명이 나타난다.

④ 교체할 심벌의 삽입점을 사용자화 하여 심벌을 교체할 때 사용한다.

⑤ 심벌의 높이값을 설정한다.

⑥ 교체할 심벌의 크기를 조정할 때 사용한다.

### 13.13.1 심벌을 일괄 교체하는 방법

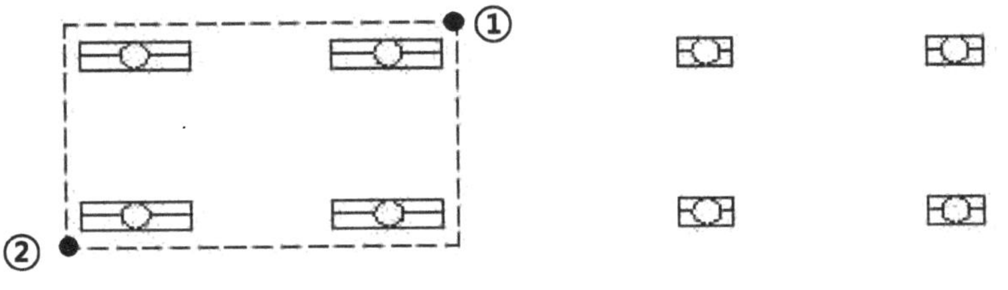

교체 전 교체 후

그림 13-48 심벌 일괄 교체

① 심벌선택 버턴을 [Click]

② 작업화면에서 교체할 심벌을 선택한 후 [Enter] - ① [Click] 후 ② [Click]

③ 확인을 선택하면 선택된 심벌이 교체된다.

### 13.13.2 심벌을 구분하여 교체하는 방법

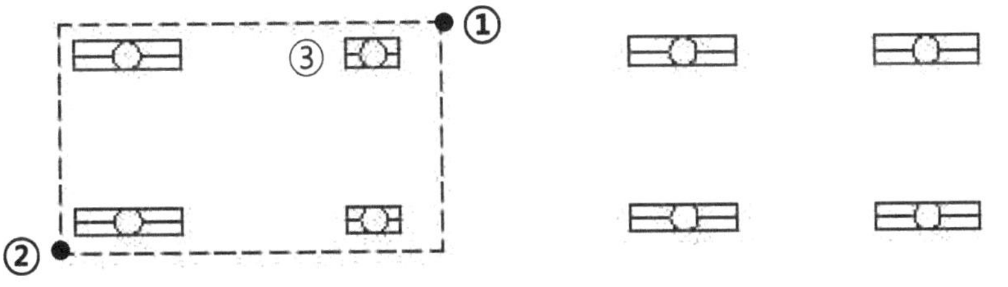

교체 전 교체 후

그림 13-49 심벌 구분 교체

① **심벌선택** 버턴을 [Click]

② 작업하면에서 교체할 심벌을 선택힌 후 [Enter] - ① [Click] 우 ② [Click]

③ **블록**을 선택하여 작업 도면에서 교체힌 심빌 그룹중에서 대표심벌 1개를 선덱한다. - ③ [Click]

④ **블록명**에 교체할 심벌의 블록명이 나타나면 확인을 선택한다.

### 13.13.3 삽입점이 서로 다른 심벌을 교체하는 방법

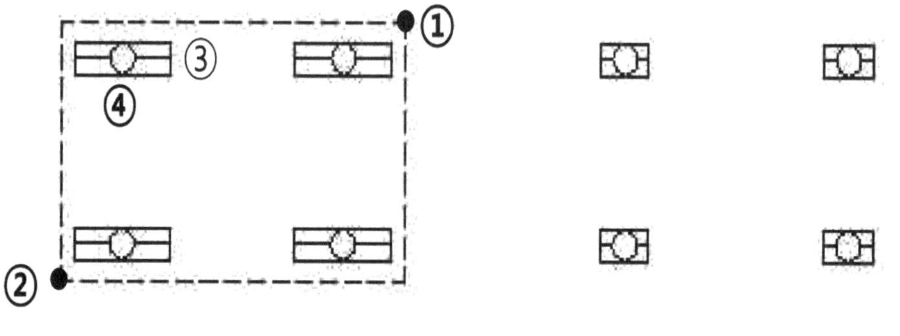


그림 13-50 삽입점이 다른 심벌교체

① **심벌선택** 버턴을 Click

② 작업화면에서 교체할 심벌을 선택한 후 Enter : ① Click 후 ② Click

③ 심벌 교체화면의 **변경** 옆 빈칸을 체크 한후 **변경** 버턴을 Click

④ 교체할 심벌중 대표 심벌을 선택한다. : ③ Click (선택된 심벌의 삽입점이 자동으로 선택된다.)

⑤ 선택한 심벌에 새로운 삽입점을 선택한다. : ④ Click

⑥ 확인을 선택한다.

# 13.14 단일 객체→ 블록으로 교체

**명령 :** 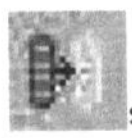, ECadASymToESym

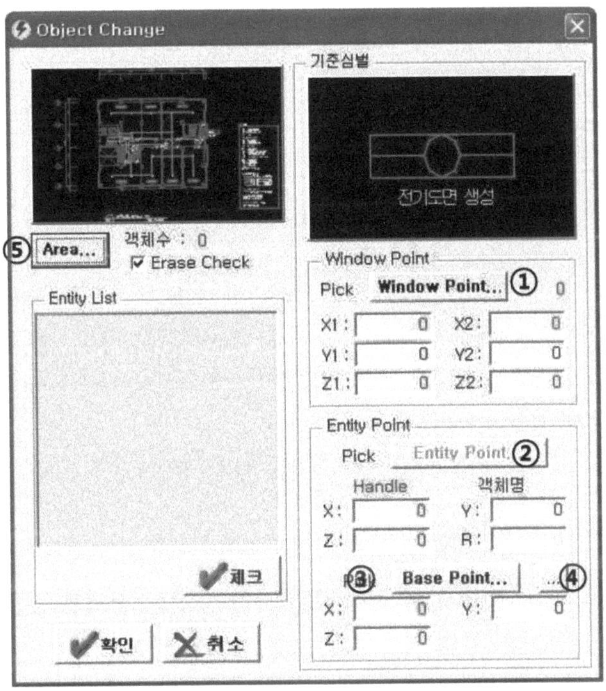


그림 13-51 객체 변경

① 교체할 객체를 선택한다.

② 심벌의 객체 중 대표적인 객체를 선택한다. (Circle이 가장 좋음)

③ 심벌의 삽입점을 선택한다.

④ 버튼을 선택하게 되면 삽입점이 Center일 때는 ③번 삽입점을 선택하지 않아도 삽입점이 선택된다.

⑤ 심벌을 교체할 영역을 선택한다.

※ 사용방법은 아래 형광등을 다운라이트등으로 변경하는 법을 참조한다.

※ 단일 객체를 블록으로 교체 방법 (형광등을 다운라이트 등으로 변경)

13. E-CAD 심벌

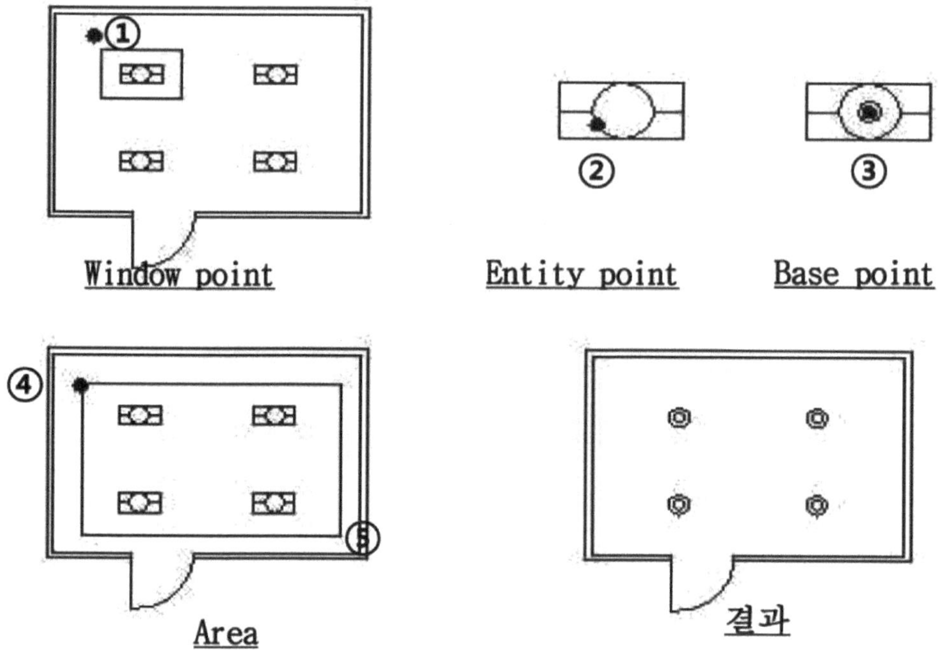


그림 5-52 단일객체를 블록으로 변경

① 교체할 심벌 중 1개를 선택한다.

② 선택된 심벌의 객체 중에서 단독 특징을 가진 객체를 선택한다.(circle 형태를 선택)

③ 심벌의 삽입 기준점을 선택한다. (osnap을 이용한다.)

④ & ⑤ 교체할 대상 전체를 선택한 후 확인하면 심벌이 교체된다.

# 13.15 심벌규격 교체

**명령 :** , ECadSymSpecChange

록명(이름)이 같은 심벌의 규격을 바꿀 때 사용한다.

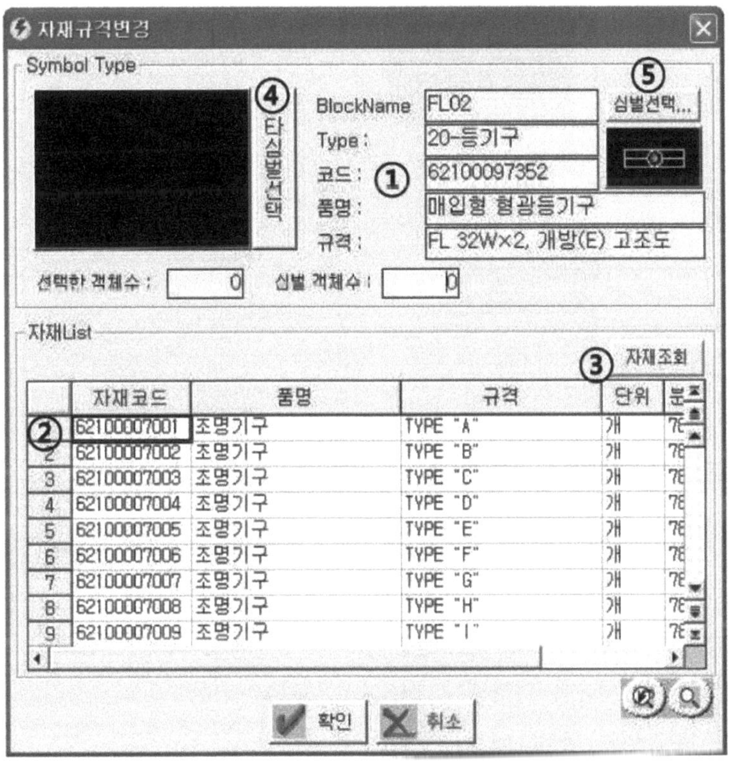


그림 13-53 자재규격 변경

※ 명령을 실행한 후 교체할 심벌 중 한 개를 선택한다.

① 선택된 심벌의 내용이 표시된다.

② 격을 바꿀 항목을 선택한다. - 선택한 심벌만을 교체할 때는 확인을 선택한다.

③ 자재가 없을 때는 자재조회를 이용하여 자재를 찾아서 교체한다.

④ 교체를 원하는 심벌 전체를 선택한다. - 범위를 지정하여 교체할 경우계속해서 다른 심벌을 교체를 할 경우 **심벌선택**을 선택 한 후 ①~⑤사이의 단계를 재 실행한다.

## 13.16 심벌 Utility

**명령 :** , ECadSymEdit

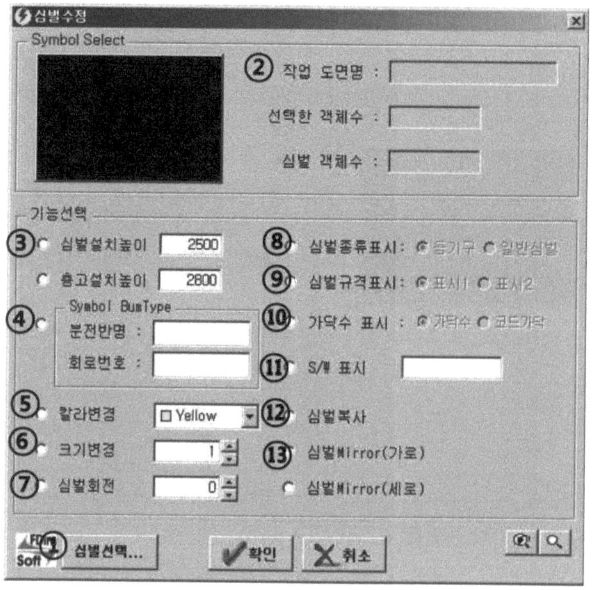


그림 13-54 심벌 수정

① 정할 대상을 선택한 후 아래 사항을 참조하여 선택한 후 확인한다.

② 선택된 심벌의 내용을 나타낸다

③ 심벌의 설치 높이 및 실(room)의 높이를 변경한다.

④ 분전반명과 회로번호를 변경한다.

⑤ 심벌의 색상 값을 변경한다.

⑥ 심벌크기를 확대 또는 축소 값을 설정한다.

⑦ 심벌 회전 각도를 설정한다.

⑧ 심벌의 종류 표시를 설정한다.

⑨ 심벌의 범례표시를 한다.

⑩ 심벌의 가닥수를 설정한다.

⑪ 심벌 기호 표시 값을 설정한다.

⑫ 심벌을 복사한다.

⑬ 심벌의 대칭(mirror)를 설정한다. - (가로, 세로)

14

CHAPTER

# E-CAD 배선

14.1 배선 범례집
14.2 배선 범례집 장성
14.3 배선방법
14.4 배선 가닥수 교체
14.5 배선 Utility
14.6 배선 데이터 - ON
14.7 배선 데이터 - OFF
14.8 배선 가닥 ON
14.9 배선 가닥 OFF

## 14.1 배선 범례집

**명령 :** , ECadWireBum

배관, 배선규격을 선택한 후 배선방법을 설정하여 도면을 그린다.

그림 14-1 전선 및 전선관 범례집

① 작업할 공종을 선택한다. - 공종은 범례집 설정에서 사용자화 할 수 있다.

② 배관 방법 및 배관, 배선자재를 선택한다.

③ 배선방법을 선택하여 배선을 한다. - 배선 방법 상세 설명 참조

④ 분전반 및 회로명을 입력한다. - 데이터 분류 때 하므로 생략해도 됨

# 14.2 배선 범례집 작성

**명령 :** , Ecadwirecreate

배선 범례집에 사용할 배관, 배선이 없어 새로 만들 때 사용한다.

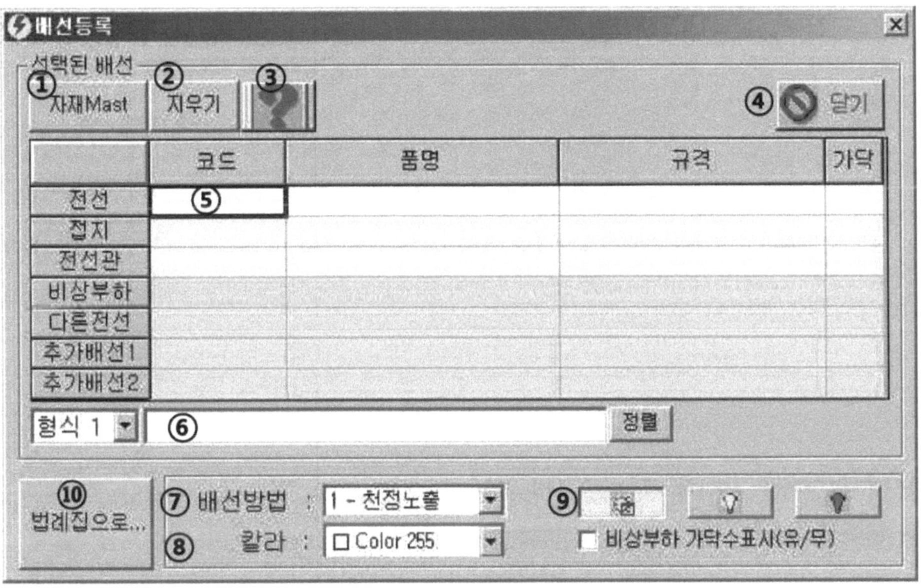


그림 14-2 배선 등록

① 자재 Master를 선택하여 자재를 등록한다.(자재 Master를 이용한 자재 등록법 참조)

② 등록된 전선 및 전선관을 삭제한다.

③ 전선관 굵기표를 참고하여 범례집을 만들 수 있다.

④ 화면을 닫는다.

⑤ 등록할 전선 및 전선관의 해당항목을 선택한다. - 항목을 더블클릭해도 자재마스터 창이 열린다.

⑥ 배관, 배선을 약식으로 표현할 때 사용(주기의 체크를 없애면 직접입력이 가능하다)

⑦ 배선방법을 선택한다. (천정노출, 천정은폐, 바닥노출, 바닥은폐)

⑧ 배관 및 배선에 대한 색상을 선택한다.

⑨ 전선 가닥수 표시 여부를 선택한다.

⑩ 자재설정이 완료되면 범례집으로 보낸다.(전선,전선관 범례집 등록참조)

### 14.2.1 자재 Master를 이용한 자재 등록법

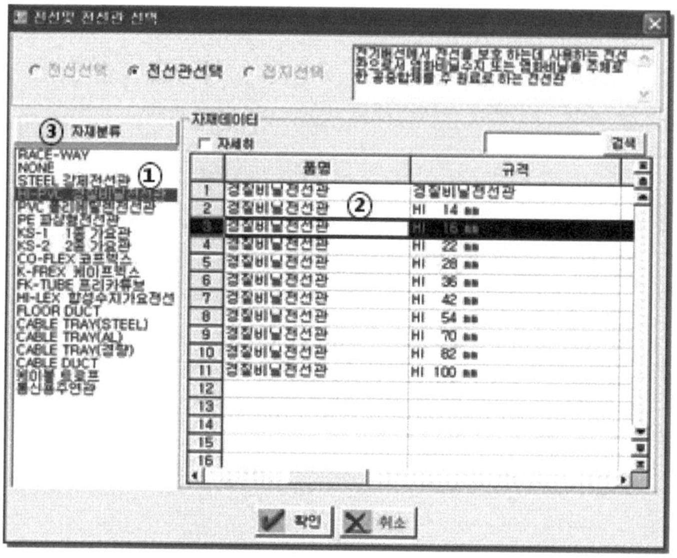

그림 14-3 전선 및 전선관 선택

① 자재 항목을 선택한 후 더블클릭 한다.

② 해당자재를 선택 후 **확인**을 선택하면 자재가 등록 된다.

③ 찾는 자재가 항목에 없는 때는 **자재분류**를 선택하여 등록한다.

### 14.2.2 전선, 전선관 범례집 등록

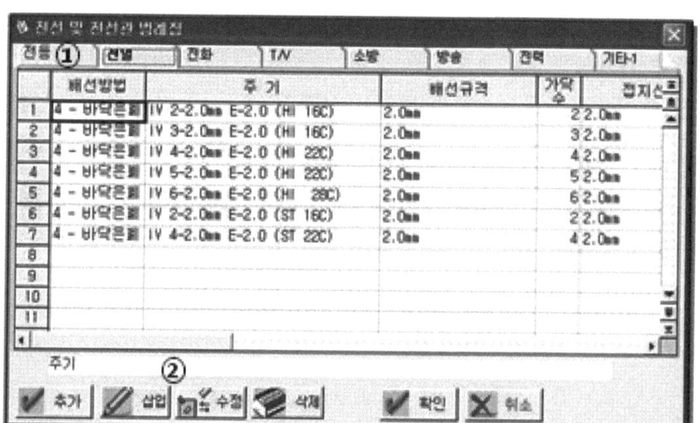

그림 14-4 전선 및 전선관 범례집 1

① 자재를 등록할 분류를 선택한다. - (전등, 전열, 전화 등등)

② 아래 방법을 이용하여 등록한다.

- 추가 - 맨 아래쪽에 등록
- 삽입 - 선택된 자재 위에 등록
- 수정 - 선택된 자재를 덮어 씌운다.
- 삭제 - 선택된 자재를 삭제

## 14.2.3 전선 및 전선관 범례집 화면에서 약식으로 수정방법

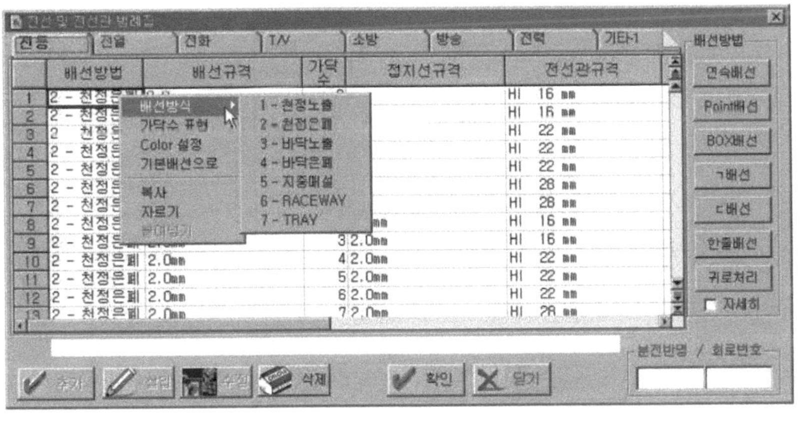

그림 14-5 전선 및 전선관 범례집 2

① 이미 등록된 항목에 대하여 공사방법, 가닥수 표현, 색상 등을 바꾼다.

② 수정할 항목을 선택한 후 마우스 우측을 선택한다.

③ 수정 세부사항은 아래 내용을 참고한다.

- 배선방식 : 천정노출, 바다은폐, 지중매설 등
- 가닥수 표현 : 일반배선은 3가닥부터 도면에 가닥수를 표현 함
- Color 설정 : 색상을 변경할 때 사용
- 기본배선으로 한다.
- 복사, 자르기, 붙여 넣기 : 선택한 자재를 수정하여 사용할 때 사용

# 14.3 배선방법

## 14.3.1 배선 Point 지정

**명령 :** , ECadWirePntAuto

심벌에 대한 배관 및 배선의 위치를 자동 또는 수동으로 설정한다.

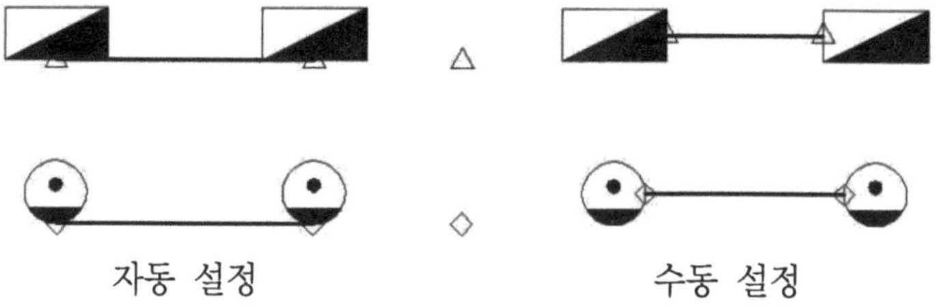


그림 14-6 배선 포인트 지정

※ 자동설정 : 심벌의 삽입점을 기준으로 배선이 된다.
수동설정 : 사용자가 선택한 곳에 배선이 된다.

※ 벽에 설치하는 심벌은 수동으로 설정후 배선한다. - 콘센트, 전화, TV, 벽 브라켓 등기구 등

## 14.3.2 수평배선

**명령 :** , ECadWireFBoxLeft

수평방향으로 배선할 때 사용한다.

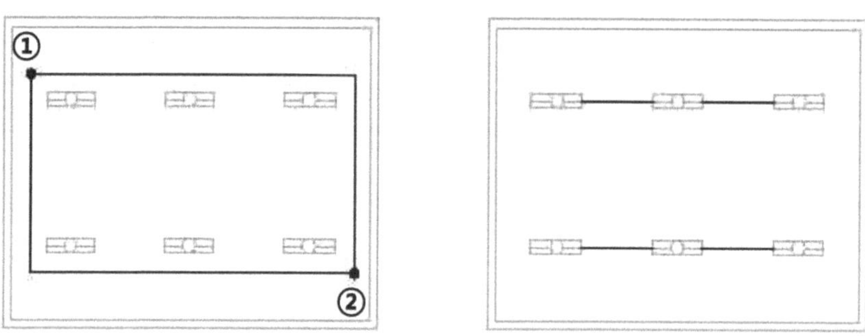


그림 14-7 수평배선

①번 [Click]후 ②번 지점을 [Click]하면 수평으로 배선된

### 14.3.3 수직배선

**명령** : , ECadWireFBoxTop

수직방향으로 배선할 때 사용한다.

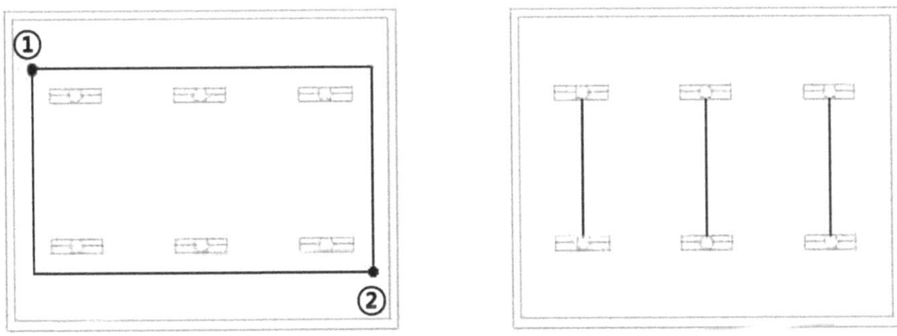


그림 14-8 수직배선

① 번 Click 후 ②번 지점을 Click 하면 수직으로 배선이 된다.

### 14.3.4 연속배선

**명령** : , ECadWireFConti

심벌간의 배선을 연속으로 할 때 사용한다.

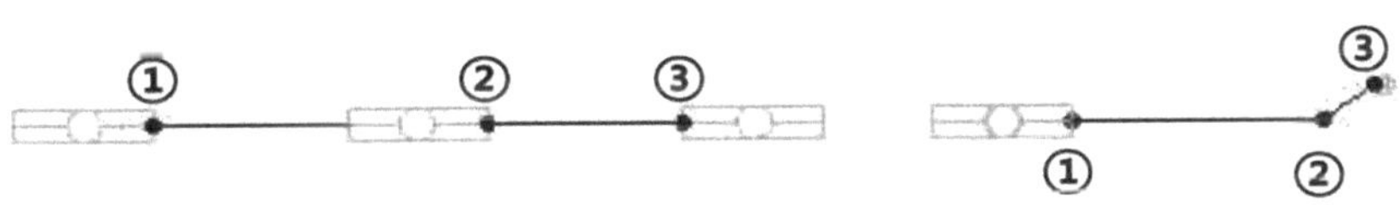


그림 14-9 연속배선

※ 시작점 번 Click 한 후 연속해서 ,번 순서로 Click 하면 배선이 안료된다.

※ 벽에 배시된 심벌은 배선 Point**지정**을 **수동**으로 한 후 배선한다.

## 14.3.5 레이스 웨이 (Raceway) 배관

**명령 :** , ECadWireRway

레이스 웨이(Raceway)배관 표시를 할 때 사용한다.

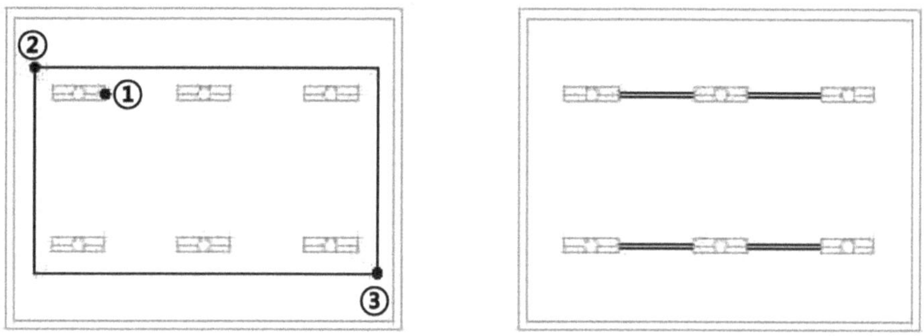


그림 14-10 레이스 웨이 배관

① 배관할 방향을 선택한다. : ①번

② 배관할 영역을 ②번 Click 후 ③번 Click

## 14.3.6 'ㄱ'배선

**명령 :** , ECadWireFVertical

'ㄱ' 또는 'ㄴ' 형태의 배선을 할 때 사용한다.

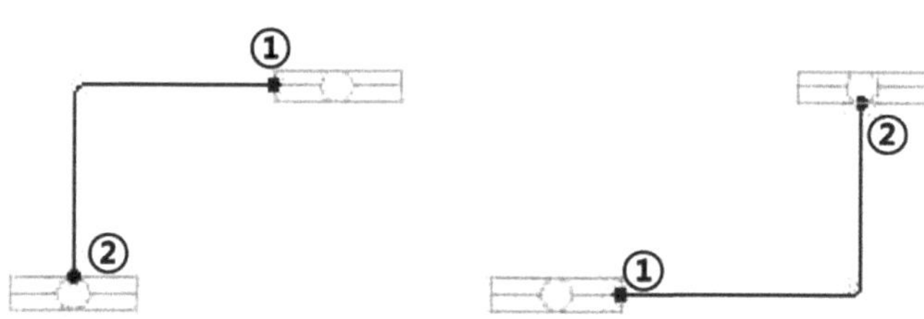


그림 14-11 'ㄱ' 배선

- 수평배선의 선상에 있는 심벌의 ① Click 한 다음 수직배선 선상에 있는 심벌의 ② 쪽 Click 한다.
- 연속해서 "ㄱ"배선을 할 경우는 명령을 종료하지 않고 계속 배선을 하면 된다.

## 14.3.7 'ㄷ'배선

**명령 :** , ECadWireFDLine

형태로 배선을 할 경우에 사용한다.

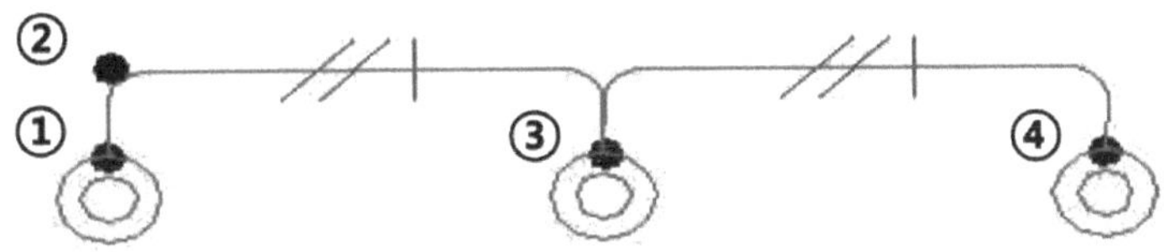


그림 14-12 'ㄷ' 배선

① 시작 심벌을 선택한다. : ①번 Click

② 'ㄷ'형태의 배선방향을 선택한다. : ②번 Click

③ & ④심벌을 연속해서 선택하면 'ㄷ'모양 배선이 그려진다.

## 14.3.8 귀로 처리

**명령 :** , ECadWireFShort

분전반, 전화단자함 등의 귀로처리 표시할 때 사용한다.

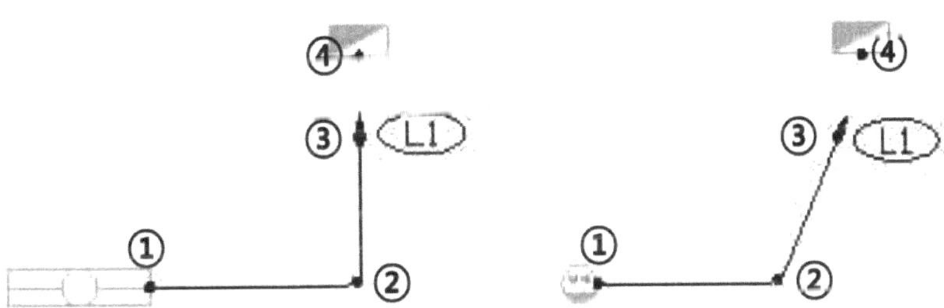


그림 14-13 귀로 처리

① ①②③번호 순서대로 선택한다. Enter

② ④ 분전반을 선택한 후 명령 창에 회로 번호(L1, R1등등)를 입력한 후 Enter 2회로인 경우는 두번째 회로번호 입력 후 Enter

※ 분전반을 선택하기 직전 점에 귀로표시(화살표)가 생긴다.

## 14.3.9 "무" 배선

**명령 :** , ECadWireNone

심벌과 심벌이 아닌 객체사이에 배선할 때 사용한다.

그림 14-14 "무" 배선

① 시작 심벌을 선택한다. : ①번 Click

② 심벌이 아닌 객체 ②번 Click 후 Enter

③ 높이 설정 입력 창에 배관의 설치 높이를 입력한 후 확인을 선택한다.

# 14.4 배선 가닥수 교체

**명령 :** , ECadWireEaChange

전선의 가닥수를 교체할 때 사용한다.

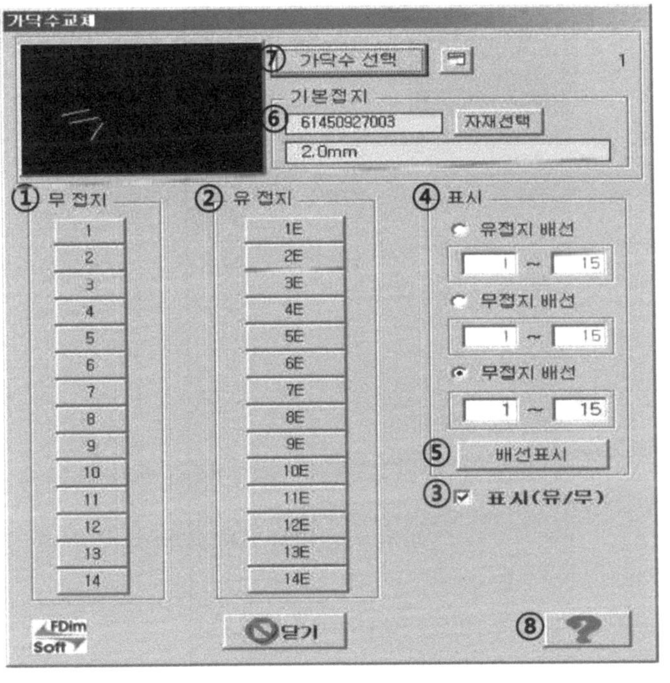


그림 14-15 가닥수 교체

※ 명령을 실행 후 교체할 전선 가닥수를 선택히면 위와 같은 화면이 나타난다..

① & ②무접지 (접지가 없는 경우) 또는 유접지(접지가 있는 경우) 중에서 해당가닥수를 선택하면 교체된다.

③ 체크표시를 없으면 가닥수 표시가 되지않는다.

④ & ⑤도면에 가닥수 표시를 없앤 경우 다시 나타나게 하다

⑥ 섭지를 바꿀 경우 자재선택을 하여 교체할 수 있다.

⑦ 가닥수 교체를 연속해서 할 때 가닥수 선택을 이용한다.

⑧ 전선에 대한 전선관 굵기 선정을 참조한다.

## 14.5 배선 Utility

**명령 :** , ECadWireLineEdit

배선에 대한 각종 데이터를 수정 또는 표시할 때 사용한다.

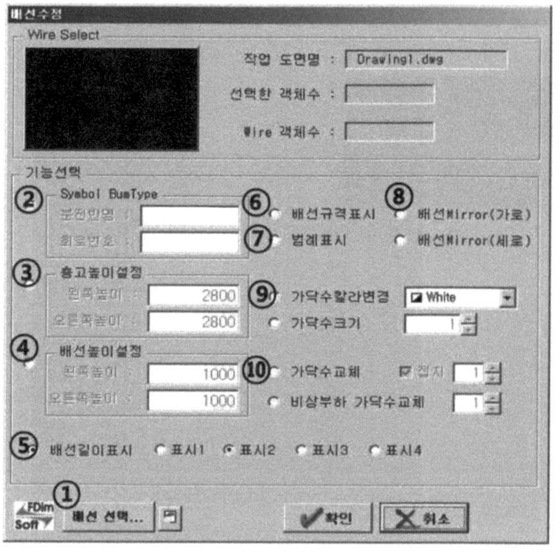

그림 14-16 배선 수정

① 작업할 기능을 선택한 후 전선 가닥수를 선택한다.

② 분전반 이름 및 회로번호를 수정한다.

③ 층고를 수정한다.

④ 전선관 설치높이를 수정한다.

⑤ 배선길이 표시 : 심벌간의 길이 값을 표시한다.

- 표시1 : 심벌간의 전체길이를 나열하여 보여준다
- 표시2 : 실제 배관만의 길이를 보여준다 (실제 적용)
- 표시3 : 심벌간의 최단거리 값을 보여준다.
- 표시4 : 후렉시블을 포함한 길이 값을 보여준다.

⑥ 배선의 규격을 표시한다.

⑦ 전선 및 전선의 내용 표시 : 예) Ⅳ 2-2.0mm E-2.0(HI 16C)

⑧ 가닥수를 대칭복사(mirror)한다.

⑨ 색상 및 가닥수 크기를 변경한다.

⑩ 가닥수를 교체한다.

## 14.6 배선 데이터 - ON

명령 : , ECadWireOn

OFF 시킨 배선 가닥을 " □ "형태의 데이터로 표시한다.

## 14.7 배선 데이터 - OFF

명령 : 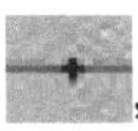, ECadWireOff

" □ "형태의 배선 데이터를 안 보이게 한다.

## 14.8 배선 가닥 ON

명령 : ECadWireShowOn

- 보이지 않는 전선 가닥수 표시를 보이게 한다.
- 가닥수 표시를 보이게 할 영역을 선택한 후 엔터를 치면 OFF된 배선 가닥 표시가 나타난다.

## 14.9 배선 가닥 OFF

명령 : ECadWireShowOff

- 표시된 전선 가닥수를 보이자 않도록 한다.(OFF)
- OFF할 영역을 선택후 엔터를 치면 표시된 가닥수가 없어진다(가닥수 표시를 삭제한 게 아니고 안보이게 하는 것이며 가닥수 자리에 "•" 형태로 데이터가 표시된다.).

15

CHAPTER

# E-CAD 물량산출

15.1 데이터 분류

15.2 데이터 내보내기(BOM)

15.3 물량산출

15.4 물량체크 표시 삭제

15.5 심벌데이터 변경

15.6 규격표시

15.7 기구 Type 별 산출

15.8 범례집 그리기

15.9 그룹 만들기

# 15.1 데이터 분류

**명령 :** , EcadBomCheck

견적서 및 계산서를 작성하기 위하여 회로별로 데이터를 분류한다.

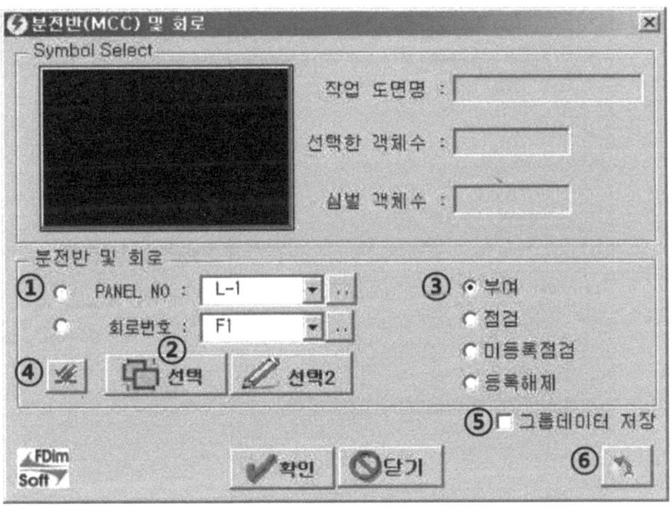


그림 15-1 분전반 및 회로

① Panel 또는 단자함의 이름 및 회로번호를 설정 - 미리 저장해 놓고 사용가능하다.

② 객체를 선택한다. - 선택2를 이용하면 부분 선택도 할 수 있다.

③ 작업할 방법을 선택한다. - 기본값은 회로부여이다.

- 부여 : 도면에 작성된 심벌들을 회로별로 선택하여 회로부여를 한다.
- 점검 : 회로부여된 심벌들을 회로별로 다시 찾을 때 사용한다.
- 미등록 점검 : 도면전체를 선택하면 누락된 심벌에 "√" 체크표시가 나타난다. 이때 "√" 체크 표시된 심벌만 회로부여를 다시 하면 된다.

④ 등록해제 : 부여된 회로번호를 초기화 한다.

⑤ 회로부여 후 표시된 "√" 체크표시를 삭제할 때 사용한다.(체크 표시의 해제는  물량 체크 표시 삭제를 이용해도 된다.

⑥ "√"를 하면 그룹만들기 기능에 부여된 회로가 등록된다.

⑦ 그룹만들기 기능 화면으로 바로 간다. - 그룹만들기 기능 참조

## 15.2 데이터 내보내기(BOM)

**명령 :** , ECadDwgDataOutput

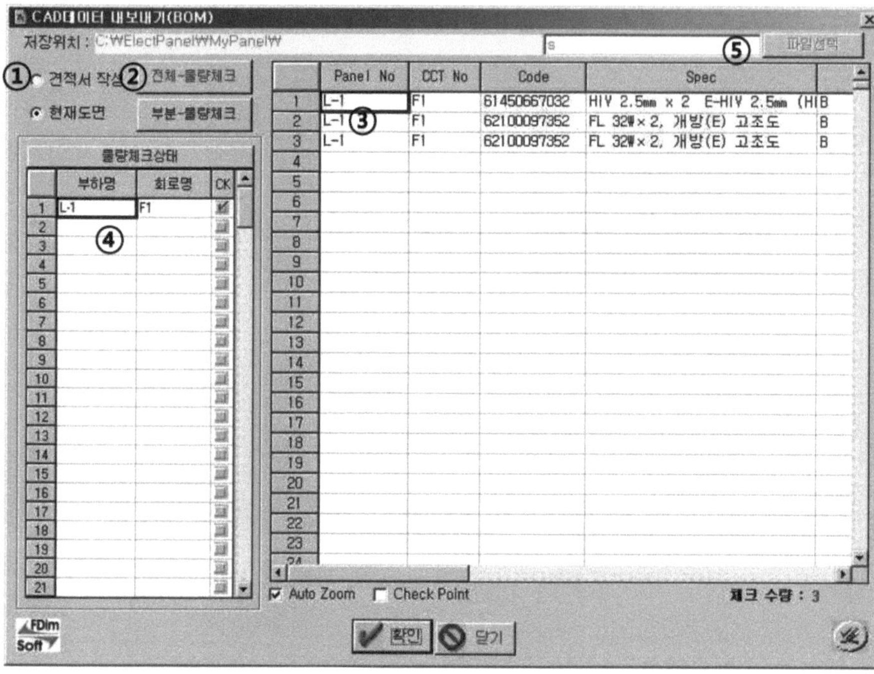

그림 15-2 데이터 내보내기

① 견적서 및 현재도면에서 볼 수 있는 데이터로 만든다.

- 견적서 : 외부 견적프로그램을 이용하여 공사금액을 산출한다.
- 현재도면 : 현 도면에서 작성된 물량을 볼 때 사용한다.

② 회로 부여된 데이터를 전체 또는 부분으로 나타낸다.

③ 작성된 데이터를 보여주며 분전반 및 회로번호가 없는 항목은 데이터 분류를 다시 해야한다.

④ Panel 및 회로별로 구분하여 데이터를 저장하여, 견적서에서 사용할 때 사용하며 "√" 체크(CK) 표시를 한 회로만 저장이 된다. - 견적서작성만해당

- 주로 같은 도면에 그려진 데이터를 분류하여 견적서에서 등록할 때 사용

⑤ 현재 도면이름으로 저장되며 수정도 할 수 있고, 파일선택을 하여 다른 폴더에도 저장을 할 수 있다.

⑥ 파일명을 입력 후 확인을 선택하면 "oo.CWG"로 저장이 된다.

# 15.3 물량산출

데이터 내보내기의 "현재도면"만 적용 됨.

## 15.3.1 산출조서

**명령 :** ![icon], ECadBomOutputList

산출된 수량 및 길이 값을 세분화해서 회로 별로 나타낸다.

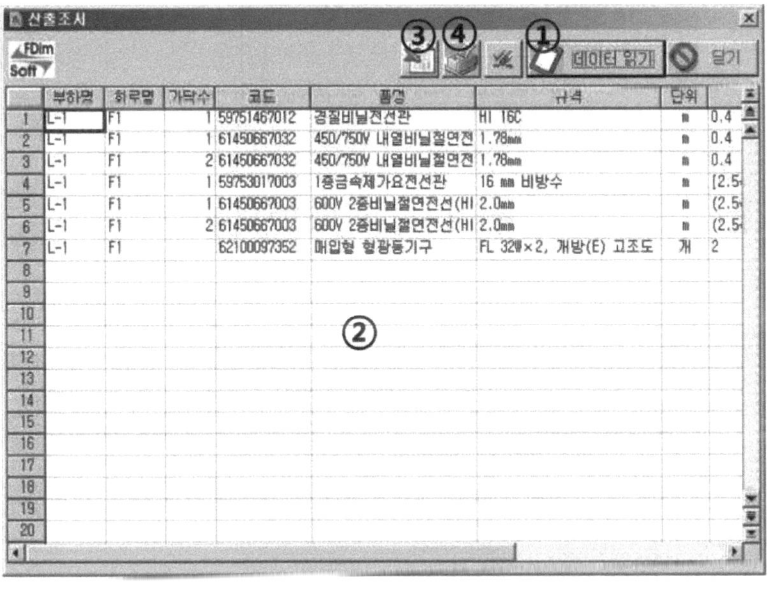


그림 15-3 산출조서

① **데이터 읽기**를 선택하면 작성된 데이터를 불러온다.

② 도면에서 산출된 자재에 대한 수량 및 길이 값이 나타난다.

③ 산출소서를 Excel로 전환하여 사용할 때 사용할 수 있다.

④ 산출조서를 인쇄한다.

⑤ Check point를 삭제한다.

## 15.3.2 물량집계 (회로별)

도면에서 산출된 자재의 판넬별 및 회로별 집계 현황을 나타낸다.

**명령 :** , ECadBomAreaList

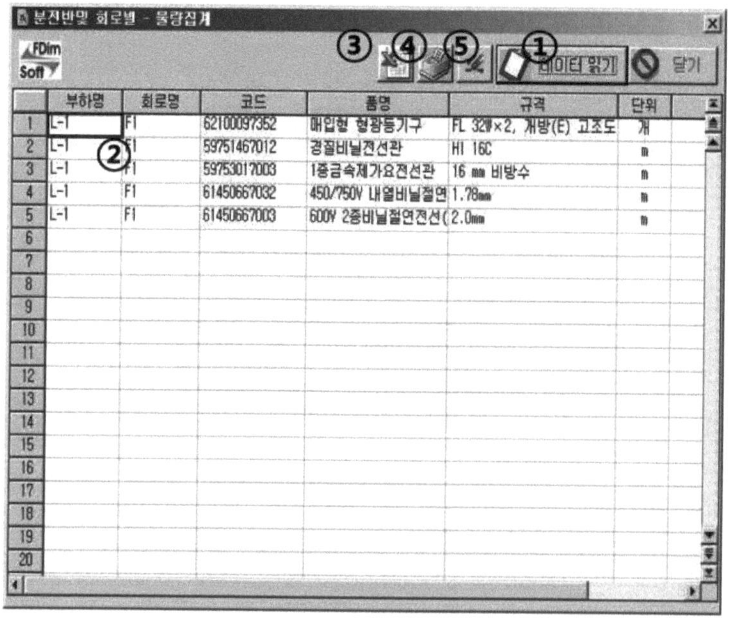


그림 15-4 회로별 물량집계

① 작성된 데이터를 불러온다.

② 작성된 물량집계가 나타난다.

③ Excel로 전환할 수 있다.

④ 물량집계를 인쇄한다.

⑤ Check point를 삭제한다.

### 15.3.3 물량집계(전체)

도면에서 산출된 자재의 전체 집계를 나타낸다.

**명령 :** , ECadBomALLOutList

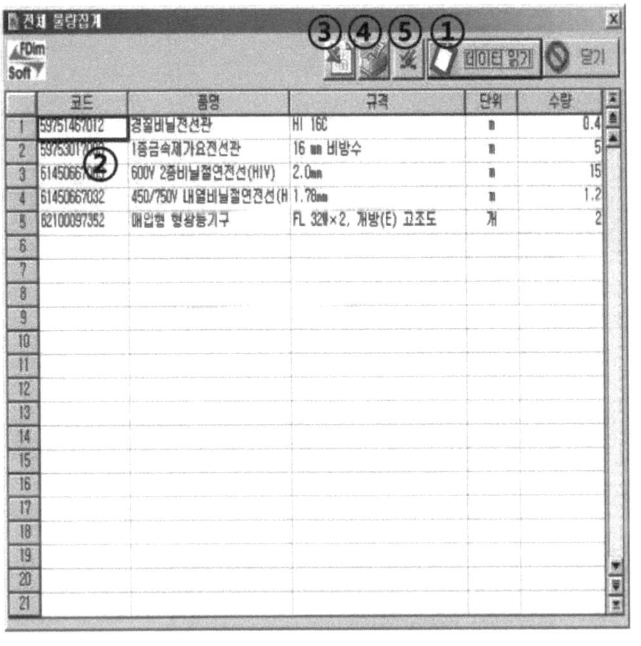


그림 15-5 전체 물량집계

① 작성된 데이터를 불러온다.
② 작성된 물량집계가 나타난다.
③ Excel로 전환할 수 있다.
④ 물량집계를 인쇄한다.
⑤ Check point를 삭제한다.

## 15.4 물량체크 표시 삭제

**명령 :** , ECadBomCheckDelete

- 회로지정을 한 후 심벌에 √ 표시된 기호를 없앨 때 사용한다.
- 명령을 실행하게 되면 √ 표시가 없어진다.

## 15.5 심벌데이터 변경

**명령 :** , ECadSymDataEdit

배치된 심벌에 대한 각종 데이터를 수정한다.

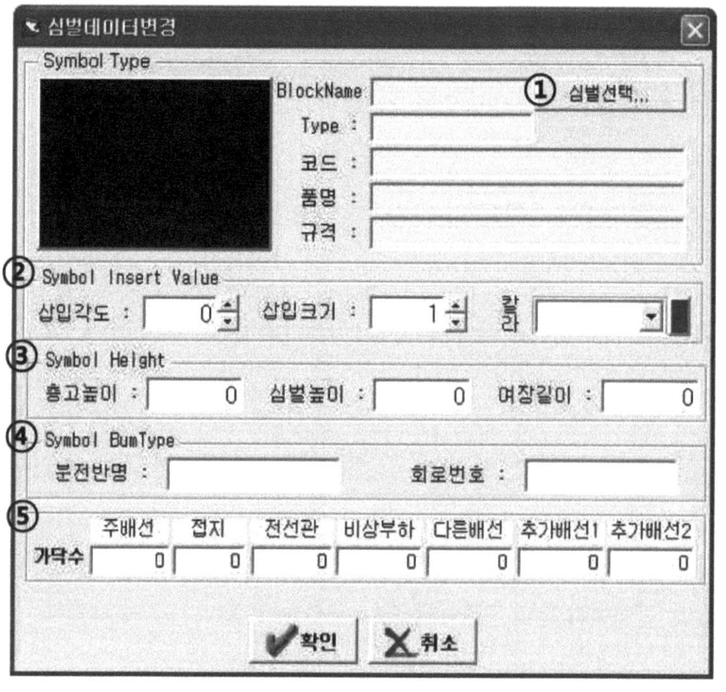


그림 15-6 심벌 데이터 변경

① 수정할 심벌을 선택한다.

② & ③& ④&⑤ 심벌에 대한 각종 데이터를 변경한 후 확인을 선택하면 **데이터**가 변경된다.

# 15.6 규격표시

**명령 :** , ECadSpecTextinsert

지시선을 이용하여 사용자가 지정하는 지점에 문자를 입력한다.

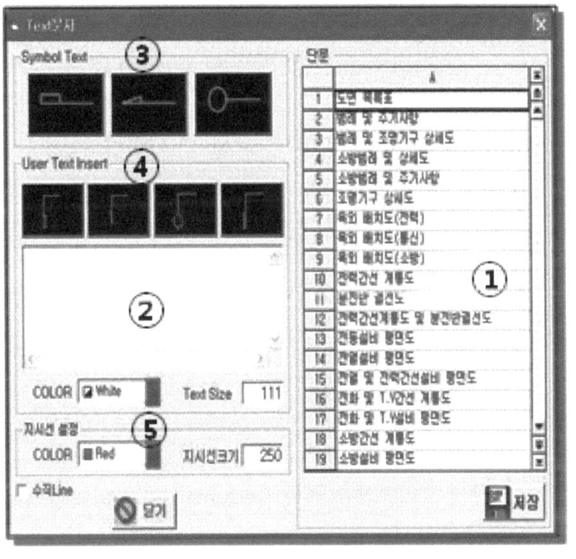


그림 15-7 문자 입력

① 미리 등록된 항목의 번호를 더블 클릭하면 번 문자 입력 창에 입력이 된다.
② 문자를 입력하여 사용하는 창이며 수작업으로도 입력이 가능하다.
③ 심벌에 대한 내용을 도면에 입력 할 수 있다.
④ 사용자가 지정하는 지점에 리드선의 모양을 설정하여 사용한다.
⑤ 입력문자, 지시선의 색상 및 문자크기를 설정한다.

# 15.7 기구 Type 별 산출

**명령 :** , ECadDwgDataEaList

도면에 그려진 심벌의 수량 및 규격을 도면에 표시한다.

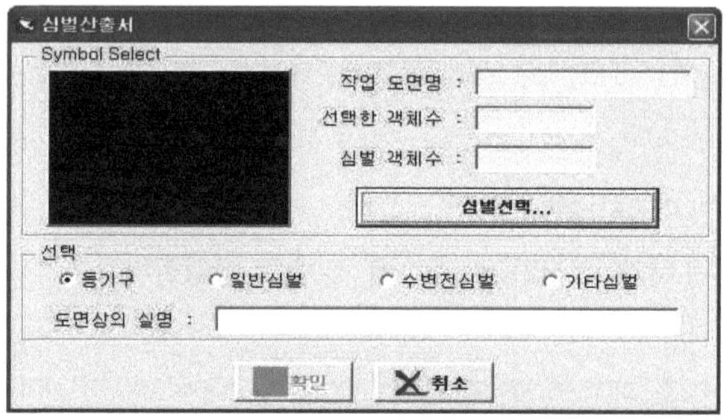


그림 15-8 심벌 수량 및 규격 표시

① 심벌선택을 선택한 후 표시할 심벌을 도면에서 선택한다.

② 심벌의 구분을 선택과 실명을 입력하고 확인을 클릭한다.

③ 도면에서 표시할 부분을 선택하면 실명 및 수량이 입력된다.

## 15.8 범례집 그리기

**명령 :** , ECadSymCreate

작성된 Project에 대한 일반 범례집을 작성해 준다.

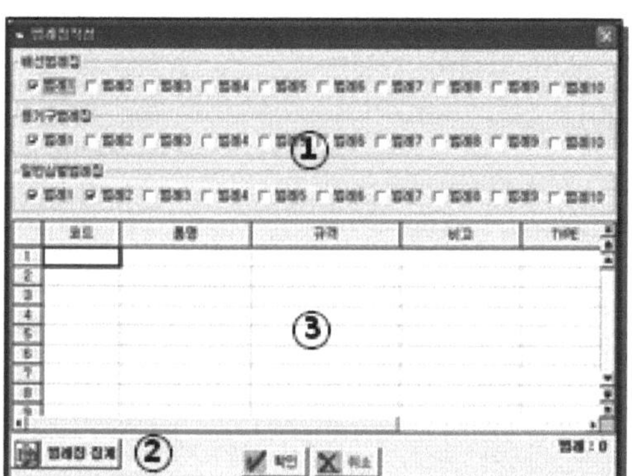


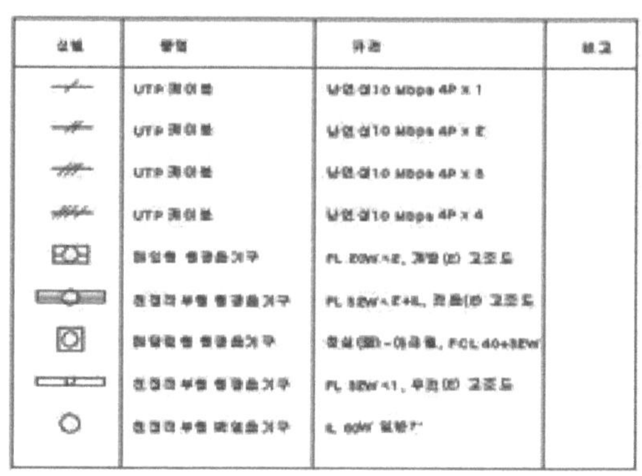

그림 15-9 범례집 작성

① & ② 작도할 범례집을 선택후 범례집 집계를 선택한다.

③ 내용을 점검 후 확인을 선택하여 도면을 작성한다.

# 15.9 그룹 만들기

**명령 :** , ECadAddEntityShow

도면에 그려진 내용들을 영역을 지정하여 Layer형태로 ON/OFF 할 수 있다.

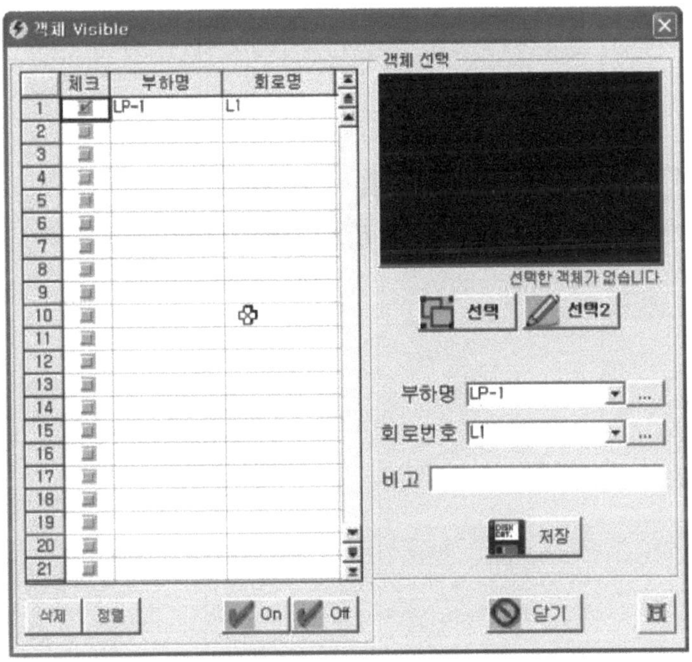


그림 15-10 그룹 만들기

① 만들 영역을 선택한 후 부하명 및 회로번호를 입력하고 저장한다.

② 등록된 회로를 체크후 ON 하면 도면에서 보이고 OFF하면 안보인다.

- 주로 데이터 분류와 연관하여 물량산출할 때 사용할 수 있다.

16

CHAPTER

# E-CAD 심벌

# 16.1 시퀀스 심벌 범례집

**명령** : , ECadSym03Bum

수변전설비 및 일반 회로도면을 작성할 때 사용한다.

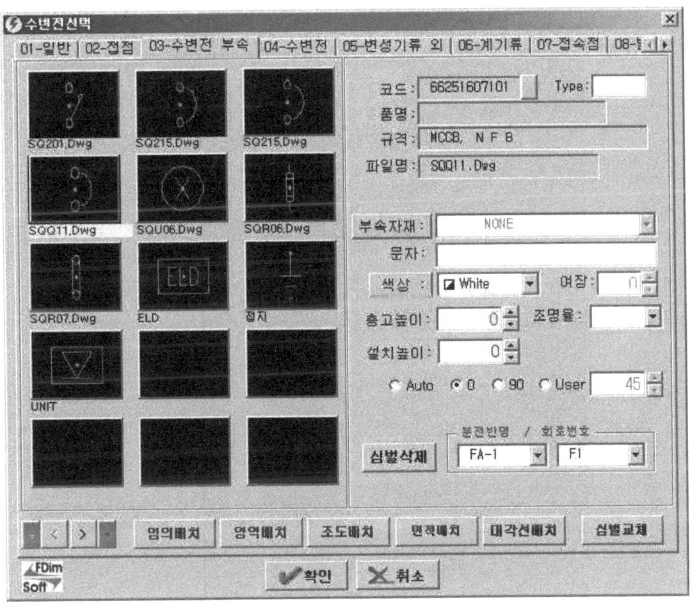


그림 16-1 시퀀스 심범 범례집

◆ 5-6 기호라인 그리기를 이용하여 보조선을 그린 후 작도하면 편리하다.

◆ 심벌 삽입 각도

- Auto : 심벌을 삽입후 설치방향을 선택 한다.
- 0, 90 : 심벌을 삽입하면 곧바로 삽입이 된다. - 일반적인 방법
- User : 삽입각도를 사용자화하여 삽입을 한다.

※ 기타 사용방법은 **조명심벌 및 일반심벌 범례집**을 참조한다.

## 16.2 임의배치

**명령** : , ECadSymOne

심벌을 한 개씩 각각 배치할 때 사용하며 아래 방법은 삽입각도을 Auto로 한 경우의 예제이다.

그림 16-2 심벌 임의 배치

① 범례집에서 심벌을 선택 후 배치할 지점을 선택한다. - P1또는 P3 Click

② 방향을 선택하면 보조선을 끊으면서 심벌이 삽입된다. - P2또는 P4 Click

※ 0, 90도로 배치할 경우는 심벌 삽입후 설치방향을 선택할 필요가 없다.

## 16.3 다중복사

**명령** : , EMCopy

객체를 복사하여 연속으로 배치한다.

① 1복사할 객체를 선택한다.

② 복사할 객체의 기준점을 선택한다.

③ & ④복사한 객체를 연속으로 배치한다.

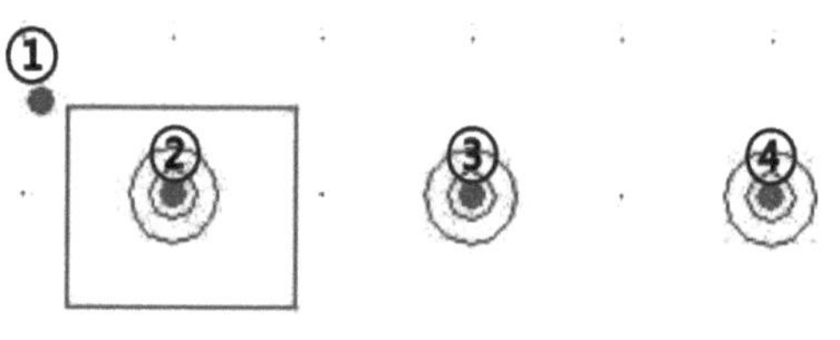


그림 16-3 심벌 다중복사

## 16.4 "ㄱ" Line

명령 : , ECadLineVerti

객체와 객체 사이를 "ㄱ"자로 연결한다.

① 시작점(수평 점)을 선택한다. - ①번 Click
② 끝점(수직 점)을 선택한다. - ②번 Click
③ 반복하여 나머지 부분도 완성한다.

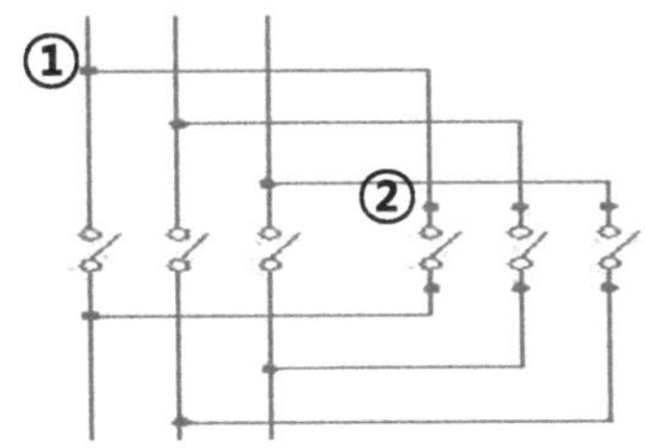


그림 16-4 ㄱ자 연결

## 16.5 다중선

명령 : , MTLine

다중선을 그릴 때 사용한다.

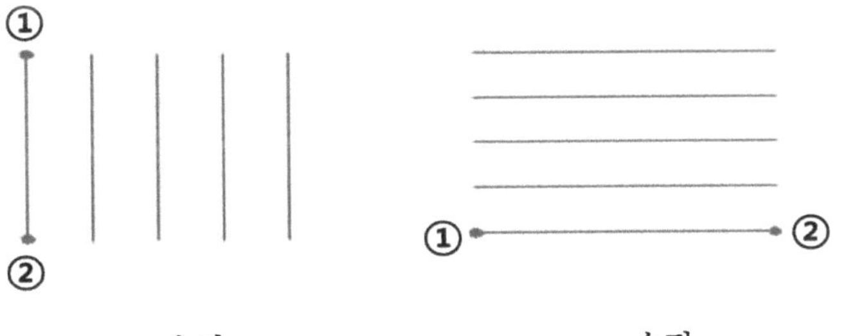


수직 수평

그림 16-5 다중선 작성

① 다중선의 수를 입력한다 : 5
② 선 간격을 입력한다 : 600
③ 수직 또는 수평으로 ① Click 후 ② Click 하면 다중선이 그려진다.

## 16.6 접속점

**명령 :** 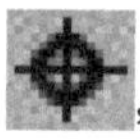, Donut

접속점을 그릴 때 사용한다. - 시퀀스 작도에 주로 적용된다.

① 도넛의 **내부 지름** 지정 〈0.5000〉: 0
② 도넛의 **외부 지름** 지정 〈1.0000〉: 10
③ 접속점을 삽입한다.

※ Osnap (교차점)을 미리 설정해 놓고 작도하면 편리하다.

## 16.7 그리드, 스냅 설정

**명령 :** , ECadDwgGridSnap

각종 회로도를 작성할 때 편리하게 사용할 수 있다.

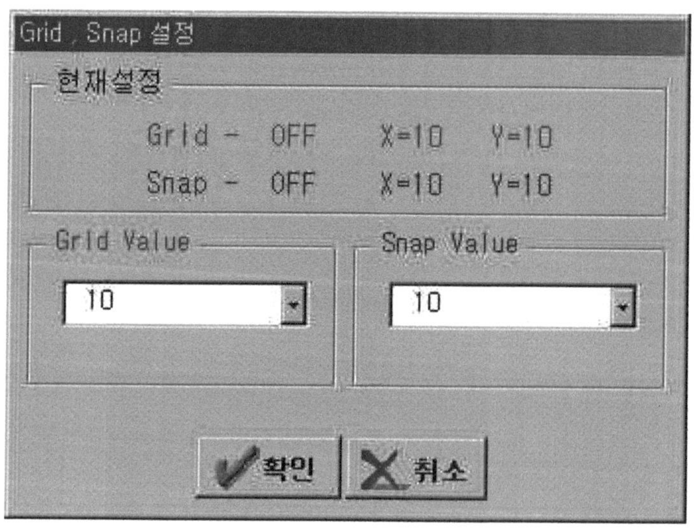


그림 16-6 그리드 스냅 설정

① 현재 상태의 Grid 및 Snap 값을 나타낸다.
② Grid 및 Snap 값을 입력한다.

17

CHAPTER

# E-CAD 편집

# 17.1 건축도면 그리기

## 1) 중심선 그리기

**명령 :** , ECadSym01Bum

도면의 중심선을 그릴 때 사용한다.

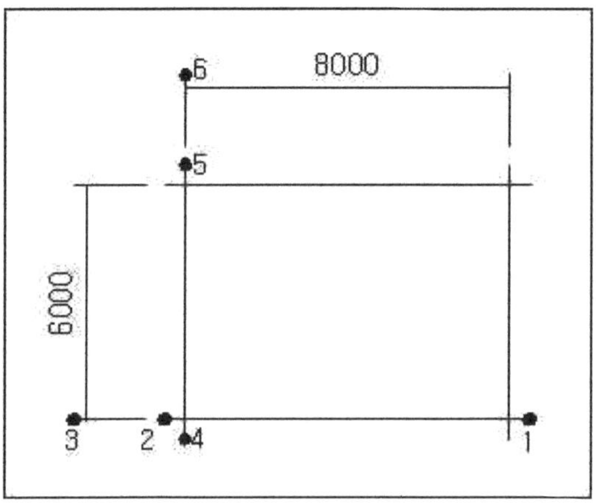


그림 17-1 중심선 그리기

**A 가로선의 경우**

① 중심선의 시작점 : 1번 Click

② 중심선의 끝점 : 2번 Click

③ 치수선의 위치 점 : 3번 Click

④ 다음 중심선까지의 거리 : 6000 입력 후 Click

⑤ 다음 중심선까지의 거리 : Enter - 중심선이 두 개 이상인 경우는 전체 길

⑥ 이 값이 자동으로 입력된다.

**B 세로선의 경우**

① 세로선의 경우와 같은 방식으로 4, 5 그리고 6을 차례로 Click

② 다음 중심선 까지의 거리 : 6000을 입력 후 Enter

## 2) 사면벽체

**명령 :** , ECadSym01Bum

도면의 외곽 벽체를 그릴 때 사용한다.

① 벽체 폭을 입력 : 200 입력 후 Enter

② 첫 번째 코너(교차점 클릭) 1번 Click

③ 두 번째 코너(교차점 클릭) 2번 Click 하면 벽체가 그려진다.

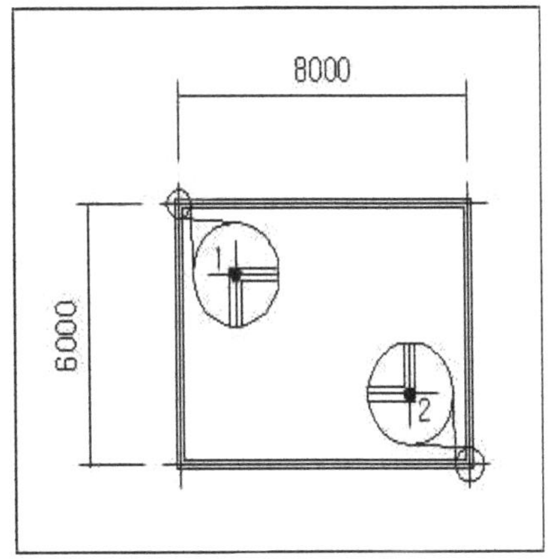


그림 17-2 사면벽체 그리기

## 3) 연속 벽체 그리기

**명령 :** , ECadSym01Bum

일반 벽체를 그릴 때 사용하며 연속해서도 그릴 수가 있다.

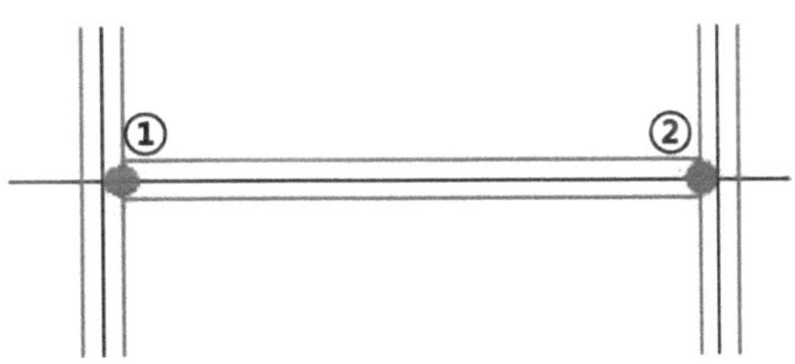


그림 17-3 연속벽체 그리기

① 벽체 폭 : 200 - 벽의 두께를 입력한 후 Enter

② 첫 번째 벽체의 안쪽(교차점 클릭)을 선택한다 - ①번 Click

③ 다음벽체의안쪽(교차점 또는 수직 점)을 선택한다 - ②번 Click Enter

- 연속해서벽체를그릴경우는그리고자하는지점을연속해서 Click 하면 된다.

### 4) 외 여닫이문 - 한쪽 문

**명령 :** , ECadSym01Bum

외 여닫이문을 그릴 때 사용한다.

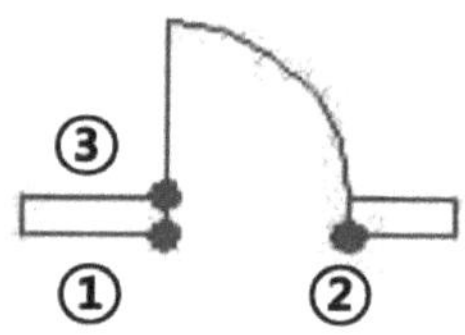


그림 17-4
외여닫이문 그리기

① 문폭을 입력 : 900

② 문틀 삽입 점을 선택 : ①번지점 (문을 미는 쪽)

③ 문틀의 삽입방향 : ②번지점 (손잡이 부분)

④ 문이 열리는 방향의 선위점 : ③번지점 (문틀 삽입점 반대편 벽체)

### 5) 쌍 여닫이문 - 두쪽 문

**명령 :** , ECadSym01Bum

쌍 여닫이 문을 그릴 때 사용한다.

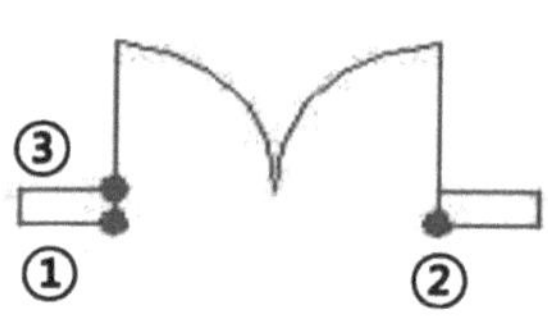


그림 17-5
쌍여닫이문 그리기

① 쌍 여닫이문의 폭을 입력 : 1800 (전체 문 폭) Enter

② 문틀 삽입 점을 선택 : ①번지점 (문을 미는 쪽) Click

③ 문틀의 삽입방향 : ②번지점 (손잡이 부분) Click

④ 문이 열리는 방향의 선위점 : ③번지점 (문틀 삽입점 반대편 벽체) Click

## 6) 창문

**명령 :** , ECadSym01Bum

창문을 그릴 때 사용한다.

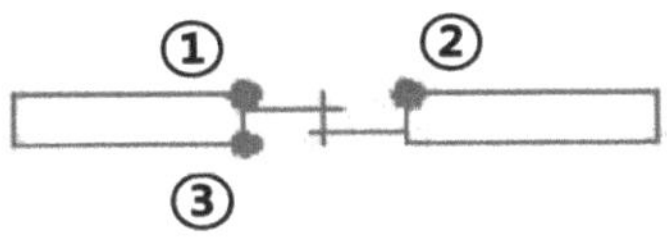


그림 17-6
창문 그리기

① 창문의 폭을 입력한 후 Enter

② 창문의 삽입 점을 선택한다. - ①번지점 Click

③ 창문이 열리 방향을 선택한나. - ②번지점 Click

④ 창문 삽입 점 반대편 벽체를 선택한다. - ③번지점 Click

## 7) 벽체 끊기

**명령 :** 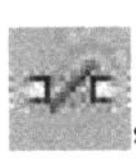, ECadSym01Bum

벽체를 끊을 때 사용한다.

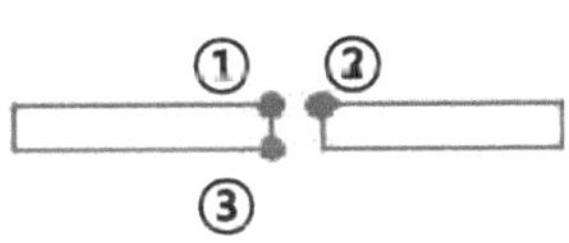


그림 17-7
벽체 그리기545

① 끊기 할 벽체의 폭을 입력한 후 Enter

② 끊기 할 벽체의 첫 번째 점을 입력한다 - ①번지점 Click

③ 두 번쌔 점을 선택한다 - ②번지점 Click

④ 첫 번째 점의 반대편 벽을 선택한다 - ③번지점 Click

### 8) 계단

**명령 :** , ECadSym01Bum

계단을 그릴 때 사용한다.

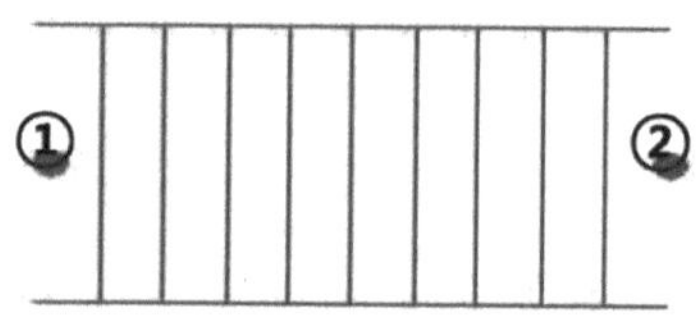


그림 17-8
계단 그리기

① 계단의 폭을 입력한 후 Enter

② 계단의 시작점을 선택한다. - ①번지점 Click

③ 계단의 끝점을 선택한다. - ②번지점 Click

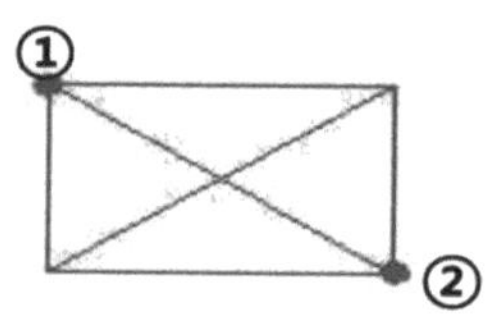


그림 17-9
개구부 표시

① 개구부의 시작점을 선택한다. - ①번지점 Click

② 끝점을 선택한다. - ②번지점 Click

## 17.2 Layer 관리

### 1) 전체 레이어 - ON

**명령 :** , LASO

레이어 전체를 ON 할 때 사용한다.

2) 전체 레이어 - OFF

**명령** : , LASF
레이어 전체를 OFF 할 때 사용한다.

3) 선택된 레이어-OFF

**명령** : 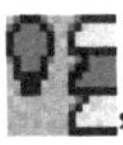, LASSF
선택된 레이어만을 OFF할 때 사용한다.

4) 선택된 레이어 ON, 나머지 OFF

**명령** : , LASSO
선택된 레이어는 ON 하고 나머지 레이어는 OFF 할 때 사용한다.

5) 선택된 레이어 OFF, 나머지 On

**명령** : , LAFSON
선택된 레이어는 OFF 하고 나머지 레이어는 ON 할 때 사용한다.

6) 전체레이어 Lock

**명령** : 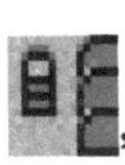, LALSO
전체 레이어를 잠글 때 사용한다.

### 7) 전체레이어 UnLock

**명령 :** , LALF

전체 레이어의 잠금을 해제할 때 사용한다.

### 8) 선택된 레이어 Lock

명령 : , LALSO

선택된 레이어만을 잠글때 사용한다.

### 9) 선택된 레이어 UnLock

**명령 :** , LALSF

선택된 레이어의 잠금을 해제할 때 사용한다.

### 10) 레이어 삭제, 교체, 색상변경

**명령 :** , LaySE, LayAC, LACH

LaySE : 도면층을 삭제한다.
LayAC : 현재도면층으로 바꾼다.
LACH : 도면층 색상을 바꾼다.

### 11) 선택된 레이어로 변경

**명령 :** , LASet

사용하고자 하는 레이어로 설정 후 작업을 하면 도면층이 바뀌지 않고 작업을 할 수 있다.

# 17.3 문자관리

## 1) 특수문자

**명령 :** , ECadSpecialText

특수문자를 삽입할 때 사용한다.

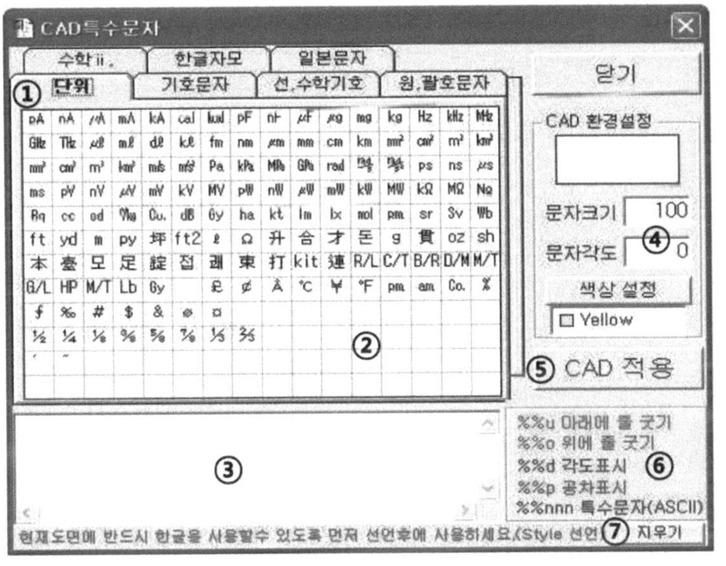


그림 17-10 특수문자 넣기

※ Style 명령을 이용하여 도면에 사용하는 한글 글꼴을 설정 후 사용한다.

① 입력할 문자의 분류를 선택한다.

② 삽입할 문자를 선택한 후 더블 클릭한다.

③ 문자 입력 창에 삽입될 문자가 나타난다. - 삽입할 문자를 직접 입력 가능.

④ 삽입될 문자의 크기, 각도, 색상을 설정한다.

⑤ CAD적용을 선택 후 도면에서 문자가 삽입될 위치를 지정하면 문자가 삽입된다.

※ 참고사항

⑥ 줄긋기, 각도표시 등을 하는 방법을 나타낸다.

⑦ 문자 입력 창에 있는 문자를 삭제한다.

## 2) 문장입력

**명령 :** , Ecadaddstring

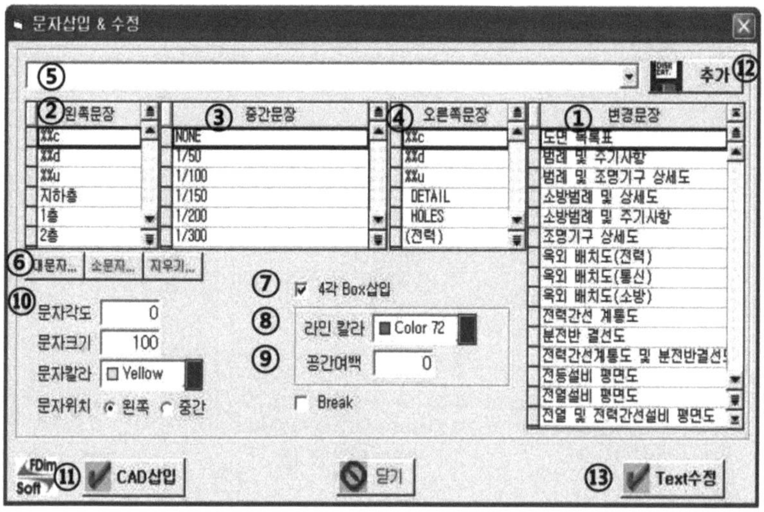


그림 17-11 문장 넣기

① 입력할 문장을 선택한 후 더블클릭 하면 ⑤번 문자입력 창에 입력된다.

② 왼쪽문장을 입력한다.

③ 중간문장을 입력한다.

④ 오른쪽 문장을 입력한다.

⑤ 입력할 문자가 표시되는 창

⑥ 문자를 대문자 또는 소문자로 바꾼다.

⑦ 문자에 사각박스 입력 여부를 결정한다.

⑧ 라인 칼라를 설정한다.

⑨ 공간여백을 설정한다.

⑩ 문자의 크기, 색상, 위치등을 설정한다.

⑪ 입력할 문장이 완료되었으면 **CAD삽입**을 선택하여 도면에 삽입한다.

⑫ 새로운 문장을 등록하여 사용할 수 있다.

⑬ **Text수정**을 선택하여 도면에 작성된 문자를 수정할 수 있다.

### 3) 문자 교체

**명령 :** , ECadTextReplace

수정할 문자를 찾아서 편집할 때 사용한다.

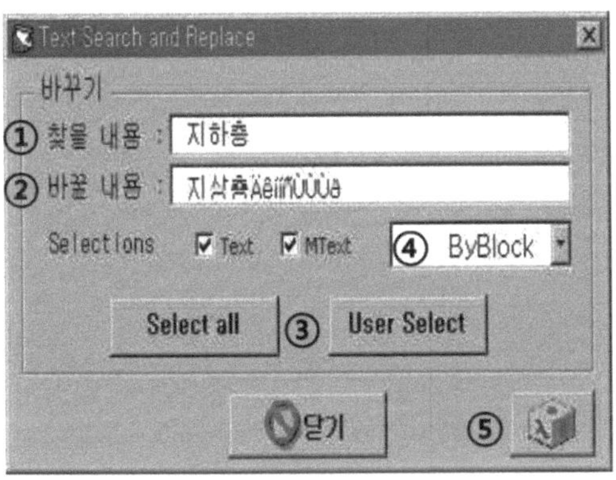


그림 17-12 문자 교체

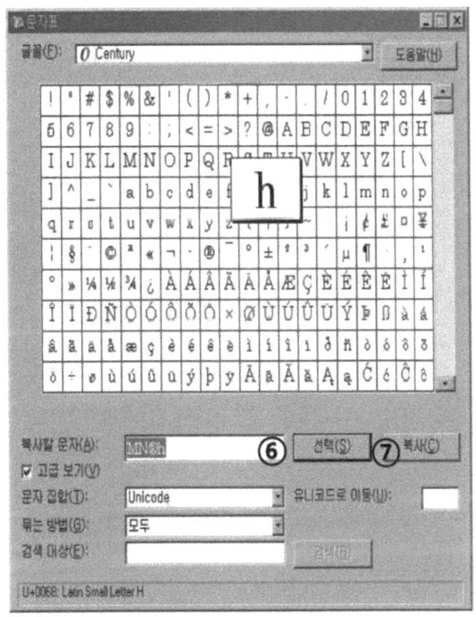


그림 17-13 문자 선택

① 정할 문자를 입력한다.

② 바꿀 내용을 입력한다.

③ Select all → 도면 전체, User Select → 선택한 영역에서 찾아서 수정한다.

④ 색상을 바꿀 때 사용한다.

⑤ 특수문자로 바꿀 경우 선택을 하면 우측 특수문자 창이 나타난다.

⑥ & ⑦ 입력 할 문자을 선택하여 복사를 선택한 후 ②번의 바꿀 내용에 붙여 넣기 (Ctrl+V)를 하여 사용한다.

### 4) 문자삭제

**명령 :** , ECadTxtDelete

도면의 전체 객체중에서 문자만 삭제하고자 할 때 사용한다.

5) 문자 외곽박스

**명령** : ECadRectangleTextBox

문자 외곽에 박스를 만들 때 사용한다.

6) 문장 병합

**명령** : ECadRectangleTextBox

서로 다른 문장을 하나의 문장으로 병합할 때 사용한다.

7) 문자 Edit

**명령** : , ECadSpecialText

도면에 있는 문자를 전체적으로 관리(편집)하는 기능

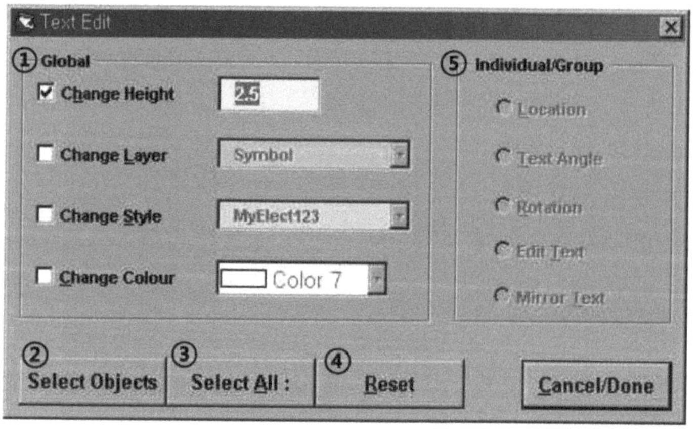


그림 17-14 문자 관리

① 수정할 문자의 높이, Layer, Style, Color를 설정한다.
② 선택한 문자만 수정한다.
③ 작업 도면의 전체 문자를 수정한다.
④ 초기값으로 하며 ⑤번과 연계하여 사용한다.

## 8) 문자수정

**명령** : , ECadStringEdit

여러 개의 문장을 일괄 변경할 때 주로 사용한다.

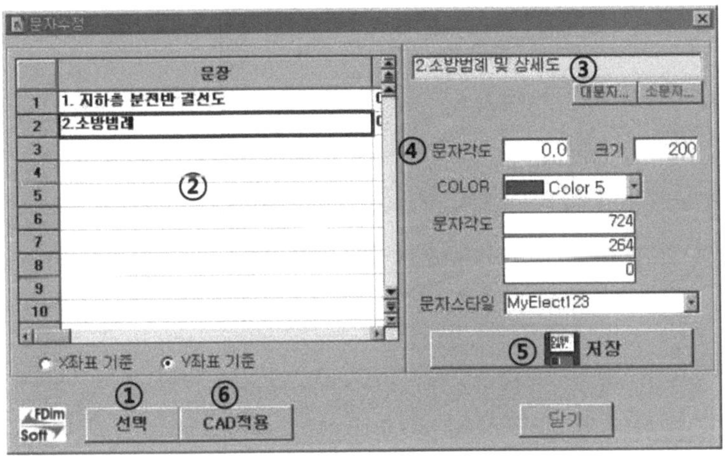


그림 17-15 문자 수정

① 수정할 문장을 선택한다. - 여러 문장을 반복하여 선택해도 된다.

② 수정할 항목을 선택하면 ③번 수정 창에 나타난다.

③ 문장을 수정한다.

④ 수정할 문자의 각도, 크기, 스타일 등을 설정한다.

⑤ 수정을 완료한 후 저장을 선택하면 ②번의 선택된 항목이 수정된다.

⑥ CAD적용을 선택하면 문자가 수정된다.

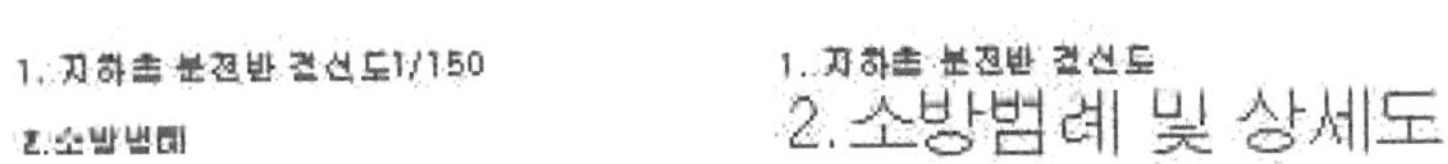


수정전 수정후

그림 17-16 문자수정 예

# 17.4 편집관리

## 1) 심벌 삭제

**명령 :** , ECadSymDelete

도면에서 심벌만 삭제할 때 사용한다.

## 2) 배선 Line삭제

**명령 :** , ECadWireDelete

배선관련 Line 및 가닥 수 표시를 삭제할 때 사용한다.

## 3) 배선 교차라인 끊기

**명령 :** , ECadwireDelete

교차된 배선을 끊기 한다.

- 끊기할 배선을 먼저 선택한 후 교차한 배선을 선택한다.

## 4) 심벌 교차라인 끊기

**명령 :** , ECadSymWireCut

심벌과 배선이 교차한 경우 배선을 끊기 한다.

- 끊기할 배선을 먼저 선택한 후 심벌을 선택한다.

### 5) LINE, ARC삭제

**명령** : 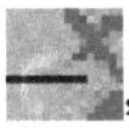, ECadLineDelete

Line 및 Arc를 삭제할 때 사용한다.

### 6) 다중복사

**명령** : , EMCopy

객체를 복사하여 연속으로 배치한다.

### 7) 연속 라인

**명령** : , ECadCADLineCnt

- Line을 Fillet과 조합하여 그린다.
- 시작점(수평 쪽) 객체를 먼저 선택하고 Line 그릴 방향을 선택한 후 끝점은 수직 쪽의 객체를 선택한다.

### 8) 연속간격 띄우기

**명령** : , EMOffSet

- 간격 띄우기(offset)명령과 같으나 이 명령은 값을 입력 후 Line을 선택하면 선택한 객체를 기준으로 양쪽 방향으로 Line이 그려진다.

### 9) 2줄 Line

**명령** : , ECadMLine

폭 값을 입력하여 복선(2줄)을 그릴 때 사용한다.

## 10) 기호 연속 Line

**명령 :** , ECadLineConti

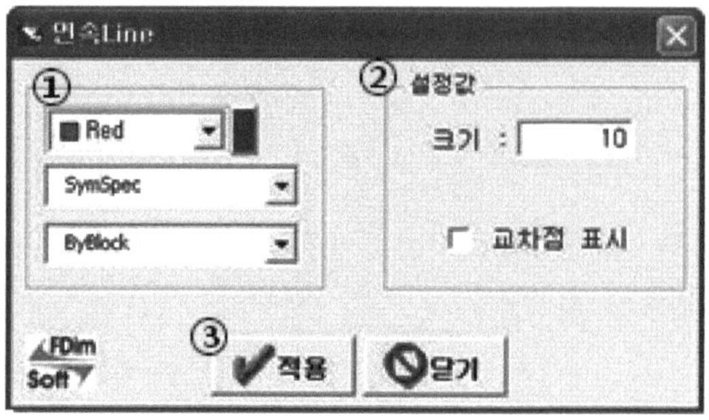


그림 17-17 기호연속선 그리기

① Line의 칼라 및 형태를 설정한다.

② 기호의 크기를 설정하고 교차점 표시를 체크 후 Line을 그리면 시작점에 Donut 형태의 기호가 나타난다.

③ 설정 완료 후 적용을 선택한 후 Line을 그린다.

## 11) 길이 계산

**명령 :** , ECadDistCalc

작성된 도면 객체의 길이를 계산한다.

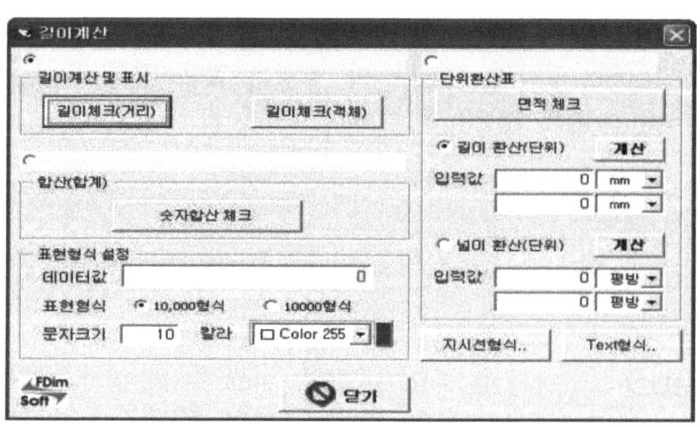


그림 17-18 객체길이 계산

※ 길이 및 면적을 체크하여 도면에 표시 가능하다.

## 12) E-CAD 계산기

**명령 :** , ECadElecCalc

작업 중 계산기 기능을 이용할 때 사용한다.

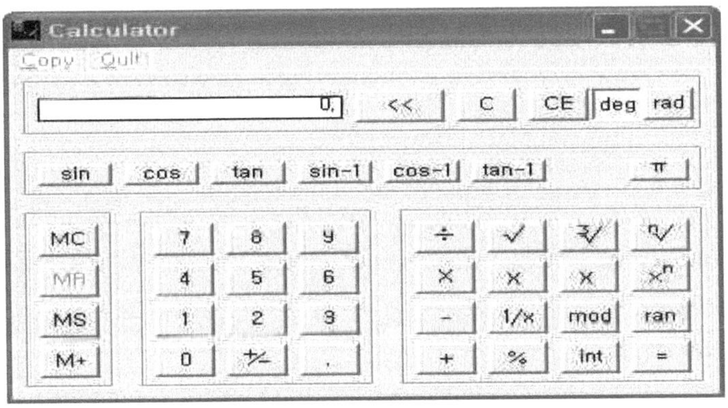


그림 17-19 E-CAD 계산기

## 13) 사각 자르기

**명령 :** , ECadCut

라인과 라인 사이 부분을 사각으로 잘라버리는 기능

## 14) 스케치(Sketch)

**명령 :** 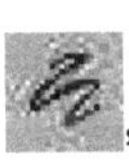, Sketch

- 도면에 스케치를 할 때 사용한다.
  Sketch 레코드 증분이 "0"에 가까울수록 스케치가 부드럽게 된다.

## 17.5 기타 편집

### 1) Block 연장

**명령 :** , ECadXTend

블록과 라인을 연결할 때 사용하며 먼저 블록을 선택 후 연장할 라인을 선택한다.

### 2) Block 자르기

**명령 :** , ECadXTrim

- 블록과 라인이 교차된 라인을 자르기 할 때 사용하며 블록을 선택 후 자르기 할 라인을 선택한다.

### 3) Line, Arc-> PolyLine

서로 다른 Line과 Arc를 하나의 폴리라인으로 만들어준다.

### 4) PolyLine VertexChange

폴리라인의 시작점을 지정할 때 사용한다.

### 5) PolyLine Measure

폴리라인을 Measure 할 때 사용한다.

### 6) PolyLine 번호매기기

폴리라인을 입력한 거리만큼 Measure하면서 Measure부분에 번호를 입력한다.

### 7) Point 삭제

폴리라인의 Measure한 부분에 표시된 기호를 없앨 때 사용한다.

### 8) 전체 객체 소거 - Purge

사용하지 않는 Layer를 소거 할 때 사용한다.

### 9) Copy to Rotate

객체를 복사하여 회전시키면서 배치할 수 있다.

### 10) Copy to Move

객체를 옮기면서 복사할 수 있다.

### 11) Dimension Erase

치수만 삭제할 때 사용한다.

### 12) PolyLine Erase

폴리라인만 삭제할 때 사용한다.

### 13) 2Point Break

원하는 부분을 선택하여 끊기를 한다.

### 14) Mult Trim

여러 개의 객체를 자르기 할 때 범위를 지정하여 한꺼번에 자를 수 있다.

### 15) Mult Extend

여러 개의 객체를 연장 할 때 범위를 지정하여 한꺼번에 연장할 수 있다.

### 16) 전체 객체 선축척 바꾸기

라인전체에 대한 축척 값(Dimscale)을 바꿀 때 사용한다.

### 17) 선택하여 선축척 바꾸기

선택한 라인만 축척 값을 바꿀 때 사용한다.

### 18) 전체 블록명 바꾸기

전체 블록이름을 바꿀 때 사용한다.

### 19) 선택객체-해제

선택된 2체가 해제가 되지 않을 때 객체를 해제하고자 할 때 사용한다.

### 20) CAD DWG Save As

다른 버전 형식의 *.dwg 파일을 원하는 버전의 형식으로 저장

18

CHAPTER

# E-CAD 따라하기

# 18.1 전등설비 따라하기(예제 1)

## 1) CAD 디자인 설정

그림 18-1 Elect-CAD 도면설정

(1) Pop Up Menu의 파일à CAD디자인 설정 Click

(2) 도면양식 설정 : ElecOffice.dwg

(3) 용지 크기를 선택 : A4

(4) 도면 축척 입력 : 100

(5) 층높이 (Slab Height) 입력 : 3600

(6) 확인을 선택한다.

### A. 중심선 그리기

건축설계 Tool Bar 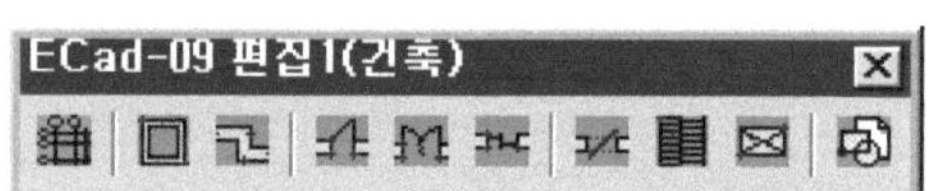

중  선택

아래 순서에 따라 중심선을 그린다.

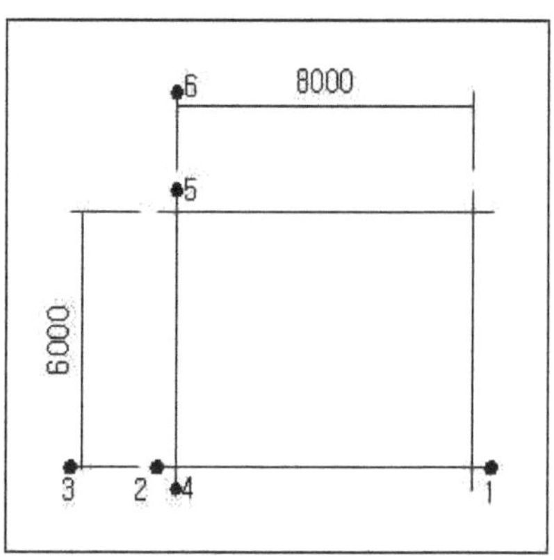


그림 18-2 중심선 그리기

a) 가로선의 경우

① 중심선의 시작점 : ① Click

② 중심선의 끝점 : ② Click

③ 치수의 끝점 : ③ Click

④ 다음 중심선까지의 거리 6000 입력 Enter

⑤ 다음 중심선까지의 거리 Enter

b) 세로선의 경우

① 가로선의 경우와 같은 방식으로 4, 5 그리고 6을 차례대로 Click

② 거리 입력란에 8000을 입력한 후 Enter

③ 거리를 입력하지 않고 Enter를 치면 합계 치수를 나타내어 준다.

**B. 사면벽체 그리기**

건축설계 Tool Bar 에서 [icon]을 선택한다.
건축도에서 영역 형태의 사면벽체 골조도를 그릴 경우 사용한다.
아래 순서에 따라 벽체를 그린다.

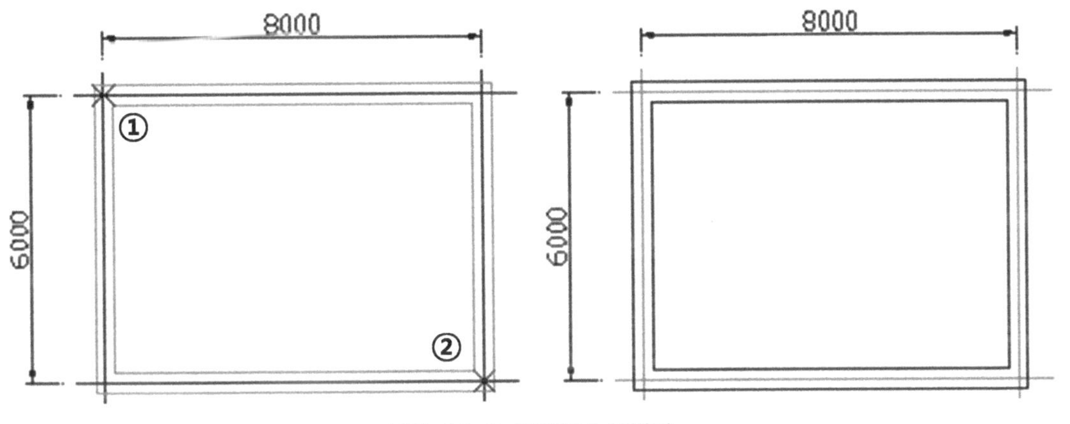


그림 18-3 사면벽체 그리기

① 체 폭(벽의 두께 입력)은 〈200〉 300입력 후 Enter

② 첫 번째 코너(osnap **교차점**) ① Click

③ 두 번째 코너(osnap **교차점**) ② Click

**C. 건축설계 Tool Bar 에서 또는 을 선택한다.**

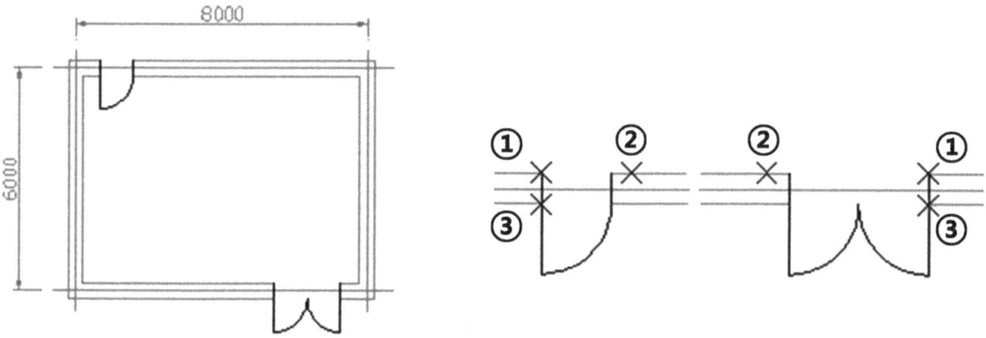


그림 18-4 여닫이문 그리기

a) 외 여닫이 문 그리기

① 문틀의 크기(크기 입력) 〈900〉 : 900 입력 혹은 그냥 Enter

② 문틀의 삽입점 : "1" Click

③ 문틀의 삽입방향 : "2" Click

④ 문이 열리는 방향 : "3" Click

b) 쌍 여닫이 문 그리기

① 문틀의 크기(전체 문폭 입력) 〈900〉 : 1800 입력

② 문틀의 삽입점 : "4"

③ 문틀의 삽입방향 : "5"

④ 문이 열리는 방향 : "6"

## 2) 심벌배치

### A. 조명기구 심벌의 영역 배치

a) 범례 Tool Bar 에서 을 선택한다.

- 화면에서 배치하고자 하는 심벌을 선택한다.
- 기구 데이터 값 창에 심벌의 속성이 표시된다.
- 각도, 높이, 색상은 수정가능하다.
- 심벌배치 방법은 현재 화면에서 직접 선택 또는 Tool Bar에 있는 배치방법을 이용한다.

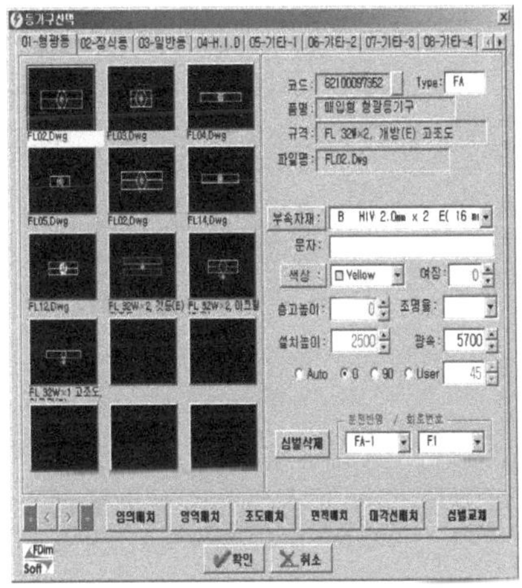

그림 18-5 조명기구 선택

b) 아래순서대로 배치를 한다.

① 앞의 조명기구 선택 DCL 화면에서 배치 할 심벌을 선택한다.

② 심벌배치 방법 중 영역 배치를 선택한 후 "확인"을 한다.

③ 마우스로 1번 코너 그리고 2번 코너 Click

④ 오른쪽과 같은 DCL 화면이 나타나면,

- X, Y 방향개수를 2개씩 입력한다.
- 확인 버튼 Click - 심벌배치가 완료된다.

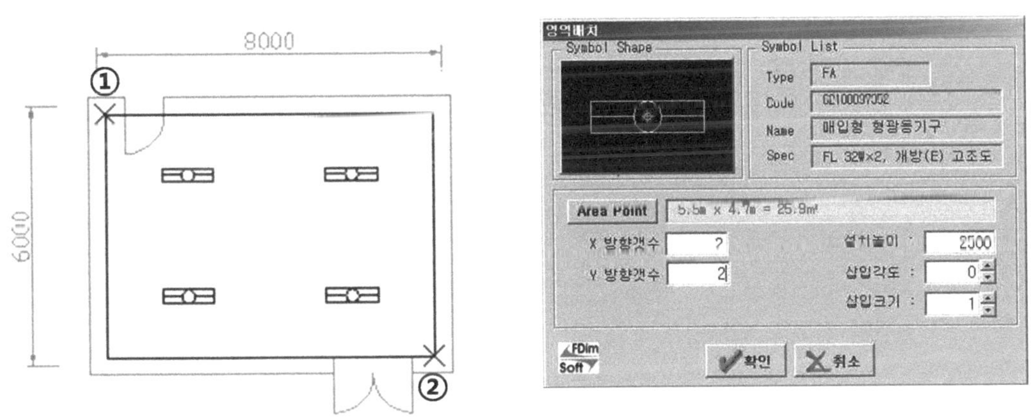


그림 18-6 심벌배치

### B. 일반심벌의 임의배치

a) 범례 Tool Bar 에서 을 선택한다.

- 화면에서 배치하고자 하는 심벌을 선택한다.
- 기구 데이터 값 창에 심벌의 속성이 표시된다.
- 각도, 높이, 색상은 수정가능하다.
- 심벌배치 방법은 현재 화면에서 직접 선택 또는 Tool Bar에 있는 배치방법을 이용한다.

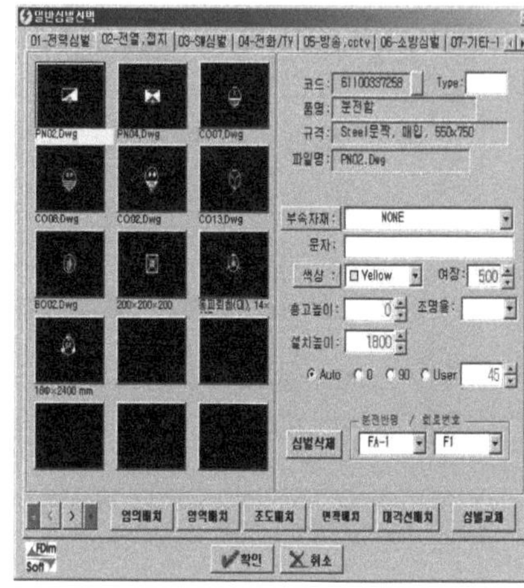

그림 18-7 심벌 선택

b) 아래 순서대로 배치한다.

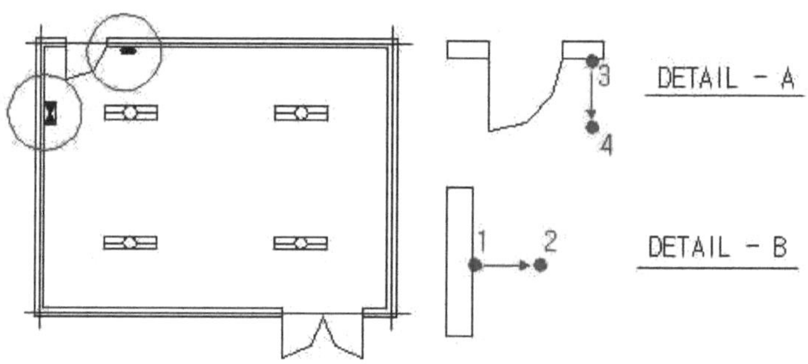


그림 18-8 심벌 임의배치

① 분전반 배치

- 앞의 일반심벌 선택 DCL 화면에서 "분전반" 심벌을 선택한다.
- 심벌배치 방법중 임의 배치를 선택한다.
- 배치할 지점을 선택한다. : 위의 그림과 같이 1번 Click 후 2번 Click

② 스위치 배치

- 일반심벌 범례집에서"2구용 스위치"를 선택 후 임의배치를 선택한다.
- 배치할 지점을 선택한다. : 위의 그림과 같이 3번 Click 후 4번 Click

## 3) 배관 및 배선

**A "배선 도구1"Tool Bar 에서 을 클릭한다.**

그림 18-9와 같은 DCL 화면이 나타난다.

그림 18-9 전선 및 전선관 범례집

**B. 자주 사용하는 배관 및 배선은 전선 범례집에 등록 해 놓으면 새로운 Project를 시작할 때 유용하게 사용할 수 있다.**

**C. 수평(가로)배선과 연속배선**

① 전선관 범례집에서 배선할 전선을 선택한 후 "수평배선"을 선택한다.

② 우측 그림과 같이 1번 Click 후 2번 Click 하면 배선이 완료된다. - 수직배선도 동일하다.

- 반복하여 배선을 할 경우는 배선 방식 Icon 중 수평 배선 아이콘 을 이용한다.

③ 배선 방식 Icon 중에서 연속배선 아이콘 을 선택한다.

④ 우측 그림과 같이 1번 Click 후 2번 Click 하면 배선이 완료된다.

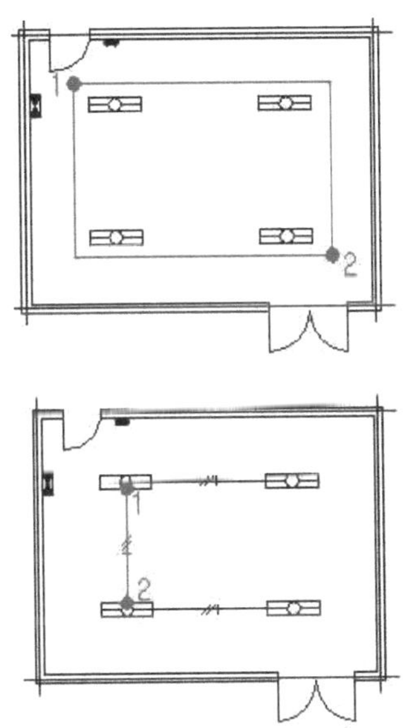


그림 18-10 수평배선과 연속 배선

### D. 연속 배선 : 스위치에 연속배선 하기

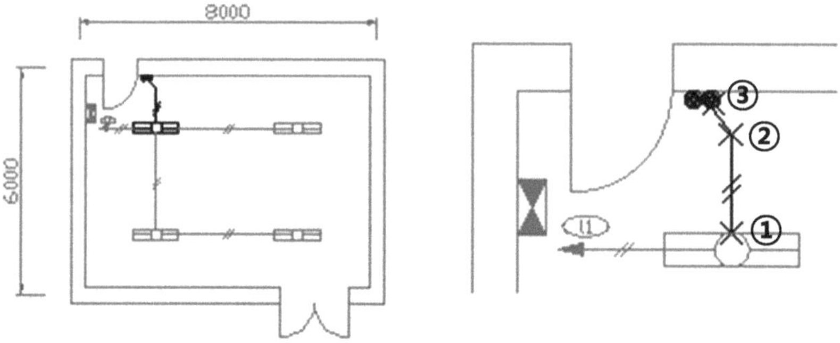


그림 18-11 스위치에 배선하기

① 배선 도구막대의 연속배선 아이콘 을 선택한다.

② 1번을 선택한 후 배선을 꺾이는 지점인 2번 선택 후 3번 Click

### E. 분전반 귀로표시 하기

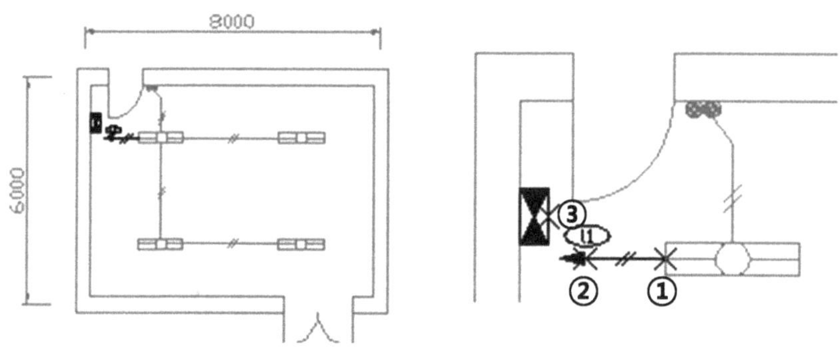


그림 18-12 분전반 귀로배선

① 배선 방식 Icon 중에서 을 선택한다.

② 1, 2번을 선택한 후 3번 분전반을 선택하면 화살표가 생긴다.
(분전반을 선택하기 전 지점에 화살표가 생긴다.)

③ 회로번호 : L1을 입력

④ 회로번호 : Enter - 또 다른 회로가 있으면 회로번호를 입력한다.

## 4) Data 분류 및 물량산출

**A "물량산출1" Tool Bar 에서 Data 분류 아이콘 을 선택한다.**

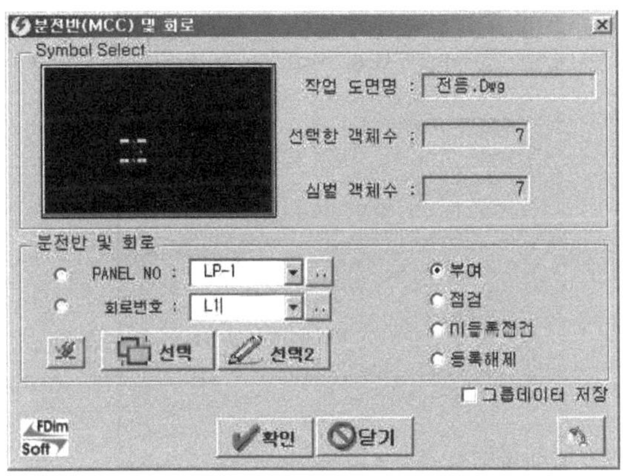


그림 18-13 분전반 및 회로 선택

① 분전반 명칭을 지정한다 :  LP-1을 선택 또는 직접 입력한다.

② 회로 번호를 지정한다 :  L1을 선택 또는 직접 입력한다.

③ 선택 버튼 클릭 한 후 도면에서 L1회로를 선택한다 - 1번과 2번 지점 Click

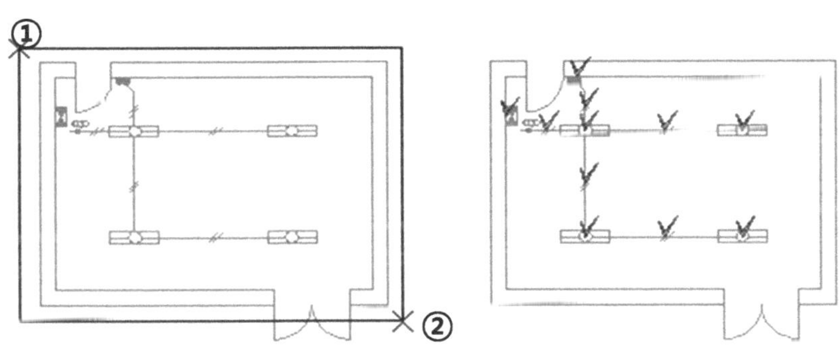


그림 18-14 회로선택 예

④ 화면에서 심벌을 모두 선택하였으면 Enter 후 "확인" Click

⑤ 선택된 심벌에는 위의 그림과 같이 √ 표시가 나타난다.

⑥ 데이터 분류작업이 완료되었으면 닫기한다

### B. 도면 데이터 작성

"물량산출1" Tool Bar 에서 을 클릭한다.

- 견적서 작성 또는 현재도면을 선택한다.
- 현재도면을 선택한다.
- 전체 물량체크를 선택한다.
- 산출된 데이터가 표시가 된다.
- 데이터를 확인후 확인을 선택한다.

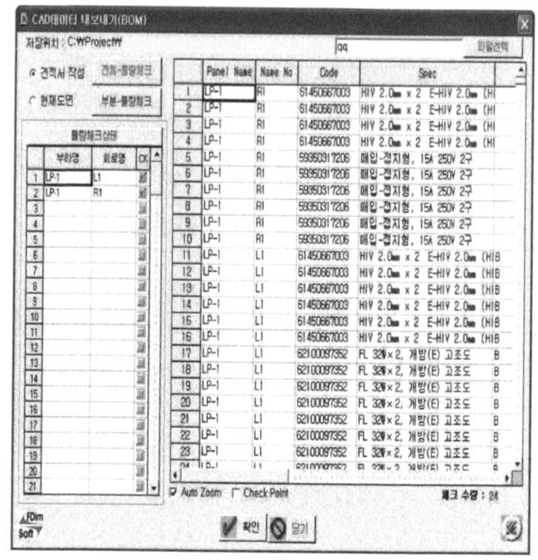

그림 18-15 도면데이터 작성

### C. 산출조서, 물량집계, 전체물량집계

- 물량산출1 Tool Bar 에서 해당 아이콘을 선택한다.
- 산출조서 , 분전반별 물량집계 , 전체물량집계 을 선택한다.
- 데이터 읽기 버턴을 선택한다. - 집계화면이 나타난다.
- Excel로도 전환하여 사용할 수 있다.

산출조서 물량집계 전체물량집계

그림 18-16 물량산출 예

# 18.2 전등설비 따라하기(예제 2)

완성도는 교재 203페이지 예제도면 참조

## 1) CAD 디자인 설정

① Pop Up Menu의 파일à CAD디자인 설정
② 도면양식 설정 : ElecOffice.dwg
③ 용지 크기를 선택 : A4
④ 층높이 (Slab Height) 입력 : 3600
⑤ 확인을 선택한다.

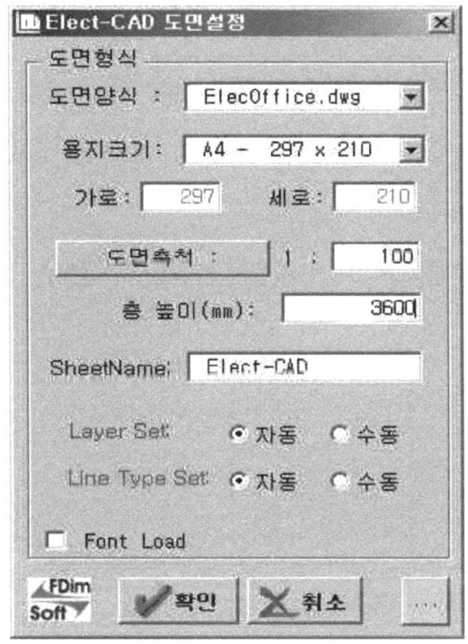


그림 18-17 Elect-CAD 도면설정

### A. 중심선 그리기

건축설계 Tool Bar 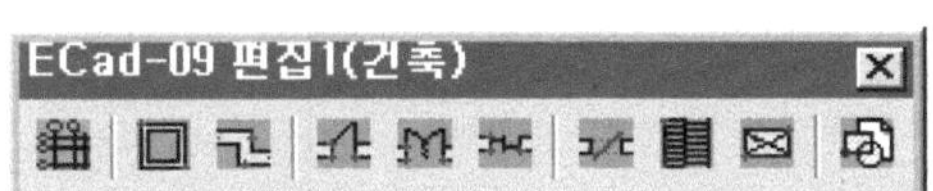

중  선택

아래 순서에 따라 중심선을 그린다.

a) 가로선의 경우

① 중심선의 시작점 : Click
② 중심선의 끝점 : Click
③ 치수의 끝점 : Click
④ 다음 중심선까지의 거리 8000 Enter
⑤ 다음 중심선까지의 거리 Enter

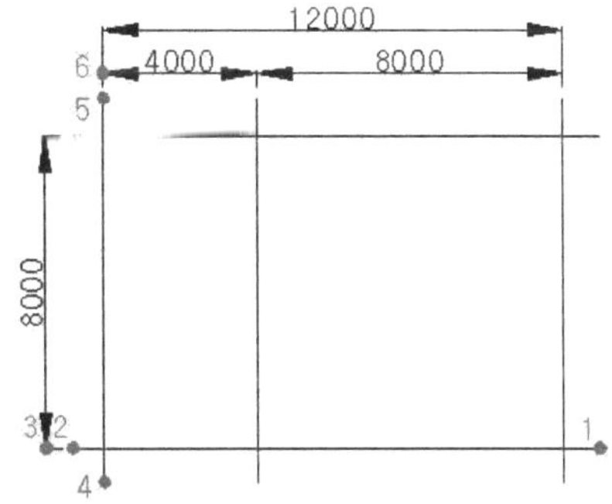


그림 18-18 중심선 그리기

b) 세로선의 경우

① 가로선의 경우와 같은 방식으로 4, 5 그리고 6을 차례로 Click

② 컴맨드의 거리 입력란에 4000을 입력한 후 Click

③ 다음 중심선까지의 거리 : 8000 Enter

④ 다음 중심선까지의 거리 Enter

**B 사면벽체 및 연속벽체그리기**

건축설계 Tool Bar 에서 사면벽체 와 연속벽체 을 선택한다.

a) 사면벽체 그리기 - 건축도 에서 사면형태의 벽체를 그릴경우 사용한다.

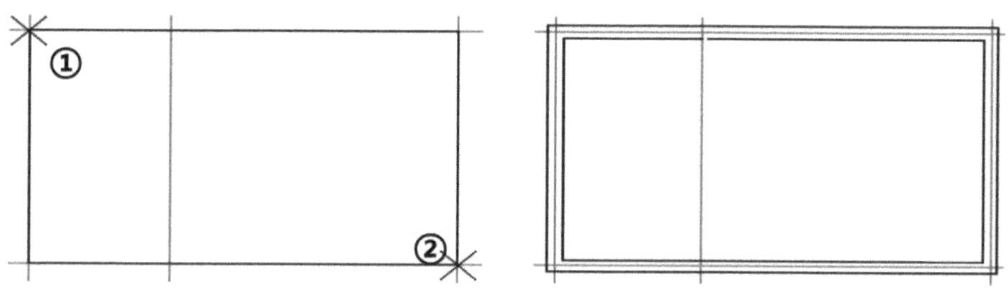


그림 18-19 연속 벽체 그리기1

① 벽체 폭(벽의 두께 입력)은 〈200〉…300입력 후 Enter

② 첫 번째 코너 1번 Click 후 두 번째 코너 2번 Click

b) 연속벽체 그리기

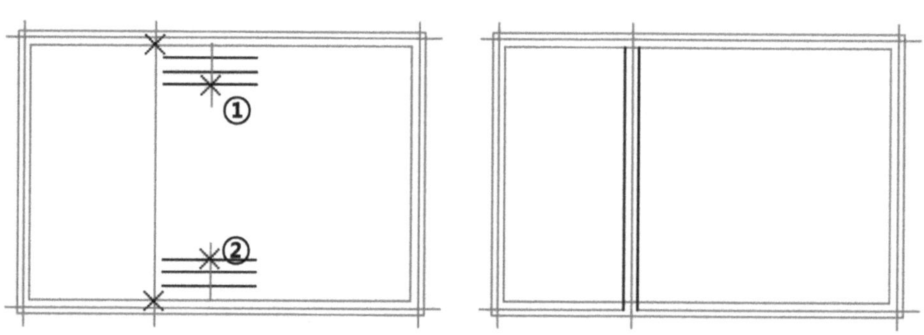


그림 18-20 연속 벽체 그리기2

① 체 폭(벽의 두께 입력)은 〈200〉…300입력 후

② 첫 번째 코너 1번 Click 후 두 번째 코너 2번 Click Enter

- 외여닫이문 및 쌍여닫이문은 예제1을 참고해서 완성을 한다.

## 2) 심벌배치

**A 범례 Tool Bar 에서 을 선택한다.**

- 화면에서 배치하고자 하는 심벌을 선택한다.
- 기구데이터에 심벌속성이 표시된다.
- 각도, 높이, 색상은 수정 가능하다.
- 심벌배치 방법은 현재 화면에서 직접 선택 또는 Tool Bar에 있는 배치방법을 이용한다.

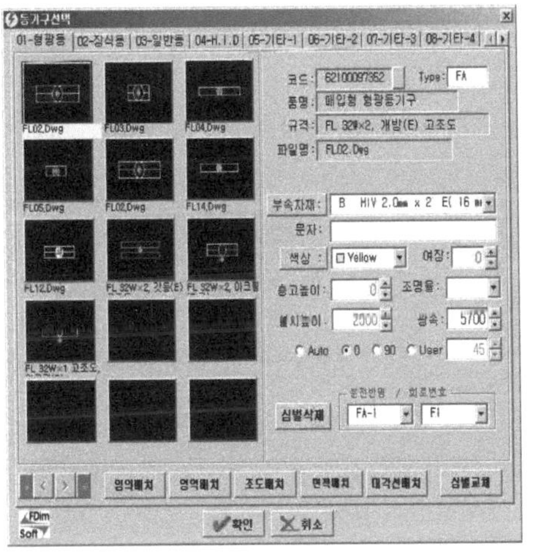

그림18-21 심벌선택

**B 조명기구 심벌의 영역(1) 배치**

① 앞의 조명기구 선택 DCL 화면에서 형광등 심벌을 선택한다.

② 심벌배치 방법 중 영역 배치를 선택한 후 "확인" 한다.

③ 마우스로 1번 코너 Click 2번 코너 Click

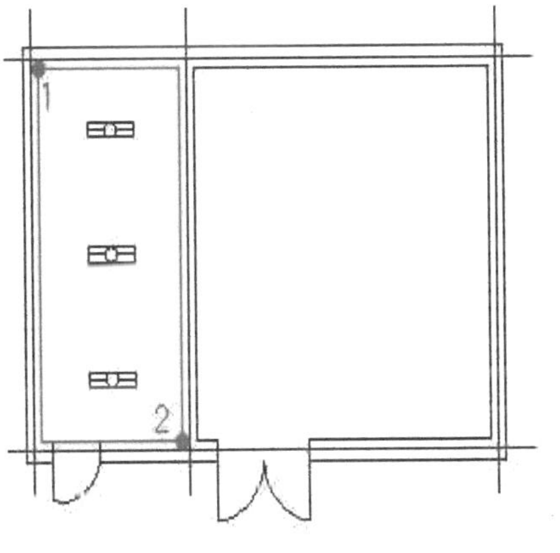


그림 18-22 심벌배치

그림 18-22와 같은 DCL 화면이 나타나면,

④ X 방향 갯수 1, Y 방향 갯수 3을 입력

⑤ 확인 Click 하면 심벌배치가 완료된다.

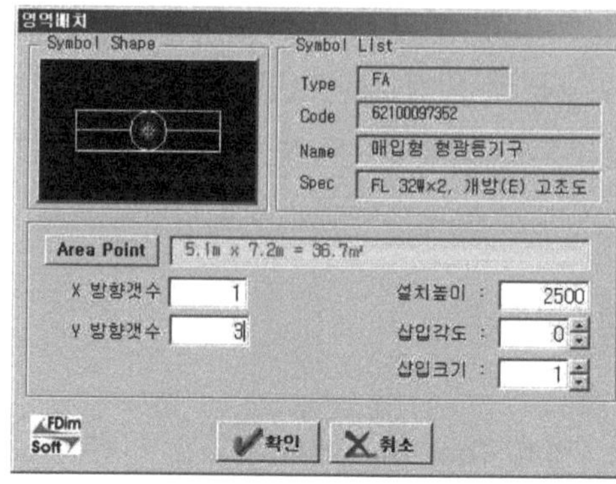


그림 18-23 영역배치 1

**C. 등기구 심벌의 영역(2) 배치**

① 심벌1 도구막대의 를 선택한다.

② 영역 배치를 선택한 후 확인한다.

③ 마우스로 3번 코너 Click 4번 코너 Click

④ X방향 3개, Y방향3개를 입력후 확인을 선택하면 기구 배치가 완료된다.

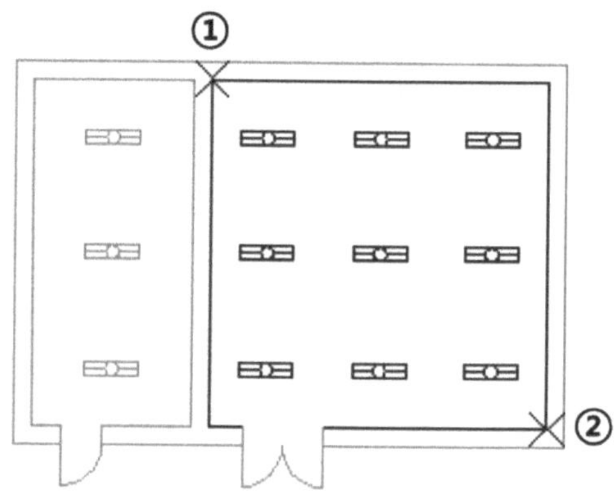


그림 18-24 영역배치 2

**D. 범례 Tool Bar 에서 을 클릭한다.**

- 면에서 배치하고자 하는 심벌을 선택한다.
- 기구 데이터에 심벌속성이 표시된다.
- 각도, 높이, 색상은 수정 가능하다.
- 심벌배치 방법은 현재 화면에서 직접 선택 또는 Tool Bar에 있는 배치방법을 이용한다.

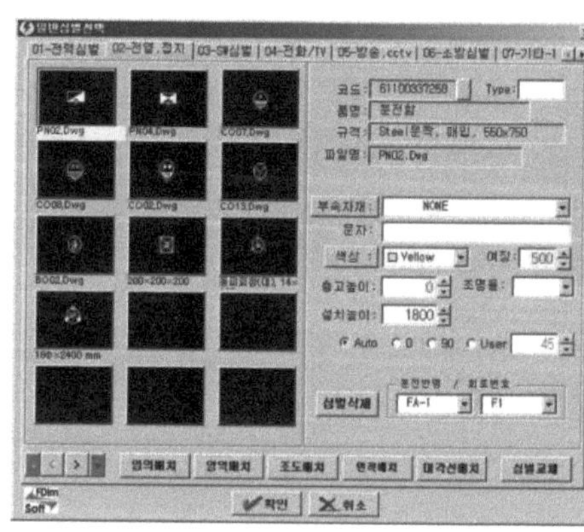


그림 18-25 심벌선택

**E. 일반심벌의 임의 배치**

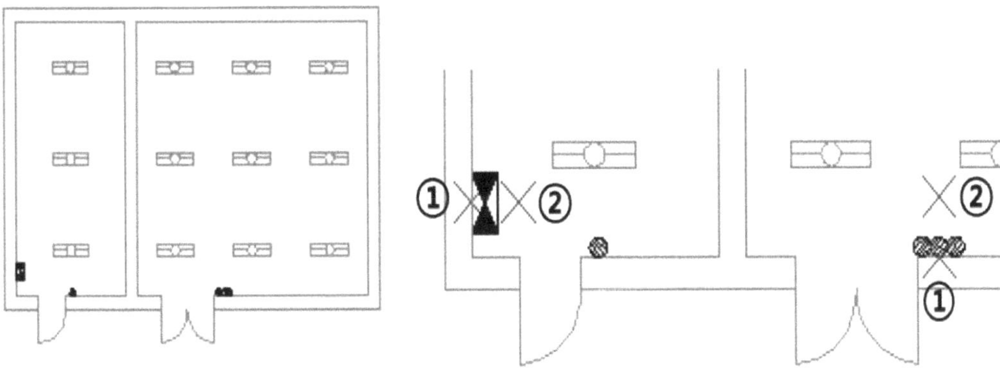


그림 18-26 임의배치

① 일반심벌 범례집에서 분전반을 선택하고 임의 배치를 선택후 확인한다.

② 배치할 지점 1번 선택 후 2번을 선택하면 배치가 완료된다.

③ 심벌선택 화면에서 "3구용 스위치"를 선택후 확인한다.

④ 배치할 지점 1번 선택 후 2번을 선택하면 배치가 완료된다.

⑤ 1구짜리 스위치도 위의 방법과 동일하다.

## 3) 배관 및 배선

**A. "배선 도구1"Tool Bar 에서 을 클릭한다.**

그림 18-27과 같이 배선 범례집이 나타난다.

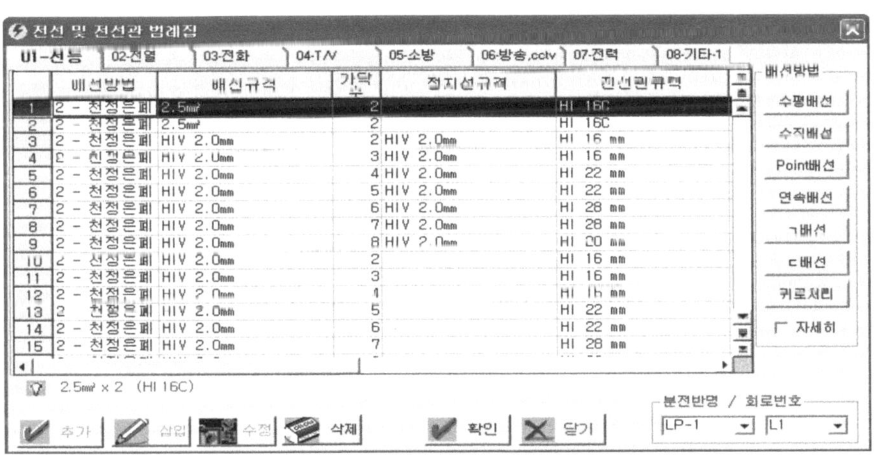


| | 배선방법 | 배선규격 | 가닥수 | 접지선규격 | 전선관규격 |
|---|---|---|---|---|---|
| 1 | 2 - 천정은폐 | 2.5㎟ | 2 | | HI 16C |
| 2 | 2 - 천정은폐 | 2.5㎟ | 2 | | HI 16C |
| 3 | 2 - 천정은폐 | HIV 2.0㎜ | 2 | HIV 2.0㎜ | HI 16 ㎜ |
| 4 | 2 - 천정은폐 | HIV 2.0㎜ | 3 | HIV 2.0㎜ | HI 16 ㎜ |
| 5 | 2 - 천정은폐 | HIV 2.0㎜ | 4 | HIV 2.0㎜ | HI 22 ㎜ |
| 6 | 2 - 천정은폐 | HIV 2.0㎜ | 5 | HIV 2.0㎜ | HI 22 ㎜ |
| 7 | 2 - 천정은폐 | HIV 2.0㎜ | 6 | HIV 2.0㎜ | HI 28 ㎜ |
| 8 | 2 - 천정은폐 | HIV 2.0㎜ | 7 | HIV 2.0㎜ | HI 28 ㎜ |
| 9 | 2 - 천정은폐 | HIV 2.0㎜ | 8 | HIV 2.0㎜ | HI 20 ㎜ |
| 10 | 2 - 천정은폐 | HIV 2.0㎜ | 2 | | HI 16 ㎜ |
| 11 | 2 - 천정은폐 | HIV 2.0㎜ | 3 | | HI 16 ㎜ |
| 12 | 2 - 천정은폐 | HIV 2.0㎜ | 4 | | HI 16 ㎜ |
| 13 | 2 - 천정은폐 | HIV 2.0㎜ | 5 | | HI 22 ㎜ |
| 14 | 2 - 천정은폐 | HIV 2.0㎜ | 6 | | HI 22 ㎜ |
| 15 | 2 - 천정은폐 | HIV 2.0㎜ | 7 | | HI 28 ㎜ |

그림 18-27 전선 및 전선관 범례집

### B. 수평배선 및 수직배선

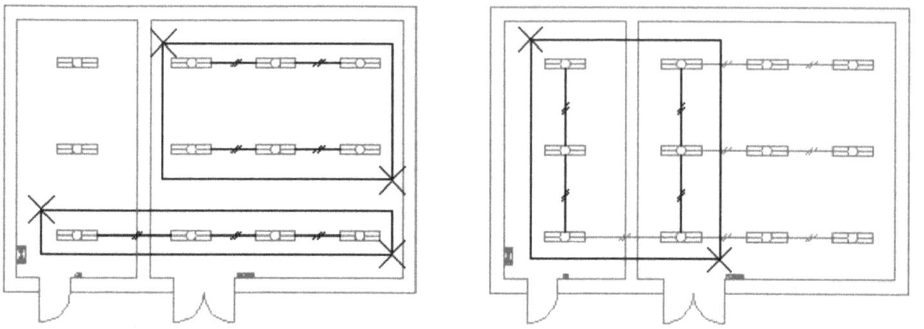

수평배선 수직배선

그림 18-28 수평배선 및 수직배선

① 범례집에서 천정은폐 2.5 mm$^2$ -2 HI16C를 선택 후 수평배선을 선택한다.

② 그림 18-28과 같이 배치할 영역을 두번 반복해서 선택하면 배선이 완료된다.

③ 수직배선은 배선범례집에서 배선을 선택할 필요없이 선택한다.

④ 위 그림과 같이 영역은 선택하면 배선이 완료된다.

### C. 연속 배선 및 분전반 귀로표시 하기

a) 연속배선

① 연속배선 아이콘 을 선택한다.

② Detail B 의 1번을 선택한 후 배선을 꺾을 지점에서 2번을 마지막으로 3번을 선택한다. - 이때 배선포인트는 수동으로 되어있어야 한다.(1구용 스위치도 위와 같은 방법으로 배선을 완료한다.)

b) 분전반 귀로표시

① 귀로배선 아이콘 을 선택한다.

② Detail A의 1번을 선택한 후 배선을 꺾을 지점에서 2번, 3번을 마지막으로 4번 분전반을 선택한다.

③ 분전반 회로 번호를 입력한다 : L1을 입력 후 Enter

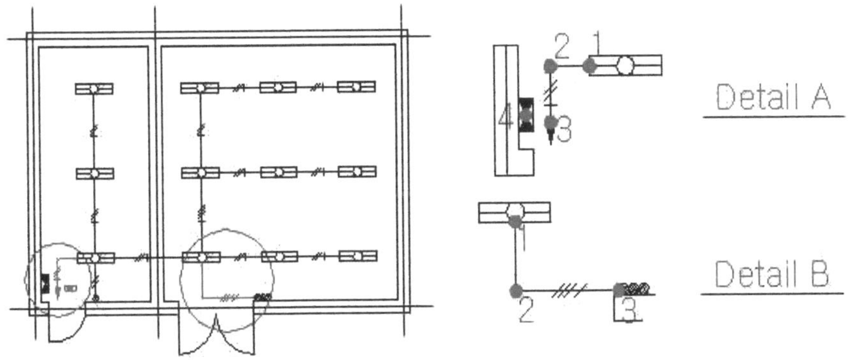


그림 18-29 분전반 귀로표시

## 4) Data 분류 및 물량산출

**A) "물량산출1" Tool Bar 에서 Data 분류 아이콘 을 클릭한다.**

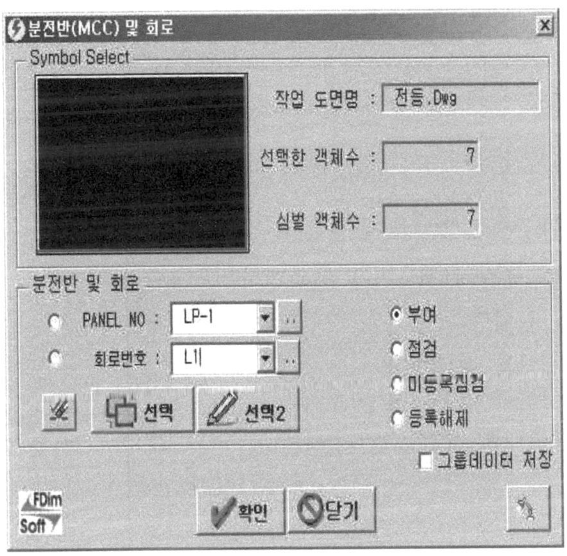


그림 18-30 분전반 및 회로

① 분전반 명칭을 지정한다 : LP-1

② 회로 번호를 지정한다 : L1

③ 심벌선택 버튼 클릭 후 그림 18-31과 같이 영역을 선택한다.

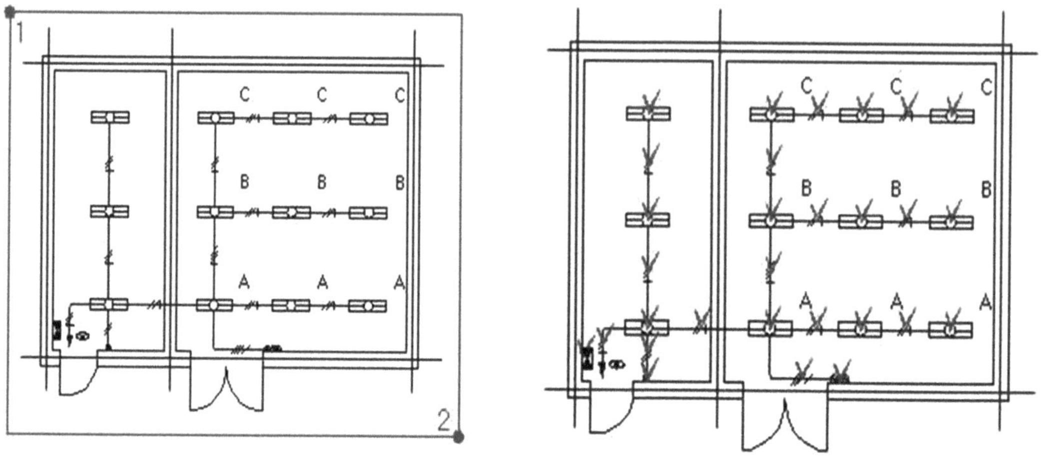

그림 18-31 심벌선택 완료

④ 캐드화면에서 심벌 선택이 완료 후 “확인”을 선택한다.

⑤ 선택된 심벌에는 위의 그림과 같이 √ 표시가 나타난다.

⑥ 닫기한 후 물량산출을 하면 된다.

### B. 도면 데이터 작성

a) 물량산출1 Tool Bar 에서 을 클릭한다.

- 견적서 작성 또는 현재도면을 선택한다.
- 현재도면을 선택한다.
- 전체 물량체크를 선택한다.
- 산출된 데이터가 표시된다.
- 데이터를 확인 후 확인을 선택한다.

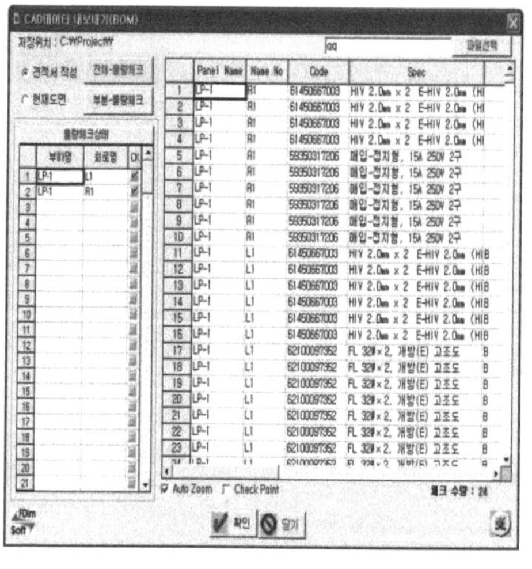


그림 18-32 물량산출 데이터

b) 산출조서, 물량집계, 전체물량집계

- 물량산출1 Tool Bar 에서 해당 아이콘을 선택한다.
- 산출조서 , 분전반별 물량집계 , 전체물량집계 을 선택한다.
- 데이터 읽기 버턴을 선택한다. - 집계화면이 나타난다.
- Excel로도 전환하여 사용할 수 있다.

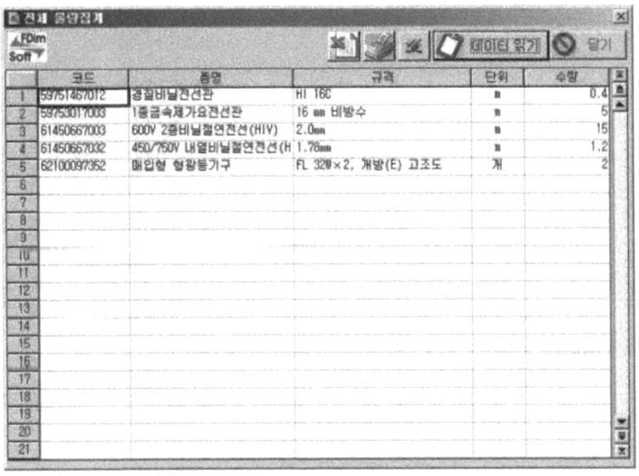


산출조서

물량집계

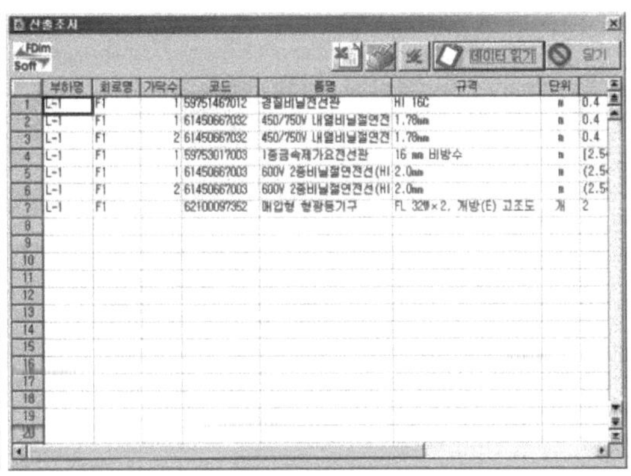


전체물량집계

그림 18-33 물량산출 예

# 18.3 전열설비 따라하기(예제 3)

↠ **건축도면은 전등설비의 평면을 복사하여 이용하며 완성도는 교재 예제도면 참조**

## 1) 심벌배치

### A. 범례 Tool Bar 에서 [아이콘]을 선택한다.

- 화면에서 배치하고자 하는 심벌을 선택한다.
- 기구 데이터 값 창에 심벌의 속성이 표시된다.
- 각도, 높이, 색상은 수정 가능하다.
- 심벌배치 방법은 현재 화면에서 직접 선택 또는 Tool Bar에 있는 배치방법을 이용한다.

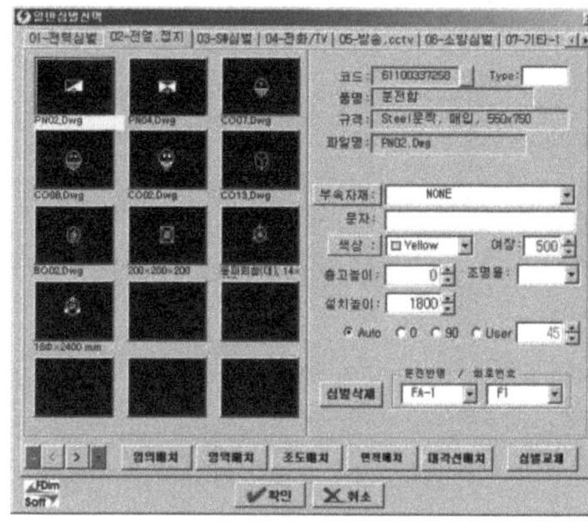

그림 18-34 심벌선택

### B. 일반기구 심벌의 임의 배치

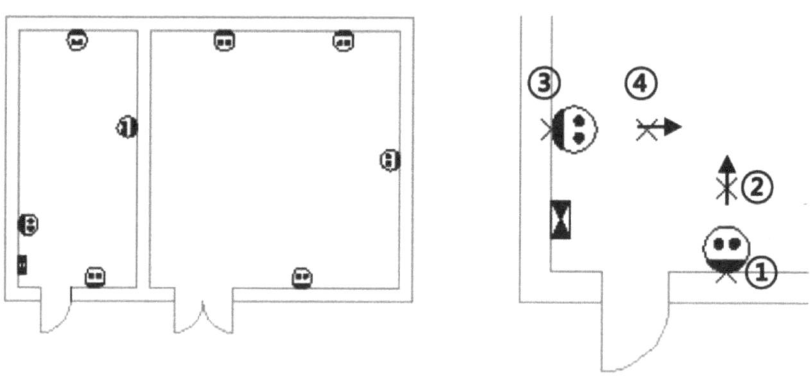

그림 18-35 심벌임의 배치

① 범례집에서 매입 접지용 2구 콘센트를 선택하고 임의배치를 선택후 확인한다.

② 배치할 지점을 선택한다. : 1번 지점 선택 후 2번 지점을 선택 - 심벌이 배치된다.

③ 연속해서 3번지점 선택 후 4번지점 선택 : 심벌이 배치된다.

④ 위와 같은 방법으로 배치를 완료한다.

## 2) 배관 및 배선

### A. "배선 도구1" Tool Bar 에서 을 선택한다. - 02- 전열탭을 선택한다.

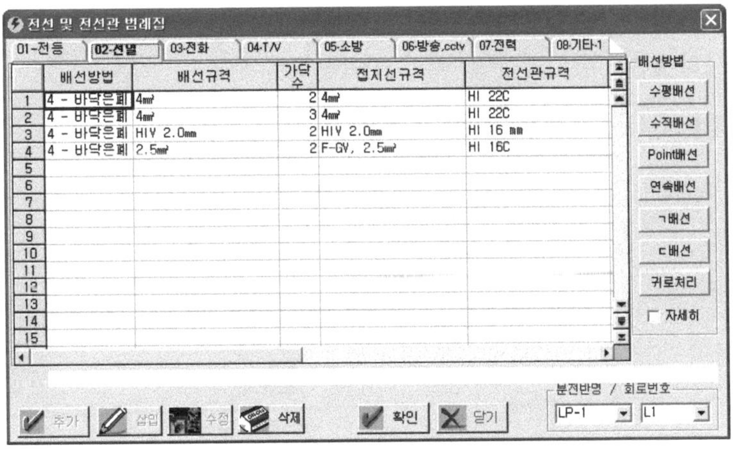


그림 18-36 전선 및 전선관 범례집

콘센트와 같이 벽에 설치하는 심벌에 배선할 경우에는 "배선1 Tool Bar 에서 배선Point지정 을 수동으로 전환하고 Osnap 모드를 사분점으로 설정한 후 배선해야 한다.

### B. "ㄱ 배선"

① 범례집에서 HIV 4 $mm^2$ -2 접지 4 $mm^2$ HI16C를 선택 후 "ㄱ"배선을 선택한다.

② 배선 방식 Icon 중에서 을 선택

③ 배선의 수평위치에 있는 심벌을 먼저 선택후 수직에 위치할 심벌 선택한다.

④ Detail A의 1번을 선택 후 다음 심벌 위치 2번을 선택한다.

⑤ 연속해서 Detail B 의 3번을 선택 후 다음 심벌 위치 4번을 선택하면 배선이 된다.

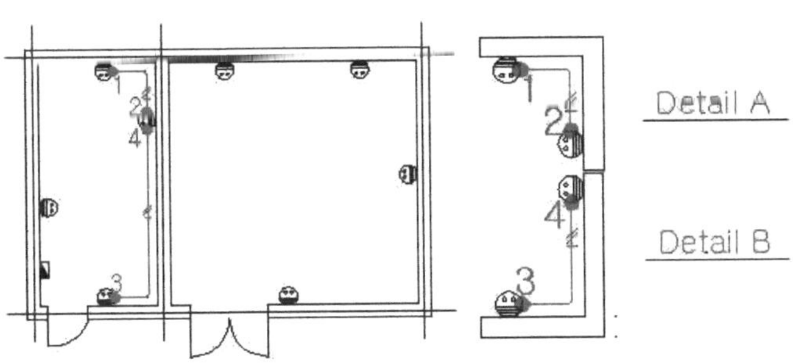


그림 18-37 ㄱ배선

### C. "귀로 배선" 

① 배선 방식 Icon 중에서 을 선택한다. (배선 종류는 이미 선택되어 있어야 한다)

② R1 회로의 1번, 2번, 3번을 차례로 [Click] 후 LP-1선택한다.
회로번호는 R1을 입력 후 [Enter] [Enter]

③ R2 회로의 4번, 5번, 6번 [Click]후 LP-1선택한다.
회로번호는 R2을 입력 후 [Enter][Enter]

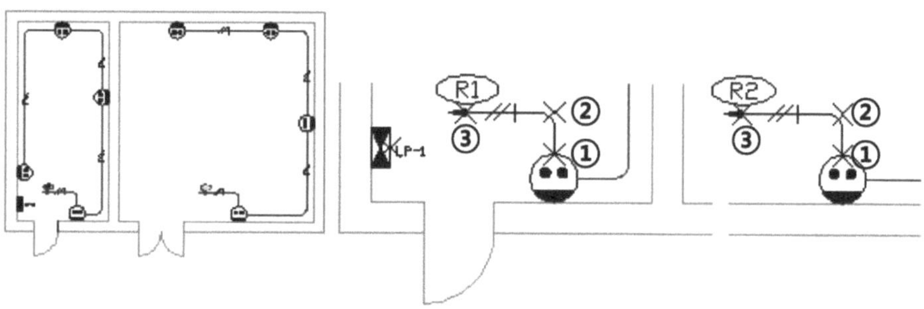


그림 18-38 귀로배선 예

## 3) Data 분류 및 물량산출

### A. "물량산출1" Tool Bar 에서 Data 분류 아이콘 을 선택한다.

2회로 이므로 분류 작업을 두번해야 한다.

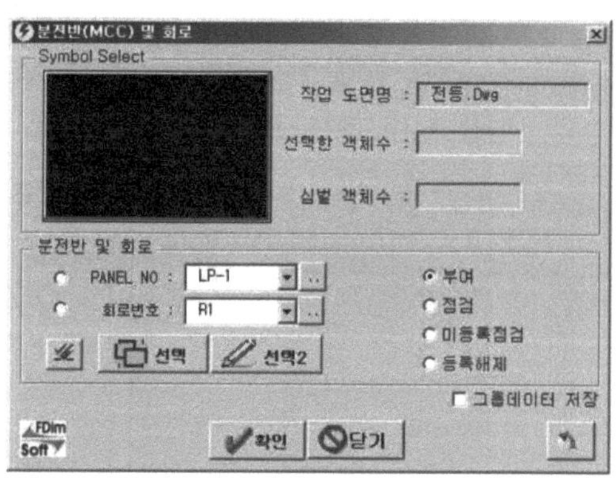


그림 18-39 분전반 및 회로

① 분전반 명칭을 지정한다 : LP-1

② 회로 번호를 지정한다 : R1

③ 심벌선택 버튼 [Click] 한 후 아래와 같이 도면의 R1영역을 선택한다.

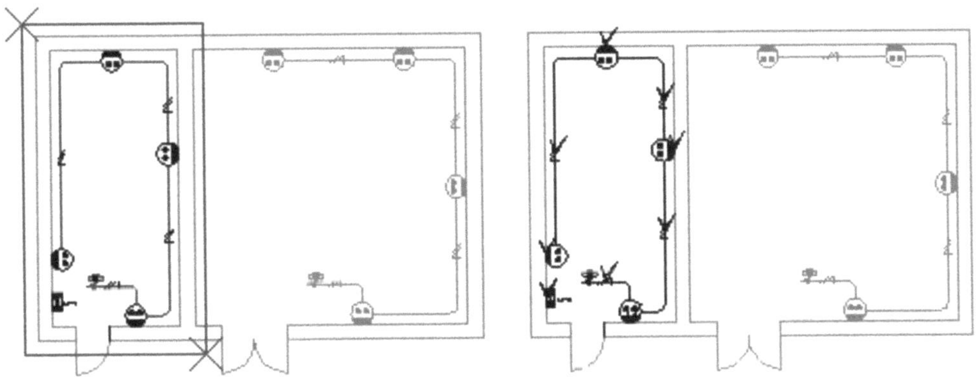

그림 18-40 심벌 선택1

④ 화면에서 심벌을 모두 선택하였으면 [Enter] 후 "확인"을 선택한다.
선택된 심벌에는 위의 그림과 같이 √ 표시가 나타난다.

⑤ 다시 회로 번호를 지정한다 : R2 [Click]

⑥ 심벌선택 버튼 [Click] 한 후 아래와 같이 R2 영역을 선택한다.

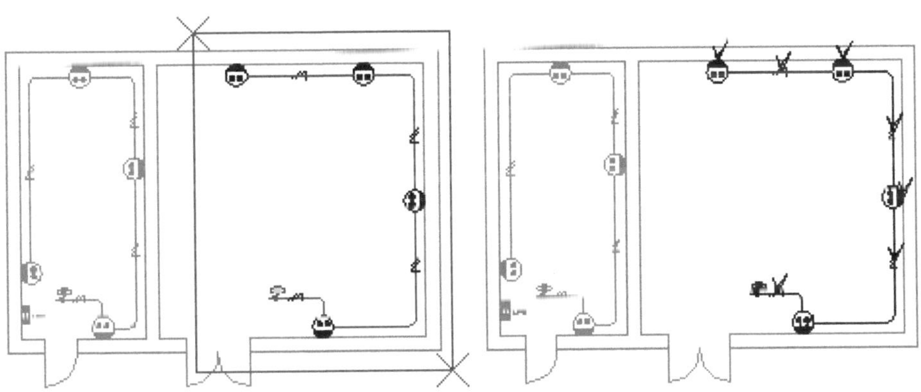

그림 18-41 심벌 선택2

① 화면에서 심벌을 모두 선택하였으면 [Enter] 후 “확인”을 선택한다.

② 선택된 심벌에는 위의 그림과 같이 √ 표시가 나타난다.

③ 닫기를 선택후 물량산출을 한다.

### B. 도면 데이터 작성

“물량산출1” Tool Bar 에서 [아이콘]을 클릭한다.

- 견적서 작성 또는 현재도면을 선택한다.
  현재도면을 선택한다.
- 전체 물량체크를 선택한다.
- 산출된 데이터가 표시가 된다.
- 데이터를 확인후 확인을 선택한다.

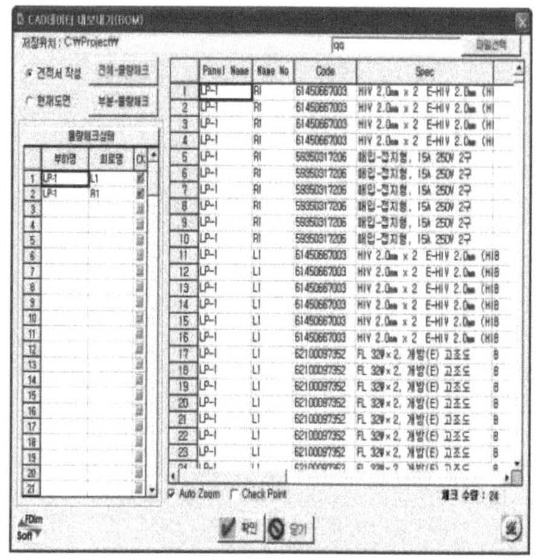

그림 18-42 물량산출 데이터

C. 산출조서, 물량집계, 전체물량집계

- 물량산출1 Tool Bar 에서 해당 아이콘을 선택한다.
- 산출조서 [아이콘], 분전반별 물량집계 [아이콘], 전체물량집계 [아이콘]을 선택한다.
- 데이터 읽기 버턴을 선택한다. - 집계화면이 나타난다.
- Excel로도 전환하여 사용할 수 있다.

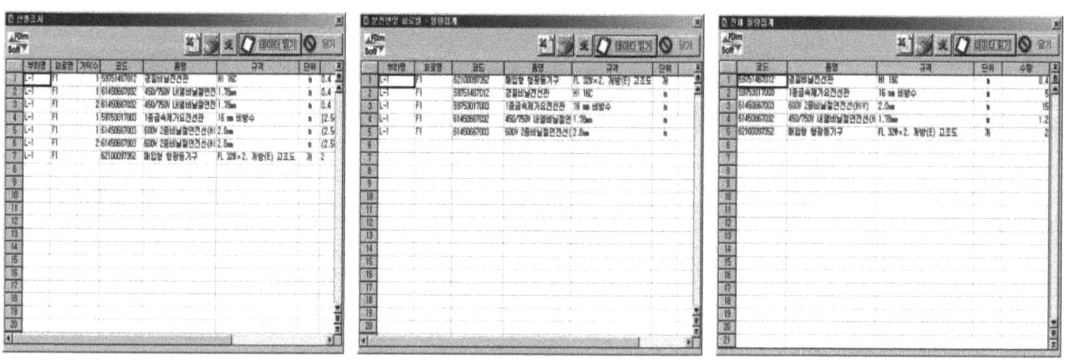

산출조서 물량집계 전체물량집계

그림 18-43 물량산출 예

# 18.4 전화설비 따라하기(예제 4)

❖ **건축도면은 전등설비의 평면을 복사하여 이용하며 완성도는 예제도면 참조.**

## 1) 심벌배치

**A. 범례 Tool Bar 에서 을 선택한다.**

- 화면에서 배치하고자 하는 심벌을 선택한다.
- 기구 데이터에 심벌속성이 표시된다.
- 각도, 높이, 색상은 수정가능하다.
- 심벌배치 방법은 현재 화면에서 직접 선택 또는 Tool Bar에 있는 배치방법을 이용한다.

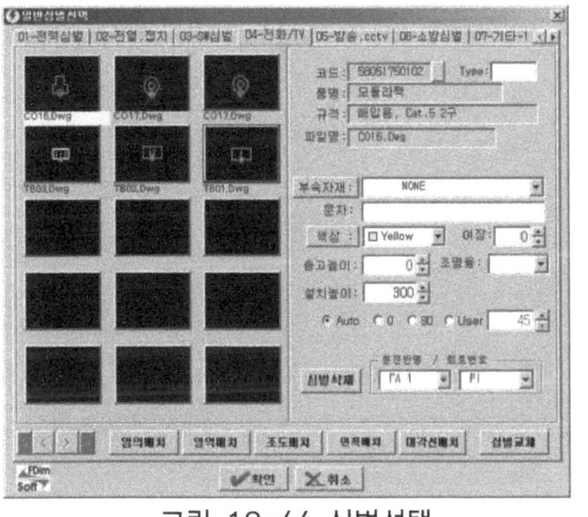

그림 18-44 심벌선택

**B. 일반기구 심벌의 임의 배치**

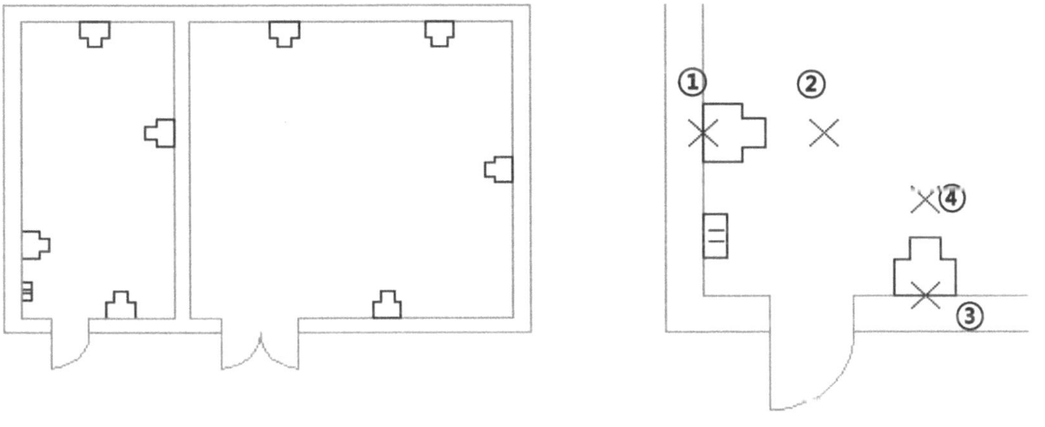


그림 18-45 임의배치 예

① 범례집에서 전화콘센트 모듈라잭을 선택하고 임의배치를 선택후 확인한다.

② 배치할 지점을 선택한다. : 1번 지점 선택 후 2번 지점을 선택 – 심벌이 배치된다.

③ 연속해서 3번지점 선택 후 4번지점 선택 : 심벌이 배치된다.

④ 위와 같은 방법으로 배치를 완료한다.

## 2) 배관 및 배선

**A. "배선 도구1"Tool Bar 에서 을 선택한다. - 03 전화탭을 선택한다.**

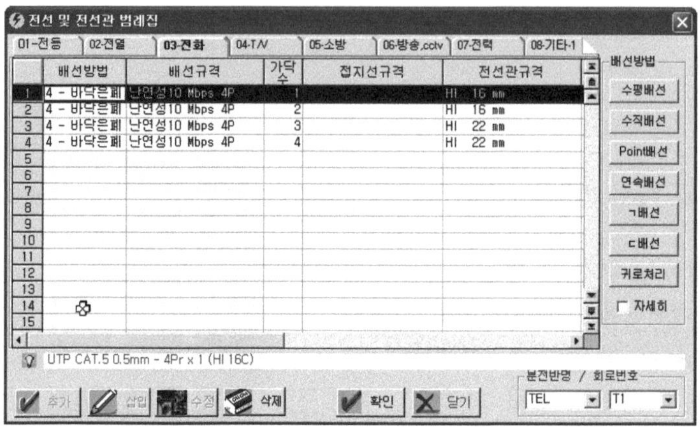

그림 18-46 전선 및 전선관 범례집

콘센트와 같이 벽에 설치하는 심벌에 배선시는 "배선1 Tool Bar 에서 배선 Point지정 을 수동으로 전환하고 osnap 모드를 **사분점**으로 설정 한 후 배선해야 한다.

**B. "ㄱ 배선"**

① 범례집에서 바닥은폐 4P - HI16C를 선택 후 "ㄱ"배선을 선택한다

② 배선 방식 Icon 중에서 을 선택

③ 배선의 수평위치에 있는 심벌을 먼저 선택 후 수직에 위치할 심벌 선택한다.

④ 1번을 선택 후 다음 심벌 위치 2번을 선택한다.

⑤ 연속해서 심벌을 선택하여 배선을 완료한다.

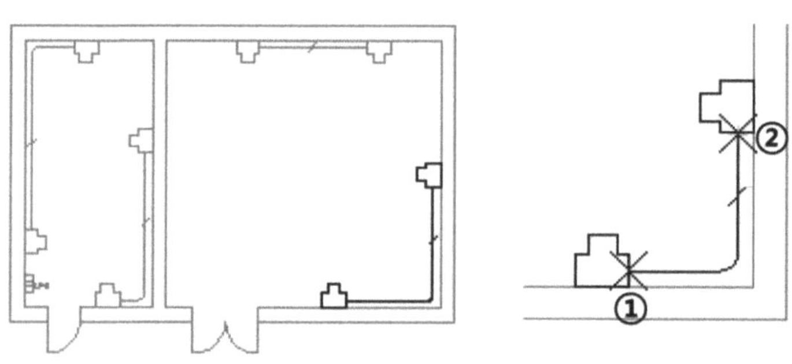

그림 18-47 ㄱ 배선

## C. "귀로 배선"

① 배선 방식 Icon 중에서 을 선택한다.

② T1 회로의 1번, 2번, 3번을 차례로 Click 후 4번 TEL-1을 선택한다.

③ 회로번호는 T1을 입력 후 Enter Enter

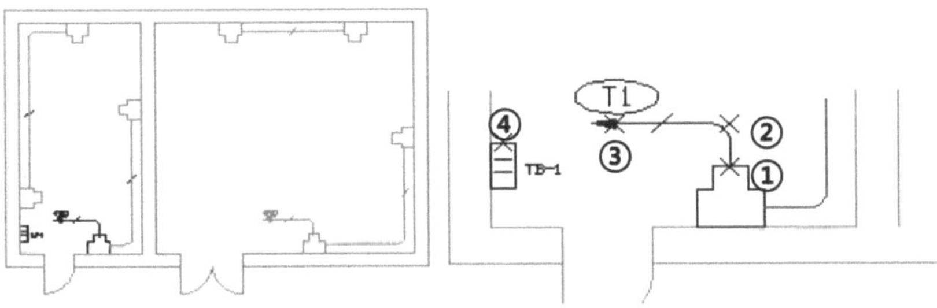


그림 18-48 귀로배선

## D. 배선 가닥수 교체

① "배선 도구1"Tool Bar에서 을 선택한다.

② 교체 할 전선 가닥수 전체를 선택 후 Enter

③ 가닥수교체 창에서 무접지 2가닥을 선택

④ 하면 가닥수가 교체된다.

그림 18-49 가닥수 교

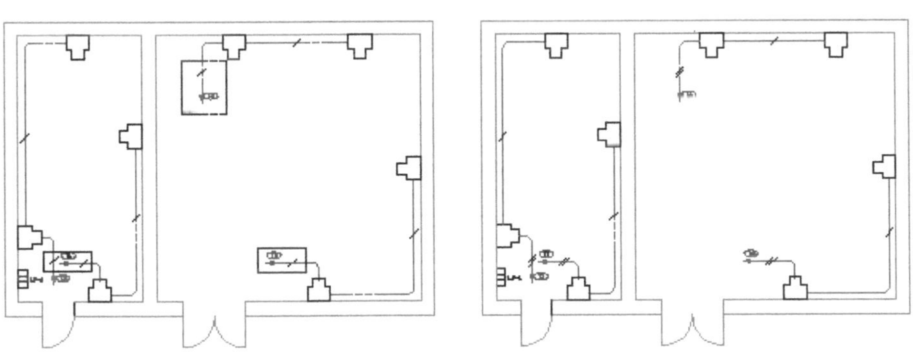

그림 18-50 가닥수 교체 예

## 3) Data 분류 및 물량산출

**A. "물량산출1" Tool Bar 에서 Data 분류 아이콘 을 Click**

회로수가 많은 경우는 첫번째 회로부여를 할 때 도면전체를 선택한다. 혹 부여시 누락된 심벌이 있어도 이미 부여가 되었으므로 물량산출이 된다. 중복 선택되어도 심벌은 맨 마지막에 부여받은 회로번호만을 기억한다.

① 분전반 명칭을 지정한다 : TEL-1
② 회로 번호를 지정한다 : T1
③ 심벌선택 버튼 클릭 한 후 아래와 같이 도면 전체영역 1번과 2번 지점을 선택한다.
④ 확인을 선택하면 전체가 체크가 된다.
⑤ 체크해제를 한후 나머지 부분의 회로도 회로 부여를 한다.

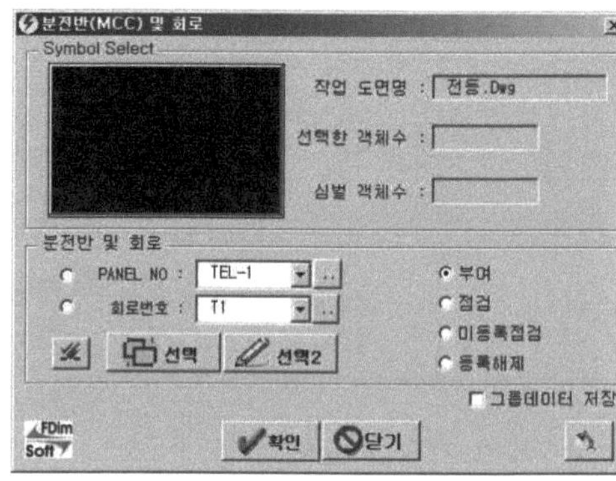


그림 18-51 분전반 및 회로 선택

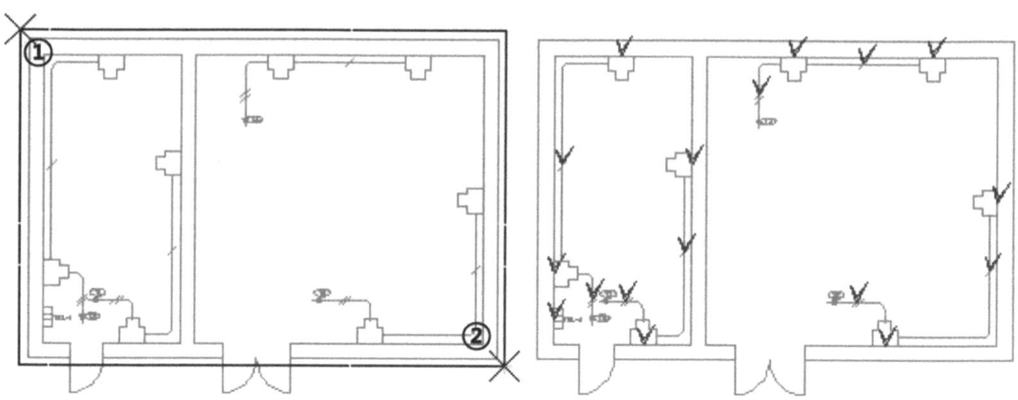

그림 18-52 심벌 선택

- 데이터 내보내기 및 물량집계는 전등 및 전열 설비 그리기를 참조한다.

# 18.5 소방설비 따라하기(예제 5)

❖ **건축도면은 전등설비의 평면을 복사하여 이용하며 완성도는 예제도면 참조.**

## 1) 심벌배치

### A. 범례 Tool Bar 에서 을 선택한다.

- 화면에서 배치하고자 하는 심벌을 선택한다.
- 기구 데이터에 심벌속성이 표시된다.
- 각도, 높이, 색상은 수정가능하다.
- 심벌배치 방법은 현재 화면에서 직접 선택 또는 Tool Bar에 있는 배치방법을 이용한다.

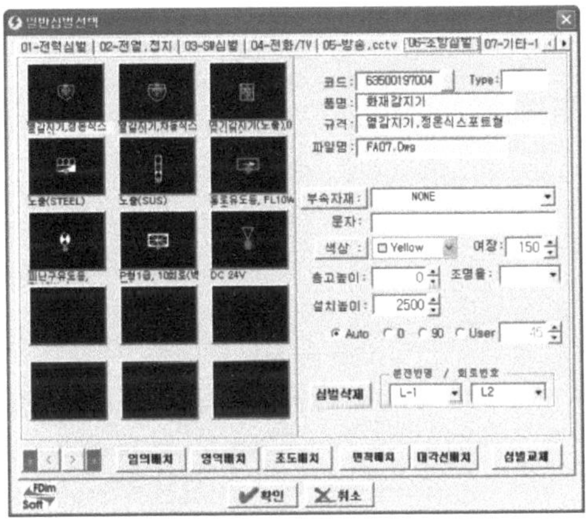


그림 18-53 심벌 선택

### B. 감지기의 면적배치 및 소화전함의 임의배치

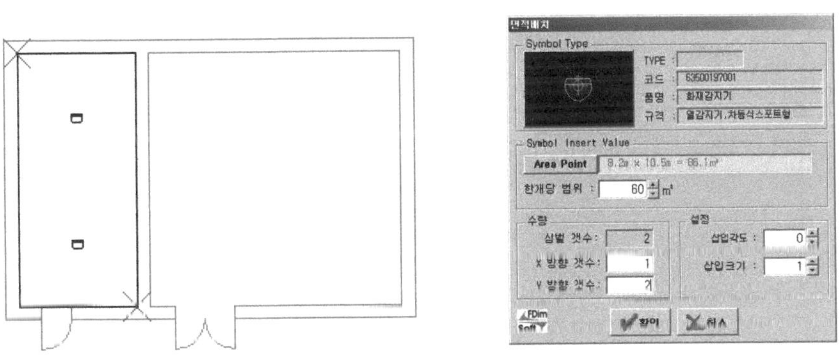


그림 18-54 감지기 및 소화전함 배치

① 범례집에서 차동식감지기를 선택후 심벌2 도구막대의 면적배치 를 선택.

② 배치할 영역을 선택하면 나타나는 화면에서 한 개당 범위 값을 입력하면 설치할 수량이 나타난다.

③ 설치수량을 X 방향 1, Y방향 2로 한다음 확인을 선택하면 배치된다.

④ 위와 같은 방법으로 우측 구역도 배치를 완료한다.

- 소화전함은 임의 배치를 이용하여 배치를 완료한다.

## 2) 배관 및 배선

**A. "배선 도구1"Tool Bar 에서 을 선택한다. - 05 소방탭을 선택한다.**

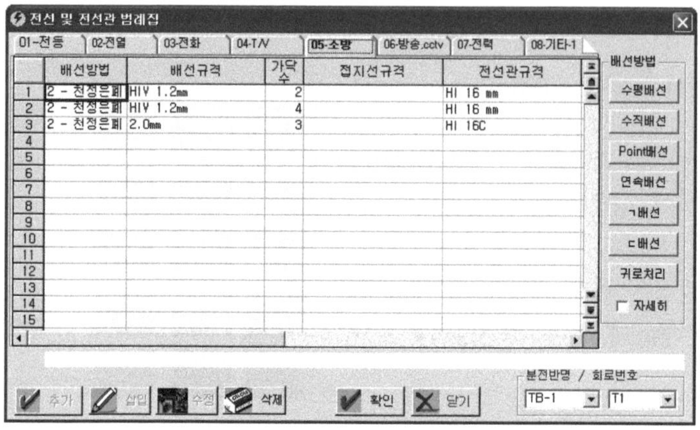


그림 18-55 전선 및 전선관 범례집

**B. 수평배선 및 수작배손**

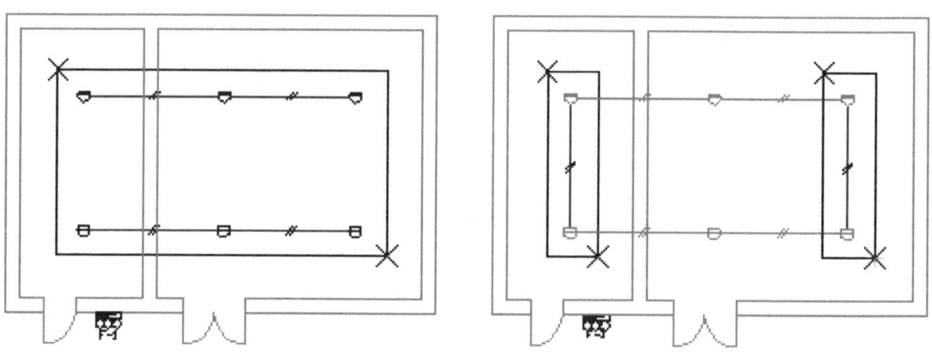

수평배선 수직배선

그림 18-56 수평 및 수직배선

① 범례집에서 배선할 전선 및 전선관을 선택한 후 수평배선을 선택한다.

② 위 그림과 같이 배치할 영역을 선택하면 배선이 완료된다.

③ 수직배선은 배선범례집에서 배선을 선택할 필요없이 을 선택한다.

④ 위 그림과 같이 영역을 연속해서 선택하면 배선이 완료된다.

### C. 소화전함의 "ㄱ"배선

① 배선 방식 Icon 중에서 을 선택

② 배선의 수평위치에 있는 심벌을 먼저 선택 후 수직에 위치할 심벌선택한다.

③ 1번을 선택 후 다음 심벌 위치 2번을 선택한다.

④ 연속해서 심벌을 선택하여 배선을 완료한다.

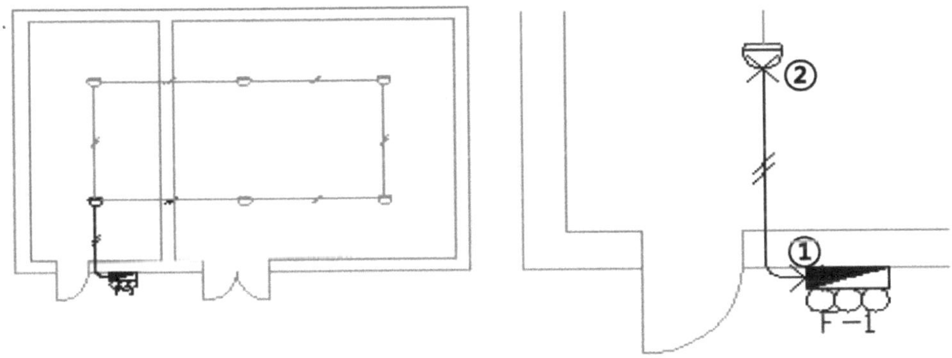


그림 18-57 소화전함의 ㄱ배선

### D. 배선 가닥수 교체

"배선 도구1"Tool Bar에서 을 이용하여 소화전함으로 오는 배선 2가닥을 4가닥으로 교체한다.

## 3) Data 분류 및 물량산출

### A. "물량산출1" Tool Bar 에서 Data 분류 이이콘 을 Click

회로수가 많은 경우는 첫번째 회로부여를 할 때 도면전체를 선택한다. 혹 부여시 누락된 심벌이 있어도 이미 부여가 되었으므로 물량산출이 된다. 중복선택이 되어도 심벌은 맨 마지막에 부여 받은 회로번호 만을 기억한다.

① 분전반 명칭을 지정한다 : FA-1

② 회로 번호를 지정한다 : F1

③ 심벌선택 버튼 클릭 한 후 아래와 같이 도면전체영역 1번과 2번 지점을 선택한다.

④ 확인을 선택하면 전체가 체크가 된다.

⑤ 닫기를 한후 물량산출을 한다.

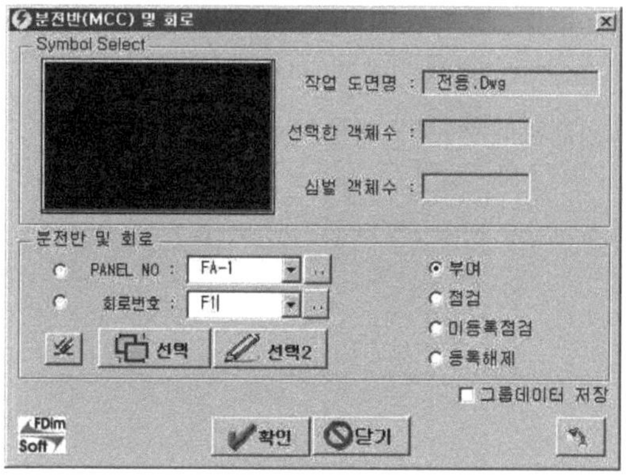


그림 18-58 분전반 및 회로 선택

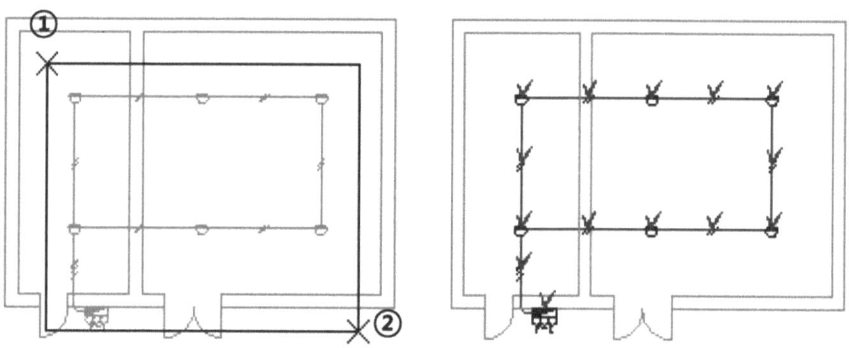


그림 18-59 심벌 선택

❖ 데이터 내보내기 및 물량집계는 전등 및 전열 설비 그리기를 참조한다.

# 18.6 시퀀스도 따라하기(예제 6)

## 1) CAD 디자인 설정

① Pop Up Menu의 파일à CAD디자인 설정
② 도면양식 설정 : ElecOffice.dwg
③ 용지 크기를 선택 : A4
④ 도면축척 : 80
⑤ 확인을 선택한다.
⑥ 저장 파일이름은 SEQ-1로 한다.

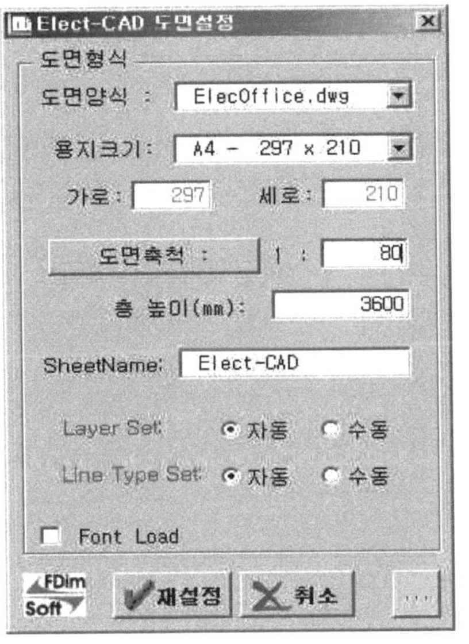


그림 18-60 Elec-CAD 도면설정

## 2) 그리드, 스냅 설정 (F7, F9)

**A. 시퀀스 Tool Bar 에서 을 선택한다.**

**B. 그리드와 스냅 간격을 500으로 설정 후 확인한다.**

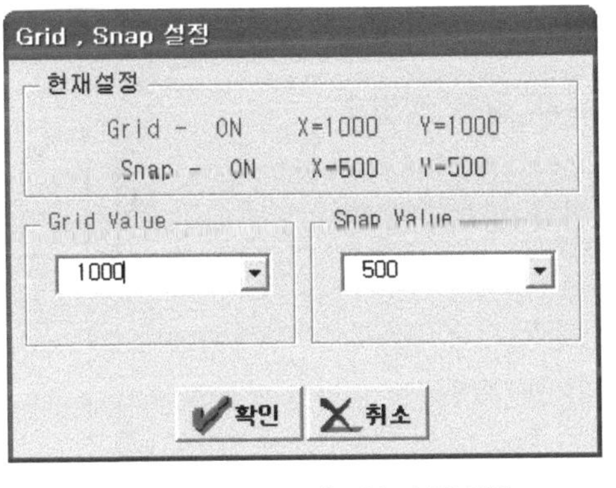


그림 18-61 그리드와 스냅설정

## 3) 보조선 그리기

**A. 시퀀스 Tool Bar 에서 을 선택하여 보조선을 그린다.**

보조선에 심벌을 삽입하면 선이 잘리면서 삽입이 된다.

**B. 명령 창에 아래의 순서로 입력한다.**

① TLine 라인 수 〈 2 〉 : 7 [Enter]

② 라인 간격 〈 500 〉 : 2000 [Enter]

③ 라인 시작점 : 1번선택

④ 라인의 끝점 : 2번 선택

⑤ 그림과 같이 선이 그려진다.

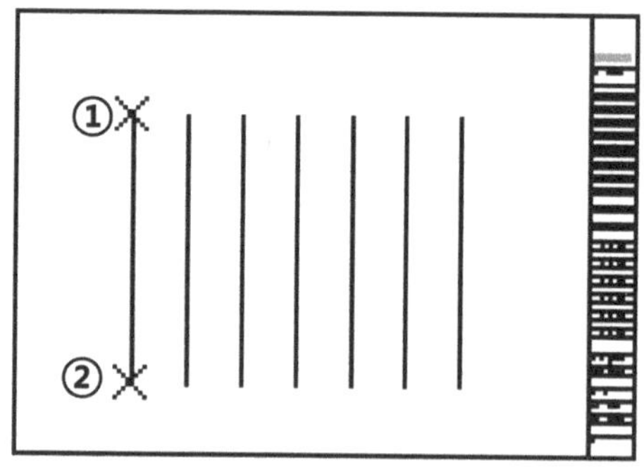


그림 18-62 보조선 그리기

## 4) 시퀀스 심벌 삽입하기

**A. 시퀀스 Tool Bar 에서 을 [Click]**

**B. MCCB 심벌을 선택 한다.**

**C. 삽입각도를 0도로 하고 기본정보 설정이 완료되었으면 후 임의배치를 선택한다.**

**D. 삽입할 보조선 위를 선택한다. : 1번지점**

**E. 범례집에서 MC 심벌을 선택한다.**

**F. 임의배치를 이용하여 심벌을 배치한다. : 2번지점**

**G. THR, MOTOR심벌도 위와 같은 방법으로 배치를 한다.**

**H. 그림 18-65와 같이 배치가 완료되면 편집을 한다.**

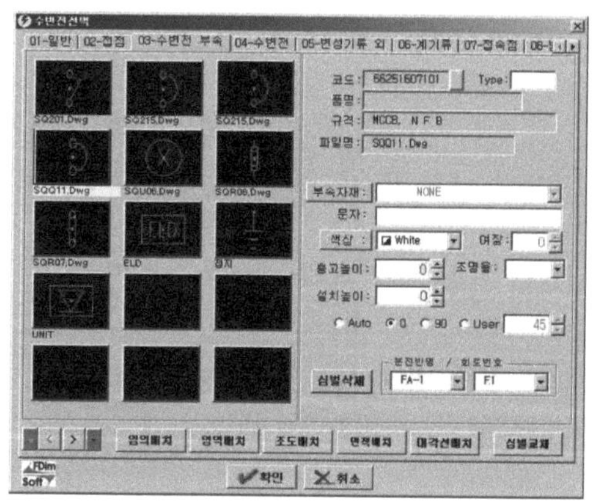


그림 18-63 MCCB 심벌 선택

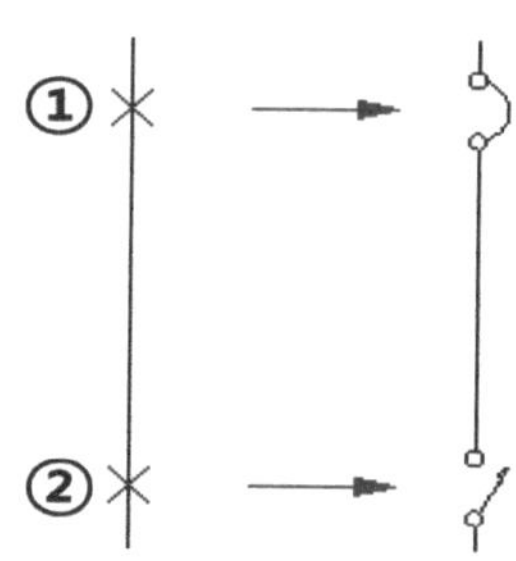

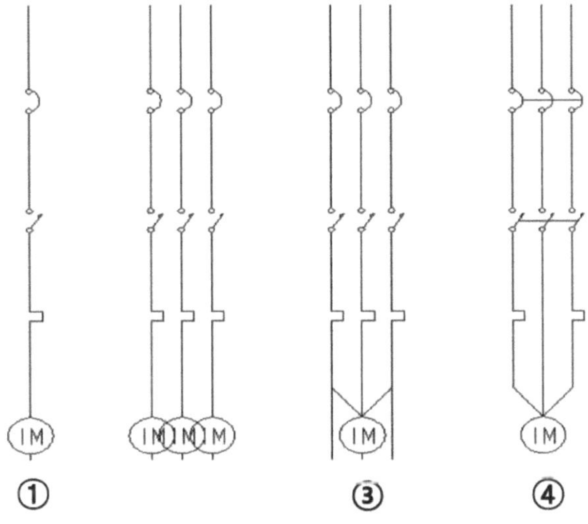


그림 18-65 심벌 배치 1

① 완성된 단선도 형태의 심벌배치도를 나타낸다.

② 다중복사 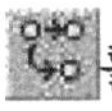를 이용하여 복선도 형태로 만든다. : 간격은 500으로 한다.

③ 모타부분을 선그리기(Line) 및 자르기 (Trim) 명령을 이용하여 편집을 한다.

④ MCCB 및 MC 부분을 선그리기로 연결하여 복선도를 완성한다.

**I. 나머지 부분의 심벌을 그림 18-66과 같이 배치를 완료한다.**

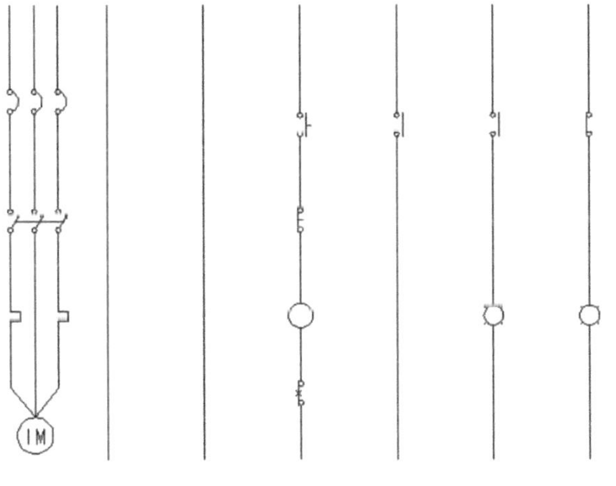


그림 18-66 심벌 배치 2

**J. 회로도 형태를 완성시킨다.**

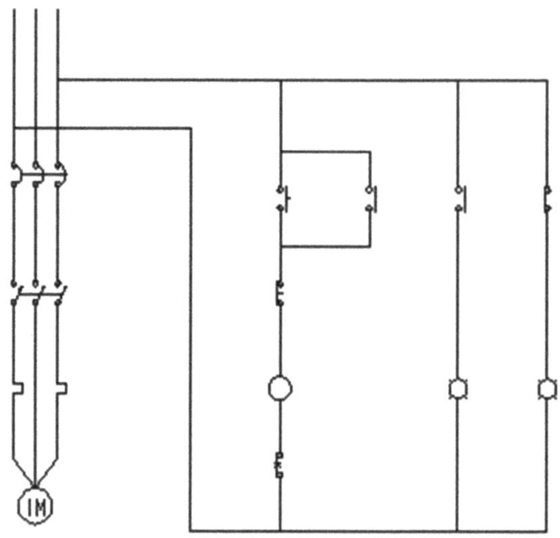


그림 18-67 회로도 완성

## 5) TEXT 입력하기

① TEXT 명령을 이용하여 문자를 기입한다. - 높이는 250
② 먼저 MC를 입력후 전체 심벌에 복사하여 붙여넣기를 한다.
③ 수정하기 명령을 이용하여 문자를 수정한다.

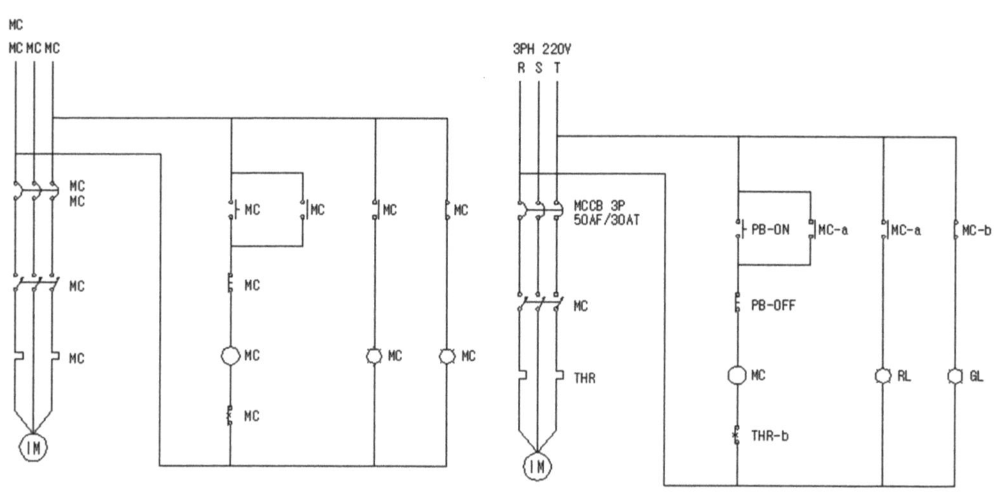


수정전 수정후

그림 18-68 문자 기입

## 6) 접속점 그리기

**A. 시퀀스 Tool Bar 에서 을 선택한다.**

**B. 회로와 회로의 교차점에 접속점 심벌을 삽입한다.**

① 명령 : DONUT

② 도넛의 내접원 지름<0.0000> : 0

③ 도넛의 외접원 지름<200.0000> : 150

④ 도넛의 중심점 지정 : 각각 배선의 접속점(교차점)을 선택한다.

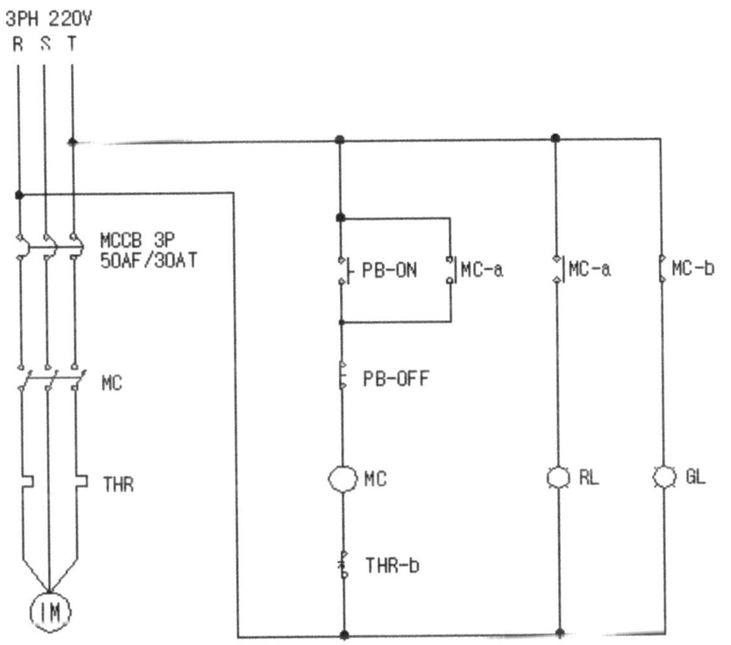


그림 18-69 접속점 심벌 삽입

## 예제 6 E-CAD 따라하기 예제 도면

◆ **전등설비, 전열설비 평면도**

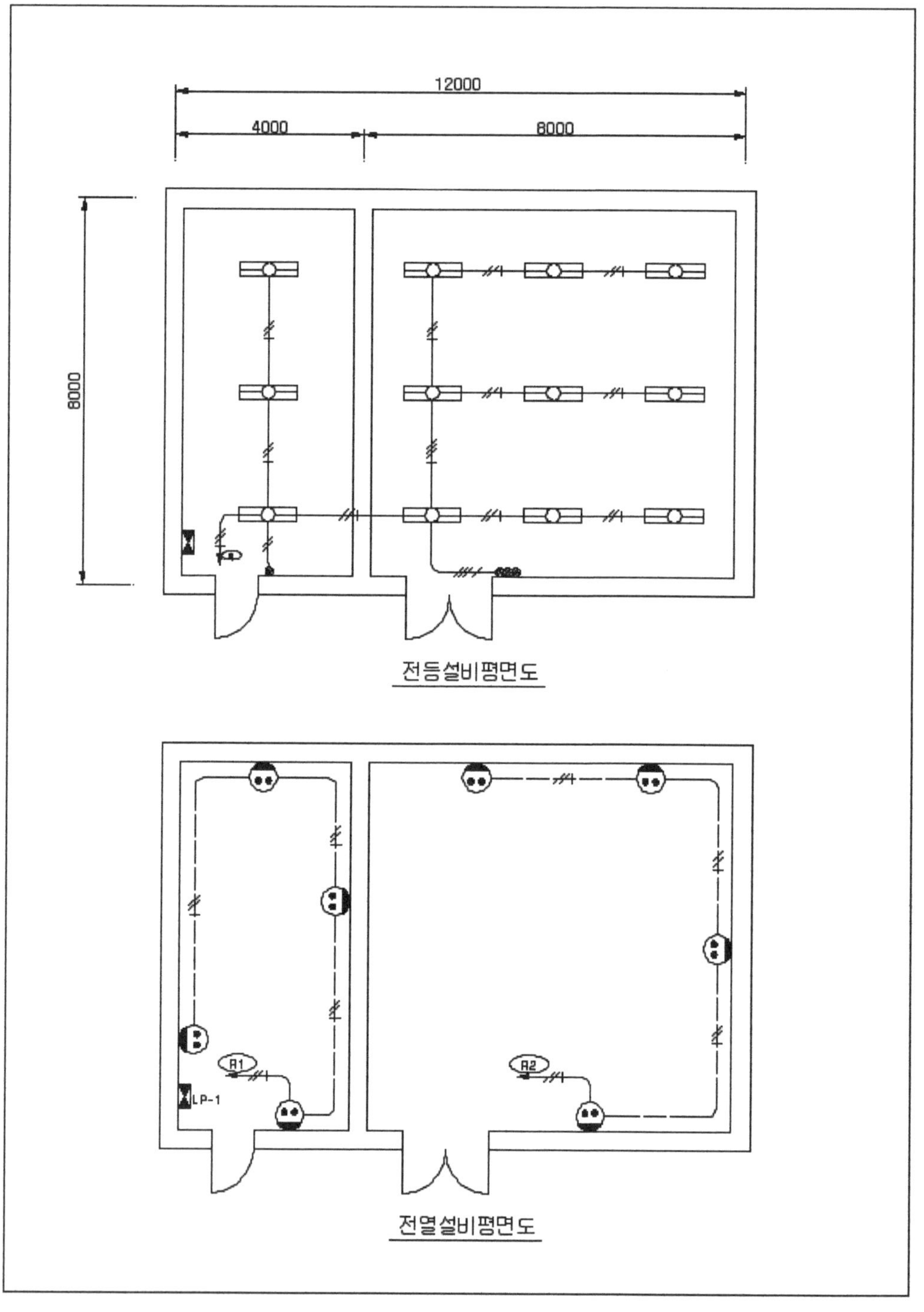

◆ **전화설비, 소방설비 평면도**

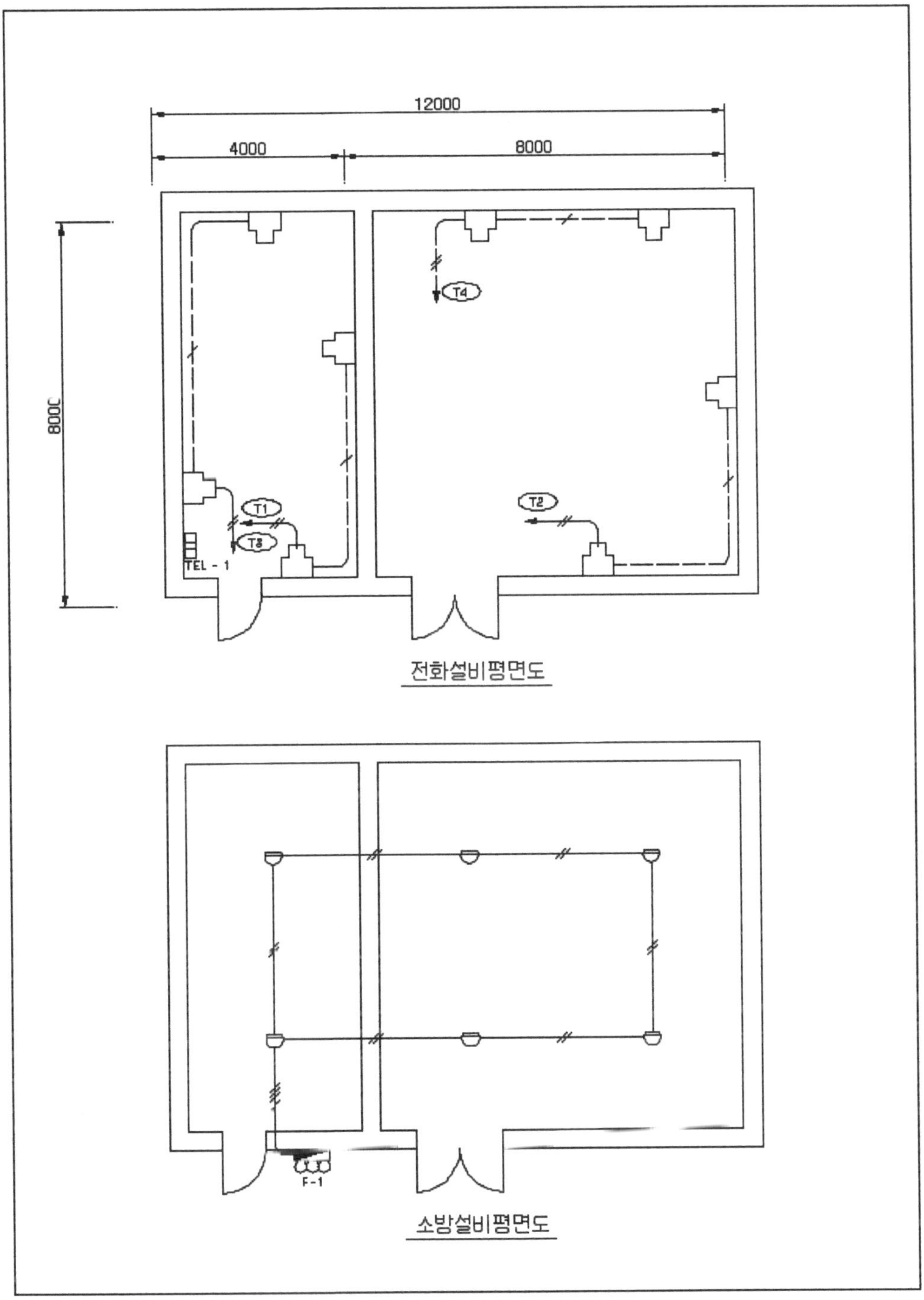

## 18.7 실무도면 응용하기(예제 7)

응용 도면 원본은 Elect-CAD의 Sample\mycad\8 E-CAD실무를 참조 또는 사차원소프트 홈페이지 www.ecad.or.kr자료실의 E-CAD실무도면을 참조.

### 전 기 범 례 및 주 기 사 항

1. 본 설계도서중에 별도 명기가 없는 수치의 단위는 mm로 한다.
2. 본 공사에 사용하는 자재의 규격은 K.S 또는 동등 이상 자재를 사용하여 시공한다.
3. 본 공사에 사용하는 전선관의 특기없는 배관은 다음에 의한다.
   - 스라브매입배관 (천정) : ———— 내충격 경질비닐전선관(HI-PVC)
   - 스라브매입배관 (바닥) : - - - - 내충격 경질비닐전선관(HI-PVC)
4. 특기없는 노출배관 부분중 건축천정재(텍스등)가 있는 장소는 천정반자속 공사를 원칙으로 한다.
5. 본 설계도서중에 별도 명기가 없는 배관배선은 다음과 같다.

| 전 등 | |
|---|---|
| —//\|— | 16C(HIV 4sq-2,E-4sq) |
| —///\|— | 16C(HIV 4sq-3,E-4sq) |
| —////\|— | 22C(HIV 4sq-4,E-4sq) |
| —/////\|— | 22C(HIV 4sq-5,E-4sq) |

| 전 화 | |
|---|---|
| -/- | UTP (CAT.5) 0.5mm-4Px1 (16C) |
| -//- | UTP (CAT.5) 0.5mm-4Px2 (22C) |
| -///- | UTP (CAT.5) 0.5mm-4Px3 (22C) |
| -////- | UTP (CAT.5) 0.5mm-4Px4 (22C) |

| 전 열 | |
|---|---|
| -//\|- | 16C(HIV 4sq-2,E-4sq) |

| 소 방 | |
|---|---|
| —//— | 16C(HIV 1.5sq-2) |
| —////— | 16C(HIV 1.5sq-4) |
| —//\|— | 16C(HIV 4sq-2,E-4sq) |

| T V | |
|---|---|
| ———— | 16C(HFB - 5C) |

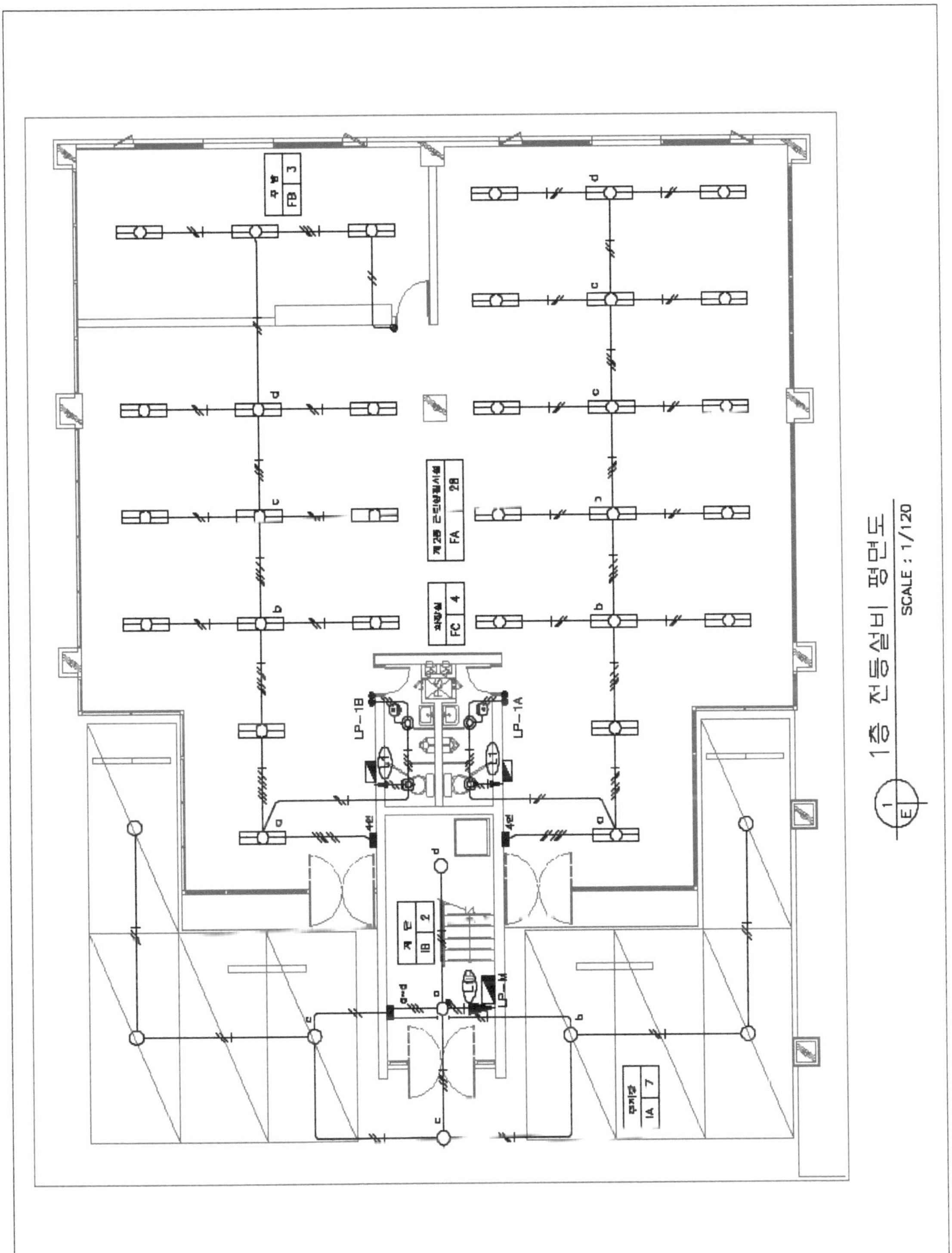
1층 전등설비 평면도
SCALE : 1/120
LP-1B
LP-1A
LP-M
FA
28
FB
3
FC
4
IB
2
IA
7

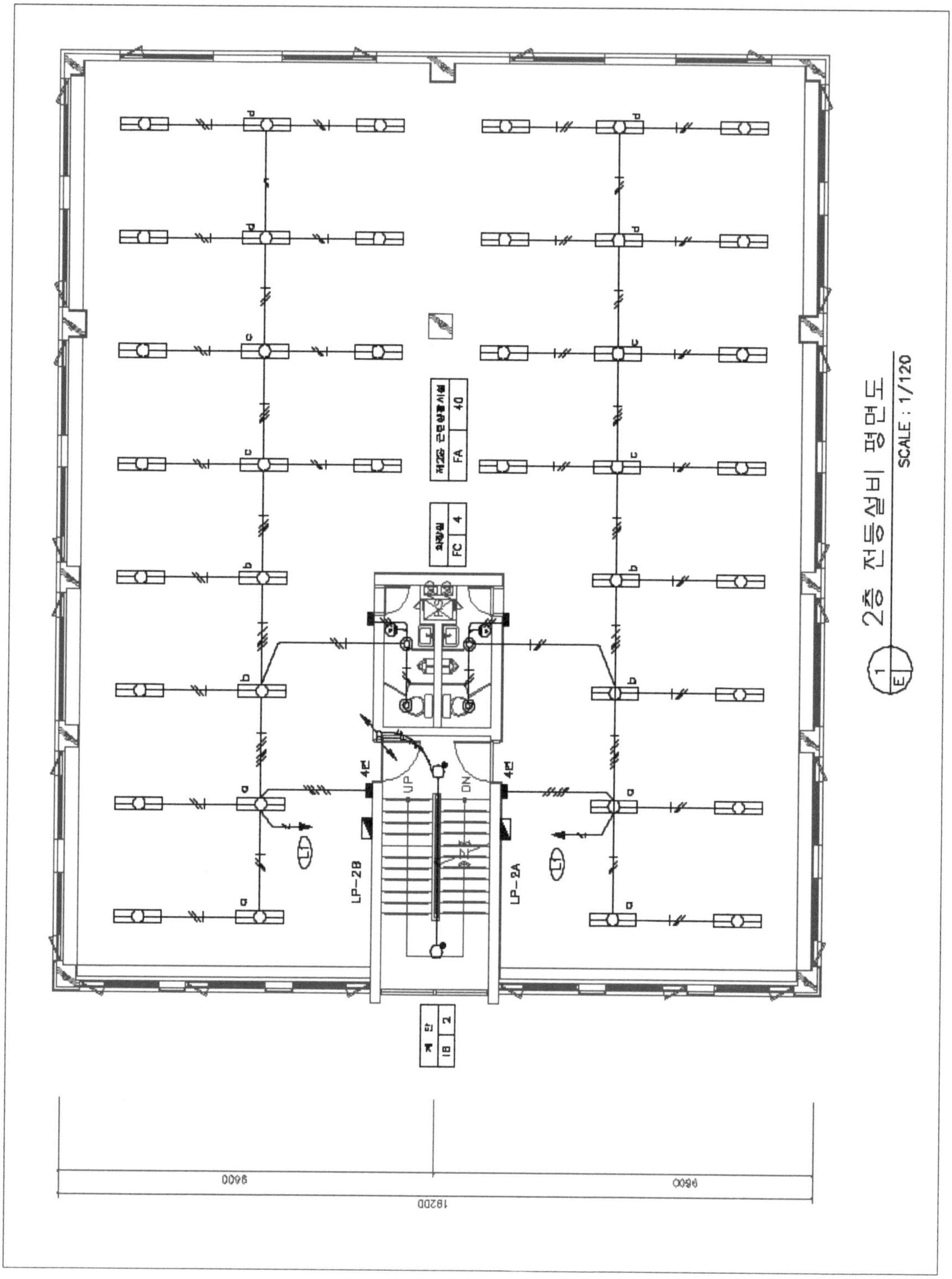
2층 전등설비 평면도
SCALE : 1/120
LP-2B
LP-2A
UP
DN
FA
40
FC
4

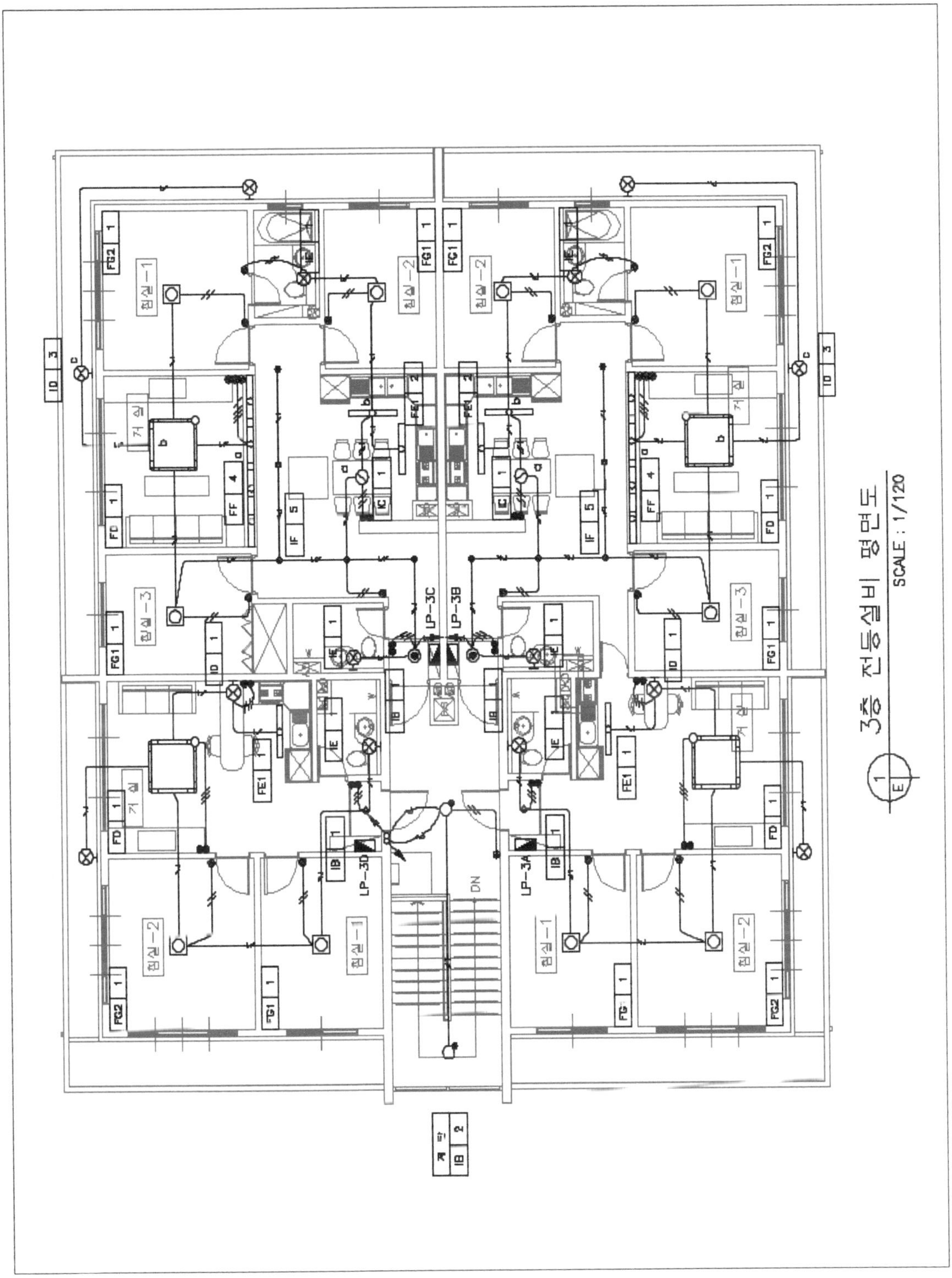
3층 전등설비 평면도
SCALE : 1/120

# 도면 연습

3
PART

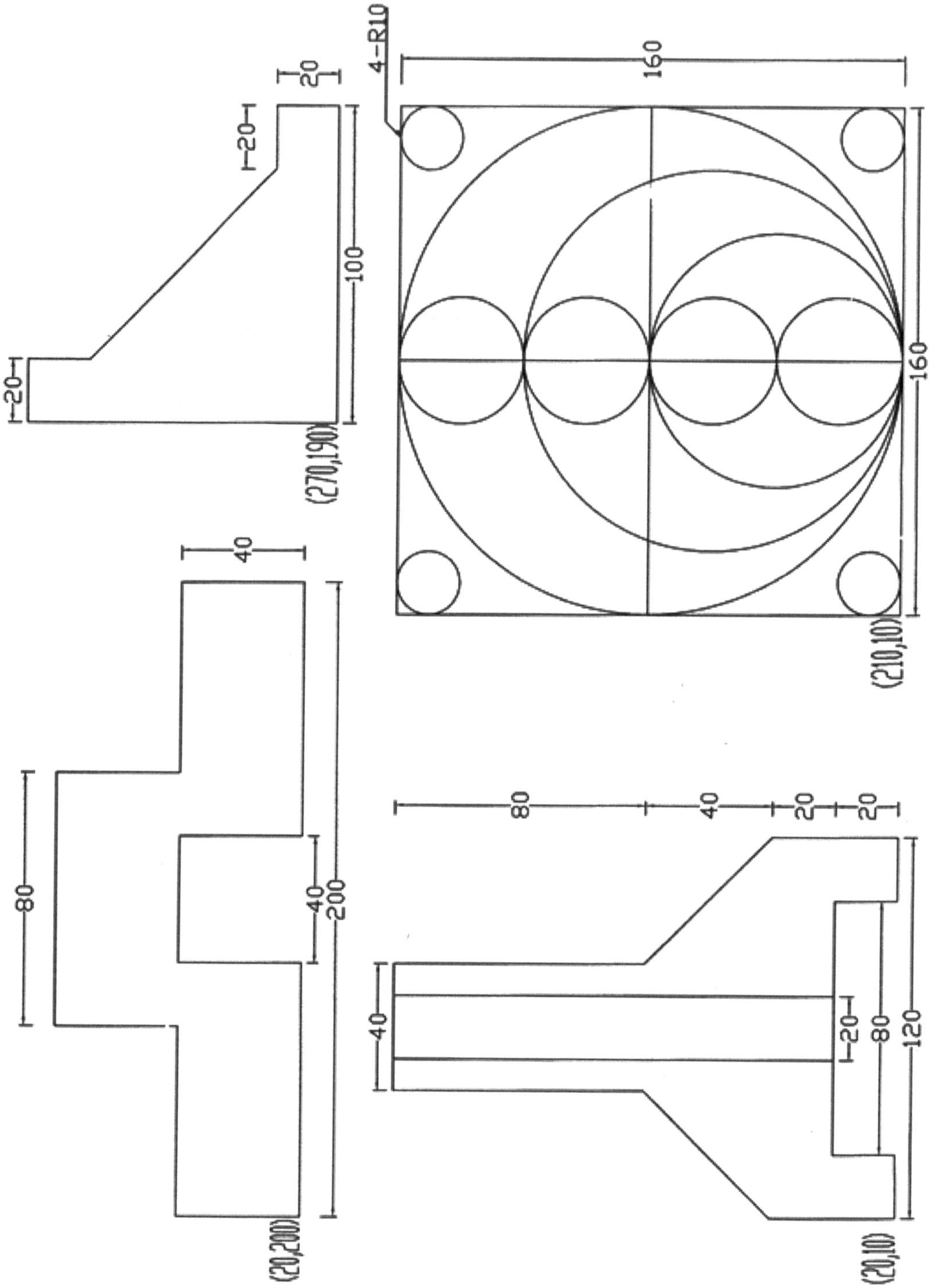
4-R10
160
160
20
20
100
20
(270,190)
(210,10)
40
80
40
200
(20,200)
80
40
20
20
40
20
80
120
(20,10)

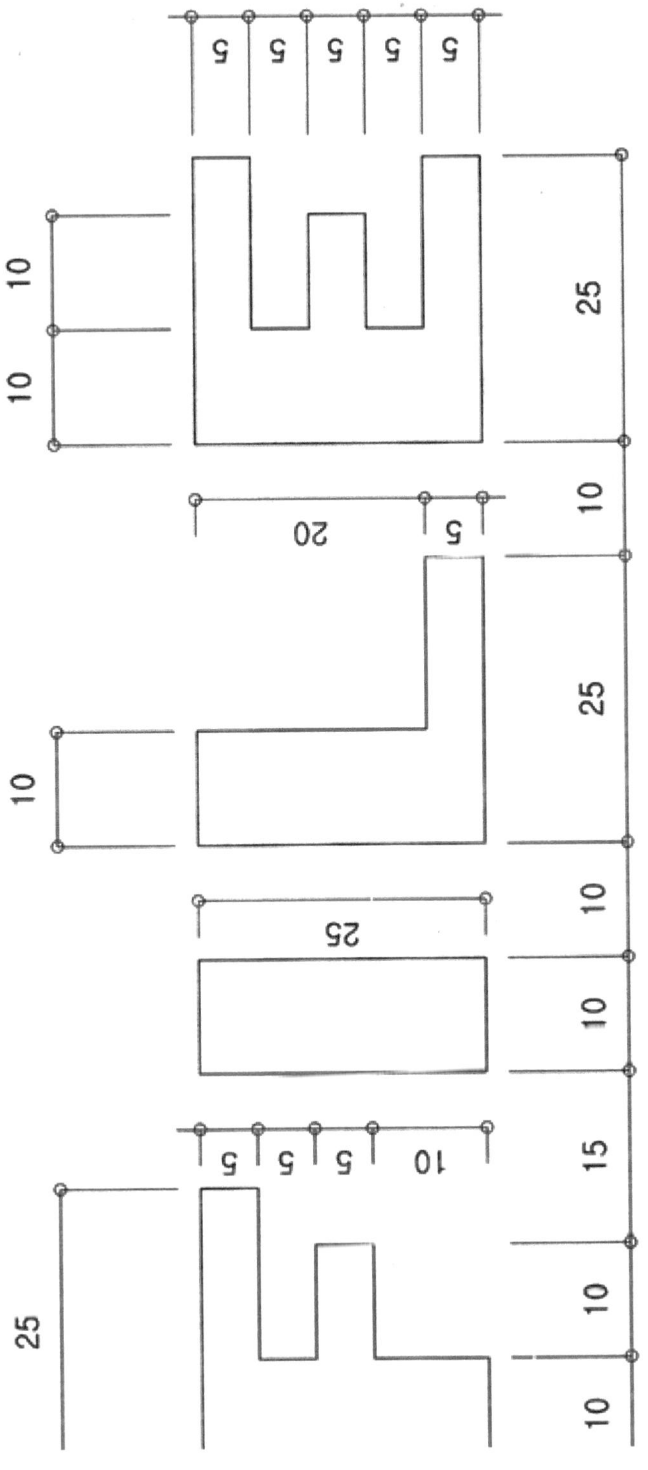
5 5 5 5 5
10 10
25
10
20 5
25
10
10
25
10
10
5 5 5 10
25
15
10
10

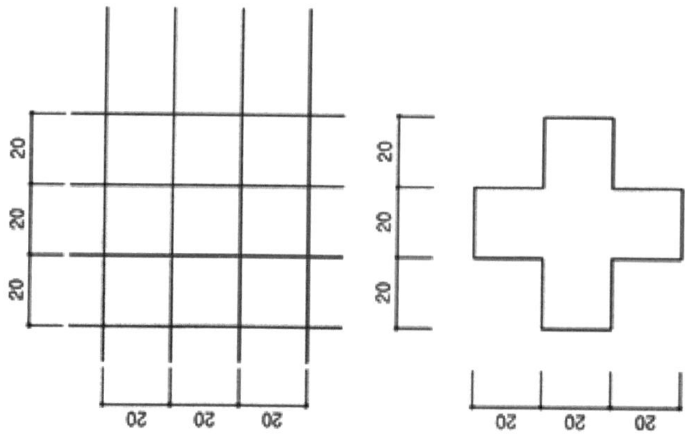
20
20
20
20
20
20

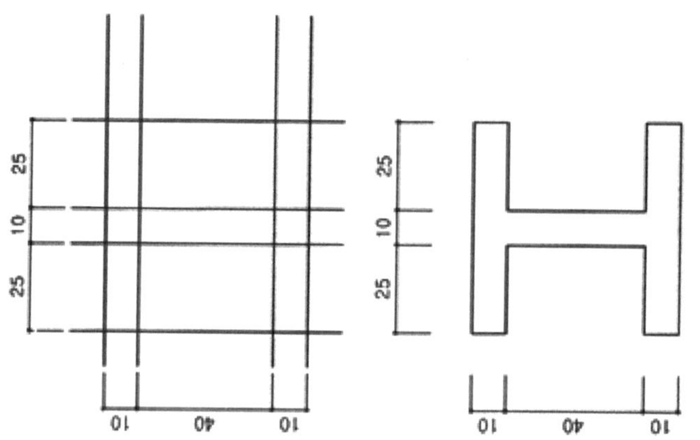
25
10
25
10
40
10

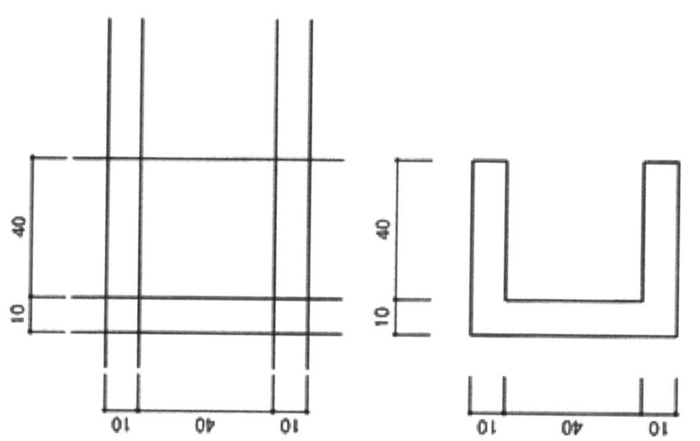
40
10
10
40
10

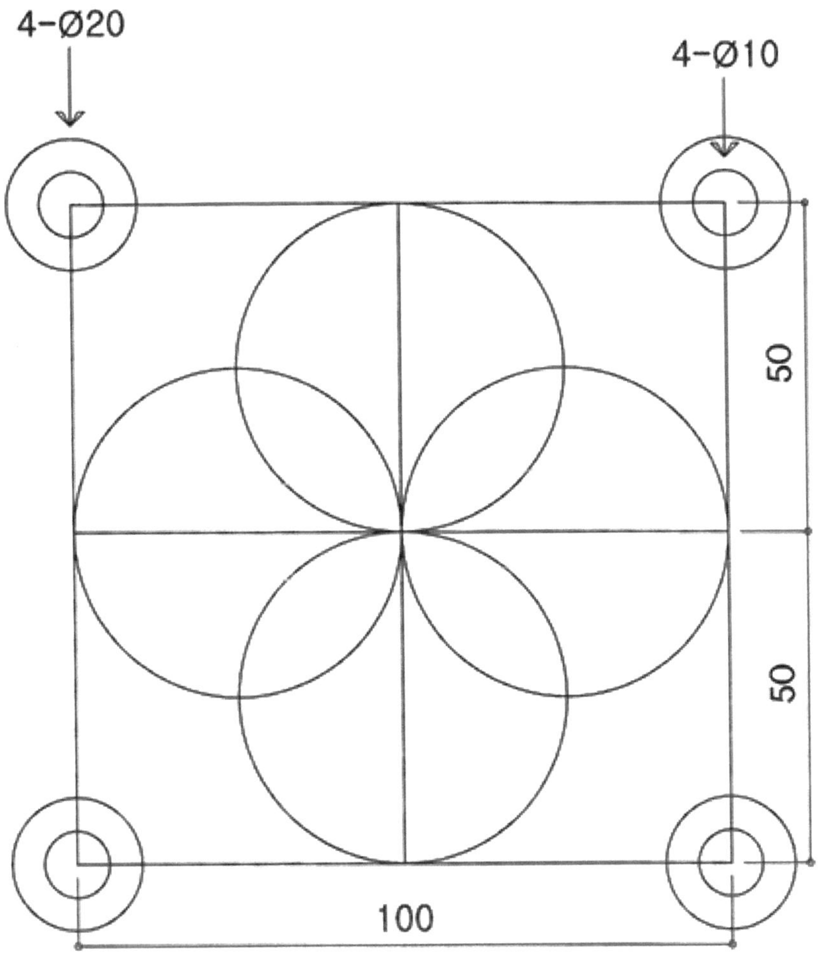
4-Ø20
4-Ø10
50
50
100

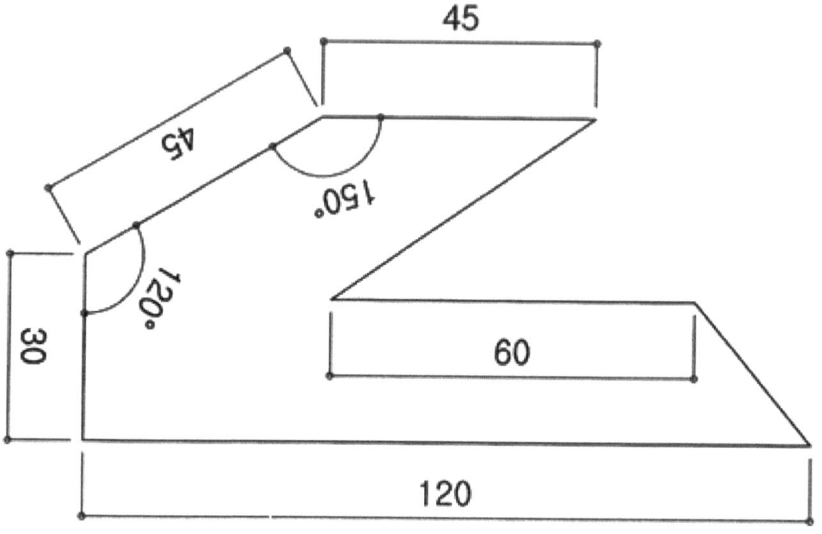
45
45
150°
120°
30
60
120

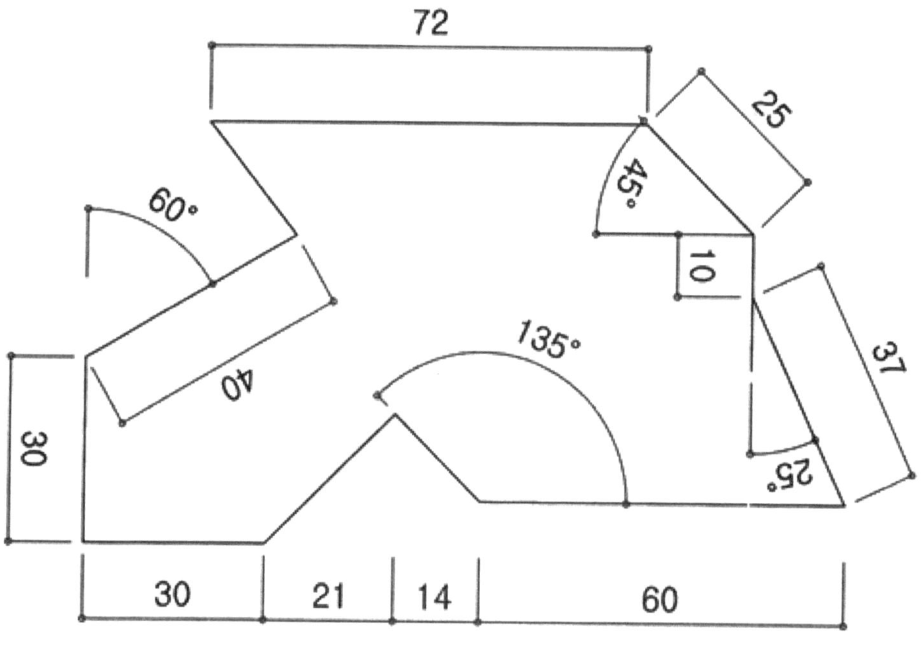
72
25
60°
45°
10
37
135°
40
30
25°
30
21
14
60

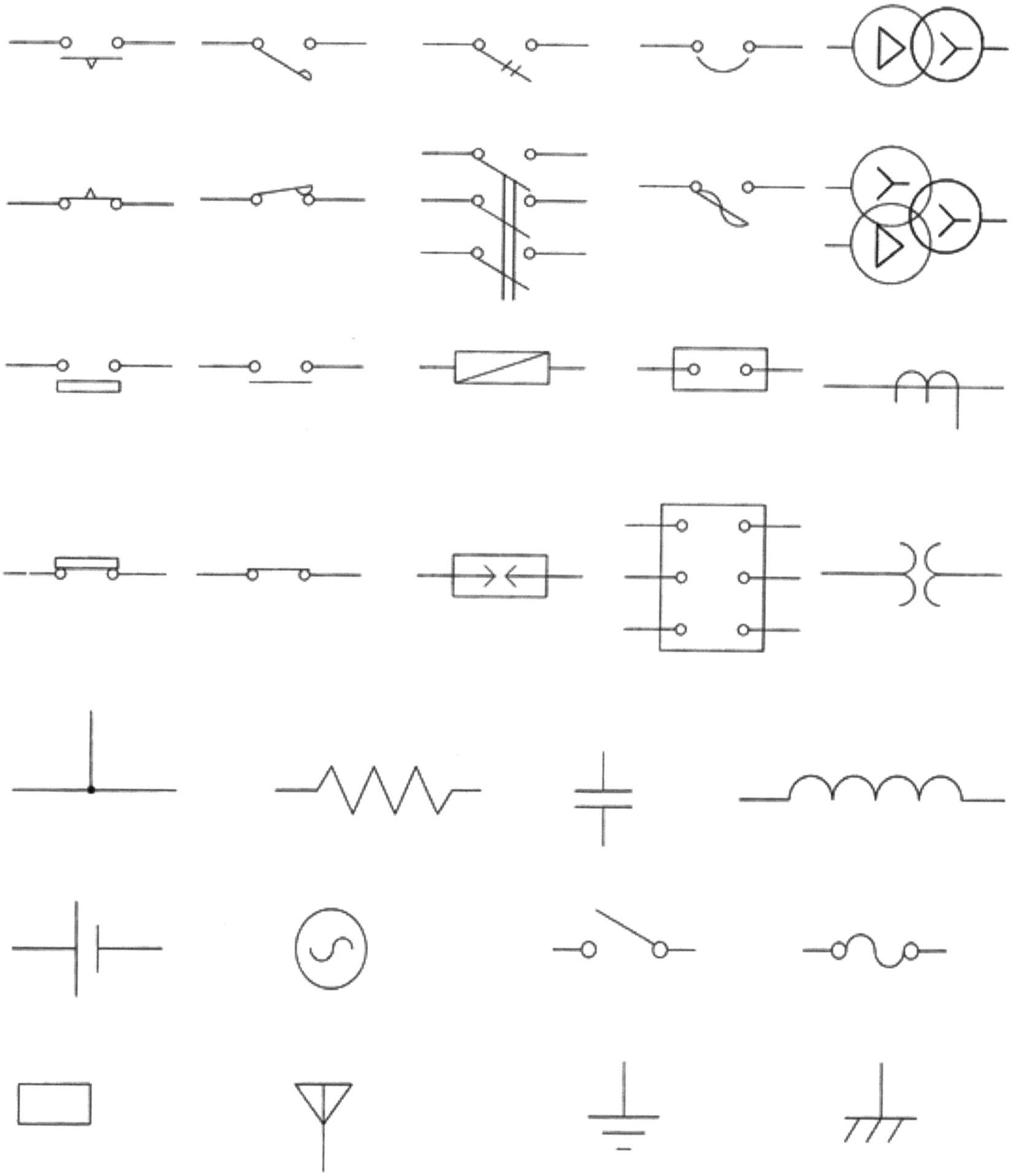

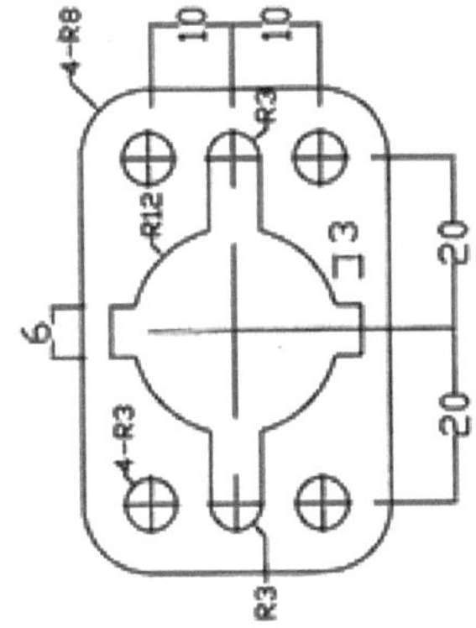
4-R8
10
10
R3
R12
3
20
20
6
4-R3
R3

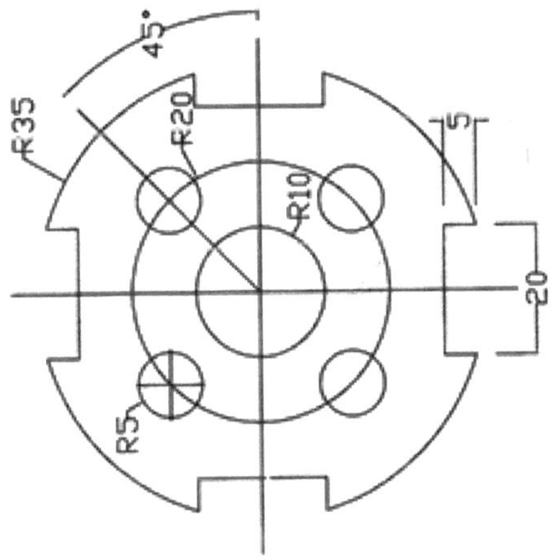
45°
R35
R20
R10
5
20
R5

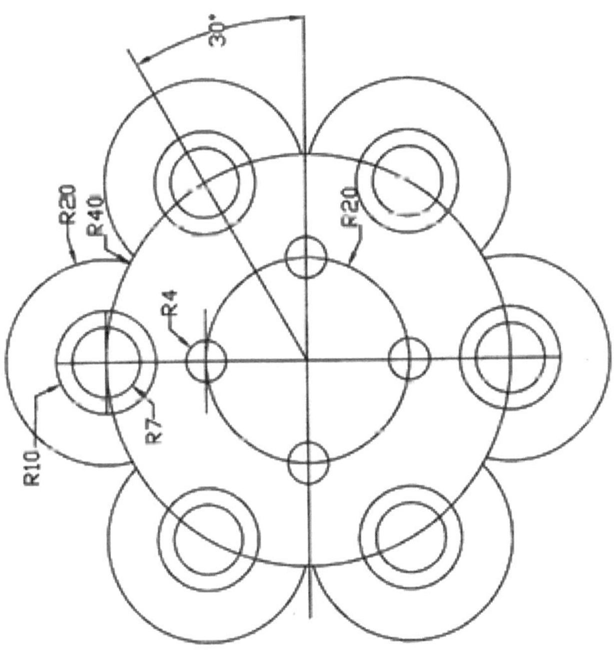
30°
R20
R40
R20
R4
R10
R7

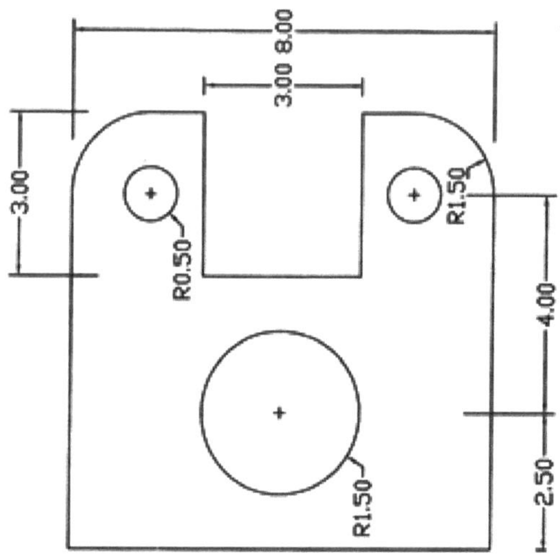

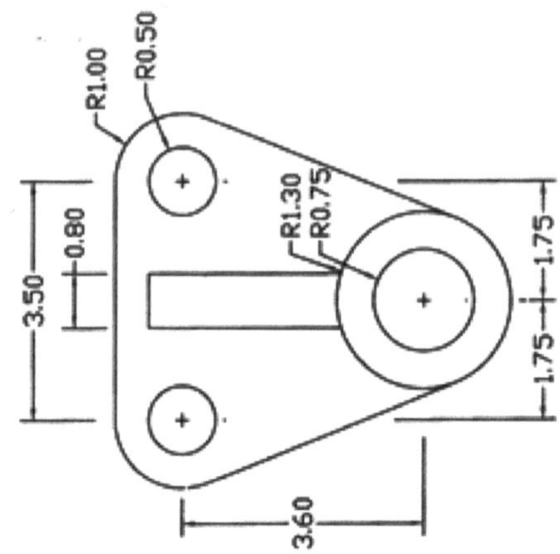

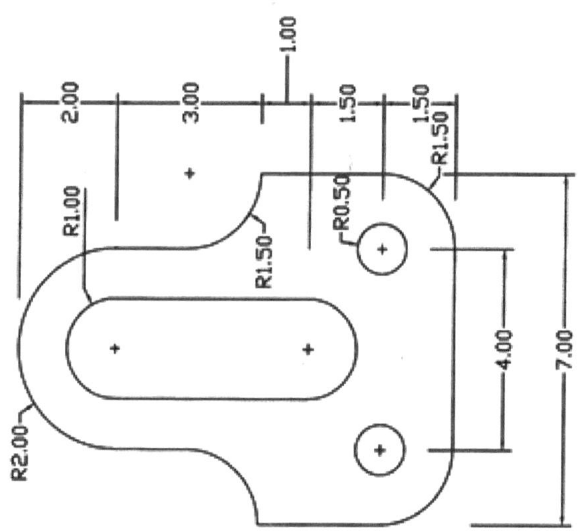

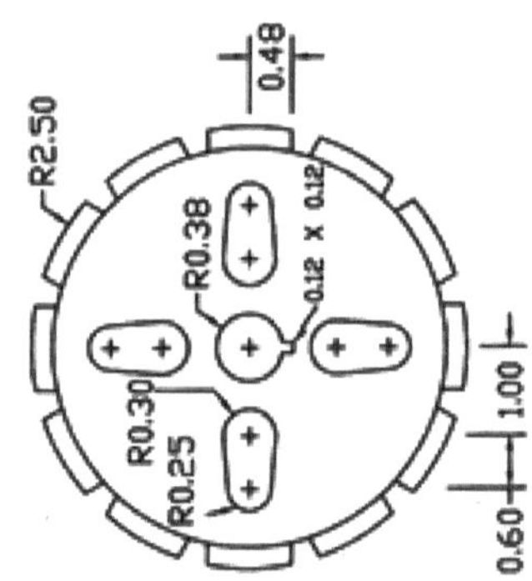

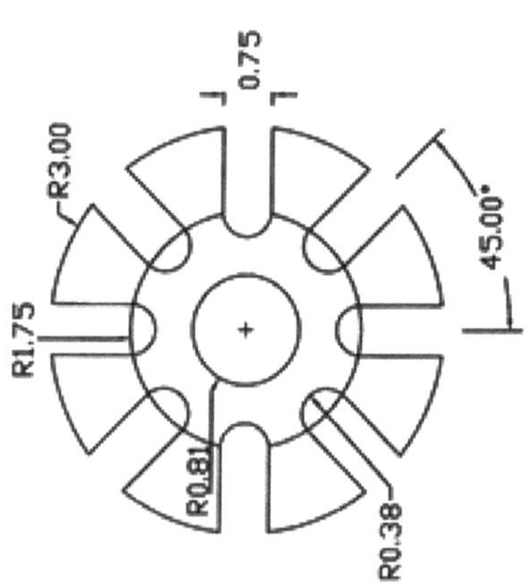

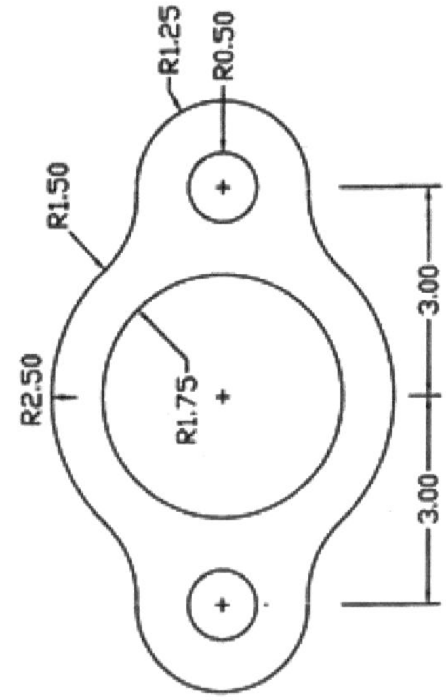

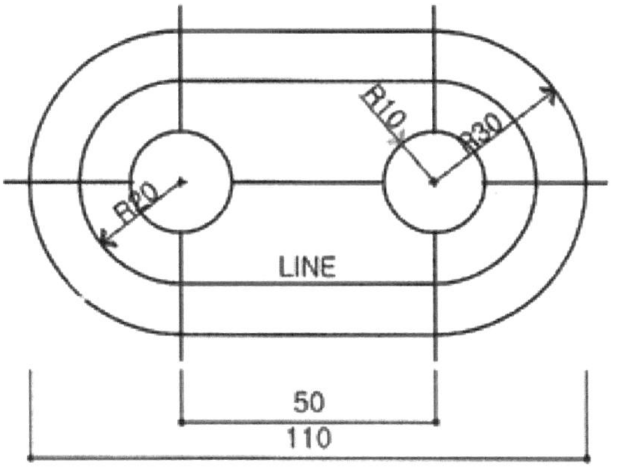
R10
R30
R20
LINE
50
110

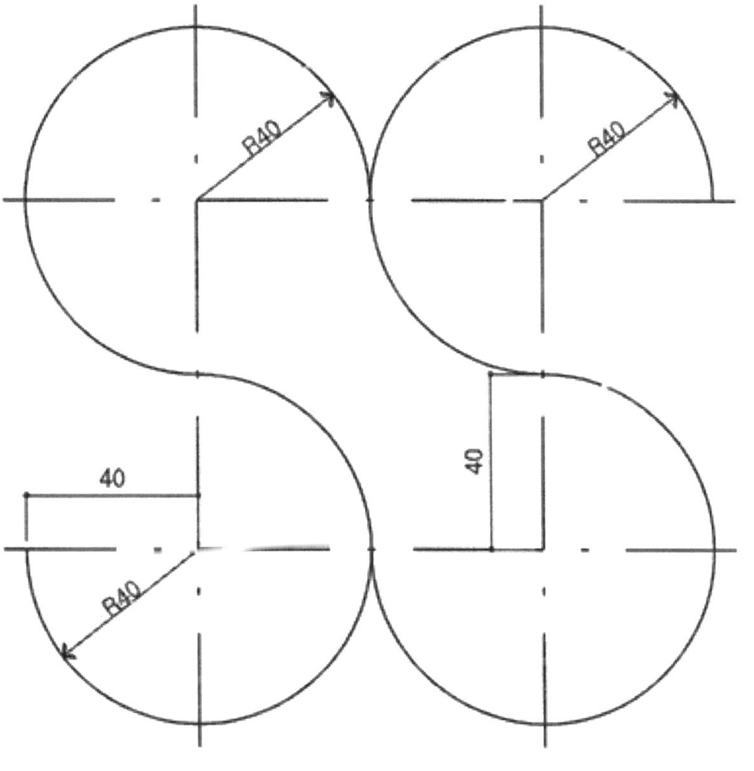
R40
R40
40
40
R40

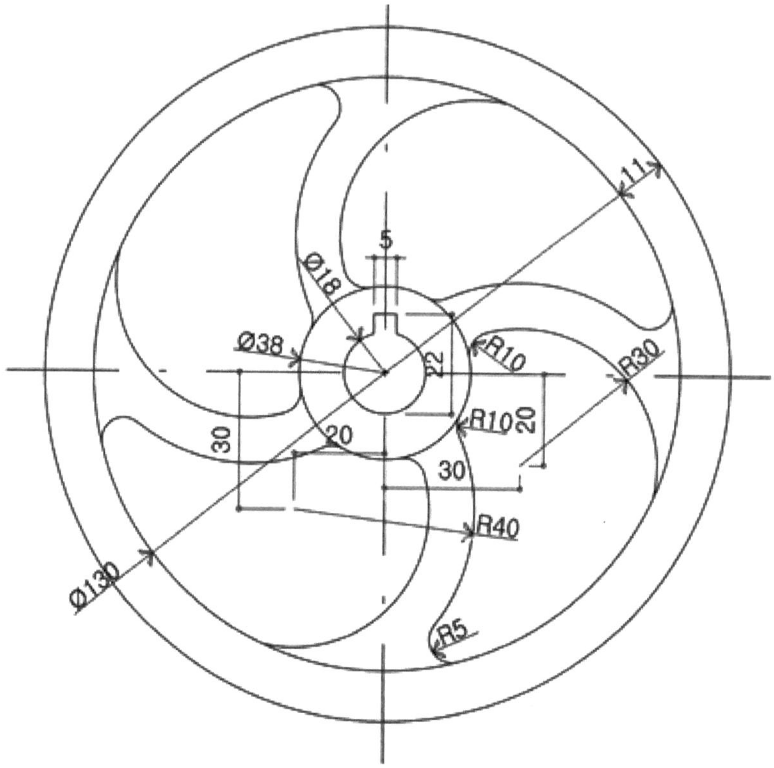

11
5
Ø18
Ø38
22
R10
R30
20
30
20
R10
30
R40
Ø130
R5


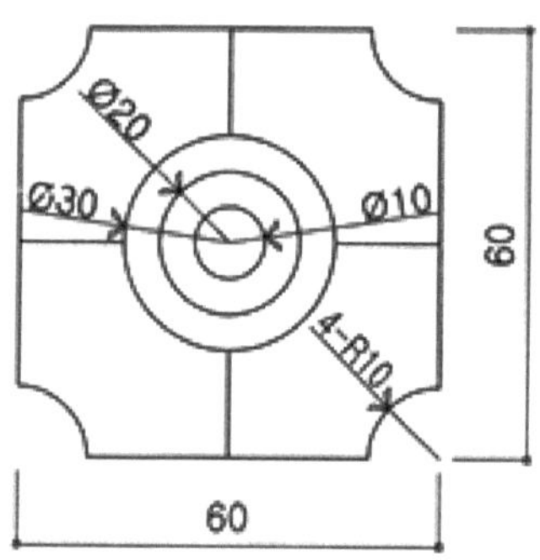

Ø20
Ø30
Ø10
4-R10
60
60


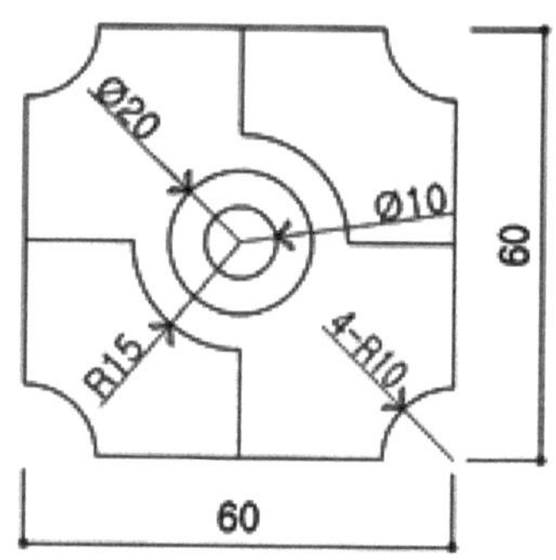

Ø20
Ø10
R15
4-R10
60
60


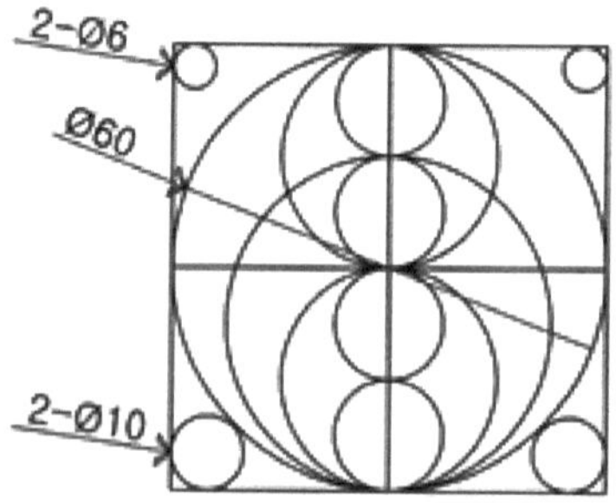

2-Ø6
Ø60
2-Ø10


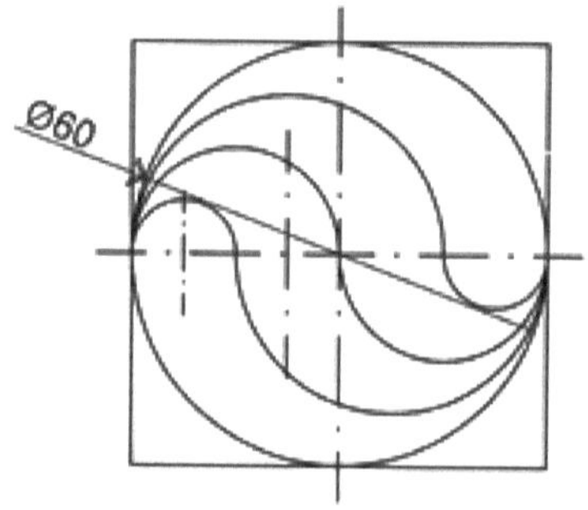

Ø60

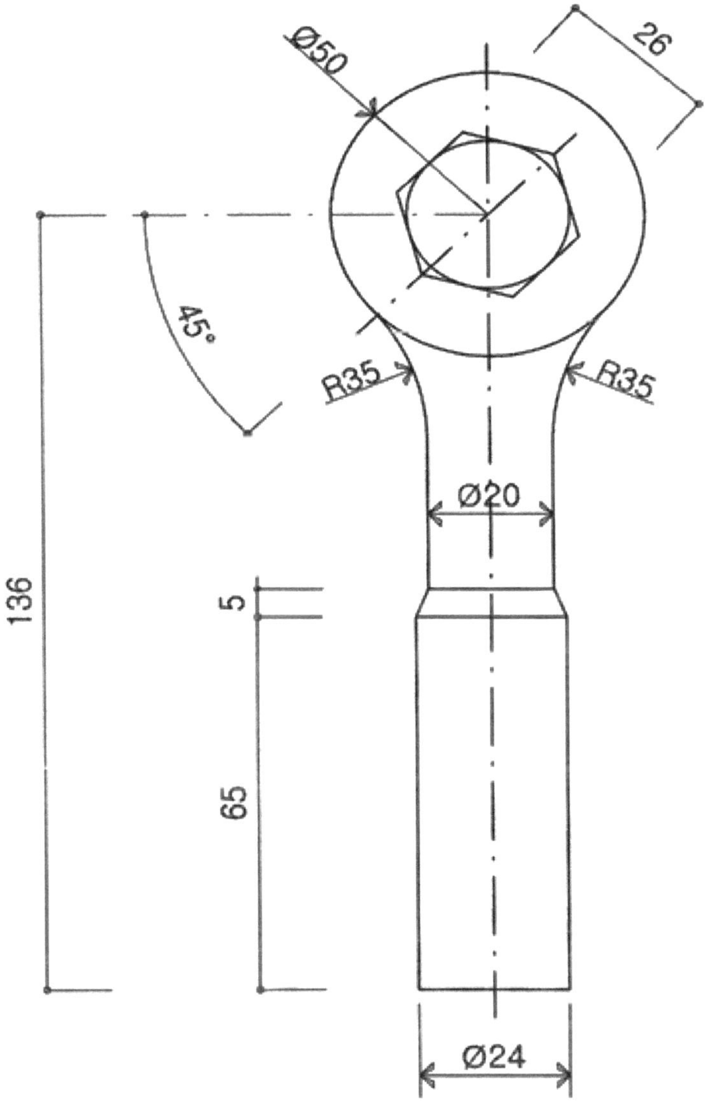
Ø50
26
45°
R35
R35
Ø20
136
5
65
Ø24

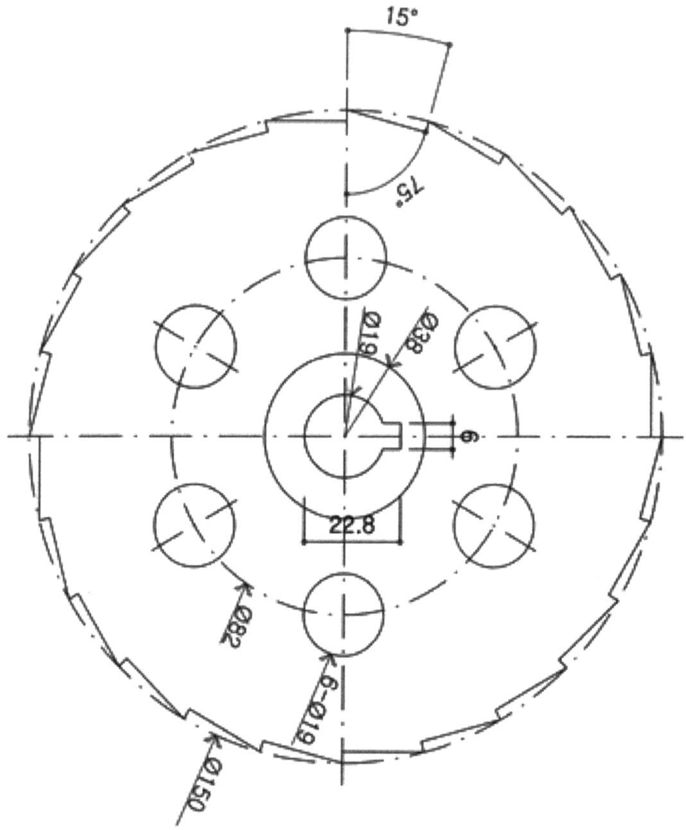
15°
75°
Ø19
Ø38
6
22.8
Ø82
6-Ø19
Ø150

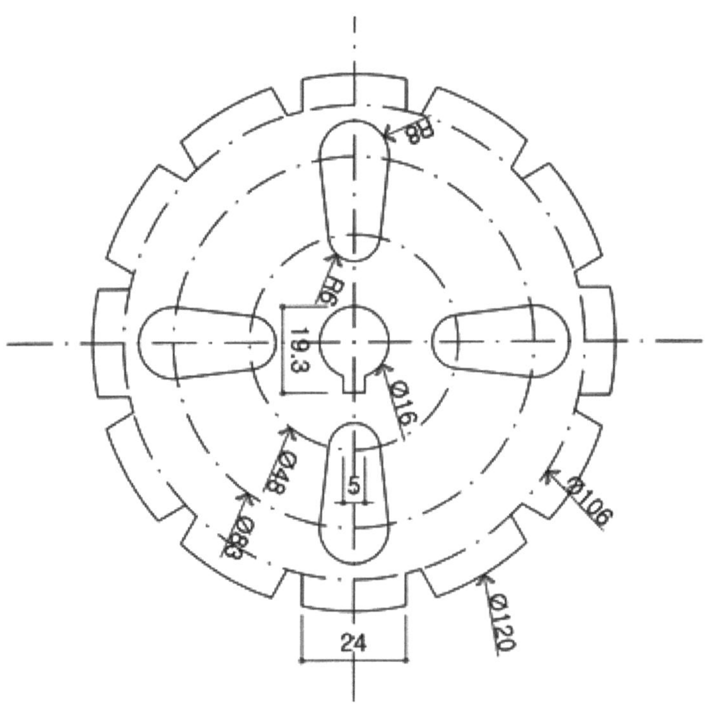
R8
R6
19.3
Ø16
Ø48
5
Ø83
Ø106
Ø120
24

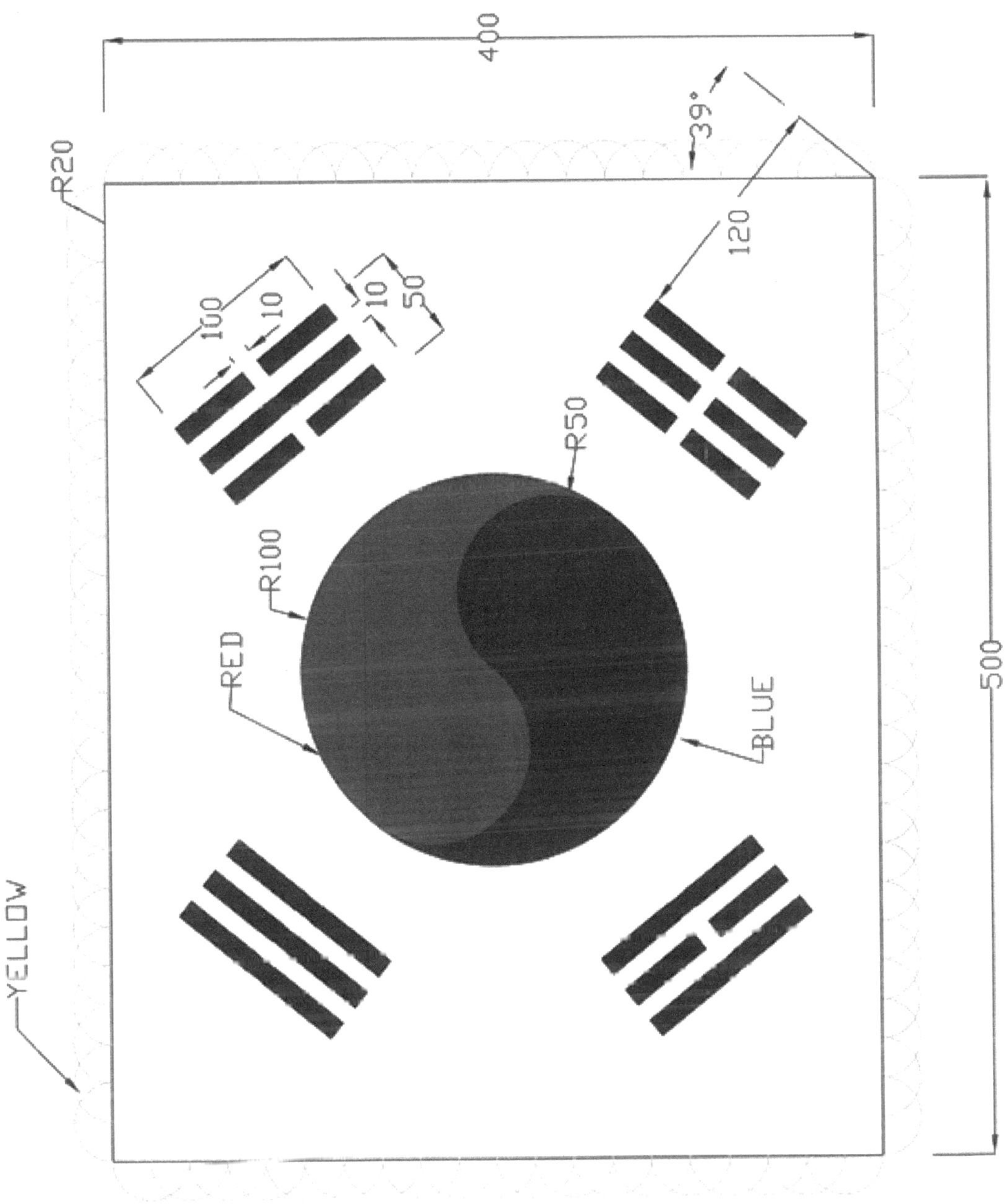
400
39°
R20
120
100
10
10
50
R50
R100
RED
BLUE
500
YELLOW

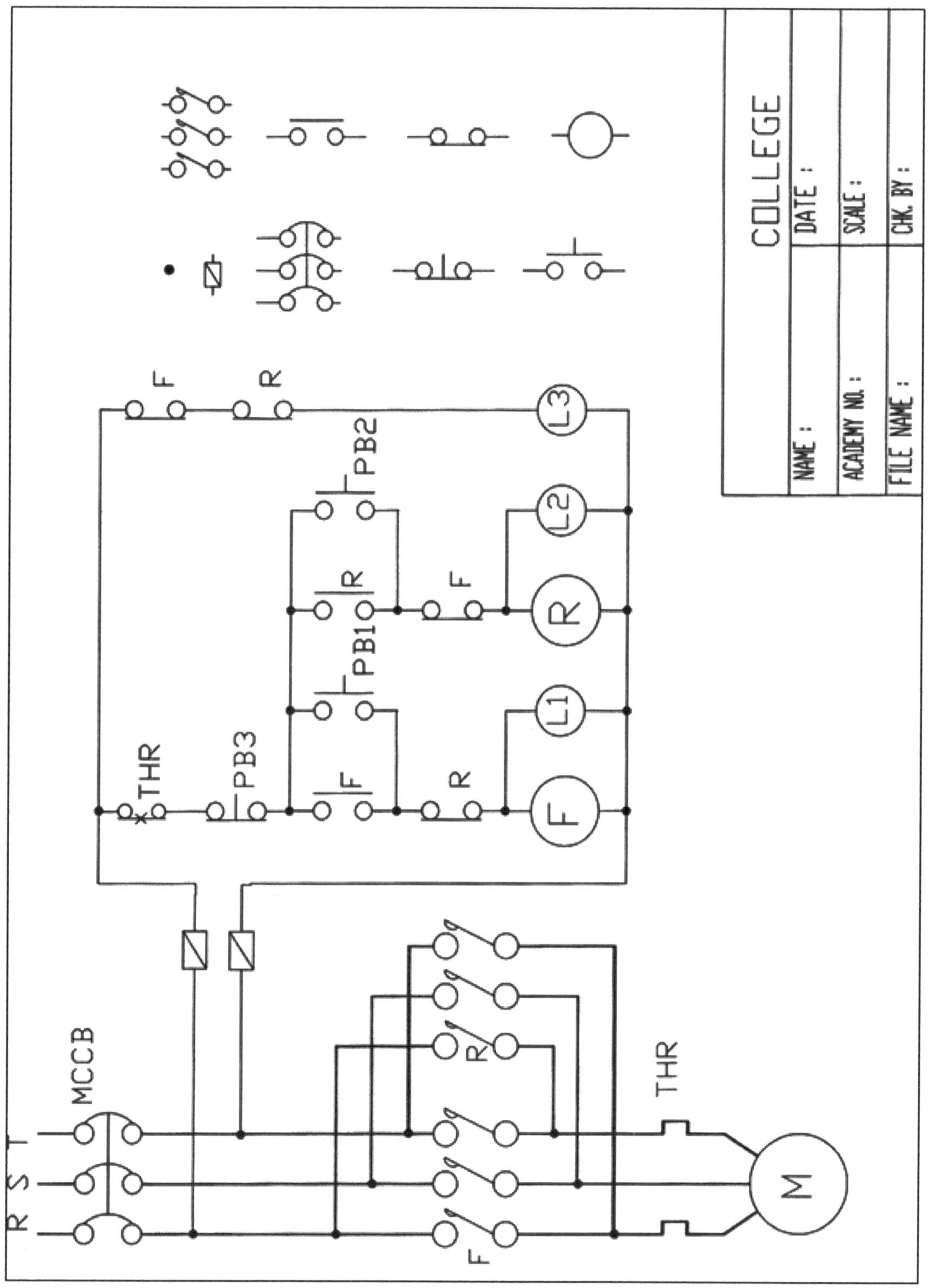
COLLEGE
NAME :
DATE :
ACADEMY NO. :
SCALE :
FILE NAME :
CHK. BY :
R S T
MCCB
THR
PB1
PB2
PB3
F
R
L1
L2
L3
M

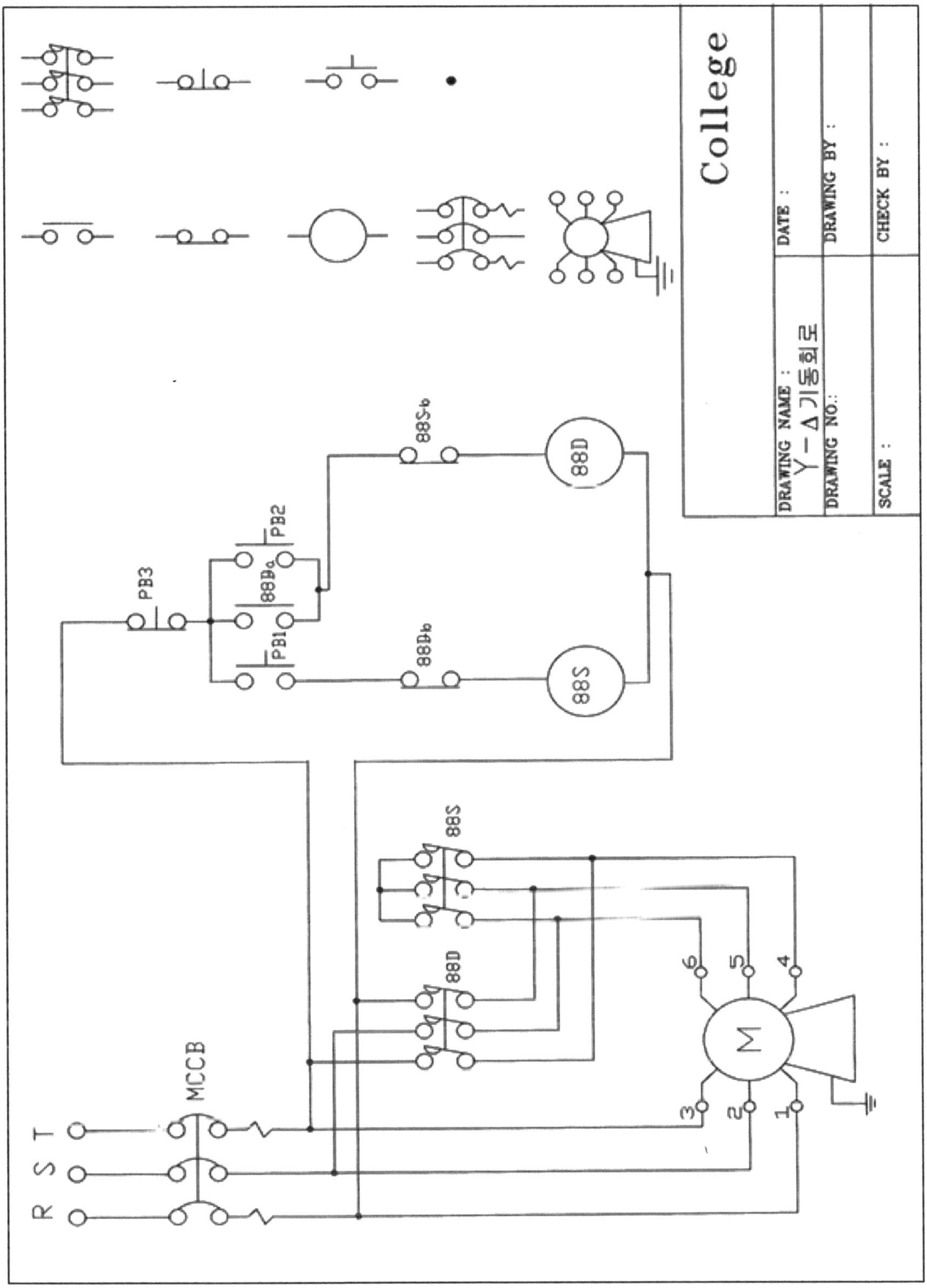
College
DATE :
DRAWING BY :
CHECK BY :
DRAWING NAME :
Y－Δ기동회로
DRAWING NO.:
SCALE :
88Sb
88D
PB2
PB3
88Da
PB1
88Db
88S
88S
88D
MCCB
R S T
M
1
2
3
4
5
6

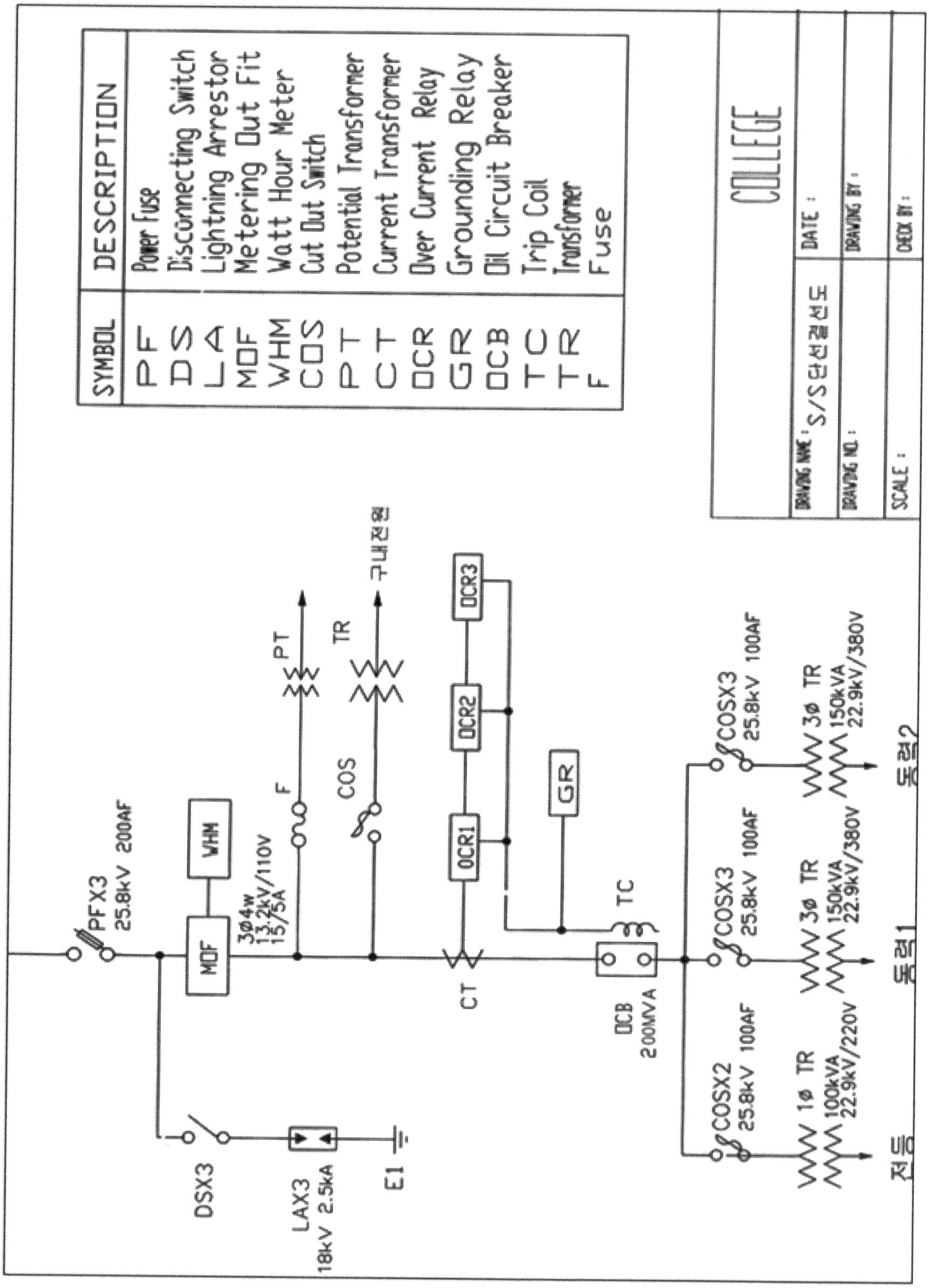
SYMBOL DESCRIPTION
PF Power Fuse
DS Disconnecting Switch
LA Lightning Arrestor
MOF Metering Out Fit
WHM Watt Hour Meter
COS Cut Out Switch
PT Potential Transformer
CT Current Transformer
OCR Over Current Relay
GR Grounding Relay
OCB Oil Circuit Breaker
TC Trip Coil
TR Transformer
F Fuse
COLLEGE
DRAWING NAME : S/S단선결선도
DATE :
DRAWING NO :
DRAWING BY :
SCALE :
CHECK BY :
PFX3 25.8kV 200AF
MOF
WHM
3ϕ4w 13.2kV/110V 15/5A
F
PT
COS
TR
구내전원
OCR1
OCR2
OCR3
GR
TC
CT
OCB 200MVA
DSX3
LAX3 18kV 2.5kA
E1
COSX2 25.8kV 100AF
1ϕ TR 100kVA 22.9kV/220V
전등
COSX3 25.8kV 100AF
3ϕ TR 150kVA 22.9kV/380V
동력1
COSX3 25.8kV 100AF
3ϕ TR 150kVA 22.9kV/380V
동력2

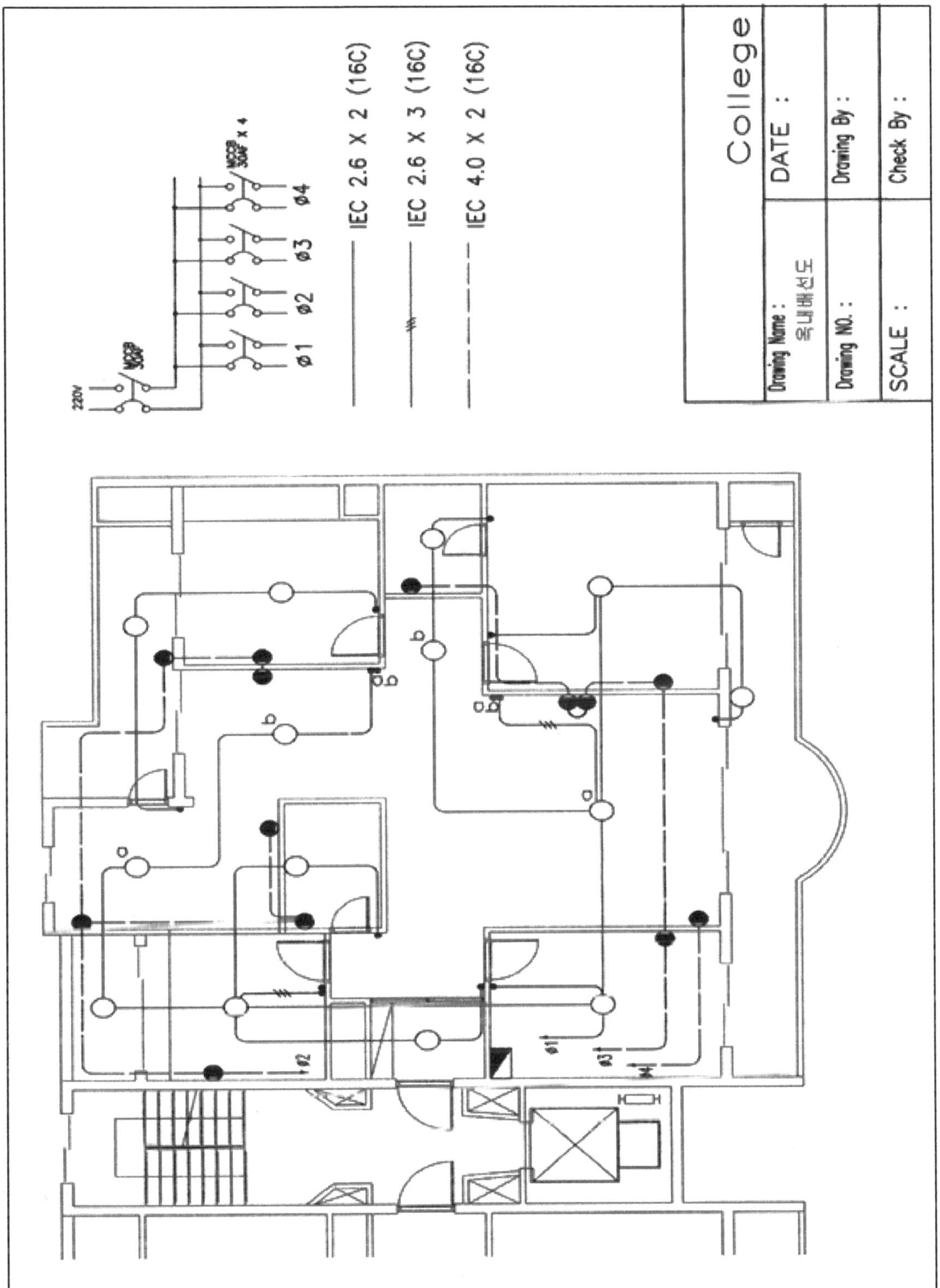
220V
MCCB
MCCB 30AF x 4
ø1
ø2
ø3
ø4
IEC 2.6 X 2 (16C)
IEC 2.6 X 3 (16C)
IEC 4.0 X 2 (16C)
College
Drawing Name : 옥내배선도
DATE :
Drawing NO. :
Drawing By :
SCALE :
Check By :

## 수변전설비 단선 결선도 예

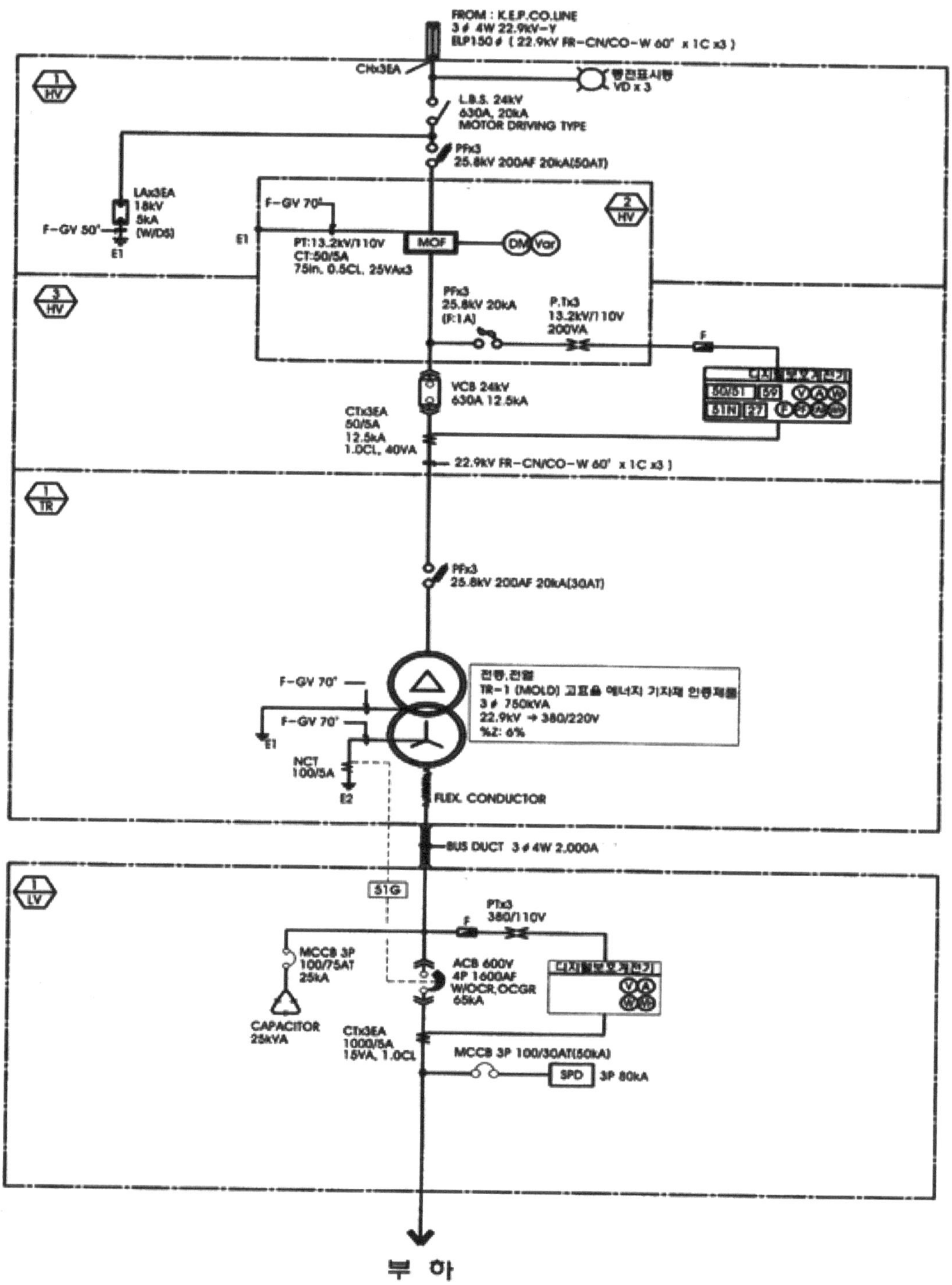

## 수변전설비 단선 결선도(공동주택)

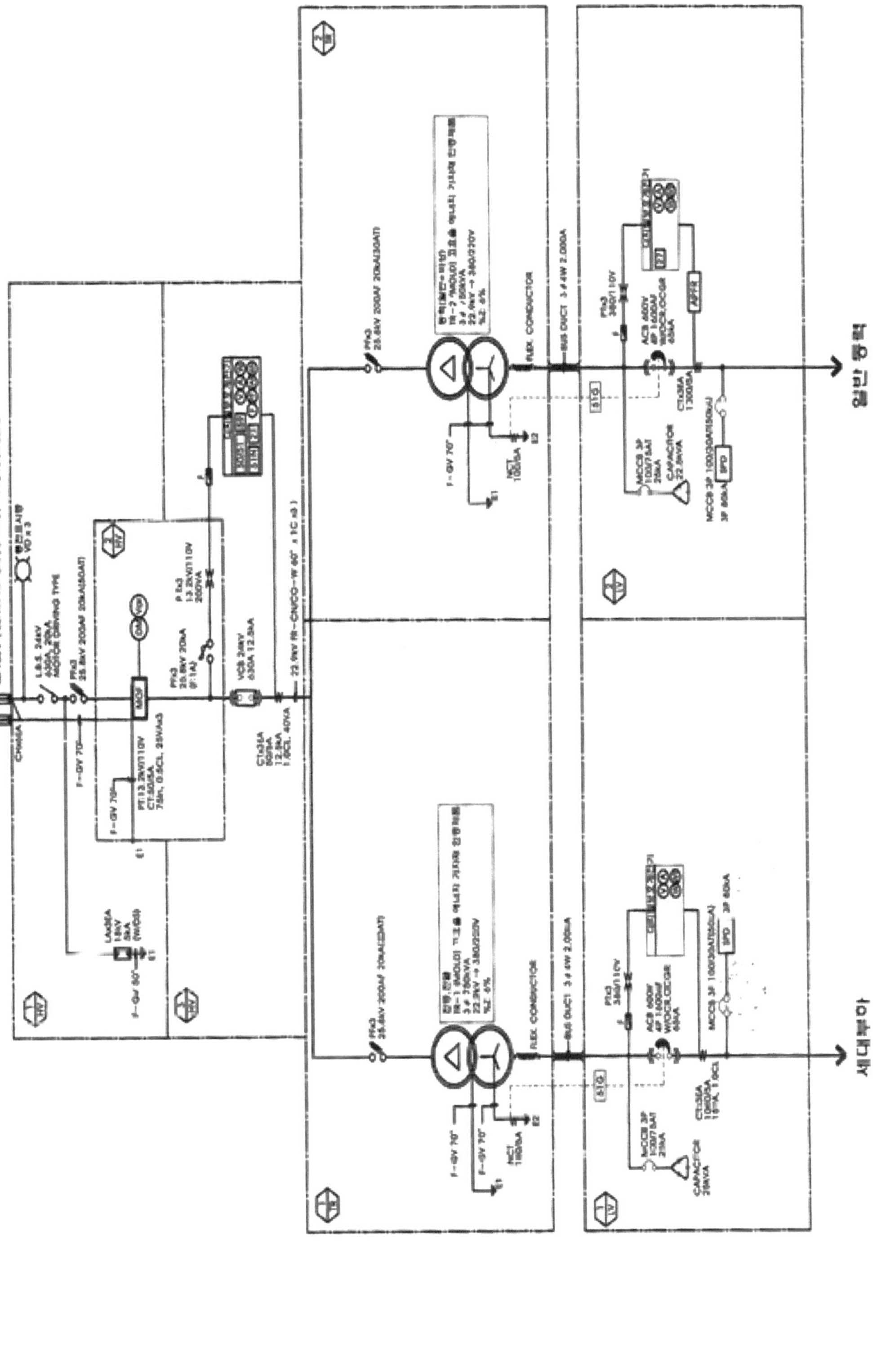

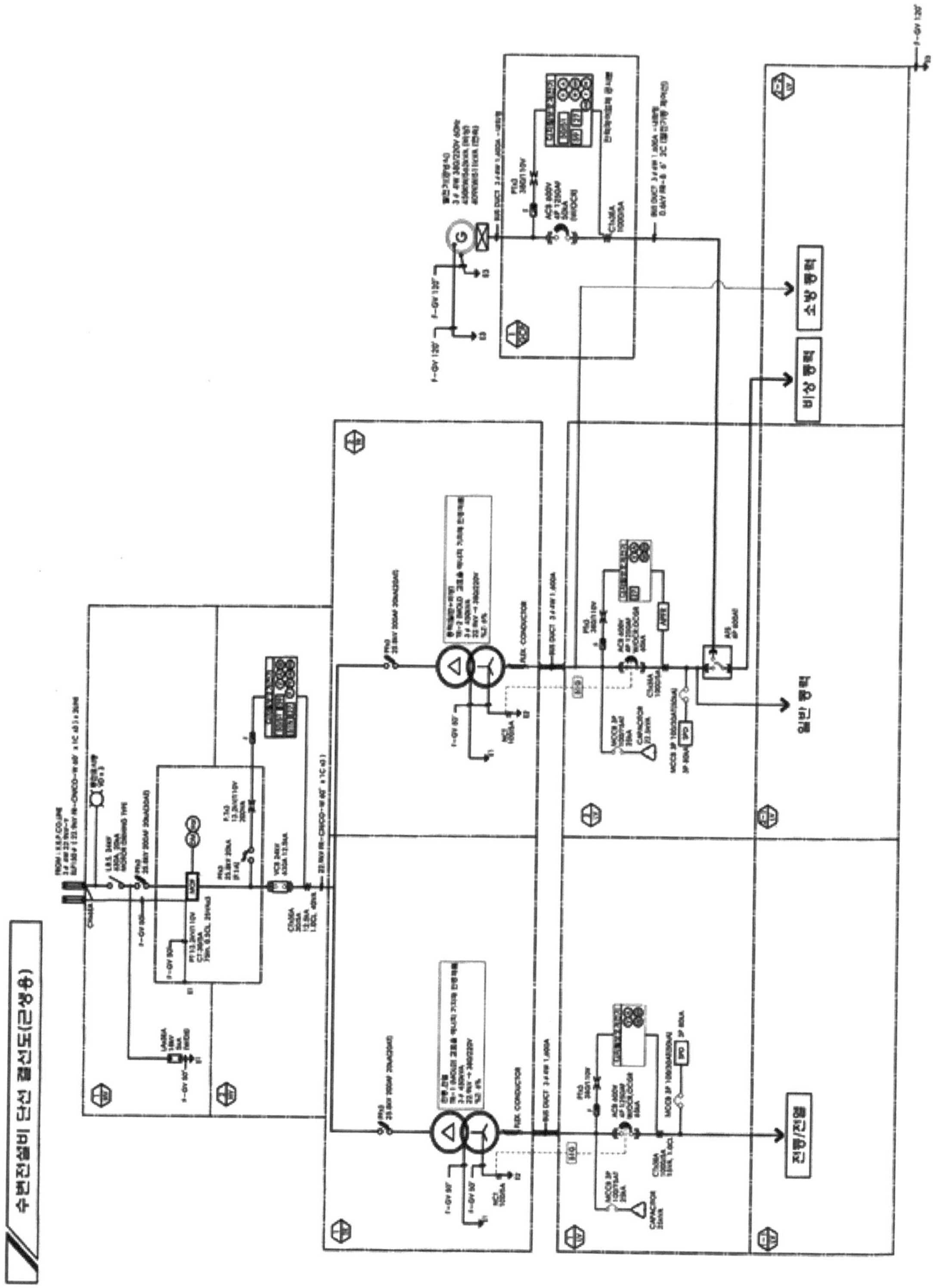
수변전설비 단선 결선도(근생용)
소방 동력
비상 동력
일반 동력
전등/전열

## 단위세대 분전반 결선도

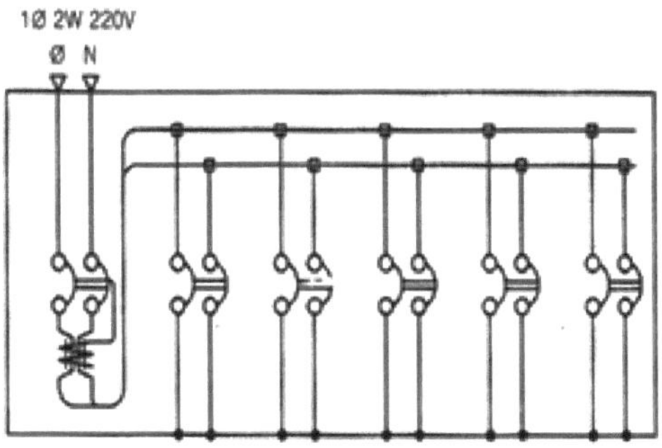


| MAIN | L1 | R1 | R2 | R3 | A1 |
|---|---|---|---|---|---|
| MCCB | ELB | ELB | ELB | ELB | ELB |
| 2P 50/40AT | 2P 30/20AT | 2P 30/20AT | 2P 30/20AT | 2P 30/20AT | 2P 30/20AT |
| (1.5KA이상) | 전 등 | 전 열 | 전 열 | 전 열 | 에어콘 |

| 주 기 사 항 |
|---|
| 1. 단위세대 배관 배선은 아래와 같이한다. |
| • 전열 —— 16C (HFIX 2-2.5˚,E-HFIX 2.5˚) |
| • AC —— 16C (HFIX 2-4˚,E-HFIX 4˚) |
| 2. 표기없는 콘센트 설치 높이는 FL:+350mm(중앙) 에 설치하고, 스위치는 FL:+1,200mm에 설치한다. |
| 3. 세대 분전반은 주택용 P.V.C 수지 기성제품으로 한다. |
| 4. 세대 분전반의 설치 높이는 바닥 미감에서 H:1,800mm(상단) 으로 한다. |
| 5. 단위세대내의 배관은 난연성 CD 전선관을 사용한다. |
| 6. 욕실/세탁기/보일러용 콘센트 회로는 저감도 ELB 차단기(15mA)를 사용한다. |
| 7. 명기없는 배관, 배선은 범례 및 계통도 참조. |
| 8. 단위세대는 필히 모델하우스를 기준한다. |

**[대기전력 차단 스위치] -** ●

| 대기전력 차단 스위치 적용 비율 | | | |
|---|---|---|---|
| 실 명 | 전체 콘센트 | 대기전력 차단스위치 | 적용비율 |
| 거실 | 2EA | 2EA | 100% |
| 주방/식당 | 6EA | | 0% |
| 침실1 | 2EA | 2EA | 100% |
| 침실2 | 2EA | 2EA | 100% |
| 침실3 | 2EA | 2EA | 100% |
| 욕실1 | 1EA | | 0% |
| 욕실2 | 1EA | | 0% |
| 발코니/다용도실 | 1EA | | 0% |
| | | | |
| 합 계 | 17EA | 8EA | 47.1% |

*. 대기전력 차단장치는 대기전력 저감 우수제품으로 인증받은 제품을 사용할 것.

• 범 례

| 심 벌 | 내 용 | 비 고 |
|---|---|---|
| | 1Ø 220V 2구 콘센트(FL+300mm) | |
| WP | 1Ø 220V 2구 콘센트 | 방우형 |
| | 1Ø 220V 1구 콘센트 | |
| | 1Ø 220V 4구 콘센트 | |
| R | 냉장고용 콘센트 (FL+300mm) | |
| J | 조리대 전원용 콘센트 (FL+1200mm) | |
| H | 렌지후드 전원용 콘센트 (FL+2100mm) | |
| O | 오븐 전원용 콘센트 (FL+1000mm) | |
| B | 비데용 콘센트 (FL+500mm) | 방우형 |
| W | 온수분배기용 콘센트 (FL+300mm) | |
| BO | 보일러용 콘센트 (FL+1200mm) | 방우형 |
| S | 세탁기용 콘센트 (FL+1200mm) | 방우형 |
| A | 에어컨 전원용 콘센트 (천정형) | |
| ● | 대기전력 차단 스위치 (1EA)(FL+1200mm) | |
| ● | 대기전력 차단 스위치 (2EA)(FL+1200mm) | |

## 단위세대 전등설비 평면도 1

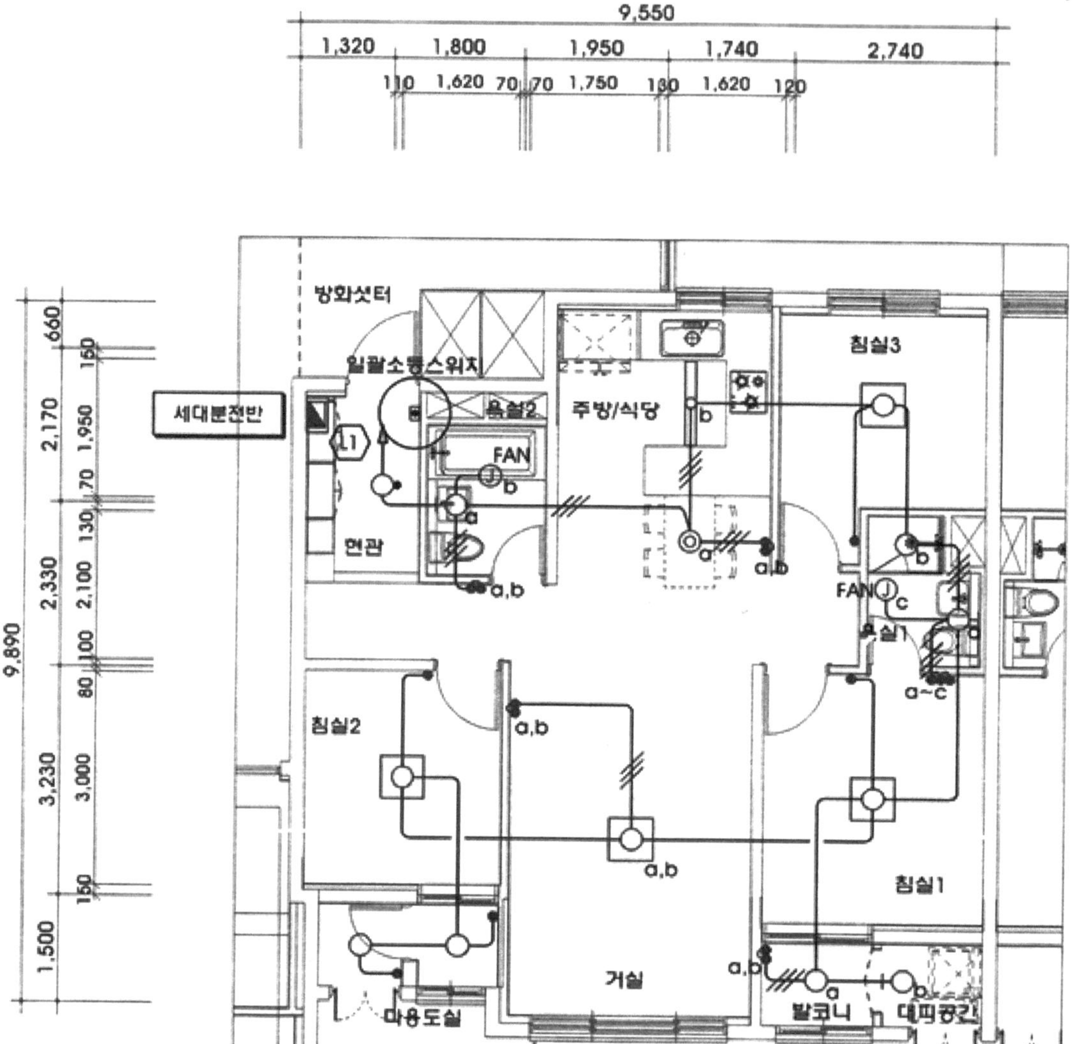


66㎡ 단위세대 전등설비 평면도 (확장형)
SCALE : 1/100

## 단위세대 전등설비 평면도 2

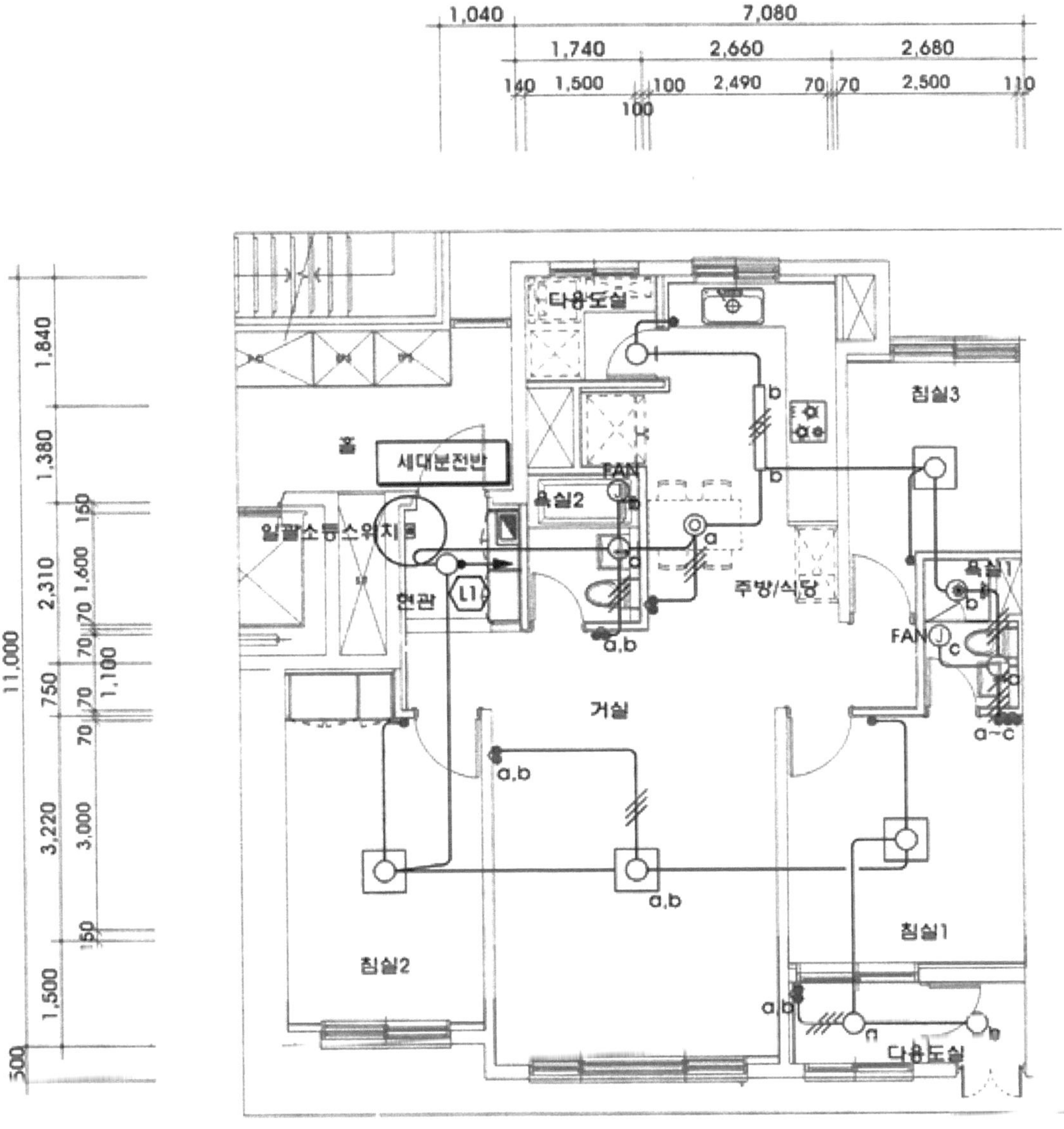


69㎡ 단위세대 전등설비 평면도 (확장형)
SCALE : 1/100

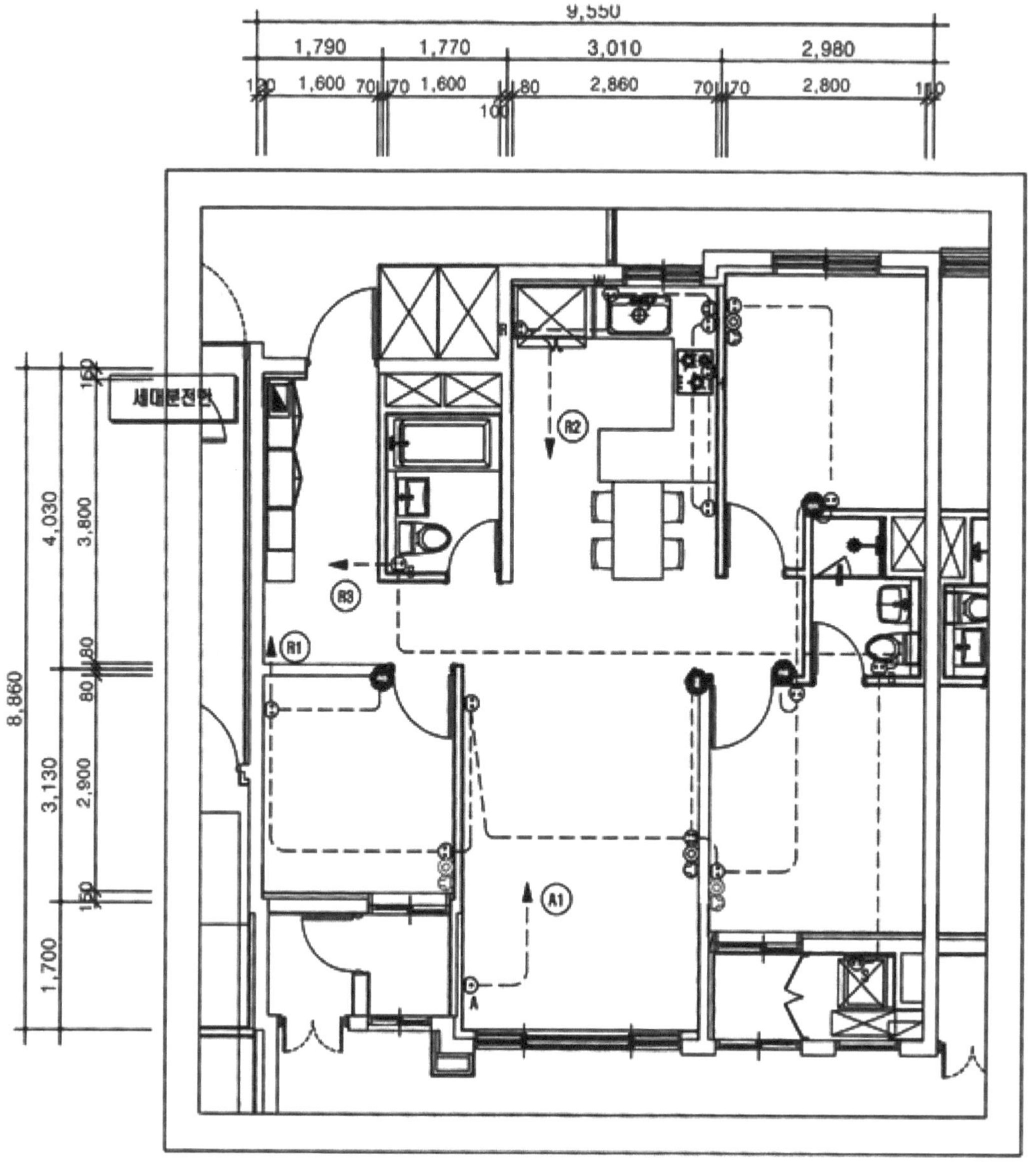


# 66㎡ 단위세대 전열설비 평면도 (확장형)

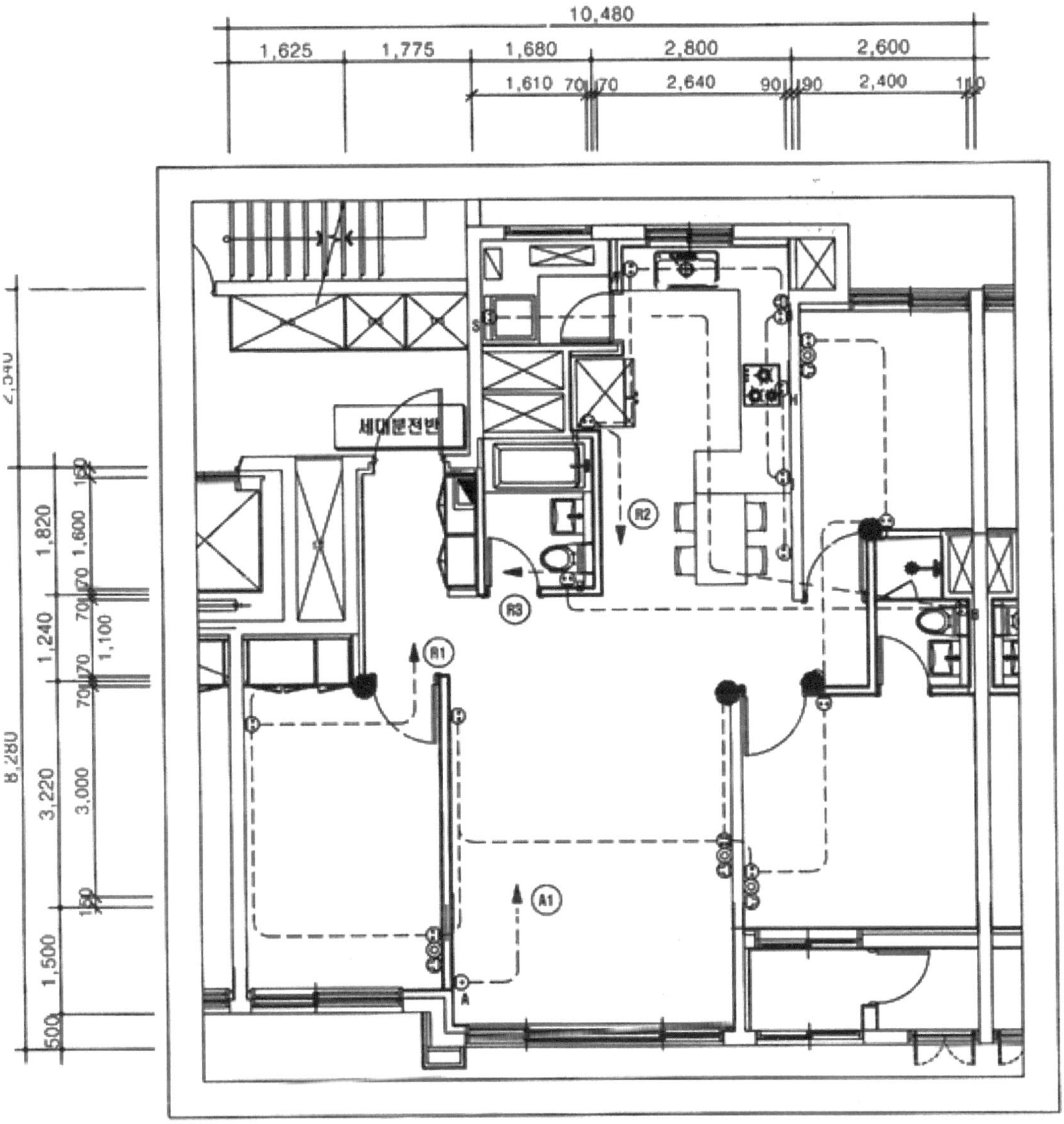


## 69㎡ 단위세대 전열설비 평면도 (확장형)

〖저자 약력〗

- 박규홍 : 대림대학교 전기과 명예교수
- 김규정 : 대림대학교 전기과 교수

# AutoCAD를 이용한 전기 CAD 2판


2022년 11월 2판 3쇄 발행

| | |
|---|---|
| 저 자 | 박규홍 · 김규정 |
| 발 행 인 | 송기수 |
| 발 행 처 | 도서출판 GS인터비전 |
| 편 집 처 | 도서출판 GS인터비전 |
| 인 쇄 처 | 대명프린팅 |
| 등록번호 | 제 25100-2016-000050 호 |
| I S B N | 979-11-5576-237-0(93560) |

주 소 서울 은평구 증산로15길 60 3층

전 화 02-976-7898, 02-3272-7898

팩 스 02-6468-7898

홈페이지 gsintervision.co.kr

E-Mail gsinter7@gmail com

성 가 26,000원